普通高校工商管理系列规划教材

营销管理教程

张永 刘文纲 等◎编著

清华大学出版社
北 京

内容简介

营销管理是企业管理的核心职能之一,也是一类更易于展现创造性、更易于取得职业发展成就的工作。本书系统地介绍了从事营销管理工作所需的基本理论和基本方法,包括营销环境分析、购买行为分析、营销调研、营销战略、目标市场、产品管理、价格管理、渠道管理、促销管理、网络营销、营销组织与控制等内容。本书吸收了营销理论与实践发展的最新内容,收集了一批中国市场营销的精彩案例,提供了方便学习与教学的学习目标、引导案例、关键概念、复习与思考、案例分析等栏目。

本书封面贴有清华大学出版社防伪标签,无标签者不得销售。
版权所有,侵权必究。举报:010-62782989,beiqinquan@tup.tsinghua.edu.cn。

图书在版编目(CIP)数据

营销管理教程/张永等编著. —北京:清华大学出版社,2019(2024.8重印)
(普通高校工商管理系列规划教材)
ISBN 978-7-302-53053-4

Ⅰ.①营… Ⅱ.①张… Ⅲ.①营销管理—高等学校—教材 Ⅳ.①F713.56

中国版本图书馆 CIP 数据核字(2019)第 097184 号

责任编辑:左玉冰
封面设计:李伯骥
责任校对:宋玉莲
责任印制:沈　露

出版发行:清华大学出版社
网　　址:https://www.tup.com.cn, https://www.wqxuetang.com
地　　址:北京清华大学学研大厦A座　　　　邮　编:100084
社 总 机:010-83470000　　　　邮　购:010-62786544
投稿与读者服务:010-62776969, c-service@tup.tsinghua.edu.cn
质量反馈:010-62772015, zhiliang@tup.tsinghua.edu.cn
印 装 者:三河市龙大印装有限公司
经　　销:全国新华书店
开　　本:185mm×260mm　　印　张:24　　字　数:533 千字
版　　次:2019 年 6 月第 1 版　　印　次:2024 年 8 月第 7 次印刷
定　　价:69.00 元

产品编号:063301-03

普通高校工商管理系列规划教材

编 委 会

主　任：王国顺
副主任：孙永波　杨浩雄
委　员：(按姓氏笔画排序)
　　　　王　真　王　晶　王　勇　邓春平　刘文纲
　　　　李业昆　何　辉　张　永　张景云　张运来
　　　　张　浩　曹正进　蒯鹏州

前言
FOREWORD

  营销管理是企业管理的核心职能之一,与研发管理、生产运作管理、财务管理、人力资源管理等课程一起,构成了各层次工商管理类教育的核心课程群。在企业管理实践中,营销管理承担着选择目标市场、实现产品销售、管理客户关系、提高顾客价值、提升品牌价值、维护竞争地位等一系列重要的任务,是企业生存与发展不可或缺的关键力量。

  北京工商大学是国内较早开展市场营销教育的院校之一,20世纪80年代末开始招收市场营销专业本科生、90年代中期开始招收市场营销方向硕士生,是营销专业人才的重要培养基地。2018年11月市场营销系拥有专任教师15人,其中教授3人、拥有博士学位教师13人。

  作为营销管理的入门教材,本书从营销管理者的视角系统地介绍了从事营销管理工作所需的基本理论和基本方法,包括市场分析与选择、市场调查与市场预测、企业战略、产品策略、价格策略、分销策略、促销策略、营销组织与控制、网络营销等内容。本书吸收了营销理论与实践发展的最新内容,收集了一批中国市场营销的精彩案例,提供了方便学习与教学的学习目标、引导案例、关键概念、复习与思考、案例分析等栏目。

  本书的作者均为北京工商大学市场营销系教师,主要作者及写作分工是:张永教授撰写了第一章、第七章、第十一章,刘文纲教授撰写了第六章、第十章,郭崇义副教授撰写了第三章第一节、第十二章,王勇副教授撰写了第二章、第四章,彭艳君副教授撰写了第八章第一、二、三、五节和第十四章,陈立彬副教授撰写了第九章、第十三章,崔正副教授撰写了第三章第二、三节,严欢副教授撰写了第五章,洪莹博士撰写了第八章第四节。

编 者
2019年1月

目录 CONTENTS

第一章　营销管理导论 …………………………………………………………… 1

　第一节　市场营销 ……………………………………………………………… 2
　　　　　一、市场营销 …………………………………………………………… 2
　　　　　二、市场营销组合 ……………………………………………………… 4
　第二节　营销管理过程 ………………………………………………………… 6
　　　　　一、分析市场机会 ……………………………………………………… 6
　　　　　二、选择目标市场 ……………………………………………………… 6
　　　　　三、规划营销战略 ……………………………………………………… 7
　　　　　四、设计营销方案 ……………………………………………………… 7
　　　　　五、执行营销计划 ……………………………………………………… 7
　第三节　营销管理哲学 ………………………………………………………… 8
　　　　　一、生产观念 …………………………………………………………… 8
　　　　　二、产品观念 …………………………………………………………… 8
　　　　　三、推销观念 …………………………………………………………… 9
　　　　　四、市场营销观念 ……………………………………………………… 9
　　　　　五、社会营销观念 ……………………………………………………… 10
　关键概念 …………………………………………………………………………… 10
　复习与思考 ………………………………………………………………………… 10
　案例分析 …………………………………………………………………………… 10
　案例思考 …………………………………………………………………………… 14

第二章　购买行为分析 …………………………………………………………… 15

　第一节　购买者的分类与特点 ………………………………………………… 16
　　　　　一、消费者的内涵与特征 ……………………………………………… 16

二、产业购买者的内涵与特征 …………………………………………… 17
　第二节　消费者购买行为的分析 …………………………………………… 18
　　　一、消费者购买行为的主要影响因素 …………………………………… 18
　　　二、消费者购买行为的分类 ……………………………………………… 24
　　　三、消费者的购买决策过程 ……………………………………………… 25
　第三节　产业购买者行为的分析 …………………………………………… 28
　　　一、产业购买者行为的主要影响因素 …………………………………… 28
　　　二、产业购买者购买行为的类型 ………………………………………… 29
　　　三、产业购买者的决策过程 ……………………………………………… 30
　关键概念 ……………………………………………………………………… 31
　复习与思考 …………………………………………………………………… 31
　案例分析 ……………………………………………………………………… 31
　案例思考 ……………………………………………………………………… 36

第三章　营销信息系统与营销环境 ………………………………………… 37
　第一节　营销信息系统 ……………………………………………………… 38
　　　一、内部报告系统 ………………………………………………………… 39
　　　二、营销情报系统 ………………………………………………………… 39
　　　三、营销调研系统 ………………………………………………………… 40
　　　四、营销分析系统 ………………………………………………………… 40
　第二节　宏观环境分析 ……………………………………………………… 43
　　　一、人口环境 ……………………………………………………………… 43
　　　二、经济环境 ……………………………………………………………… 45
　　　三、自然环境 ……………………………………………………………… 47
　　　四、政治法律环境 ………………………………………………………… 48
　　　五、科学技术环境 ………………………………………………………… 49
　　　六、社会文化环境 ………………………………………………………… 50
　第三节　微观环境分析 ……………………………………………………… 51
　　　一、企业内部环境 ………………………………………………………… 51
　　　二、供应商 ………………………………………………………………… 52
　　　三、营销中介 ……………………………………………………………… 53
　　　四、顾客 …………………………………………………………………… 53
　　　五、竞争者 ………………………………………………………………… 54
　　　六、公众 …………………………………………………………………… 54
　关键概念 ……………………………………………………………………… 55
　复习与思考 …………………………………………………………………… 56
　案例分析 ……………………………………………………………………… 56

案例思考 ·· 59

第四章 营销调研 ·· 60

第一节 营销调研概述 ·· 61
一、营销调研的内涵 ·· 61
二、营销调研的作用 ·· 62

第二节 营销调研设计 ·· 62
一、营销调研的分类 ·· 62
二、营销调研的原则 ·· 63
三、营销调研的过程 ·· 65

第三节 营销调研技术 ·· 66
一、资料收集技术 ·· 66
二、抽样技术 ·· 69
三、问卷设计技术 ·· 71

关键概念 ·· 73
复习与思考 ·· 73
案例分析 ·· 73
案例思考 ·· 78

第五章 需求测量与市场预测 ·· 79

第一节 市场需求的测量 ·· 80
一、市场 ·· 80
二、需求测量 ·· 81

第二节 市场预测概述 ·· 83
一、市场预测的概念 ·· 83
二、市场预测的要求 ·· 84
三、市场预测的原则 ·· 84
四、市场预测的程序 ·· 85
五、市场预测的作用 ·· 88
六、市场预测的方法 ·· 89

第三节 定性预测方法 ·· 90
一、专家意见法 ·· 90
二、主观概率法 ·· 93
三、对比类推法 ·· 94

第四节 时间序列预测方法 ·· 95
一、时间序列概述 ·· 95
二、平均预测法 ·· 96

　　　　三、趋势方程预测法 ……………………………………………………… 99
　　第五节　因果分析预测法 …………………………………………………… 101
　　　　一、因果分析预测法概述 ………………………………………………… 101
　　　　二、一元线性回归分析预测法 …………………………………………… 103
　　　　三、多元线性回归分析预测法 …………………………………………… 105
　　关键概念 ……………………………………………………………………… 106
　　复习与思考 …………………………………………………………………… 106
　　案例分析 ……………………………………………………………………… 107
　　案例思考 ……………………………………………………………………… 108

第六章　企业战略 …………………………………………………………… 109

　　第一节　企业战略概述 ……………………………………………………… 110
　　　　一、企业战略的含义和特征 ……………………………………………… 110
　　　　二、战略构成要素 ………………………………………………………… 112
　　第二节　总体战略规划 ……………………………………………………… 114
　　　　一、明确企业使命 ………………………………………………………… 114
　　　　二、设立战略业务单位 …………………………………………………… 115
　　　　三、规划投资组合战略 …………………………………………………… 116
　　　　四、规划发展战略 ………………………………………………………… 117
　　第三节　业务层战略规划 …………………………………………………… 119
　　　　一、业务层战略管理过程 ………………………………………………… 119
　　　　二、竞争战略的类型 ……………………………………………………… 125
　　　　三、竞争战略的选择 ……………………………………………………… 127
　　关键概念 ……………………………………………………………………… 128
　　复习与思考 …………………………………………………………………… 128
　　案例分析 ……………………………………………………………………… 128
　　案例思考 ……………………………………………………………………… 132

第七章　目标市场 …………………………………………………………… 133

　　第一节　市场细分 …………………………………………………………… 134
　　　　一、市场细分的概念 ……………………………………………………… 134
　　　　二、市场细分的作用 ……………………………………………………… 135
　　　　三、市场细分的程序 ……………………………………………………… 136
　　　　四、有效的市场细分 ……………………………………………………… 138
　　第二节　细分市场的依据 …………………………………………………… 139
　　　　一、细分消费者市场的依据 ……………………………………………… 139
　　　　二、细分产业市场的依据 ………………………………………………… 142

第三节　目标市场覆盖策略 ·· 143
　　　　一、评估细分市场 ·· 143
　　　　二、目标市场覆盖策略 ·· 145
　　　　三、选择市场覆盖策略的依据 ····································· 148
　　第四节　市场定位 ··· 149
　　　　一、市场定位的概念与过程 ······································· 149
　　　　二、市场定位的内容 ·· 150
　　　　三、市场定位的策略 ·· 151
　　关键概念 ··· 153
　　复习与思考 ··· 153
　　案例分析 ··· 153
　　小结 ·· 159
　　案例思考 ·· 160

第八章　产品管理 ·· 161
　　第一节　产品与产品组合 ·· 162
　　　　一、产品 ·· 162
　　　　二、产品组合 ·· 166
　　第二节　产品开发管理 ··· 168
　　　　一、新产品的概念 ·· 168
　　　　二、新产品的发展趋向 ·· 169
　　　　三、新产品的开发 ·· 171
　　　　四、新产品的推广 ·· 174
　　第三节　产品生命周期 ··· 175
　　　　一、产品生命周期的概念 ··· 175
　　　　二、产品生命周期各阶段市场特点及营销策略 ·············· 177
　　第四节　品牌管理 ··· 180
　　　　一、品牌 ·· 180
　　　　二、品牌资产和品牌估价 ··· 181
　　　　三、建立优质的品牌 ··· 184
　　　　四、品牌的管理与维护 ·· 190
　　第五节　个别产品决策 ··· 193
　　　　一、个别产品决策的概念 ··· 193
　　　　二、个别产品决策的内容 ··· 193
　　　　三、个别产品决策的组成及策略 ································ 194
　　关键概念 ··· 196
　　复习与思考 ··· 196

案例分析 196
　　案例思考 198

第九章　价格管理 199
第一节　定价依据 200
　　一、价格内涵 200
　　二、企业制定价格需考虑因素 201
第二节　定价方法 204
　　一、企业定价方法 204
　　二、企业定价程序 206
第三节　定价策略 211
　　一、新产品定价策略 211
　　二、产品组合定价策略 212
　　三、价格调整策略 213
　　四、价格变动 219
　　关键概念 222
　　复习与思考 222
　　案例分析 223
　　案例思考 226

第十章　渠道管理 227
第一节　渠道职能与结构 228
　　一、分销渠道概述 228
　　二、分销渠道结构 230
第二节　渠道设计 233
　　一、确定渠道目标和制约因素 233
　　二、设计渠道方案 235
　　三、评估渠道方案 237
第三节　渠道管理 238
　　一、中间商选择 238
　　二、渠道激励和控制 239
　　三、渠道冲突 241
　　四、渠道调整 243
第四节　批发、零售与物流 244
　　一、批发 244
　　二、零售 246
　　三、物流 251

关键概念···255
　　复习与思考···255
　　案例分析···256
　　案例思考···260

第十一章　促销管理···261
　　第一节　促销组合决策···262
　　　　一、促销组合···262
　　　　二、促销策略的制订···264
　　第二节　广告与公共关系···269
　　　　一、广告策略···269
　　　　二、公共关系策略···273
　　第三节　营业推广与人员推销···275
　　　　一、营业推广···275
　　　　二、人员推销···279
　　关键概念···282
　　复习与思考···282
　　案例分析···282
　　小结···288
　　案例思考···288

第十二章　网络营销···289
　　第一节　网络营销的概念和特征···290
　　　　一、网络营销的概念···290
　　　　二、网络营销的特征···291
　　第二节　网络营销方式···291
　　　　一、在线营销···291
　　　　二、社交媒体营销···294
　　　　三、移动营销···296
　　关键概念···297
　　复习与思考···297
　　案例分析···298
　　案例思考···301

第十三章　市场营销组织与控制···302
　　第一节　市场营销组织···303
　　　　一、市场营销组织的概念···303

　　　　二、市场营销组织的演变历程……………………………………………… 303
　　　　三、市场营销部门的组织形式……………………………………………… 304
　　　　四、营销部门与其他部门之间的关系……………………………………… 307
　　　　五、营销组织的设置与管理………………………………………………… 307
　　第二节　市场营销控制……………………………………………………………… 310
　　　　一、市场营销控制的概念…………………………………………………… 310
　　　　二、市场营销控制的步骤…………………………………………………… 310
　　　　三、市场营销控制的类型…………………………………………………… 311
　　　　四、市场营销审计…………………………………………………………… 314
　　关键概念……………………………………………………………………………… 315
　　复习与思考…………………………………………………………………………… 316
　　案例分析……………………………………………………………………………… 316
　　案例思考……………………………………………………………………………… 319

第十四章　营销管理扩展……………………………………………………………… 320
　　第一节　营销管理新领域…………………………………………………………… 322
　　　　一、服务营销………………………………………………………………… 322
　　　　二、国际营销………………………………………………………………… 326
　　　　三、非营利组织营销………………………………………………………… 331
　　　　四、城市营销………………………………………………………………… 334
　　第二节　营销管理新理念…………………………………………………………… 339
　　　　一、绿色营销………………………………………………………………… 339
　　　　二、关系营销………………………………………………………………… 346
　　　　三、体验营销………………………………………………………………… 351
　　　　四、口碑营销………………………………………………………………… 359
　　关键概念……………………………………………………………………………… 364
　　复习与思考…………………………………………………………………………… 364
　　案例分析……………………………………………………………………………… 364
　　案例思考……………………………………………………………………………… 365

参考文献………………………………………………………………………………… 366

第一章

营销管理导论

1. 理解市场营销及相关的关键概念。
2. 理解市场营销组合的概念和内容。
3. 熟悉市场营销管理过程的主要步骤。
4. 理解几种营销管理哲学的内涵。

  2010年,雷军在北京宣布成立小米公司,进军智能手机行业。仅仅16个月之后,2011年9月,第一批小米手机正式投放市场。此后3年,小米手机的销售量增长迅速:2012年719万台,2013年1870万台,2014年6112万台并登顶中国市场份额第一。放眼望去,除了苹果手机,小米似乎没有对手!

  小米神奇的发展速度来源于其商业模式。与传统的手机厂商不同,小米选择了手机产业价值链中的研发和市场营销,把生产交给了代工企业(OEM)。早期,小米手机只在网上销售,没有线下分销渠道。OEM生产模式和网络销售也构成了小米手机价格优势的支柱。它的这一战略不仅省去了建设生产工厂和线下分销网络的复杂环节,大大降低了成本,还实现了快速商业化。

  销售低价手机却获得极高的利润回报,很多人对此感到不解。因为一般情况下,低价手机通常用于扩大市场份额,但其利润空间非常有限。分析师推测,小米获得如此高利润的原因在于它采用了有效的策略——通过社交媒体和网络论坛来推广产品。文件显示,小米2012年的销售与营销支出为4.16亿元人民币,占总营收的3.9%;2013年的销售及营销支出为8.76亿元人民币,在总营收中的占比更少——只有3.2%。

  小米手机的营销,具有互联网时代的特色,像极了当年的苹果手机。它的促销手段主要是产品发布会、领导人的演讲、粉丝线上线下互动等,很少使用电视、纸媒体等传统媒介进行广告宣传。

不过,互联网能帮助营销做很多事情,但也不是全部,而且市场是不断变化的。到了2015年,小米没有线下渠道、维修服务不佳、高端产品缺失的短板逐渐显现出来。当年虽然销售手机6 750万台,但市场占有率已经被华为等手机厂家逐渐赶上。到2016年,小米手机的市场份额更是退居第五位。

小米需要作出一些改变,其核心是营销策略的调整。雷军在2017年初曾说:"我们必须放慢脚步,认真补课。"补什么呢?分销网络建设、售后服务,以及更为艰难的品牌价值的提升。其中分销渠道的变化最为明显:在许多城市,我们都能看到小米新建的线下分销服务门店。

2018年7月,小米在香港证券交易所上市,被认为该公司获得了阶段性的成功。但是,小米的市场占有率并未迅速回升。据市场研究公司GFK的数据,2017年主要品牌的市场占有率分别是:华为占23%;OPPO占17%;Vivo占16%;苹果占11%;小米占11%。这表明,小米依然面临着许多市场挑战:智能手机市场增长趋缓、强劲的竞争、消费者对小米的固有印象……

每个公司都会像小米一样随时面临各种各样的市场挑战,市场营销的主要职能正是发现、分析和解决这些与市场有关的问题。在几乎所有竞争性的领域里,高质量的营销管理都已经成为公司经营成功的必备条件。

第一节 市场营销

人们每天都在接触市场营销活动的某个片段:微信里的团购信息、商店里的打折促销、手机里的推销短信、电视里的广告……于是,有人认为营销就是推销,有人认为营销就是做广告。但这些误解不应该发生在专业营销管理团队中。高质量营销管理的基本前提是营销管理者们建立对市场营销及其内涵的准确理解和团队共识,厘清以下概念是建立这种理解和共识的第一个步骤。

一、市场营销

什么是市场营销?通常把企业所有直接与市场打交道的工作归类为市场营销,也有人把市场营销简洁地概括为:在获得利润的前提下满足顾客需求。理解市场营销应该首先了解与其密切相关的一些关键概念。

1. 需要、欲望与需求

需要(needs)是指人们感到短缺或不足的一种状态。其既包括对食物、衣服等的物质需要,也包括对亲密关系或尊重的精神需要。这些需要不是市场营销者创造出来的,而是人类自身本能的基本组成部分。

欲望(wants)是需要的表现形式,指人们希望得到某物的想法。欲望是用可满足需要的实物来描述的,口渴的需要指向一瓶矿泉水或饥饿时想得到一块面包,需要就表现为欲望。

需求(demands)则是以购买能力为基础的欲望。小轿车作为一种便捷的交通工具，人人都需要。但对没有购买能力的人来说，小轿车的需要只是一种欲望，对具有足够支付能力的人才是需求。

了解顾客的需要、欲望与需求是制订营销战略与计划的基础，优秀企业的营销部门会开展有关消费者偏好的市场调查，分析有关顾客咨询、服务等方面的数据，还会训练营销人员随时发现未得到满足的顾客需要。

2．产品、服务

产品(products)是指任何提供给市场并能满足人们某种需要和欲望的东西。除了有形物以外，产品还包括服务、地点、产权、体验、信息、活动和构思等。经典营销理论的出发点是有形产品的营销，但随着营销理论的发展，也越来越多地关注到其他特定产品的营销原理与方法，如服务营销、非营利组织营销等。

服务(services)是一类特定形式的产品，具有无形性、异质性、同步性和易逝性四个基本特征。经典营销理论可以用于服务的营销，但服务营销也需要更适用的营销策略与方法。经济越发达，服务产品在产品中的比例越高，因此，服务营销的原理和方法也就成为营销理论中发展最快的领域之一。

3．顾客价值、顾客满意

顾客价值(customer value)是指顾客从拥有和使用某产品中所获得的价值与为取得该产品所付出的成本之差。通常，顾客获得的价值包括产品价值、服务价值、形象价值等，顾客所付出的成本包括货币成本、时间成本、精力成本等。提高顾客价值可以从以下两个方面着手：一是通过改进产品、改善服务、提升品牌形象等手段增加顾客获得的价值；二是通过降低价格、方便顾客购买、减少顾客的时间成本等手段减少顾客付出的成本。

顾客满意(customer satisfaction)是指顾客对比产品的可感知效果与期望值后所形成的愉悦或失望的感觉状态。顾客的期望来自以往的购买经验、朋友的意见以及营销者和竞争者的信息与承诺。营销管理者必须设定合理的期望标准。如果期望设定得太低，虽然容易让顾客满意，却难以吸引到足够多的购买者。如果期望设定得太高，购买者则会感到失望。

4．市场

市场(market)，狭义的是指商品交换的场所，广义的市场是指卖主和买主的集合，而在营销管理者看来，卖主构成行业，买主则构成市场。因此，营销学中的市场，是指具有特定需要和欲望、愿意并能够通过交换来满足这种需要和欲望的全部潜在购买者。根据这一定义，市场包含三个主要因素：有某种需要的人，为满足这种需要的购买力，购买欲望，用公式表示为：市场＝人口＋购买力＋购买欲望。三个因素共同决定了市场的规模和容量。如果营销的质量不佳、企业的产品或服务不能引起顾客的购买欲望，再多的购买者、再强的购买力，也不能成为企业的实际市场。

5. 市场营销

市场营销(marketing)是个人或组织通过创造并交换产品和价值以满足需求与欲望的一种社会和管理过程。根据这一定义,可以将市场营销具体归纳为以下几点:市场营销的最终目标是"满足需求和欲望";交换是市场营销的核心,交换过程是一个主动、积极地寻找机会,满足双方需求和欲望的社会过程与管理过程;交换过程能否顺利进行,取决于营销管理者创造的产品和价值是否能满足顾客需求的程度与交换过程管理的水平。

二、市场营销组合

解释以上定义还不足以完全理解市场营销是什么,我们还可以通过"市场营销干什么"来继续深化对市场营销的理解。市场营销组合涵盖了一部分最典型的市场营销活动。

1. 市场营销组合的概念

市场营销组合(marketing mix)是指企业用以实现营销目标的一组关键性营销策略,通常包括产品策略(product)、价格策略(price)、渠道策略(place)以及促销策略(promotion)即4P策略;4P策略的协调一致和互相配合,是营销活动成功的基本前提。

企业营销活动成功与否受到多种因素的影响,有些因素是营销管理者无法控制的,如经济周期、竞争态势;有些因素则是营销管理者能够控制的,如产品定价、促销投入水平。不可控因素又称为营销环境因素,可控因素中最主要的部分是市场营销组合,以可控的营销策略应对不可控的营销环境是营销管理的一个基本思路。

营销组合中的每个策略都由一系列策略工具组成,每个策略工具用来解决特定的营销问题。产品策略的工具包括选择符合顾客需求的产品、品牌、商标、包装、担保、服务等;价格策略的工具包括定价方式、折扣价格、付款方式、信用条件等;渠道策略的主要工具包括渠道覆盖程度、分销网点质量与布局、中间商管理水平、物流组织等;促销策略的主要工具包括广告、公共关系、人员推销、营业推广、网络促销等。

随着科学技术的发展和管理思想的变革,营销管理者可以使用的营销工具在不断增加和更新。某些传统营销工具的使用频率在逐渐下降,如抽奖、户外广告等,而一些新兴的营销工具正在越来越多的企业得到运用,如基于互联网的营业推广、广告等。

2. 市场营销组合的应用

市场营销组合为营销管理者提供了一种系统性的、有逻辑的管理思路,能够让多因素、多项目的营销决策变得条理清晰。在营销实践中,以4P策略为主要内容的营销组合理论一直被广泛使用于制订营销计划、控制营销过程、分析营销问题以及分配营销资源、考核营销绩效等多类营销活动中。

市场营销组合的有效应用需要具备以下三个基本条件。

第一,熟练掌握营销策略与工具。营销管理者需要熟练掌握各种营销策略、营销工具的内容、特点和作用机制,确保它们被正确地使用。营销管理团队还应该保持对营销理论和营销实践的敏感度,及时掌握、适时采用新的营销策略、营销工具、营销技术。

第二,协调使用营销策略与工具。营销管理者应在全面了解各种营销策略与工具的基础上,选择多个策略构成营销组合,避免单纯依赖某一种营销工具。营销组合内部的产品策略、价格策略、渠道策略和促销策略之间应该协调一致,避免出现策略互相矛盾、作用互相抵消的技术错误。

第三,外部的协调配合。营销管理团队在制定营销组合时,必须充分考虑下列因素对营销组合策略的要求与约束:首先是企业营销战略的要求,如战略规划所规定的发展目标、目标市场、市场定位、竞争战略等;其次是市场营销环境的要求,如政治与法律、经济、社会文化以及消费者、竞争者、产业链等;最后是企业资源情况的约束,如员工技能和企业管理水平、财务实力、技术与研发能力等。

3. 市场营销组合的变化

4P策略是产生最早、应用最广的市场营销组合理论。除此之外,还有四种较有影响的营销组合理论。

1) 4C组合

4C组合即顾客(customer)、成本(cost)、便利(convenience)和沟通(communication)。该理论认为,企业的市场营销行为应该从站在卖方角度的"4P"向站在买方角度的"4C"转化。顾客策略的含义是:企业不能只是销售能够生产的产品,而应更关注顾客的需求与欲望,产销顾客想要的产品。成本策略的含义是:企业应该放弃主观的定价策略,而应了解顾客为得到某项商品或服务所愿意付出的成本。便利策略的含义是:便利是客户价值不可或缺的一部分;公司的分销策略要更多地考虑顾客的方便,而不是企业自己方便;要通过好的售前、售中和售后服务来让顾客在购物的同时,也享受到便利。沟通策略的含义是:企业应通过与顾客进行积极有效的双向沟通,建立基于共同利益的新型企业/顾客关系,而不再是企业单向的促销和劝导顾客。一般认为,4Cs理论是对传统4P理论的实质性改变。但由于它在20世纪90年代才提出,理论和实践还没有发展出足够丰富的策略与工具支撑该理论。

2) 6P组合

6P组合的基本含义是:为了成功进入特定市场(主要是指壁垒森严的封闭型或保护型的市场),企业除了使用恰当的4Ps策略之外,还必须借助政府权力(power)和公共关系(public relations)等手段,以取得外国或地方有关方面的合作和支持。把政治力量和公共关系加入营销组合中,针对的主要是20世纪80年代日美等国之间的贸易摩擦,其意图在于帮助跨国公司打破某些国家的贸易壁垒。虽然6P组合在理论上并无突破,但在引导企业借助本国政府的力量进入外国市场、使用公共关系手段弱化在国外市场营销障碍方面起到了很大作用。

3) 10P组合

10P组合进一步扩充了营销组合的内容,它在产品、价格、渠道、促销、权力和公共关系6P之外加入4个策略单元:探查(probe),即使用市场调研了解市场;分割(partition),即按照需求的差异对整体市场进行细分;优先(priorition),即选择优先进入的目标市场;定位(position),即设计和实施产品的市场定位。这些策略单元原本就是市场营销活动的组成部分，划入营销组合意在凸显它们对有效营销的重要性。

4) 4R 组合

4R 组合即关联（relevancy）、反应（reaction）、关系（relationship）、回报（reward）。4R 理论提出了全新的营销要素：关联，即强调有效营销的关键是把产品或服务的属性、特点与购买者的需要、问题紧密地联系起来，而不是单方面地宣传产品的特征；反应，强调站在顾客的角度倾听和观测顾客的希望与要求并对此作出及时的反应；关系，是指通过有效的营销沟通，建立并发展与顾客之间的长期关系、提高顾客的忠诚度；回报，是指一定的合理回报既是正确处理营销活动中各种矛盾的出发点，也是营销的落脚点。

第二节　营销管理过程

营销管理是企业管理的核心职能之一。与研发管理、生产管理、财务管理、人力资源管理等不同的是：营销管理的工作重点不在企业内部，而在企业之外，在范围广大的市场上、在成千上万的顾客身上。

营销管理工作的内容丰富多彩，从组织一次消费者偏好调查到审核几个区域市场的营销绩效，从制定产品销售给批发商、零售商的系列价格组合，到制订一个年度网络广告计划，营销管理过程帮助管理者理解这些活动的逻辑顺序。一般地，企业组织开展营销活动的过程包括五个基本步骤，即分析市场机会、选择目标市场、规划营销战略、设计营销方案和执行营销计划。

一、分析市场机会

分析市场机会是企业营销管理过程的起点，也是全部营销活动的基础。错误分析市场营销机会，将会是企业最大的失误，因为，对市场机会的错误认识，会导致后续营销活动一连串的失败；而且，在这种前提下，企业的营销工作越努力，损失越大。

什么是市场机会？广义的市场机会就是市场上未被满足的或者未被充分满足的消费者需求。但是，对于一个特定的企业而言，真正的市场机会是有严格的限定条件的：需求的规模是否足够容纳若干个企业竞争，本企业是否拥有必要的资源（技术、人员、资金、设备）产销满足该需求的产品，等等。只有那些企业能够拥有竞争优势、能够获得差别利益的市场机会才是最佳市场机会。

市场营销学提供了多种理论和工具帮助企业寻找最佳市场机会，包括营销环境分析、购买者分析、营销信息系统、市场调研、市场预测以及市场细分等，这些理论和工具将在本书以后各章逐一介绍。

二、选择目标市场

在经过分析评估、确认了符合企业目标和资源的市场机会以后，营销管理者通常需要决定本企业适合进入哪个市场或市场的哪一部分，这就是目标市场选择问题（第七章）。例如，一家企业在确认新能源汽车是一个极有前景的市场机会后，接下来就需要决策是进入新能源小轿车市场，还是进入新能源大客车市场；如果进入新能源小轿车市场，还要决定是首先进入 40 万元以上的高档车市场,还是进入 20 万元左右的中档车市场,或者进入 10 万元左右的低档车市场。这就是目标市场选择。

选择目标市场,首先要依据需求的差异细分市场,其次要分析主要细分市场的需求和竞争状况,评估它们的价值,最后要根据企业的发展战略、企业的资源与能力状况等因素制订市场覆盖策略,选择一个或几个细分市场作为目标市场。

分析市场机会和选择目标市场显然不是经常性的营销管理步骤。通常在四种情况下需要营销管理团队参与或主持企业有关市场机会和目标市场决策,即新企业、新业务、新市场、新产品。

三、规划营销战略

在选定目标市场之后,接下来的问题就是如何在选定的目标市场上更好地满足顾客需求并获得利润。解决这个问题通常分为两个步骤:首先是对如何满足顾客需求的重大的、长远性的战略进行规划,然后是制订执行性的、短期的营销策略。战略性规划为策略计划指引方向、提供依据,所以在时间上先于策略性规划。

通常,营销管理团队参与企业战略规划的制订,负责市场定位战略、产品生命周期战略、市场竞争战略的制订。企业战略规划阐明企业在一个较长时间的整体目标和实现目标的主要政策,其中涵盖很多营销方面的内容;市场定位战略规划本企业产品在目标市场上的竞争地位以及实现定位的方法和手段;产品生命周期战略规划产品生命周期整体过程的投资策略、营销策略以及每个阶段的营销策略;市场竞争战略则在分析竞争态势的基础上提出企业应对市场竞争的主要策略。

企业战略规划和竞争战略将在本书第六章介绍,市场定位战略在第七章介绍,产品生命周期战略在第八章介绍。

四、设计营销方案

在制订了恰当的营销战略之后,管理者需要依据战略规划和不断变化的市场情况,制订各种营销活动方案。设计营销方案是各级营销管理者的经常性工作之一,小到一个城市的某个区域市场,大到一国或跨国市场,短到两周的促销活动,长到 3 年某品牌价值提升,都需要通过营销方案控制营销进程。

营销方案,也称营销计划,是关于一项业务、产品或品牌的一定时期营销活动的具体安排和规划。例如,战略规划确定发展某种产品,负责该产品的经理就需要为该产品制订一个具体的营销计划,以实现战略规划所确定的增长目标。

与营销战略规划相比,营销方案必须具有较强的可执行性,虽然营销方案也常常包括市场分析的内容,但任何类型营销方案的重点都是目标、行动策略、行动步骤。好的营销方案不是天才创意的产物,而是调研分析、团队合作、精心设计、充分沟通的结果。

五、执行营销计划

再好的营销战略和计划,都必须得到有效执行,否则只是纸上谈兵。为保证营销战略和计划的执行,一是建立适合的营销组织,并配备具有执行力的营销团队;二是做好营销预算,并在各营销部门或项目上进行合理分配;三是加强营销控制。

营销控制是市场营销管理重要的职能,其目的是通过监督、检查、评价营销策略和计划的实施情况,分析判断存在的偏差,并及时采取纠偏措施,进而保证营销目标的实现和任务的达成。

营销控制主要围绕产品、价格、渠道、促销等方面管理的有效性进行,内容包括:①对各种营销策略的实施进展情况进行调研和评估,如各产品线的销售情况、顾客对价格策略的反应、渠道是否畅通、促销活动是否有效、营销预算是否平衡、销售团队执行力强弱等。②与营销计划目标进行对比,分析判断存在的营销问题即发现存在的偏差,并分析偏差成因。③提出纠正偏差的对策措施,并组织实施。

第三节　营销管理哲学

营销管理哲学是企业在营销管理过程中处理企业、顾客和社会三者之间利益关系的基本态度、思想或观念。不同的管理哲学往往带来不同风格的营销行为,一个只顾企业利益的餐饮公司可能会使用低价但不健康的食材,而忽略社会利益的游戏公司则不会在意其产品是否对孩子们有害。

营销管理哲学随着市场环境和管理思想的变化而相应地发生演变。迄今为止,先后出现了生产观念、产品观念、推销观念、市场营销观念、社会营销观念五种营销管理哲学。了解营销管理哲学的意义在于帮助营销管理者适时地更新观念,使企业的营销行为与市场的变化和社会的要求相适应,提高营销活动成功的概率。

一、生产观念

生产观念(production concept)是在卖方市场的条件下产生的,当商品短缺、购买力不足时,提高生产率、让消费者"买得到且买得起"就成了解决企业经营管理问题的核心。

因此,奉行生产观念的管理者认为,企业成功生存和发展的关键是生产,是改进生产技术、提高生产效率、扩大生产规模、降低生产成本,从而使尽可能多的潜在顾客能够以他们负担得起的价格购买和使用某种产品。因此,企业经营管理的核心任务是生产,营销并非是不可或缺的。福特汽车20世纪20年代提出的"不管顾客需要什么,我们的汽车就是黑色的""我的理想是让每一个美国中产家庭都拥有一辆汽车"等口号,阐明的就是上述理念。

通常认为,在买方市场、商品极大丰富的今天,生产观念对大多数中国市场的企业已经不再适用。不过,在个别行业、个别市场、个别企业,生产观念依然有用武之地,如某些药品、电动汽车等。

二、产品观念

产品观念(poroduct concept)不像生产观念那样强调生产规模和生产成本,而是更强调产品的质量和功能,其含义与中国古典经商理念"酒香不怕巷子深"十分契合。

奉行产品观念的管理者认为,产品的质量和性能是决定顾客是否购买的主要原因,顾客欢迎那些质量好、性能优、有特点的产品,只要企业不断改进产品的质量和功能,顾客就会主动购买企业的产品,营销也就不是企业必要的工作了。

产品的质量与功能是竞争优势的核心构成要素之一,也是高质量营销的基本前提。从这个意义上说,产品观念永不过时!营销部门有责任、有能力鼓励和帮助研发、生产部门提供安全可靠、质量完好、性能优异的产品。

当然,企业在重视产品质量的同时,也要避免忽视市场需求、一味闭门造车倾向,生产那种性能优异、价格昂贵但顾客不需要的产品,或者过于"迷恋"曾经风行市场、为企业作出过贡献的老产品。

三、推销观念

推销观念(selling concept)源于买方市场形成的初期。商品出现稳定的供大于求,顾客购买的选择性增强,企业之间围绕如何把生产出来的产品顺利销售出去展开竞争。在没有更好的方法之前,推销观念应运而生。

奉行推销观念的管理者认为,顾客只有在销售活动的刺激下才会购买。企业要大力开展推销活动,千方百计使顾客对企业已经生产出的产品产生兴趣进而购买产品。大力推销是企业扩大销售、提高利润的必由之路。在推销观念指导下,企业设立专门的销售部门,注重产品推销和广告投入,重视运用推销术或广告术,刺激或诱导顾客购买。至于顾客是否满意,则不是企业考虑的问题。

推销观念对企业的销售工作有积极的促进作用,提高了销售工作在企业经营管理中的地位,并促使企业更多地了解市场情况,为进一步转变营销观念创造了条件。但是,由于推销观念下企业大都不问市场需求、只顾销量和利润,实践中难免使用一些损害顾客利益的所谓推销技术、营销技巧,往往会最终丧失企业声誉。

四、市场营销观念

市场营销观念(marketing concept)又称为以顾客为中心的观念或以市场为中心的观念,是当代主流的营销管理思想,为大多数企业采用。

奉行市场营销观念的管理者认为,实现企业目标的关键不仅仅在于成本、质量或推销,而在于满足顾客的需求。只有那些能够在产品、价格、品牌价值等多个方面更好地满足顾客需求的企业,才能在竞争中立于不败之地。

市场营销观念的采用,要求企业在组织上、管理上作出一系列变革:①企业的目标:企业的核心任务不仅是获得利润,还包括满足顾客需求,两者不可分割。②营销管理过程:企业的经营管理活动以市场即顾客为中心,整个经营过程向前延伸到了解顾客需求,向后延伸到售后服务。③营销的手段:不再单纯地依赖广告或者推销,而是开展整体营销即综合运用目标市场战略与产品策略、价格策略、分销策略与促销策略。④按需生产:决定企业生产什么、生产多少的主要因素不再是现有技术和设备,而是市场需求。⑤营销的角色:营销的角色不是企业生产什么我们就卖什么,而是参与到"顾客喜欢什么?市场需求什么?我们应该生产什么"的决策中。

五、社会营销观念

社会营销观念(social marketing concept)是对市场营销观念的发展和补充。它伴随20世纪70年代人们对能源短缺、通货膨胀、失业增加、环境污染严重等社会问题的日益关注而产生。

市场营销观念兼顾了企业与顾客的利益,但忽略了顾客需要或顾客利益与长期社会利益之间可能存在的冲突。人们越来越多地指出,某个企业充分满足了顾客的需求,却损害了社会整体利益。例如汉堡包等西式快餐,满足了人们的口腹之欲,却有可能因为高脂、高盐而不利于人们的健康。回应社会对这类问题的关切,营销界也修正了市场营销观念,提出重视社会公共利益的社会营销观念。

社会营销观念要求营销管理者在制定市场营销政策时,不仅要满足顾客的需求与欲望,还要符合顾客和社会的长远利益,要统筹兼顾企业、顾客和社会三方面的利益。

需要、欲望与需求　产品、服务　顾客价值　顾客满意　市场　市场营销　市场营销组合　4C组合　4R组合　生产观念　产品观念　推销观念　市场营销观念　社会营销观念

1. 什么是市场营销？市场营销包括哪些典型的活动？
2. 对比分析需要、欲望与需求的含义,解释小米手机和移动支付的需要与欲望。
3. 营销管理过程包括哪些主要的步骤？
4. 解释五种营销管理哲学的主要观点,为什么说每种营销管理哲学都有其特定作用？
5. 互联网及移动互联网给顾客和营销管理者带来了哪些变化？

红包之战

2015年春节期间,中国最具人气的集体娱乐,可能不是CCTV的春节联欢晚会,而是"抢红包"大战。以微信和支付宝为主的一些企业,争着抢着向人们赠送红包,短短几天送出的金额就超过10亿元。它们为何如此慷慨？目的是什么？

背景

支付宝是阿里巴巴旗下的第三方支付平台,成立于2004年12月。支付宝主要提供支付及理财服务,包括网购担保交易、网络支付、转账、信用卡还款、手机充值、水电煤缴费、个人理财等多个领域。在进入移动支付领域后,为零售百货、电影院线、连锁商超和出租车等多个行业提供服务。还推出了余额宝等理财服务。支付宝红包分为现金红包和商家优惠券,用户抢到的现金红包,将进入用户的支付宝账户余额,可以在支持支付宝消费的地方使用,也支持提现到银行卡;用户抢到的商家优惠券,在相应的商家消费时即可以使用。

微信支付也是一家第三方支付平台,是腾讯公司的知名移动社交通信软件微信及财付通联合推出的移动支付创新产品,微信支付于2008年1月6日正式上线。微信支付可实现刷卡支付、扫码支付、公众号支付、APP支付,并提供企业红包、代金券、立减优惠等营销新工具,满足用户及商户的不同支付场景。微信于2014年1月27日推出的一款应用,功能上可以实现发红包、查收发记录和提现。2014年4月14日,安卓手机用户只要用微信扫描身边出现的红色二维码,通过腾讯应用宝成功安装其他应用软件,即可领取微信红包。

马年春节

2014年(农历马年)春节前后,微信发起了一场有备而来的红包大战,成功地获得了大量移动支付用户。

2014年1月26日(腊月二十六),腾讯财付通在微信推出公众账号"新年红包",用户关注该账号后,可以在微信中向好友发送或领取红包。微信红包的操作并不复杂,关注"新年红包"账号后,微信用户可以两种形式发放红包:"拼手气群红包",用户设定好总金额以及红包个数之后,可以生成不同金额的红包;另一种则是普通的等额红包。抢到的红包还可以提现到用户绑定微信的银行卡里。微信红包一经推出,就以病毒式的传播方式活跃在各个微信群中,并在除夕当夜全面爆发。

截至农历大年初一下午4时,参与抢微信红包的用户超过500万,总计抢红包7 500万次以上。虽然这500万用户不及微信6亿用户的1‰,但足以让互联网大佬们感到背后的凉意,马云称其宛如"珍珠港偷袭"。

小小的微信红包,却凭借遵从人性的玩法创新,将新春礼俗变成了一场社交狂欢,"拼"出了一股现象级热潮。腾讯数据显示,农历除夕到正月初八这9天时间内,微信红包横扫全国34个省级行政区域,800多万用户共领取4 000万个红包,总值4亿多元人民币带着新春祝福在手机里不停分发、流转。除夕当夜,微信红包用户量攀顶,达482万,零点前后流量峰值出现,达到瞬间峰值时,每分钟就有2.5万个红包被拆开。

支付宝也一如既往地推出了抢红包活动。1月23日支付宝手机客户端支付宝钱包正式推出"新年讨红包"活动。活动分为"讨彩头""发红包"两部分,面向的是手机通讯录与支付宝转账记录用户。2月8日,支付宝晒出了自己"春节红包"靓丽的成绩单:春节7天,数百万用户通过支付宝钱包共计发放价值2亿元的红包,平均金额超过50元,最大的红包达到19万元。红包最高峰同样出现在除夕当天,用户收发的红包总金额高达5 500万元。

比较而言,支付宝在这一年的成绩比微信逊色不少(表1-1)。马云曾提到这场战斗:"几乎一夜之间,各界都认为支付宝体系会被微信红包全面超越。体验和产品是如何如何的好……确实厉害!此次'珍珠港偷袭'计划和执行完美。幸好春节很快过去,后面的日子还很长,但确实让我们教训深刻。"

表 1-1　马年春节红包成绩单：微信 VS 支付宝

功能名称	新年红包	新年讨喜
应用平台	微信	支付宝
所属公司	腾讯财付通	阿里巴巴支付宝
产品功能	收发拼手气红包与普通红包、查看红包记录、提现等	收发红包与讨彩头、提现等
上线时间	2014 年 1 月 28 日	2014 年 1 月 23 日
使用终端	移动终端	移动终端
红包用户	超过 800 万	无公开数据
红包发放总数	约 4 000 万个	约 400 万个
红包总额	约 4 亿元	约 2 亿元

羊年春节

2015 羊年春节，不再是微信红包一家独美，支付宝与微信双方斗智斗勇，贴身肉搏，一发不可收拾。

"拼钞票"。支付宝提早放出了大招，意欲先声夺人。2015 年 2 月 9 日上午，支付宝宣布从小年夜（2 月 11 日）到正月初一（2 月 19 日），与品牌商户一起向用户发放约 6 亿元的红包。其中，现金超过 1.56 亿元，购物消费红包约 4.3 亿元。微信也不甘示弱，于当日明确放招应对支付宝，宣布"摇一摇，抢红包"首轮活动会从 2015 年 2 月 12 日 21 时开始，及至除夕和新年，送出金额超过 5 亿元的现金红包（单个最大红包为 4 999 元），以及超过 30 亿元的卡券红包。

"拼阵营"。支付宝一方是支付宝与微博联手出击。马云早就通过入股新浪微博成功地为支付宝找到了一个社交平台接口。在这场红包大战中，一方面支付宝利用微博在一定程度上抵消了微信的社交优势。更重要的是，另一方面通过微博红包账户与支付宝之间的通道，微博红包的人气也会为支付宝带来更多的流量。2015 年除夕夜微博的日活跃用户达到 1.02 亿，除夕当天中现金红包的用户超过 1 500 万，为支付宝助力多多。微信一方则是微信和手机 QQ 共同作战。微信和手机 QQ 覆盖不同的人群，但都是财付通在移动端的入口。手机 QQ 与支付宝同一天上线红包功能后，关于春节红包的话题被彻底引爆，不少人已经开始试用 QQ 红包和支付宝红包，在平时沉寂的 QQ 群里，时不时会有土豪扔出一个红包"炸弹"，群里的气氛顿时就活跃起来了。

支付宝：马云亲自上阵。2015 年 2 月 15 日马云微博：这几天问我讨"红包"的人很多。仔细想想这 15 年创业以来运气真的不错，应该和大家分享下。我打算大年三十晚上在微博和来往上发支付宝"红包"，分享"喜彩压碎钱"，祝福大家来年好运连连，抢红包的时间和口令，我会这几天在来往和微博上公布。2 月 16 日下午马云公布除夕夜发红包的计划，他在微博表示，将在除夕夜给广大网友发放 99 万 9 999 个红包，向网友祝贺新年好运。消息一经公布，微博上便炸开了锅。一大波网友在微博下转发或者留言，并纷纷猜测马云发红包的具体形式和金额。之后，马云在微博透露，他的除夕夜红包将使用中文口令形式，这也将是支付宝红包的第一个中文口令。此前，支付宝的口令红包都是数字口令，用户输入数字口令就可领取相应的红包。2 月 19 日凌晨，马云在微博上抛出了口令的问题：你觉得外星人应该长得像谁？这个颇具自黑勇气的红包口令一出,立马引来大批网友"围观"猜口令。答案"我"字就是马云红包的口令。网友只要在支付宝钱包首页输入"我"字,就能领到马云发的红包。100个红包在2分36秒内即被一抢而空。参与人数高达2998万,网民共输入了近1亿个答案。

微信:一众明星助阵。2月11日晚8点,QQ明星红包准时开抢,QQ网友热情点元宝,让原本30万元的启动金额一路上涨到了600万元。从小年夜开始,陆续有柳岩、赵丽颖、黄晓明、陈坤、张翰以及TFboys等16位大牌在QQ平台为用户发送新年现金红包。除夕晚8点春晚开播,此次QQ红包神秘的除夕玩法浮出水面,在晚8点到晚12点间,用户进入右下角活动入口后,出现的是正在播出的春晚节目的投票页面,用户只要进行投票,就有机会获得QQ红包。这种边投票边抢红包、边看春晚边吐槽的方式获得了网友的极大欢迎,整个春晚获得了6.7亿次投票,QQ春晚兴趣部落的页面浏览量突破19亿。

支付宝:借力微博。红包大战中,支付宝充分利用微博的开放性,在微博上巧妙发布有关信息,不断聚拢人气。其间,支付宝官方微博一条关于抢红包的微博短短一上午就有2万多转发和评论。2015年2月11日上午10时10分,支付宝官方微博发布信息称:"红包小人儿要被戳爆啦!现在已经有210万人中奖了,因为大家抢红包的热情太高涨,小人耍脾气要罢工了!请给我们一点时间劝劝他。10点半之前戳小人都能抢红包,大家不要着急。"该条微博短短1小时就引起1万条评论、近2000的转发。记者从评论中看到,大部分网友表示没有抢到红包。一些网友甚至要求支付宝晒出210万抢到红包者的名单。

微信:联手春晚。2015年春节微信与央视春节联欢晚会"捆绑",开展全方位的深度合作。在春晚的整个直播过程中,微信用户可通过微信的"发现——摇一摇"入口,摇出的各项惊喜将与春晚的环节设计紧密相关,同时开抢由各企业赞助商提供的价值超过5亿元人民币的微信现金红包。晚上10点半,大家最为期待的"全民抢红包"环节正式上演,不少用户全家人手一部手机,根据主持人详细的互动引导,进入微信参与"摇红包"。摇红包的"咔咔"声不绝于耳,单个红包最大金额达到4999元。同时,每个抢到红包的用户,还可领取多个"红包",分享给好友,于是便出现了全家疯狂摇手机的情景。微信通过与春晚合作,可谓出尽风头!

战绩比拼(表1-2)。微信红包数据:除夕当日微信红包收发总量达10.1亿次;18日20:00至19日00:48,春晚微信摇一摇互动总量达110亿次。10点半央视春晚送红包,微信摇一摇总次数72亿次,峰值8.1亿次每分钟,送出微信红包1.2亿个。除夕0—19点:微信红包的收发总量达到4亿次,摇红包的总参与人数达到2000万。其中,全民摇动次数超过2亿次,最高纪录为每分钟4000万次。截至21点,微信红包的收发总量达到6亿次,摇一摇次数为8.57亿次。支付宝红包数据:据支付宝官方披露,从2月18日凌晨1点到2月19日凌晨1点的24小时内,共有6.83亿人次参与了支付宝的红包游戏。支付宝红包的收发总量超过2.4亿次,总金额达到40亿元。由于加入了"戳猫猫"游戏的元素,在2月18日晚上20:00左右,系统峰值出现,支付宝钱包首页被点击的次数达到8.832亿次/分钟。

表 1-2 羊年微信和支付宝红包的数据

项　　目	微 信 红 包	支付宝红包
红包收发总量	10.1亿次	2.4亿次
总金额	50亿元现金红包和30亿元卡券红包	40亿元
摇一摇/首页点击次数峰值	8.1亿次/分钟	8.832亿次/分钟

红包大战的背后

为什么巨头们争着抢着发红包？真的是钱太多太任性？世界上从来就没有天上掉馅饼的好事，红包大战看似让用户捡便宜，实质上是互联网企业为了抢占移动支付市场以及获取沉淀资金的丰厚"收益"而展开的竞争。

红包是抢占移动支付市场的门票。移动支付（mobile payment）也称为手机支付，就是允许用户使用其移动终端，尤其是手机终端对所消费的商品或服务进行账务支付的一种服务方式。

移动支付在我国发展迅猛，艾瑞数据显示，2014年我国移动支付交易规模高达59 924.7亿元，同比增长391%；同期互联网支付交易规模为80 767.0亿元，同比增长50.3%。移动购物、移动金融的发展，以及移动互联网所带动的O2O（线上线下）商业模式的火热，都促使移动支付成为互联网金融的必争领域，而红包是轻松、有趣的媒介，可以借此自然地发展、养成用户的移动支付习惯。

从性质上看，红包是用户间的转账行为，尽管在2014年一年中，移动购物、打车、航旅等多个行业均有了长足的发展，但是移动支付的交易规模依然以包括转账、信用卡还款在内的个人应用类为最大。艾瑞数据显示，2014年全年，在个人应用上产生的交易规模占比从39.6%至44.9%不等，交易规模占比最大，而实际上这部分对于支付公司来讲，产生的利润并不高。但这却是引领用户使用移动支付的第一步。

中国第三方移动支付的市场集中度十分明显，2014年年末支付宝、腾讯财付通两家企业占据了93.4%的市场份额，其中支付宝的市场份额为82.8%，财付通的市场份额为10.6%。微信并不甘于在移动支付市场上只当"小兄弟"，于是连续发动红包大战，以图提高市场占有率，正是红包大战的起因。

案例思考

1. 2015年的"红包大战"之后，支付宝与微信支付争夺用户的战斗还在继续。把握市场现状是制订有效竞争策略的重要前提。请制订一份"移动支付市场调研计划"，以了解支付宝与微信在移动支付市场上的最新竞争状况。

2. 基于调研计划，设计一份调查问卷，以比较支付宝与微信的使用状况为主题，以用户规模或市场占有率、使用活跃度、使用偏好、使用场景为主要信息收集内容，以个人用户为调查对象。完成实地调研，撰写调研报告。

第二章

购买行为分析

1. 了解购买者的分类及其各自特点。
2. 了解消费者购买行为的主要影响因素。
3. 了解消费者购买行为的主要类型。
4. 了解消费者购买行为的发生过程。
5. 了解产业购买者行为的主要影响因素。

朝阳轮胎的目标市场策略

中策橡胶集团成立于1958年,是2018年中国最大的轮胎生产企业,在全球轮胎企业排名中位列第10位,旗下拥有朝阳、威狮、好运、全诺、雅度、ARISUN等知名轮胎品牌,为不同层次与需求的汽车消费者带来优秀的轮胎产品,而其中最为消费者熟知的就是朝阳轮胎。

作为中国知名品牌,朝阳轮胎的产品覆盖了乘用轿车胎、商用轿车胎、工程车胎、工业农业车胎及两轮车胎等多个领域,目标客户包括一般消费者和整车厂商两大类型。针对不同的客户市场,朝阳轮胎进一步采取了不同的市场策略。

针对普通消费者的更换和维修需求,朝阳轮胎除了提供高品质的轮胎产品外,还重点在广告宣传和销售渠道上下功夫。首先,在广告宣传上,朝阳轮胎每年都会在各地主流电视媒体上播放品牌广告,"有太阳升起的地方就有朝阳轮胎"的广告语早已深入人心;此外公司还组建了朝阳轮胎越野车队,参加全国各类汽车越野赛事,吸引众多汽车爱好者的关注。其次,在渠道建设上,朝阳轮胎在全国各地建立了数千家直属品牌服务门店,为消费者提供便利的轮胎购买和维护服务;与此同时,朝阳轮胎还开设了天猫官方旗舰店,满足消费者的线上购胎需求。

针对整车厂商的轮胎采购需求,朝阳轮胎重点加强与各个厂商的沟通与合作。朝阳轮胎每年都会在全球各地参加各类车展,与各个整车厂商建立业务联系;与此同时,朝阳轮胎还积极参与整车厂商的配套开发合作,为新车的设计开发提供产品和服务支持。目前,朝阳轮胎已经成功与上汽通用、长安汽车、江淮汽车、奇瑞捷豹路虎、北汽福田、中国柳工等众多整车厂商建立了长期战略合作伙伴关系。

第一节 购买者的分类与特点

企业的产品究竟是谁在购买?这是企业的管理者在营销决策之前首先需要考虑的问题。然而,在商品经济高度发达的今天,企业的购买者往往有很多种类型。正如引导案例中所提到的朝阳轮胎,它的购买者可能是那些需要更换汽车轮胎的普通消费者,也可能是诸如上汽通用、长安汽车等大型整车生产厂商。因此,现代市场营销学根据购买目的的不同,将购买者整体上划分为一般消费者和组织购买者(产业、政府和中间商)两大类型,而组织购买者又以产业购买者为主体。

一、消费者的内涵与特征

(一)消费者的内涵

消费者是指为满足生活消费而购买或取得商品和服务的个人与家庭。从构成来看,消费者往往包含个人和家庭两种主要类型;而从购买目的来看,消费者是为了满足个人生活消费。对于一个商品而言,只有进入生活消费领域,才算最终完成使命。因此,消费者市场往往是所有产品的最终市场,在市场营销中具有特殊的意义。

(二)消费者的特征

相对于规模比较大的产业购买者而言,消费者则是由单个的个人或家庭构成,因此消费者在数量分布、购买行为、需求特点和价格敏感度等方面都具有一些自身的特征。

1. 购买人数多、分布范围广

由于消费者是由个人和家庭构成,所以在数量上会显著多于产业购买者,分布也更为分散。特别是生产大众消费品的企业,全国乃至全球的每一个人或家庭都有可能是产品的购买者,整体数量可能达到数亿。因此,为了更好地满足消费者的需求和购买特征,企业往往需要借助大众的传播媒体进行宣传,同时通过大范围的分销渠道进行产品销售。

2. 购买数量少、次数多

由于消费者购买产品的目的只是满足个人的生活消费,因此单次购买的数量不可能太多,但是生活消费是一个持续的过程,消费者需要不断地购买。因此,消费者购买行为的一个典型特征就是小批量和多频次。

3. 需求差异大、变化快

每一个消费者或家庭的需求都不尽一样,而且在很多商品的选购上经常会受到自身喜好和情感影响,特别是随着消费者生活水平的提高,消费者越来越追求个性化和时尚,进而导致消费者之间的需求差异日益变大,变化也越来越快。

4. 价格弹性大、流动性强

在当前的市场环境下,大多数消费品都具有较强的替代性,市场竞争日益激烈,消费者可以从众多品牌中进行挑选,因此对于商品的价格更加敏感,会频繁地购买不同的品牌商品。

二、产业购买者的内涵与特征

(一) 产业购买者的内涵

产业购买者是指购买产品或服务用于制造其他产品或服务,然后销售或租赁给他人以获取利润的组织或个人。从构成上看,产业购买者经常是一些组织部门,但也有可能是个人。它们作为生产者,购买产品的目的是满足自身生产,然后通过销售或出租的方式获取利润。产业购买者所生产的产品最终流向依然是消费者,因此产业购买者往往也被称为消费者市场的衍生市场。

(二) 产业购买者的特征

正是由于产业购买者出于生产加工的目的,因此相对于消费者往往具有数量较少、分布相对集中、购买规模大、批次较少、多数人参与、理性购买、供求关系密切、缺乏价格弹性和需求波动大等特征。

1. 数量较少、分布相对集中

产业购买者作为生产者,其数量要比消费者少很多,在一些比较集中的行业,产业购买者可能只有少数几家甚至一家。此外,由于产业政策、地理环境、自然资源、交通运输和销售市场的位置等因素的影响,很多同类产业购买者聚集在一起,在地理分布上相对比较集中。

2. 购买规模大、批次较少

由于产业购买者的购买目的是满足自身的生产经营活动并最终获取利润,因此,为了实现生产和采购的规模经济,同时合理控制自身的库存和物流成本,产业购买者的单次购买额必然很大,也非常注重采购的经济批次。

3. 多数人参与、理性购买

产业购买者所购买的产品将被用于生产经营活动,不易替代,同时购买规模又很大,因此购买产品的品质将直接影响企业的经营效果。因此,产业购买者在购买过程中更趋于理性购买,更看重产品本身的品质,对于核心生产资料的采购,产业购买者需要设置多个部门和人员进行审核、把关,尽量保证购买活动的合理性。

4. 供求关系密切

产业购买者的买卖双方倾向于建立长期的业务联系,相互依存。生产者市场的供方需要通过有效的服务与顾客建立长期的业务联系,以保持自己产品的市场占有率和企业的稳定客户。供方经常要参与产业购买者的购买决策,帮助产业购买者解决购买过程中产生的问题,提供完善的售前咨询及售中、售后服务,按照顾客要求的品种、性能、规格和时间定期向顾客供货。

5. 缺乏价格弹性

产业购买者往往对价格并不敏感,一般不受市场价格波动的影响。这首先是因为生产者不能在短期内明显改变其生产工艺。例如,建筑业不因水泥涨价而减少用量,也不因钢材涨价而用塑料代替钢材。其次是因为生产者市场需求的派生性,只要最终消费品的需求量不变(或基本不变),引申的生产资料价格变动不会对其销量产生大的影响。最后是因为一种产品通常是由若干零件组成的,如果某种零件的价值很低,这种零件的成本在整个产品的成本中所占比重很小,即使其价格变动,对产品的价格也不会有太大影响。

6. 需求波动大

由于产业购买者内部的各种需求关系具有很强的连带性和相关性,因此消费品市场需求的结构性变化会引起生产者市场需求的一系列连锁反应;受经济规律的影响,消费品市场需求的少量增加与减少,会导致生产者市场需求较大幅度的增加和减少。因此相对于消费者市场,产业购买者市场的需求波动性会更大。

第二节 消费者购买行为的分析

一、消费者购买行为的主要影响因素

消费者之所以会产生某种购买行为,实际上是一种复杂的决策过程,是各种内部因素和外部因素共同作用的结果,各种因素之间的相互关系如图 2-1 所示。

从图 2-1 中可以看到,消费者购买行为的发生,最直接的原因就是消费者内心存在某种需要和动机,然而这种需要和动机又会受到消费者自身的心理活动、个性和学习过程的影响;与此同时,消费者的需要、动机和各种心理活动,又会受到外部各种经济、社会和文化环境的影响,以及企业所采取的产品、价格、渠道和促销等各种营销策略的影响。

(一)自身内部因素对消费者购买行为的影响

1. 消费者的需要和动机

需要是人感到缺乏而力求满足的一种主观心理状态。人的需要包括很多方面,既包

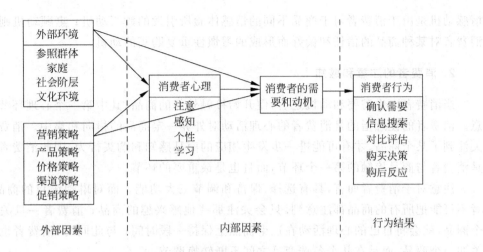

图 2-1　消费者购买行为的主要影响因素

括生理上的需要,如饥饿、口渴等;也包括心理上的需要,如追求地位、时尚等。

针对人的需要类型,著名心理学家马斯洛提出了需要层次理论(hierarchy of needs theory)(图 2-2),并将人的需要从低到高划分成生理需要、安全需要、社会需要、自尊需要和自我实现需要五个层次,只有低层次的需要被满足后,较高层次的需要才会出现并要求得到满足。

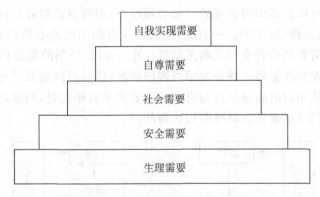

图 2-2　马斯洛的需要层次理论

而消费者购买某种商品或服务也同样是出于各种不同的需要,特别是近些年来随着收入和生活水平的提高,消费者越来越追求更高层次的自尊和自我实现需要。因此,对于营销者而言,就需要准确地识别目标顾客真正想要的是什么,并努力满足这些需要。

消费者动机则是为了满足一定的需要而引起购买行为的愿望和意念。当消费者产生某种需要之后,他就会开始考虑怎么做才能满足这种需要,而这个思考和引起意念的过程就是动机。可以形象地说,需要是消费者想要什么,而动机是消费者想做什么。需要是动机产生的基础,而动机则直接和购买行为相联系。

一般而言,消费者的购买动机包括理智动机、情感动机和惠顾动机三种类型。其中理智动机是建立在消费者对商品的客观认识基础上,通过充分分析和比较后产生的动机;

情感动机是由于消费者对于商品不同的情感体验所引发的购买动机;惠顾动机则是由于消费者对某种商品的信任和偏好而形成的习惯性重复购买的动机。

2. 消费者的注意和感知

当消费者产生需要和动机之后,便开始接触外部的商品,其中第一个心理环节便是注意。消费者的注意指的是消费者的心理活动对外界一定商品的指向和集中。消费者只有关注到了某个商品,才有可能进一步发生相应的商品感知和购买行为,因此消费者的注意是消费者与商品接触的第一个环节,而且也是最重要的环节。

注意对于消费者而言,具有选择、保持和调节三大功能。面对琳琅满目的商品,消费者不可能把所有的商品都注意到,只会关注那些他感兴趣的商品;消费者一旦关注了某个商品,就会将自己的心理活动在这个商品上保持一段时间;与此同时,消费者也不会只关注一个商品,而是在几个备选商品之间不断转换调节。

当消费者注意到一个商品之后,紧接着的心理活动就是对该商品的感知,而消费者感知包括消费者感觉和知觉两个层次。其中,感觉是消费者对直接作用于感觉器官的商品个别属性的反应;而知觉则是在感觉基础上,对商品的整体性反应。

消费者的感觉包括视觉、听觉、味觉、嗅觉和肤觉等外部感觉,以及位置觉、运动觉和机体觉等内部感觉。通过各种感觉,消费者会对某一商品产生初步的认知,随后,消费者会把各种感觉信息进行加工和总结,进而形成对该商品的整体性认识。

至此,我们就可以总结出消费者的一般心理过程,即所有消费者在购买商品时往往都要经历的一个心理过程(图2-3)。一方面,消费者在内部生理或心理的刺激作用下,会产生需要,为了满足需要消费者会形成购买动机;另一方面,外部的商品构成了消费者的外部刺激,消费者首先会注意到一些他所感兴趣的商品,然后对该商品进行感觉和知觉。最后,消费者会将所感知到的商品信息与自身的需要和动机相比对,判断该商品是否能够很好地满足自身的需要,以及是否需要购买该商品。

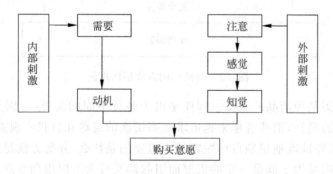

图2-3 消费者的一般心理过程

3. 消费者的个性

虽然消费者在购买商品的过程中都要经历如上所述的一般过程,但是我们也看到不同的消费者在购买过程中的表现往往也存在着很大差异,这种差异就属于消费者的个性。

消费者的个性是指消费者带有倾向性的、比较稳定的、本质的心理特征的总和,具体又包括消费者的气质、性格和能力三个方面。

(1) 气质(temperament)。气质是指一个人在心理活动和行为方式上表现的强度、速度、稳定性和灵活性等动态方面的心理特点。人的气质主要受遗传因素影响,强调人和人之间天生就存在差异。当前,对于人的气质最常用的分类方法是古希腊学者希波克拉特所提出的体液说,他将人的气质划分成胆汁质、多血质、黏液质和抑郁质四种类型。不同气质的人具有不同的心理和行为特点,而反映在消费者身上则表现出不同类型的购买行为,具体如表2-1所示。

表 2-1　不同气质类型消费者的购买行为

气 质 类 型	购买过程特点	购买行为类型
胆汁质	喜欢标新立异、追求新款奇特的流行产品,可迅速完成购买	冲动型购买
多血质	善于交际、具有较强的灵活性、通过多渠道获取信息	想象型购买
黏液质	比较细致、认真,很少受广告和他人影响	理智型购买
抑郁质	考虑比较周到,对周围比较敏感,购物行为拘谨	谨慎型购买

(2) 性格(personality)。性格是指人对现实事物的稳定态度和与之相适应的习惯化的行为方式。与气质不同,人的性格更多受到后天的家庭因素、社会因素和自我认知的影响。目前对于性格的分类有很多不同的方法,可以根据向性将性格分为内向型性格和外向型性格,根据机能类型将性格分为理智型性格、情感型性格和意志型性格等。而不同性格消费者对消费具有不同的态度,同时表现出不同的购买行为。

(3) 能力(capability)。能力是指人顺利完成某种活动所必须具备的,并且直接影响活动效率的个性心理特征。能力直接和行为相联系,并影响行为的效率和效果。人的能力差异,一方面受到先天遗传因素的影响;另一方面也受到后天社会环境、教育程度和自身心理因素的影响。消费者在购买过程中表现出的行为差异,一定程度上也反映了自身能力的差异,具体表现为不同的商品感知和辨别能力、不同的商品分析和评价能力、不同的商品选购决策能力和不同的自我利益保护能力。

4. 消费者的学习

除了不同消费者之间的购买行为差异之外,即使是同一个消费者的购买行为特征也并不是一成不变的。也就意味着,消费者会不断调整自身的购买行为,而这正反映了消费者的学习过程。消费者学习(consumer learning)是指消费者在购买和使用商品的过程中,逐渐积累经验并根据经验调整购买行为的过程。消费者学习的方法主要包括模仿法、试误法和观察法。

(1) 模仿法。模仿法指消费者主动或被动地模仿周围人或参照群体的购买行为。例如,很多年轻的消费者会不自觉地模仿父母的购买习惯,与此同时也会主动地模仿所喜好的明星参照群体的购买行为。

(2) 试误法。试误法是指消费者通过不断地尝试和错误,从而逐步调整优化自身的购买行为。消费者在每次购买行为之后,往往都会进行反思和总结,既会总结购买过程中的成功之处和失误之处,也会总结所买品牌商品的优点和缺点,进而在之后的购买过程中不断强化正确的选择,同时尽量避免错误的选择。

(3) 观察法。观察法则是消费者通过观察他人的购买行为,获得示范行为的经验,并做出或避免做出相似购买行为的过程。观察法与模仿法不同,它首先需要消费者的主观价值判断。通过观察周围人的购买行为,并判断行为结果的优劣,进而决定是否采取类似的购买行为。

5. 个人统计特征

除了以上所提及的各种心理因素之外,消费者的购买行为还会受到自身的收入、年龄、性别、职业和受教育程度等人口统计因素的显著影响。

(1) 不同收入的消费者购买商品的类型、数量和场所都存在显著的差异,与此同时对于价格的敏感程度也明显不同,往往收入越高的消费者对于价格的敏感度越低。

(2) 不同年龄段的消费者购买商品的类型和购买方式也存在显著差异,其中儿童消费者以食品、玩具和学习用品为主要消费对象,购买方式则是以父母代购为主;青年消费者则以休闲、娱乐和时尚产品为主要消费对象,购买行为更容易受到广告、明星的影响,倾向于冲动型购买;中年消费者则以房产、汽车和各种耐用消费品为主要消费对象,购买行为更倾向于理性;而老年消费者更看重保健和医疗服务,购买行为更加节俭。

(3) 男性和女性消费者也存在明显不同,一般而言男性消费者的购买行为更倾向于理性,购买决策更加迅速果断,同时更容易形成品牌忠诚;而女性消费者的购买行为则富有更浓的感情色彩,购买决策波动性比较大,更难形成品牌忠诚。

(4) 不同受教育程度消费者的购买能力和购买习惯也存在显著差异。在购买能力方面,受教育程度较高的消费者往往能力也较强,因此在商品购买过程中更倾向于自己收集信息、分析比较并作出购买决策;而受教育程度较低的消费者由于自身的能力偏弱,因此在商品购买过程中更倾向于听取别人的建议。在购买习惯方面,受教育程度较高的消费者,更习惯于阅读报纸、杂志等广告媒体;而受教育程度比较低的消费者则更倾向于电视、广播等广告媒体。

(二) 外部环境因素对消费者购买行为的影响

消费者的购买行为除了受到自身心理因素影响之外,还会受到各种外部社会文化环境因素的影响,其中最主要的外部因素包括参照群体、家庭、社会阶层,以及文化等方面。

1. 参照群体

参照群体(reference group)是指人们判断事物的标准和仿效的群体。参照群体,可能来源于个人所属的群体内部,比如家庭中的父母或单位中的领导;同时也可能来源于个人所仰慕和向往的榜样群体,如我们经常在广告中看到的影视明星。

参照群体作为人们所仰慕和模仿的对象,同样也会对消费者的购买行为产生显著影响,主要表现为信息性影响、规范性影响和价值表现性影响三个方面,即参照群体所提供的商品信息更容易被消费者所关注;参照群体所提出的一些商品建议更容易被消费者所采纳;参照群体即使什么都没有做,消费者仍然会主动模仿,以表现出与参照群体相同的价值观和形象。正是由于这些重要的影响作用,当前很多企业在做品牌宣传时都会选择参照群体来进行代言,如比较常见的明星代言、专家代言、职业经理人代言和典型普通人代言等。

值得注意的是,并不是所有消费者和所有商品的购买行为都会受到参照群体的显著影响。一般而言,年轻消费者受参照群体的影响程度大,中老年消费者受参照群体影响的程度则相对较弱;公开场合使用的奢侈品受参照群体的影响程度大,私下场合使用的大众品受参照群体的影响程度则相对较弱。

2. 家庭

家庭是建立在婚姻和血缘关系基础上的亲密合作、共同生活的小型群体。家庭是构成整个社会的基本单元,同时也是对每一个人影响最深远的群体。人的一生都是在家庭中度过的,同时各种人生观、价值观和生活习惯也都是在家庭中逐步养成的。

对于消费者而言,家庭同样具有非常重要的意义。首先,家庭本身就是一个消费单位,对于一些商品尤其是耐用消费品的购买,往往是家庭成员共同参与的,并承担着不同角色;其次,家庭中的父母经常充当购买代理人的角色;再次,家庭的经济状况决定了家庭成员的购买能力;最后,家庭的社会阶层决定了消费者的需求和消费习惯。

正是由于家庭经常作为一个消费单位出现,在家庭购买过程中,不同的家庭成员往往又会扮演不同的角色和承担相应的任务,具体包括提议者、影响者、决策者、购买者和使用者,如表2-2所示。

表 2-2 不同的家庭购买角色

家庭购买角色	主 要 任 务
提议者	促使家庭其他成员对商品发生购买兴趣
影响者	提供商品信息和购买建议,影响商品和品牌选择
决策者	有权单独或与家庭其他成员共同作出决策
购买者	使用所购买的商品或服务
使用者	亲自从事购买活动

3. 社会阶层

社会阶层是指一个社会按照其社会准则将其成员分为相对稳定的不同层次。在当前的各个国家都存在社会阶层,而不同的社会阶层之间又存在显著的差异。一方面,不同社会阶层的人所从事的职业不同,拥有的收入和财富不同;另一方面,不同社会阶层的人所拥有的获取社会资源的能力和机会也不同。

正是由于不同的社会阶层拥有的收入和财富不同,能力和机会也不同,进而不同社会阶层消费者的购买行为也会存在显著的差异,具体表现在购买商品类型不同、购买渠道不同、价格敏感性不同、休闲娱乐活动不同等方面。例如,在购买产品类型上,低阶层消费者重点购买的是食品和生活必需品,高阶层消费者往往更倾向于休闲娱乐和发展投资;在购买渠道上,低阶层消费者更倾向于各类便民市场、超市和便利店,而高阶层消费者则更倾向于百货店和专卖店;在价格敏感性上,低阶层消费者由于自身收入和财富有限,对价格往往比较敏感,而高阶层消费者的价格敏感性则相对较低;在休闲娱乐活动上,一些研究表明,低阶层消费者更偏好群体性的娱乐活动,而高阶层的消费者则更倾向于个体性的娱乐活动。

4. 文化

文化是一个非常宽泛和抽象的概念,不同的研究领域对文化的界定也不尽相同。一般而言,对于文化的定义有广义的文化和狭义的文化两个方面,其中广义的文化是指人类在社会历史发展的实践过程中所创造的物质财富和精神财富的总和;而狭义的文化则强调人类精神活动所创造的成果。

文化往往具有共同性、差异性和变化性三大特征。首先,同一个文化氛围中的人往往具有相同的文化特征,文化就像空气一样,深刻影响着人们却又不被人们所觉察;其次,不同的文化之间存在着显著的文化差异,不同的国家和文化背景下,人们往往具有显著不同的审美观、语言和价值观;最后,文化总是在不断发展变化,特别是在各种文化融合和流行文化的推动下,各国的文化都在不断发展变化。

文化对于消费者的影响重点体现在审美观、语言和价值观三个方面。不同文化背景下的消费者具有不同的审美观,对于颜色、声音和款式具有不同的感受,进而带来不同的品牌、包装和广告的不同设计效果。不同文化背景下的消费者语言也不同,进而带来不同的品牌翻译和广告语。此外,不同文化背景下的消费者价值观也不一样,进而带来不同的购买习惯。

除了传统的文化之外,近些年来越来越多营销者开始关注流行文化,并通过各种营销手段来塑造和引领流行文化。流行文化作为一种大众型的和反传统的文化,对消费者的购买行为具有非常重要的影响。一方面,流行文化可以带来消费者新的需求和新的购买行为;另一方面,流行文化利用消费者的从众心理,可以在短时间内引发大量的消费者需求。

二、消费者购买行为的分类

在内外部因素的共同作用下,消费者最终的购买行为也具有很多不同的类型,如消费者在购买牙膏、服装、个人电脑与购买新汽车或购买商品房之间存在着很大的差异。对于越复杂越昂贵的商品,消费者的重视和参与程度越高,购买决策越慎重。在此基础上,美国学者阿萨尔(Assael)根据购买者的参与程度和品牌之间的差异程度,将消费者的购买行为划分为四种类型(图 2-4)。

	高度参与	低度参与
品牌间差异很大	复杂的购买行为	寻求变化的购买行为
品牌间差异很小	减少失调的购买行为	习惯性的购买行为

图 2-4 阿萨尔购买行为类型

（一）复杂的购买行为

复杂的购买行为发生于消费者高度参与，同时品牌间差异很大的时候，往往是针对一些价格昂贵、功能复杂的产品，如计算机、汽车、商品房、人寿保险、律师服务等。由于消费者缺乏必要的产品知识，需要慎重选择、仔细对比，以求降低风险，因此消费者会在购买此类产品过程中，自行地进行收集信息和产品评价，在广泛了解产品功能、特点的基础上作出购买决策。

（二）减少失调的购买行为

减少失调的购买行为发生于消费者高度参与，但品牌间差异很小的情况下，往往是针对一些品牌共同度比较高，不经常购买的单价高、购买风险大的产品，如购买家用电器、旅游度假等。由于产品的单价比较高、风险比较大，消费者的购买决策会很慎重，但又很难识别各个品牌之间的差异，此时消费者往往会选择他认为最稳妥的购买方式，要么选择价格便宜的，要么选择品牌知名度高的，而这种选择的最终目的就是避免自己在购买之后产生后悔的心理失调。

（三）寻求变化的购买行为

寻求变化的购买行为发生于消费者低度参与，而品牌间差异比较大的情况下，往往是针对价格比较低、功效近似的产品，如食品、服装等。一方面，由于产品价格较低，消费者不愿多花时间进行选择，更倾向于随意购买；另一方面，消费者需要频繁购买，同时品牌之间的差异又比较大，因此消费者不会只专注于某一品牌，而是经常变换品牌。

（四）习惯性的购买行为

习惯性的购买行为发生于消费者低度参与，同时品牌间差异又比较小的情况下，往往针对一些低价值的大众消费品，如牙膏、洗衣粉、矿泉水等。品牌之间并没有显著的差异，消费者在长时间的频繁购买过程中逐渐形成了自身的购买习惯，不需要再深入收集信息和评估品牌，只是习惯于购买自己熟悉的品牌。

三、消费者的购买决策过程

消费者购买行为的发生是一个逐步的决策过程，具体包括确认需要、信息搜索、对比评估、购买决策和购后反应这五个典型的阶段（图2-5）。这也就意味着，消费者的购买过程在购买决策之前就已经开始了，并且在购买后还要延续很长时间。因此，营销人员需要关注消费者的整个购买过程，而不仅仅是购买决策这一个环节。

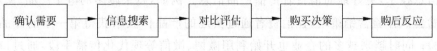

图 2-5 消费者的购买决策过程

此外，值得注意的是，以上所提到的只是消费者购买的一般过程，并不意味着消费者每次的购买过程都要经过这五个阶段。在日常消费过程中，消费者经常会跳过一些阶段。例如，一位女性消费者在购买牙膏的过程中，如果她确认需要购买牙膏，就会直接进入购买过程，不必再进行信息搜索和对比评估。

（一）确认需要

确认需要是指消费者认识到了自身现实情况和理想状态的差距，这种差距会进一步唤起消费者的购买决策。很多因素都会触发消费者确认需要，既包括内部刺激，也包括外部刺激。比如当消费者自身的正常需要强烈到一定程度，就会变成确认需要的一种动力，像饥饿和口渴等都属于内部刺激。此外，一些外部刺激同样可以引起消费者确认需要，如新烤出的面包可能刺激消费者产生饥饿感，邻居的新汽车、电视中的加勒比休假等同样可能触发消费者的需要。因此，营销者经常运用广告宣传或促销措施，以唤醒和培养消费者确认需要，并引起消费者的整个购买决策过程。

（二）信息搜索

当消费者确认自身的需要之后，就开始搜索与自身需要有关的产品信息。首先，消费者会进行内在信息收集，搜索自己的记忆，回想以前解决类似需求的方法，以及相关产品的知识和购买经验。如果以前的经验或知识不足，消费者就开始进行外部信息的搜索，并进入高度注意的状态。此时的消费者会特别留意周围的相关产品信息，并主动地通过各种渠道收集相关的产品信息。

一般而言，消费者的外部信息来源主要包括人际来源、公众来源和商业来源三大渠道。其中，人际来源主要是家庭、朋友、邻居和熟人介绍；公众来源主要是大众传媒、消费者协会、消费者评价等相关的报道和评论；商业来源则主要是企业所进行的广告、销售人员、商店、包装和展示等产品宣传。

各种信息来源相互作用，共同影响消费者的产品评价和选择。消费者所得到的大多数产品信息都是来自商业来源，是营销者精心设计的信息内容。然而，近些年来商业信息尤其是广告信息对于消费者的影响作用正在逐渐弱化，人际信息和公众信息的影响不断增强。这也就意味着，在商品服务的评价和选择上，消费者更愿意相信周围朋友的意见和大众媒体的报道。

消费者的众多信息来源，对企业的营销宣传工作提出了更多的挑战。对于营销者而言，首先要仔细把握目标消费者的主要信息渠道，然后利用创新性的营销组合策略和现代互联网信息技术，更好地向消费者传播产品信息。例如，越来越多的电子产品、家居、服装品牌开始尝试体验营销策略，让消费者通过实地的产品体验来获得第一手的产品知识和使用经验；同时越来越多的企业也开始利用微博、微信等现代化传播手段，通过口碑营销和社群营销策略，以及人际渠道和公众渠道来宣传产品信息。

(三) 对比评估

面对所收集的各种产品信息,消费者会进行对比评估。首先,消费者会根据自身的需要,确定其所关注的产品属性,如产品的价格、品牌、外观、功能等,并确定各个属性的重要程度;其次,消费者会进一步对各个产品相关属性的表现进行评价,并从中选择他认为最理想的产品。

然而,值得注意的是,消费者在对产品进行对比评价的过程中往往具有非常明显的变化性和主观性。不同的消费者所关注的产品属性是不一样的,同时对于各个属性的重视程度也不同;此外,消费者对产品的评价具有很强的主观色彩,消费者不是产品专家,并不能准确、客观地把握各类产品的技术和属性,主要根据个人的主观感受来进行评价。

因此,对于营销者而言,首先要了解目标顾客所关注的产品属性是什么,然后不断调整自身的产品策略来影响消费者的选择。此外,营销者也可以试着改变消费者考虑的属性种类或属性的重要程度,通过价格促销、渠道设计和广告宣传等策略来吸引与改变消费者。

(四) 购买决策

通过对各个产品的对比评估,消费者会确定自己的购买目标,但实际购买行为的产生还需要克服一定的困难,并进行系统的决策。首先,消费者的实际购买行为经常会面临约束困难,如周围人看法的影响,以及消费者收入变化等客观条件的限制。其次,在当前的市场环境下,消费者可以选择的购买方式越来越多,因此,消费者需要对具体的购买时间、购买地点和交易方式进行决策。

对于营销者而言,就要了解消费者在购买决策过程中所面临的困难和约束是什么,然后通过广告、促销等方式拉动消费者,同时通过多样化和便利化的购买方式推动消费者作出购买决策。

(五) 购后反应

购买产品之后,消费者还会有一系列的行为和心理活动。一方面,消费者会使用和体验产品,并对产品购买决策进行评价;另一方面,消费者还会进一步对之后的购买行为进行规划和调整。而在这个过程中,最重要的心理活动就是消费者的满意和忠诚。

消费者满意度是指消费者通过对产品感知效果与期望相比较后所形成的愉悦或失望的感觉状态。消费者满意作为一种购后心理活动,本身是一个相对的概念。消费者满意与否,是产品感知效果与消费者期望之间的关系。如果产品感知效果没有达到期望,消费者就会不满意;如果产品感知效果超过期望,消费者就会满意。商品的感知效果来源于商品本身的功能设计,而消费者的期望则主要来自企业的产品宣传,以及消费者从朋友或其他来源得来的信息。

消费者忠诚度是指消费者对某产品感到十分满意而产生了情感的认同,对该产品产生持久的偏爱,并打算重复购买。从概念上就可以看出,消费者忠诚是在满意的基础上逐渐形成的,相对于满意而言具有更强的持久性,并具有比较明显的行为表现。忠诚的消费者会重复购买该产品并积极向他人推荐;与此同时,忠诚的消费者具有更低的价格敏感性并忽略竞争品牌。

正是基于以上原因,众多的企业开始关注自身消费者满意和消费者忠诚的建设工作。一方面,通过不断提升产品功能,合理规划产品的营销宣传,有效引导消费者的产品预期,进而提升消费者满意;另一方面,通过顾客售后服务系统建设,及时收集和分析消费者的意见与不满,并积极作出响应和改进,不断提升消费者的满意度,并逐步塑造企业的忠诚顾客群。

第三节 产业购买者行为的分析

一、产业购买者行为的主要影响因素

企业为了更好地满足消费者的需要,自己也需要采购很多商品和服务,进而成为产业购买者。产业购买者的购买行为也会受到很多因素的影响,主要包括产业购买者、商品和产业供给者三个方面(图2-6)。

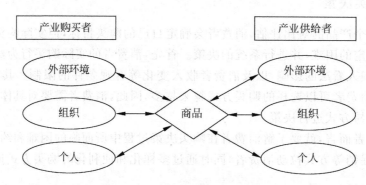

图2-6 产业购买者行为的主要影响因素

（一）产业购买者因素

1. 外部环境因素

产业购买者的购买行为会受到所处的政策环境、经济环境和行业环境的显著影响。首先,为促进一些行业稳定和健康发展,政府会针对产业购买者的购买对象和购买方式制定相关法律,对产业购买者的购买行为加以规范。其次,经济发展环境和发展前景同样会显著影响产业购买者的购买行为,经济繁荣时期,企业销售额快速增长,相应的企业采购也会显著增加并积极追加投资;而当经济发展前景欠佳,风险较大时,产业购买者必然要减缩产量和投资,减少采购量。最后,产业购买者的购买行为还会受到行业竞争和供给状况的影响,在行业竞争激烈、原材料供应紧张的情况下,企业更愿意购买并储存较多的紧缺物资,以保证正常产品生产不被中断。

2. 组织因素

影响产业购买者购买行为的组织因素包括企业自身的营销目标、采购政策、工作程序、组织结构和管理体制等。例如,不同的企业制定了不同的营销目标和采购政策,采取了不同的采购方式和采购审批流程;近些年来,很多企业都开始采用准时生产系统(JIT),即适量及时供货、零库存的一种生产系统,进而也对产业购买者的购买行为造成了改变。

3. 个人因素

首先,产业购买者的购买行为是组织行为,整个购买决策过程也需要很多人参与并承担不同的决策。一般而言,产业购买者的参与人包括使用者、影响者、决策者、批准者、购买者和把关者等多种角色。例如,一个企业的生产设备采购,使用者是一线的生产工人;具体设备型号、规格和功能要求则由技术人员提出;交由上级主管部门批准后,再由采购部门购买,最终还要由财务部门进行把关和审计。如此众多的角色参与了产业购买者的采购决策,进而保证产业购买者理性决策。

其次,产业购买者的购买决策和执行,最终还是要由个人作出并付诸实施。因此,参与采购决策的成员难免会受到个人因素的影响,个人年龄、受教育程度、个性、风险态度的不同,职责、地位和威信的不同,都会带来不同的产业购买行为。

(二)商品因素

一般而言,产业购买者需要采购的产品包括原材料、生产设备、附属设备、零配件、半成品、物料,以及咨询、广告、法律、审计、信息等各种商务服务。对于不同的产品和服务,产业购买者的行为也是不一样的。对于一些涉及核心业务、价值比较高的产品采购,产业购买者则更加慎重,需要多个部门共同参与,仔细分析、论证和选择供应商,尽量保证采购行为的合理性;而对于一些非核心业务、价值比较低的产品采购,产业购买者的采购决策则相对比较灵活,各个部门自己就可以作出购买决策。

(三)产业供给者因素

产业购买者的购买行为还会受到产品供应商的特征影响。针对不同的供应商数量、实力和供给政策,产业购买者会采取不同的购买行为。与此同时,与产业购买者类似,产业供给者也会受到外部环境、组织特征和个人特征的影响。因此,产业购买者在产品采购过程中还要充分考虑供应商所处的行业环境和政策环境,了解供应商的组织管理制度和产品供应程序,并与供应商的管理者们建立起彼此信任的合作伙伴关系。

二、产业购买者购买行为的类型

虽然产业购买者的购买决策过程需要很多人参与,并考虑很多因素,但是具体的购买行为表现却相对比较简单。同时为了保障自身生产的持续稳定,产业购买者的购买对象、供应商、购买价格和交易方式等都相对比较稳定。一般而言,从形式上看,产业购买者的购买行为大致可以分为直接续购、修正重购和新购三种类型。

直接续购,即产业购买者为了满足正常的生产活动需要,按照过去一直采用的方式进行例行的采购活动。在直接续购的情况下,购买产品的规格、供应商、产品价格和交易方式等内容都会保持不变。因此,直接续购也是产业购买者最简单、风险最小的一种购买方式。

修正重购,即产业购买者对采购产品做部分修改,或需要购买部分新产品。一般而言,修正重购不会改变原有供应商和交易方式,但需要就新产品的规格和价格与供应商进行谈判。所以相对于直接续购,修正重购的操作要更复杂一些,并存在一定风险。

新购,即产业购买者第一次购买某种产品。在新购过程中,产业购买者需找大量的产品供应商和产品规格信息,通过公开招标或直接与各供应商谈判的方式确定最终的产品、供应商、价格和交易方式等内容。因此,新购行为的费用较高、风险较大,产业购买者一般都很慎重,需要经过一个复杂的决策过程,并投入更多的人参与决策。

三、产业购买者的决策过程

针对相对比较复杂的新购行为,为了降低采购成本和风险,产业购买者的购买决策过程需要经过多个环节,尽量保证采购行为的合理性。一般而言,产业购买者的新购决策过程包括提出需要、确定需要、详述规格、查询供应商、选择供应商、签订供货合同、合同执行与反馈七个阶段。

(一)提出需要

企业内部对某种产品或劳务提出需要,是采购决策过程的开始。提出需要一般是由于内部或外部的刺激。内部刺激如决定生产某种新产品,需要新的设备及原材料;设备发生故障,需要更新设备或零部件;发现过去采购的原材料有问题,需要更换供应商,或寻找更好的货源。外部刺激如展销会、广告或供应商推销人员的访问等,促使有关人员提出采购意见。

(二)确定需要

提出需要之后,就要把所需产品的种类与数量,从总体上确定下来。复杂的采购任务,由采购人员同企业内部的有关业务和技术人员共同研究确定;简单的采购任务则由采购人员直接完成。

(三)详述规格

总体需要确定后,接下来还要对所需产品的规格型号等技术指标做详细的说明。这要由专业人员进行价值分析,在保证不降低产品功能的前提下,尽量减少成本,以取得最大的经济效益。经过价值分析后,写出详细的书面材料说明技术要求,作为采购人员进行采购的依据,同时将所购买的产品特点转化成为对供应商的详细要求。

(四)查询供应商

企业采购人员通过行业经验、工商名录或其他资料查询各个潜在供应商信息,并初步了解各个供应商的产品特征、规模实力和企业信誉。找到备选的供应商后,进一步与供应商的销售部门沟通,获取产品说明书、价目表等有关信息资料,特别是一些比较复杂和贵重的产品采购,必须有详细的资料才能作出决策。

(五)选择供应商

购方企业的采购中心根据合格的供货企业所提交的建议书,全面检查比较它们的产品质量、规格、价格、交货时间、规模实力、售后服务等方面的情况,选择其中最有吸引力的供应商。通常情况下,产业购买者不愿依靠单一的供应商,以防陷于被动,而是确定一个主要供应商和若干个辅助供应商,以促使供应商之间展开竞争,提高采购效率。

(六)签订供货合同

企业选定供应商之后,就会与供应商进行深入沟通和谈判,最终确定供货合同,对所需产品的规格、数量、交货时间、保修条件等项目进行详细约定。当前我国的大多数企业往往会与供应商签订"一揽子合同",要求供应商必须按规定时间向企业供货。

(七)合同执行与反馈

作为产业购买者决策过程的最后一个阶段,采购企业按照合同要求进行购货并实际使用后,将使用部门和有关部门对所供应商品的意见收集起来,进行全面评价。评价的结果将直接影响购方企业对供应商的态度,以及是继续保持或是修改、剔除原供应商。

需要层次　消费者气质　消费者性格　消费者能力　消费者学习　参照群体

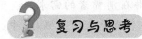

1. 基于一般消费者和产业购买者的不同特点,营销策略上有哪些不同?
2. 消费者在购买产品过程中的参与程度主要受到哪些因素影响?
3. 在消费者的不同购买阶段应当采取什么样的营销策略?
4. 打动产业购买者的最有效促销手段是什么?

苏宁红孩子的会员制营销

一、公司背景

苏宁红孩子公司(以下简称"红孩子")成立于2004年3月,是我国知名的母婴、化妆、食品、生活品类的B2C(商对客)电子商务模式网站,公司致力于通过产品目录与互联网为用户提供方便快捷的购物方式。公司最早以直邮目录形式销售母婴产品,产品覆盖婴幼儿食品、保健品、纸尿裤、喂哺用品、玩具、图书/音像制品、婴儿服饰等,并且红孩子公司拥有自主品牌 Red baby。经过多年发展，红孩子已成为国内专业母婴垂直电商，年销售规模超过 10 亿元，注册会员达 750 多万。

2012 年 9 月 25 日，苏宁电器正式宣布以 6 600 万美元收购母婴电商品牌红孩子及其旗下缤购网。2013 年 4 月 1 日起，红孩子作为苏宁易购母婴频道存在，在苏宁易购点击母婴频道后，直接跳转至红孩子网站。

二、行业现状

（一）宏观背景

母婴用品是指以孕期、哺乳期妇女和 0～3 岁婴幼儿为目标消费群体，满足他们各类需求的产品，主要包括衣、食、用、行、医、教六大类。目前，中国已成为仅次于美国的第二大婴童产品消费国，中国 0～12 岁的婴童人数高达两亿人。母婴市场已占中国网购市场的 4.5%，2010 年交易规模达到 186 亿元，2011 年达到 328 亿元。艾瑞咨询数据显示，母婴产品 2012 年的网购市场规模已经达到 610 亿元，相比 2011 年的 328 亿元增长了 86%，其增长速度之快，远超目前热门的 3C 类产品（计算机、通信和消费类电子产品）。

数据显示，我国的人口增长将保持在每年 1 600 万至 2 200 万的水平，在传统生育政策下，一个婴儿出生，所产生的晕轮效应是 1 个婴儿与 6 位家长（父母、爷爷奶奶、外公外婆）的养育模式，母婴用品的消费者形成了多管齐下、多角消费、多头反复购买的消费模式。

母婴电子商务市场在日益发展的母婴市场上也得到了快速发展的机会。首先，越来越多的 80 后、90 后开始为人父母，而这部分人正是国内网民的主力人群，他们对网络的使用程度普遍较深，习惯通过网络结识朋友、交流心得特别是对于电子商务的接受程度高；其次，国内奶制品安全问题频出，而"水货奶粉"的产品和服务都很难保障，因此更多父母选择在正规授权电商企业网购奶粉；最后，综合类网购企业纷纷将业务拓展至品类繁多、购买频次和标准化程度较高的母婴产品，大规模促销将激发潜在消费者的需求。

庞大的人口基数以及巨大的市场需求，预示着母婴产品将在整个消费市场上崛起，中国母婴产品消费市场潜力巨大，同时也让各大电商巨头看到了无限商机。母婴产品一般具备较高的客户忠诚度和客户黏性，母婴用品的消费时间长，涵盖从孕期到 3 岁幼童不同阶段的产品需求。同时，母婴市场的关联产品多、交叉性强，母婴及其周边市场空间很大。

（二）竞争环境

红孩子的竞争对手主要有三类：一是母婴类垂直电商；二是大型电商平台的母婴频道；三是传统的实体母婴商店。

1. 母婴类垂直电商

目前，在中国市场上除了红孩子之外，专业做母婴类产品的垂直电商主要有乐友、丽家宝贝两家公司。

乐友创办于 1999 年，是国内比较早的以母婴用品为对象的电子商务网站。乐友是中国孕婴童行业较早建立的全国连锁零售企业，乐友在国内零售业中首家引进国际先进的 ERP（企业资源计划）体系，率先实现了连锁店＋网上商城＋直购目录"三位一体"营销模式，为全国各地百万个孕婴童家庭提供产品和服务。

丽家宝贝于 2003 年起步，"非典"期间，丽家宝贝的创始人为了解决那些准妈妈和新妈妈出门不便的问题,决定做一个产品目录,让妈妈们照单进行电话订货,提供送货上门的服务。这种目录直销的方式帮助丽家宝贝迅速打开了市场。经过不懈努力,建立起了专业化育婴产品零售通路。融产品目录销售、连锁专卖店、网上购物、综合育儿服务为一体的新型服务模式的建立,使丽家宝贝成为中国育婴行业中快速发展的母婴企业。

3家公司在模式上略有区别:以电子商务起家的乐友,现在也有商品直销目录,而从产品目录起家的丽家宝贝也有网上商城,两者还都在发展实体加盟店。红孩子则很执着地坚持网络加目录的销售模式,但自被苏宁收购以来,为了迎合苏宁O2O模式迅速落地的目标,红孩子也开始在苏宁各实体店开设专柜,并且筹划建立线下商店。

2. 大型电商平台的母婴频道

天猫在2010年5月成立母婴类目,2012年6月底已汇集4 000余个商家、3 000余种母婴类品牌,其中品牌直营旗舰店1 200余家,在线商品数达70余万个,涵盖孕产妇以及0~16岁孩子几乎所有商品需求。多美滋、惠氏等品牌已进驻天猫,孩之宝、芭比娃娃、日本万代等玩具类品牌也已进驻天猫,并开始在天猫首发新品。

京东商城也与多家母婴知名品牌达成战略合作协议,2013年的签约销售额高达50亿元。苏宁的老对手同样是以销售电器起家的国美也将母婴品类作为自己今后发展的重点方向,2013年1月通过与母婴用品品牌亲亲宝贝达成战略合作,国美上线全新母婴频道,并实现母婴产品整体销售额突破千万元大关。

3. 传统的实体母婴商店

目前,母婴实体店在各大商场、社区都有设立,以周边居民为主要顾客群。相对于网上商城,实体店能够更加亲近地接触顾客,对于纸尿裤和奶粉这些标准化比较高的产品,顾客能够试用、试穿、试吃,顾客购买更加放心。此外,对于价格相近的产品,顾客为了节省时间往往选择在实体店购买。实体店相对网络商店而言,成本较低,主要是门店费用、员工工资等基本费用,而网站则需要建立网站维护、营销推广、物流配送等一系列配套设施,相对成本较高。母婴实体商店以其特有的优势占据着一定的母婴市场。

三、红孩子的会员活动

(一)会员活动背景

在竞争日益激烈的母婴产品市场,红孩子开始推出年度会员活动计划,2012年,红孩子公司推出龙宝宝"你来生我来养"活动,红孩子网络媒体影响力从社区到全国辐射800万人。红孩子每周在全国各地推动高人气、多频次、广地域的会员活动,活动总共吸引了40万孕妈妈报名参与。

为延续2012年活动的良好效果、接续龙宝宝养育活动的热度、整合全年的推广资源,将组织龙宝宝活动的经验、平台优化、发挥更大的作用,2013年红孩子又顺势推出"百万孕妈宝贝爱之旅"活动,在2013年的12个月里,以自然月的形式,邀请预产期在2013年度中的怀孕妈妈来参与,展开一段关爱自己、投资宝贝的旅程。

红孩子希望通过会员活动的持续性和规模创造目标用户的认知与参与,精准发展目标用户群,用服务建立竞争优势,展现品牌呵护理念,并与全国的孕妈妈深度互动,更好地关爱孕妈妈、宝贝及家庭。

（二）会员活动设计

"百万孕妈宝贝爱之旅"活动邀请内地及港澳范围内预产期在2013年12个月里的孕妈妈，通过登录红孩子网站社区的方式报名参加，并将每天抽选1名幸运的心愿游戏奖，每月抽出1名月度奖，每个季度抽出健康、头脑、心志、活力、自信五种游戏幸运奖各5名，见证并分享孕妈及宝贝的点滴足迹和成长喜悦。

2013年1月20日，红孩子2013年"百万孕妈宝贝爱之旅"新闻发布会在京举行，百万孕妈活动在各地如火如荼地开展起来，整个活动涉及地域广、参与人员多、推广方式多样。

活动一：孕妈讲座

红孩子在北京、上海、天津、沈阳、杭州、武汉、南京、成都8地推广团队，共举办了2 400场孕妈讲座活动；并将这种讲座形式复制到青岛、济南、西安、福州、合肥、长沙、重庆、广州、昆明、厦门、郑州11个苏宁大区，累计8万多名孕妈参加。

活动二：胎教音乐会

红孩子在北京、上海、沈阳、天津、杭州、武汉、成都、南京、广州、西安、石家庄、济南、合肥、长沙、福州15个城市举办"爱在五月，韵动中国"胎教音乐会，这也是红孩子融入苏宁后举办的最大规模线下主题活动，总计将近5 000位孕妇参与，15个城市联动举行，规模盛大。聆听悦耳动人的音乐，除了帮助准妈妈保持心情愉悦，使身体保持极佳状态、增进和胎儿的情感交流外，也促进了胎儿的身心发育，为优化胎儿后天的智力及发展音乐天赋奠定基础。

活动三：线上活动

除了线下活动，线上也开展了包括知名品牌商品优惠、每日热卖单品底价销售等优惠促销活动，此外妈妈日记、主题征文活动也吸引了不少会员的加入，时刻跟踪会员情况，使会员享受到更多的实惠。

四、红孩子的会员信息整理

通过各种会员销售和会员活动，红孩子获得了日渐庞大的会员数据，会员营销中心也感到了压力，如何将这些数据变得更加有用，为公司的销售策略提供支持，成为红孩子会员营销中心重点关注的问题。

公司的管理层也意识到，之前只是专注于如何吸收会员、跟踪会员，但却忽略了随着会员数据的增加，怎样才能更有效地将这些数据进行整理，进行数据挖掘。这项工作不仅仅是会员营销中心一个部门的事情，而是关系着整个公司的销售和业绩，是需要多方配合的一项事情。

红孩子的会员营销中心经过一番思考商议，理清了将收集来的海量的会员数据如何进行完善整理、聚类分析的过程。会员营销中心接下来的重点工作，一是对庞大的会员数据信息进行完善；二是对完善、处理后的会员数据进行聚类分析。

第一项工作是进一步采集原始数据，数据来源渠道主要有：红孩子管理信息网和最直接的线上，即网站注册、手机应用注册、会员在其他购物网站注册的信息和交易记录，同时还要结合线下的数据，如实体店及讲座、音乐会、亲子互动一系列地面活动中会员们注册的信息，还包括邮件发送、客户服务热线、电话订购等一系列业务得来的数据信息，通过各种可能得到数据的渠道,进一步完善现有会员数据库里的会员信息和数据采集,继而进行数据预处理,清理、去掉数据中的噪声和不一致。

第二项工作涉及聚类分析,对会员的社会属性标签(年龄、职位、职业、文化程度、区域、怀孕月份等)和商品属性标签(消费量、消费额、消费方式等)进行添加、转化、删除和综合,对空缺处进行填补,并将数据由多个源合并成一致的数据存储,也就是数据集成,规范化不一致的数据。这项工作做好后,系统将按一定的标准对已有的会员进行初步筛选,并产生会员号,方便查看,利用该属性对会员进行分类,了解每一个会员,发现他们更多的需求。

五、红孩子的会员价值匹配

(一) 会员需求分析

在会员信息分析的基础上,红孩子的市场运营中心进一步结合每一个会员的婴幼儿年龄段以及妈妈的需求特征,有针对性地提供个性化的产品和销售方案。

1. 婴幼儿的需求分析

红孩子市场运营中心总结出,0~3岁婴幼儿处在生长发育情况变化迅速的时期,其生长发育情况具有阶段性。随着阶段的变化,婴儿的生长发育特点会发生改变,为了使得婴儿更好地成长发育,父母需要针对婴儿在各阶段的发育特点完成产品的购买,相应的对于产品的需求会有所不同。

基于以上原因,红孩子在确定销售计划所针对的产品时,决定采用划分时间段的方式来完成产品的选择。红孩子调查研究了0~1岁婴儿每月的生长情况和1~3岁幼儿每季度的生长情况,根据调查整理出的婴幼儿各阶段主要情况,锁定各时间段内顾客主要的需求。而后,从红孩子现有商品中筛选与顾客主要需求方向相吻合的产品,作为各个时间段内实施销售计划的主要产品。

2. 妈妈群体的需求分析

对于母婴妈妈群体,红孩子市场运营中心按照同样的方式进行了归类需求分析,女性在孕育胎儿及生产完毕后,身心会随之产生一定的变化,针对这一特殊群体,会员营销中心将其需求划分清洁、衣物、饮食、护肤和胎教五大类型。

(1) 清洁方面。在产前,由于孕妇易出现牙龈红肿等现象,故而需要专门的软毛牙刷,或用漱口水替代牙刷进行口腔清洁,在生产期间及产后一月内,孕妇在住院期间需要卫生床垫及一次性马桶垫,由于医院属于公共场所,为保证清洁预防感染,孕妇在卧床及如厕期间需要格外注意。

(2) 衣物方面。怀孕期间,主要以防辐射的宽松衣物为主,包括防辐射衣和防辐射眼镜等,这是产前孕妇最普遍的需求产品之一,也是各大母婴电商重点销售的产品。生产完后,由于婴儿吮吸能力不够,需要吸奶器加以辅助,同时需要溢乳垫、哺乳专用文胸等。最后,为了产后伤口的辅助愈合,需要使用束腰带,也可以用白纱布代替。

(3) 饮食方面。孕妈妈需要食用孕妇奶粉、富含叶酸的食品,能有效预防胎儿畸形。

(4) 护肤方面。由于孕妇属于特殊群体,对化学物质极为敏感,不当地使用化妆品、洗发液等会影响胎儿的正常发育,故而需要使用孕妇专用的护肤品以及防妊娠纹产品。

(5) 胎教方面。为了开发婴儿大脑,安抚孕妇情绪,胎教仪得到越来越多的家长青睐,成为满足孕妈需求的热门产品。

至此,红孩子市场运营中心经过查询相关资料、内部研讨、专家咨询、实地调查,收集了大量资料,对不同阶段的顾客需求了解得更加清晰,并与公司产品相匹配,为公司提高营销准确性打下基础,有效地指导营销计划,实现良好的营销业绩。

(二)会员价值匹配

红孩子市场运营中心在制订每个月的促销方案时,会将促销商品清单发给会员营销中心,会员营销中心根据产品清单在已经更新整理过的婴儿阶段特征数据库中寻找各类产品所对应的婴儿阶段,然后根据婴儿阶段从会员信息数据库中找到对应的会员及其信息,这样经过一系列匹配过程后,一份清晰的活动会员列表交到了市场运营中心的手中。根据会员营销中心提供的会员信息,市场运营中心首先用邮件的方式把所有信息发布到位。接着市场运营中心会将更多的活动信息投放到网络广告上,主要以门户网站亲子、女性频道为活动平台,设置网络专题、征集寄语、印制发行纪念品、更新产品目录,充分利用各种资源发送广告。

六、绩效

经过会员分析、价值匹配等一系列工作后,红孩子的各项促销活动都更具有针对性,通过最有效的方式与每位会员沟通,电销中心的转化率、客单价也有了提升。2013年的"百万孕妈宝贝爱之旅"活动中有400万家庭受到影响,全年共有70万个会员参加报名,红孩子全年销售额也成功突破30亿元。

资料来源:节选自"基于顾客价值挖掘的苏宁红孩子会员制营销分析",中国管理案例共享中心案例库

案例思考

1. 红孩子的目标顾客的需求特征是什么,受哪些因素影响?
2. 和传统会员制营销相比,红孩子会员制营销的主要特点是什么?

第三章

营销信息系统与营销环境

1. 了解营销信息系统的构成。
2. 了解内部报告系统的流程。
3. 掌握公司用来收集营销情报的方法。
4. 了解常见的市场反应模型。
5. 掌握宏观营销环境的构成要素。
6. 掌握微观营销环境的构成要素。

YT 客车公司大数据应用

YT 客车公司于 1997 年在上海证券交易所上市,是一家融客车产品研发、制造与销售为一体的大型现代化制造企业。随着企业信息化技术的日新月异,"互联网+"和中国智能制造的应用为国内客车行业发展带来了新的机遇与挑战,YT 客车公司的管理层带领公司的信息化专业团队开始思考新的时代背景下公司面临的新问题。

大数据技术近年来一直是各大企业的改革重点,而 YT 客车公司如何运用大数据技术来提高自身竞争力呢?这一难题困扰王董许久,而公司信息部门主管郭玉也注意到大数据技术对于公司业务的巨大影响力,在例会中向王董提出首先从公司的客户关系管理系统入手,建立公司的客户行为大数据分析平台,同时通过对客户购买客车品类、配置方面的行为分析,帮助 YT 客车公司降低生产经营过程中的个性化客户需求的成本。如果这个客户大数据行为平台建设成功,可以再将其拓展到生产和研发过程中的工业大数据环节的建设。郭玉的提议获得了批准,王董要求迅速按照这一方案实施。

随后的几个月里，郭玉的团队将分散在企业内部各个 IT 系统中的数据进行收集后，将数据抽取到一个集中的数据仓库中，作为全面客户行为分析和研究的基础，为下一步进行数据挖掘所需的目标数据集提供可用的数据源。郭玉还要求团队将分散在公司不同区域的所有与客户有关的记录（包括海外数据）生成以客户为主题目标的数据集，这个目标数据集每个字段都反映了客户数据某个方面的信息，根据分析需求的不同，郭玉的团队生成不同主题的数据集，这些数据集构成了 YT 客车公司客户行为分析的基础。郭玉通过对这些客户的大数据行为进行分析，形成了一个个具有相同特征的客户聚类群体，帮助公司了解不同类型群体客户的交易特点和交易偏好，尤其是海外客户群体。在这些数据的基础上，YT 客车公司就可以考虑客车零配件的模块化设计，从而实现大规模定制，降低产品的生产成本，获得行业竞争优势。同时在形成客户聚类群后，郭玉的团队可以帮助 YT 客车公司的销售人员对客户的特征和喜好做进一步的剖析，以帮助市场营销人员更好地理解客户群体特征，提供有针对的客车产品及服务，实现精准化营销，从而降低营销费用，获得成本优势；YT 客车公司还可以针对不同群体的购买趋势开发新的产品，实现对市场的快速反应。

资料来源：李嘉兴."互联网＋"环境下 YT 客车信息化创新之路.中国管理案例共享中心案例库，2016

营销决策者为了作出符合实际的营销决策，需要及时准确的营销信息作为决策依据，这些信息是由企业的营销信息系统提供的。营销信息系统的重要任务之一是提供有关外部环境的信息，因为无论是政治、经济、法律等宏观环境信息，还是顾客、竞争者、供应商等微观环境的信息，对营销决策的重要性都远超过企业内部信息。

第一节　营销信息系统

营销信息系统（marketing information system，MIS）由人员、设备和程序构成，企业利用其收集、分类、分析、评估和分发信息。营销信息系统的输出结果是决策者所需要的及时的和准确的信息。

营销信息系统依靠公司的内部报告、营销情报、营销调研和营销分析来运行。据此，可将企业的营销信息系统分为四个子系统，即内部报告系统、营销情报系统、营销调研系统和营销分析系统。①内部报告系统是通过订单、销售、价格、成本、库存水平、应收账款和应付账款等内部报告信息组成的子系统。②营销情报系统是为管理者提供营销环境变化信息的子系统。③营销调研系统是针对特定的营销问题所展开的识别、收集、分析、传递信息的子系统。④营销分析系统是由数据库和模型库构成的子系统。

营销信息系统的四个子系统分工协作，紧密联系，共同为营销决策提供所需的信息（图 3-1）。营销环境的变化信息通过营销信息系统的四个子系统为企业所获取，四个子系统对营销信息进行整合，传递给营销决策者，营销决策者依据这些信息对营销工作进行分析、计划、执行和控制，营销决策信息又影响着营销环境。

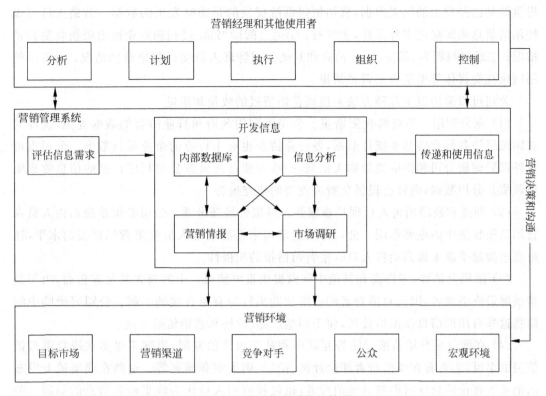

图 3-1 营销信息系统的构成

一、内部报告系统

内部报告系统(internal reporting system)是营销人员频繁使用的信息系统。营销人员通过订单、销售、价格、成本、库存水平、应收账款和应付账款等内部报告信息来发现重要的市场机会与识别潜在的问题。

内部报告系统涉及从下订单到付款的整体周期。其流程如下：①销售代表、经销商或顾客将订单送交公司；②销售部门准备发货单，并分送给各个部门；③发运；④财务处理。

在内部报告系统的运行过程中，销售信息系统非常重要。越来越多的企业通过建立顾客数据库和销售数据库的形式来积累销售信息，形成大数据。营销人员需要及时和准确地报告当前的销售状况。如沃尔玛建立的销售数据库中记录了每位顾客每天在每家店购买的每件商品的销售信息，并每小时更新一次。

营销人员在使用内部报告系统时，应避免两种倾向：第一，不重视内部报告系统所收集的销售数据，在营销决策时不使用。第二，不掌握数据分析方法，在营销决策时不善于利用海量的销售数据。

二、营销情报系统

营销情报系统(marketing intelligence system)是营销人员使用一整套程序和信息来源渠道，用以获得有关营销环境发展变化的日常信息。不同于内部报告系统为营销人员提供的是已经发生的结果数据,营销情报系统提供的是即时发生的数据。营销人员可以使用的信息来源渠道多种多样,主要有:①通过阅读书籍、报刊和商业性出版物收集营销情况;②通过与顾客、供应商、分销商和其他公司管理人员交谈收集营销情况;③通过使用网络社交媒体等渠道收集营销情报。

公司可以采用以下几种方法来提高营销情报的数量和质量。

(1) 充分利用二手资料收集情报。公司可利用政府和行业协会的数据资源,统计局有国民经济各行业的基本统计数据,各行业协会也有本行业的企业运行数据。公司也可从外部的调研公司和供应商处购买信息,一些专业信息服务公司利用自己的信息收集渠道收集并分析数据,向社会提供免费或收费的研究报告。

(2) 训练和鼓励销售人员现场观察并及时报告最新进展。公司必须重视销售人员在营销情报收集中的重要作用。公司可通过培训来提高销售人员收集营销情报的水平,还可通过激励手段来提高销售人员收集营销情报的积极性。

(3) 激励分销商、零售商和其他中间商提供重要情报。中间商尤其是零售商,由于经常接触最终消费者,因而对消费者的态度和购买行为有更直接的了解。公司要激励中间商将这些有用的信息反馈给公司,便于调整产品、价格和营销传播方式。

(4) 在线收集营销情报。随着互联网和社交媒体的发展,出现了很多在线收集营销情报的渠道,主要有在线消费者评论社区、论坛、聊天室和博客等。这些在线渠道上发布的消费者评论信息既可影响其他消费者,也可被营销人员作为收集顾客信息的渠道。公司要主动使用在线渠道去监测消费者、产品、服务和品牌,并且要对在线信息进行快速反应。

为了收集营销情报,公司可建立专门的信息中心,由专业工作人员来收集和处理营销情报,为营销决策提供依据。必要时,也可以聘用外部专业人员来收集情报。

三、营销调研系统

有关营销调研系统的具体内容参见本书第四章的内容。

四、营销分析系统

通过内部报告系统、营销情报系统和营销调研系统三个子系统获取的信息,需要通过营销分析系统进行分析,进而为营销决策提供依据。营销分析系统由统计库和模型库组成。

(一) 统计库

统计库是将数据转化为有意义的信息的一套统计分析方法。营销决策常用的统计分析方法有:描述性统计分析、参数检验、相关分析、方差分析、聚类分析、回归分析、判别分析、因子分析、对应分析、联合分析等。在进行统计分析时,往往需要借助 Excel、SPSS、SAS 等常用的统计分析软件。

（二）模型库

模型库由一系列营销相关模型组成。模型可看作一个由概念或变量组成的系统，其中通过命题表达概念之间的关系，用假设表达变量之间的关系。

营销经理经常需要对产品、价格、渠道和传播等作出决策。其决策所依据的模型可分为两类：一是思想模型或概念模型，与已知事实、直觉、推理和经验相结合；二是决策模型，又称为营销工程（marketing engineering，ME），能提高决策的科学性。

决策模型根据解决的营销问题的不同，可分为描述性决策模型和标准化决策模型。其中，描述性决策模型解决的问题是："假如我做了 X，将会发生什么"；标准化决策模型解决的问题是："在给定的条件下最好的行动方案是什么"。下面仅介绍几种常见的决策模型。

1. 市场反应模型

市场反应模型是决策模型的基础。桑德斯（Saunders）识别了八种市场反应模型现象（图 3-2），其中 X 表示营销努力，Y 表示营销绩效。这八种现象描述的关系是，①P1：当 X 为零时，Y 为零；②P2：X 和 Y 是线性关系；③P3：Y 随着 X 的增加回报递减；④P4：Y 不能超出某一水平；⑤P5：Y 随着 X 的增加回报递增；⑥P6：随着 X 的增加 Y 先递增后递减；⑦P7：X 必须超过某一阈值 Y 才能产生绩效；⑧P8：X 达到一定水平后 Y 开始下降。

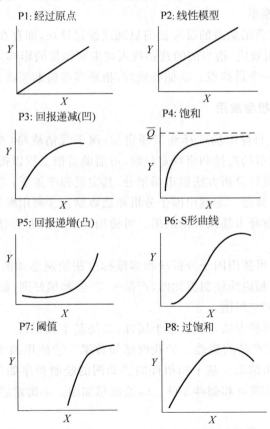

图 3-2 桑德斯识别的八种市场反应模型现象

这八种市场现象需要相应的统计模型来拟合。常见的模型有线性模型、幂级数模型、分数根模型、半对数模型、指数模型、修正指数模型、Logistic 模型、Gompertz 模型、ADBUDG 模型等。统计模型及其适用的市场现象见表 3-1。

表 3-1 统计模型及其适用的市场现象

统计模型	模型的描述	适用的现象
线性模型	$Y=a+bX$	P1、P2
幂级数模型	$Y=a+bX+cX^2+dX^3+\cdots$	P1、P2、P3、P5、P6、P8
分数根模型	$Y=a+bX^c$	P1、P2、P3、P4、P5
半对数模型	$Y=a+b\ln X$	P3、P7
指数模型	$Y=ae^{bX}$,其中 $X>0$	P4、P5
修正指数模型	$Y=a(1-e^{-bX})+c$	P1、P3、P4
Logistic 模型	$Y=a/(1+1+e^{-(b+cX)})+d$	P4、P6
Gompertz 模型	$Y=ab^{cX}+d$	P1、P4、P6
ADBUDG 模型	$Y=b+(a-b)\cdot\left(\dfrac{X^c}{d+X^c}\right)$	P1、P3、P4、P6

上述的市场反应模型是针对单一变量的,而在现实营销决策时,往往会同时使用产品、价格、渠道、促销等多个营销手段,因而必须考虑变量之间的相互作用,可采取全线性相互作用模型或乘法模型。

另外,市场往往对营销刺激的反应提前显现或推迟显现,即存在动态效应。动态效应的表现形式有:①遗留效应,指当前的营销投入对未来销售的影响。②尝新效应,指销售量在稳定之前会达到一个最高点。③储备效应,指顾客提前购买或超量购买。

2. STP 决策中的模型应用

STP 指市场细分、目标市场选择和市场定位,属于营销战略(参见本书第六章)。公司在做市场细分、目标市场选择和市场定位时,可借助营销工程以提高决策的科学性。

公司可使用多种统计分析方法做市场细分,其定量程序如下:①利用营销调研(参见本书第四章)方法收集数据。②利用因子分析筛选数据。③利用聚类分析划分细分市场,分出若干顾客群。④解释市场细分的结果。可使用判别分析方法寻找能使组间方差达到最大值的描述性变量。

在做市场定位时,可使用因子分析法和多维标度法绘制感知图。顾客的购买行为受感知和偏好的影响,可相应地绘制感知图(产品—空间)和偏好图(偏好—空间),以及同时包含感知和偏好的共同空间图。

感知图的绘制有两种方法:一是基于属性,二是基于相似性。基于属性的感知图的绘制程序如下:①确定产品的属性。②获取感知数据。③使用因子分析推导出感知图。④解释因子分析的输出结果。基于相似性的感知图的绘制程序如下:①找出竞争对手,选择要分析的产品。②建立相似性矩阵。③绘制感知图。④确定感知图的维度。⑤解释感知图的维度。

3. 4P决策中的模型应用

4P指产品、价格、渠道、促销四种营销手段(参见本书第八章、第九章、第十章、第十一章)。营销经理在设计企业的营销组合时,也要用到决策模型作为决策依据。

营销组合决策中的模型应用有:①联合分析。基于顾客对产品属性的偏好数据,通过联合分析,可给公司的产品设计提供思路。②巴斯模型(Bass Model)。巴斯模型可预测有多少顾客会采用新产品以及何时采用,尤其适合预测市场上尚没有竞争对手的创新产品的销售。③ASSESSOR模型。该模型包括两个模型:偏好模型和试用—重构模型。这一模型用决策者的主观判断和消费者调查数据预测销售。④重力模型。重力模型可以帮助企业选择最优的零售店址,可借助于地理信息系统软件来实现。⑤ADBUDG模型。该模型是市场对广告的反应模型,通过确定媒体和广告,预测产品或品牌的市场份额、销售额或利润。

第二节 宏观环境分析

市场营销环境(marketing environment)泛指一切影响和制约企业市场营销决策和实施的内部条件和外部力量的总和,一般包括宏观环境和微观环境两类因素。

宏观营销环境(macro-environment)指那些作用于微观营销环境,并因而造成市场机会或环境威胁的主要社会力量,包括人口、经济、自然、科学技术、政治法律和社会文化等企业不可控的宏观因素。图3-3表示了本文研究的企业宏观营销环境的六个方面。菲利普·科特勒指出:宏观环境是影响企业微观环境中所有行为者的大型社会力量。构成这种大型社会力量的各因素既相互独立又相互作用,对企业的市场营销活动既是威胁又是机会。同时,宏观营销环境对微观营销环境有着制约作用。例如,科技环境除了直接对企业的营销活动有一定的威胁和提供一定的机会外,也大量地通过用户、竞争企业等对企业的营销活动发生作用;社会的规范、价值观、信念等影响着消费者的消费态度、兴趣爱好、对产品的好恶、增大或减少消费者对商品的选择机会。

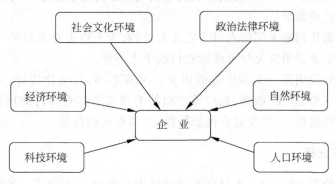

图3-3 企业宏观营销环境要素

一、人口环境

现代市场营销学认为,企业的营销人员必须密切注意企业"人口环境"方面的动向。

因为市场是由那些想买东西并且有购买力的人(潜在购买者)构成的。而且这种人越多,市场规模就越大。因此,人口的多少直接决定市场的潜在容量。而人口的年龄结构、地理分布、婚姻状况、出生率、死亡率、人口密度、流动性、文化教育等人口特性,又会对市场需求格局产生深刻影响。老年人会有不同于年轻人的需求。同样,男性与女性、南方人与北方人,以及不同文化、不同种族、不同职业的人,在需求结构、消费习惯与方式上,都会具有明显的差异。企业营销部门应当密切注视上述人口特性及其发展动向,不失时机地利用"机会",而在出现"威胁"时,及时地、果断地调整市场营销策略,以适应"人口环境"的变化。

1. 人口数量分析

人口数量是决定市场规模的一个基本要素。如果收入水平不变,人口越多,对食物、衣着、日用品的需要量也越多,市场也就越大。企业营销首先要关注所在国家或地区的人口数量及其变化,这些数据很大程度上影响着人们对生活必需品的需求内容和数量。

2. 人口结构分析

年龄结构。不同年龄的消费者对商品和服务的需求是不一样的。不同年龄结构就形成了具有年龄特色的市场。企业了解不同年龄结构消费者所具有的需求特点,就可以决定企业产品的投向,寻找目标市场。

性别结构。性别差异会给人们的消费需求带来显著的差别,反映到市场上就会出现男性用品市场和女性用品市场。企业可以针对不同性别的不同需求,生产适销对路的产品,制定有效的营销策略,开发更大的市场。

教育与职业结构。人口的受教育程度与职业不同,对市场需求表现出不同的倾向。随着高等教育规模的扩大,人口的受教育程度普遍提高,收入水平也逐步增加。企业应关注人们对报刊、书籍、电脑这类商品的需求的变化。

家庭结构。家庭是商品购买和消费的基本单位。一个国家或地区的家庭单位的多少以及家庭平均人员的多少,可以直接影响到某些消费品的需求数量。同时,不同类型的家庭往往有不同的消费需求。

社会结构。如我国绝大部分人口为农业人口,农业人口占总人口的80%左右。这样的社会结构要求企业营销应充分考虑到农村这个大市场。

民族结构。如我国是一个多民族的国家。民族不同,其文化传统、生活习性也不相同。具体表现在饮食、居住、服饰、礼仪等方面的消费需求都有自己的风俗习惯。企业营销要重视民族市场的特点,开发适合民族特性、受其欢迎的商品。

3. 人口分布分析

人口有地理分布上的区别,人口在不同地区密集程度是不同的。各地人口的密度不同,则市场大小不同、消费需求特性不同。例如在我国,不同区域的食品消费结构和口味就有很大差异,俗话说"南甜北咸,东辣西酸",也因此形成了如粤菜、川菜、鲁菜、徽菜等著名菜系。

人口密度是反映人口分布状况的重要指标。人口的地理分布往往不均匀,各区域的人口密度大小不一。人口密度越大,意味着该地区人口越稠密、市场需求越集中。准确地了解这一指标有益于营销者制订有效的营销计划。人口的地理分布并不是一成不变的,它是一个动态的概念,这就是人口流动问题。近几十年来,人口城市化是普遍存在的现象,有些国家的城市人口高达百分之七八十。但近来,在一些发达国家,与城市化倾向相反,出现了城市人口向郊区及卫星小城镇转移的"城市空心化"趋势。这些人口流动现象无一不造成市场需求的相应变化,营销者必须充分考虑人口的地理分布及其动态特征对商品需求及流向的决定性影响。

二、经济环境

经济环境指企业营销活动所面临的外部社会经济条件,其运行状况和发展趋势会直接或间接地对企业营销活动产生影响。经济环境的一般研究包括经济发展阶段、消费者收入水平、消费者支出模式和消费结构、消费者储蓄和信贷水平。

1. 经济发展阶段

经济发展阶段的划分,比较流行的是美国学者罗斯托的"经济成长阶段理论"。该理论将世界各国的经济发展归纳为五种类型:①传统经济社会;②经济起飞前的准备阶段;③经济起飞阶段;④迈向经济成熟阶段;⑤大量消费阶段。处于前三个阶段的国家称为发展中国家,而处于后两个阶段的国家则称为发达国家。

不同发展阶段的国家在市场营销上采取的策略也有所不同。以分销渠道为例,国外学者对经济发展阶段与分销渠道之间的关系做过研究,得出以下结论:经济发展阶段越高的国家,它的分销途径越复杂而且广泛;进口代理商的地位随经济发展而下降;制造商、批发商与零售商的职能逐渐减少,不再由某一分销路线的成员单独承担;批发商的其他职能增加,只有财务职能下降;小型商店的数目下降,商店的平均规模在增加;零售商的加成上升。随着经济发展阶段的上升,分销路线的控制权逐渐由传统权势人物移至中间商,再至制造商,最后大零售商崛起,控制分销路线。

2. 消费者收入水平

消费者的购买力来自消费者收入,但并不是全部收入都用来购买商品和劳务,购买力只是收入的一部分。因此,在研究消费收入水平时,要注意以下五点。

1) 国民收入

国民收入是指一个国家物质生产部门的劳动者在一定时期内(通常为一年)新创造的价值的总和。

2) 人均国民收入

人均国民收入即用国民收入总量除以总人口。这个指标大体上反映一个国家的经济发展水平。根据人均国民收入,可以推测不同的人均国民收入相应地消费哪一类耐用消费品或服务;在什么样的经济水平上形成怎样的消费水平和结构以及会呈现出的一般规律性。

3) 个人收入

个人收入指个人从多种来源中所得到的收入。对其可分为不同方面进行研究。一个地区个人收入的总和除以总人口,就是每人平均收入。该指标可以用作衡量当地消费者市场的容量和购买力水平的高低。

4) 个人可支配收入

个人可支配收入即在个人收入中扣除税款和非税性负担后所得余额。它是个人收入中可以用于消费支出或储蓄的部分。

5) 个人可任意支配收入

个人可任意支配收入即在个人可支配收入中减去用于维持个人与家庭生存不可缺少的费用(如房租、水电、食物、燃料、衣着等项开支)后剩余的部分。这部分收入是消费需求变化中最活跃的因素,也是企业研究营销活动时所要考虑的主要对象。因为从个人可以支配的收入中开支的维持生存所必需的基本生活资料部分,一般变动较小,相对稳定,即需求弹性小;而满足人们基本生活需要之外的这部分收入所形成的需求弹性大,它一般用于购买高档、耐用消费品,旅游等,所以是影响商品销售的主要因素。

3. 消费者支出模式和消费结构

德国统计学家恩斯特·恩格尔(Ernst Engel)1857年根据对美国、法国、比利时许多家庭的收支预算所做的调查研究,发现了关于家庭收入变化与各方面支出变化之间比例关系的规律性,得出了恩格尔定律(Engel's Law)。恩格尔定律表明,在一定的条件下,当家庭个人收入增加时,收入中用于食物开支部分的增长速度要小于用于教育、医疗、享受等方面的开支增长速度。食物开支占总消费数量的比重越大,恩格尔系数越高,生活水平越低;反之,食物开支所占比重越小,恩格尔系数越小,生活水平越高。整个社会经济水平越高,用于食品消费部分占总支出的比重越小。

这种消费者支出模式不仅与消费者收入有关,而且还受到下面两个因素的影响。

1) 家庭生命周期的阶段影响

据调查,没有孩子的年轻人家庭,往往把更多的收入用于购买冰箱、家具、陈设品等耐用消费品上,而有孩子的家庭,随着孩子的长大,家庭预算会发生变化,孩子娱乐、教育等方面支出较多,故家庭用于购买消费品的支出会减少,孩子独立生活后,家庭收支预算又会发生变化,用于保健、旅游、储蓄的部分就会增加。

2) 家庭所在地点

如住在农村的消费者和住在中心城市的消费者相比,前者用于交通方面支出较少,用于住宅建设方面支出较多,后者用于食物支出较多。恩格尔定律表明,恩格尔系数已成为衡量家庭、阶层及国家富裕程度的重要参数。恩格尔系数=食物支出变动百分比/收入变动百分比,这个公式通常又称为食物支出的收入弹性。它反映了人们收入增加时支出变化趋势的一般规律性。

在分析恩格尔系数时,要注意恩格尔系数下降的比例对于经济发展水平不高的国家和地区,表现出的"缓慢性",与经济增长不是等比例。当某些比较贫困的家庭收入略有增加时,用于食物方面的支出不仅没有减少,而且可能增多,表现为系数的上升;只有食物的消费达到一定水平时,收入的进一步增加才会导致恩格尔系数的下降。

4. 消费者储蓄和信贷水平

消费者储蓄一般有两种形式，即银行存款和有价证券。储蓄的增多会使消费者现实的需求量减少，购买力下降，但储蓄作为个人收入则增加潜在需求量，使企业产品未来的销售容易一些。

影响储蓄的因素主要有：①收入水平。一个人、一个家庭只有当收入超过一定的支出水平时，才有能力进行储蓄。②通货膨胀的因素。当物价上涨接近或超过储蓄存款利率的增长，则货币的贬值将会刺激消费、抑制储蓄。③市场商品供给状况。当市场上商品短缺或产品质量不能满足消费者需要时，则储蓄上升。④对未来消费和当前消费的偏好程度。如果消费者较注重未来消费，则他们宁愿现在较为节俭而增加储蓄；如果消费者重视当前消费，则储蓄倾向较弱，储蓄水平降低。

消费者不仅以货币收入购买他们需要的商品，而且可以通过借款来购买商品，所以消费者信贷（consumer credit）也是影响消费者购买力和支出的一个重要因素。所谓消费者信贷，就是消费者凭信用先取得商品使用权，然后按期归还贷款，以购买商品。

消费者信贷的类型十分丰富，其中主要形式有短期赊销、住房按揭以及分期付款、信用卡信贷三种。

(1) 短期赊销。例如，消费者在某零售商店购买商品，这家商店规定无须立即付清货款，有一定的赊销期限，如果顾客在期限内付清货款，则不付利息，如果超过期限，要付利息。

(2) 住房按揭以及分期付款。消费者在购买住宅时，必须先个人支付一部分房款，再以购买的住宅作为抵押，向银行借款支付剩余的房款，以后按照借款合同的规定在若干年内分期偿还银行贷款和利息。买主用这种方式购买的房屋，有装修改造及出售权，而且房屋的价值不受货币贬值的影响。另外，消费者在购买汽车、电冰箱、昂贵家具等耐用消费品时也可以采取分期付款的方式。通常也是先签订一份分期付款合同，先支付一部分货款，其他货款按计划逐月加利息偿还，如果顾客连续几个月不按合同付款，商店有权将原售物收回。

(3) 信用卡信贷。顾客可以凭卡到与发卡银行（公司）签订合同的任何商店、饭店、医院、航空公司等企业、单位去购买商品，钱由发卡银行（公司）先垫付给这些企业、单位，然后再向赊欠人收回。发卡银行（公司）在这些企业、单位与顾客中间起着担保人作用，所以这些企业、单位会比那些只收现金的企业、单位能做更多的生意。因而发卡银行（公司）不仅向客户收取一定费用，而且还要向企业、单位收取一定佣金。

消费者信贷的施行与一定国家的经济发展水平有关，也与社会经济政策密切联系。消费者信贷是一种经济杠杆，可以调节积累与消费、供给与需求之间的矛盾。当生活资料供大于求时，可以发放消费者信贷，刺激需求；当生活资料供不应求时，必须收缩消费者信贷，适当抑制、减少需求。消费者信贷把资金投向需要发展的产业，刺激这些产业的生产，带动相关行业和产品的发展。

三、自然环境

企业所处的自然环境也会对企业的营销活动产生影响，有时这种影响对企业的生存和发展起决定性作用。企业要避免由自然环境带来的威胁，最大限度利用环境变化可能带来的市场营销机会,就应不断地分析和认识自然环境变化的趋势。

1. 某些自然资源紧缺

地球上的自然资源有三类:第一类是"无限"的资源,如空气、水等。但近几十年来,许多国家空气、水的污染日益严重,有些地区随着工业化和城市的发展,缺水问题已被提到议事日程。第二类是有限但可以更新的资源,如森林、粮食等。这类资源中的木材资源,目前虽然不成问题,但从长远来说,可能会发生问题。因此,许多国家都要求人们重新造林,以保护土壤,保证将来对木材日益增长的需要;至于粮食供应,有些国家和城市由于人口增长太快,连年的动乱和旱灾,已面临粮食严重缺乏的问题。第三类是有限但又不能再生的资源,如石油、锡、铀、煤、锌等矿物。这类资源,由于供不应求或在一段时间内供不应求,有些国家需要这类资源的企业正面临着或将面临威胁,而必须寻找替代品,这样又给某些企业带来了新的营销机会。

2. 环境污染程度日益加剧

在发达国家,随着工业化和城市化的发展,环境污染程度日益加剧,公众也纷纷指责污染的危害性。这种动向对那些制造污染的企业和行业是一种"环境威胁",它们在社会舆论的压力和政府的干预下,不得不采取措施控制污染;另外也给控制污染设备的生产企业找到市场和营销机会。

四、政治法律环境

政治法律环境因素,是指一个组织所在国家的政治总体稳定性、宏观管理手段及政策的连续性、政府对组织发展及其作用所持的态度,以及由此制定的相关法律文件。它一般包括政治环境和法律环境两方面的内容。

企业的经营活动,是社会经济生活的组成部分,而社会经济生活总要受到政治生活的影响。因此,企业的营销人员,要对企业所处的政治法律环境有明确的了解,并且要知道它们对企业营销活动的影响,否则将招致不可逆转的损失。而对于经营出口商品的企业来说,认真研究进口国家和地区的政治法律因素对于产品销售的影响,尤其具有重大意义。

1. 政治环境

政治环境指企业市场营销的外部政治形势和状况给市场营销带来的,或可能带来的影响。对国内政治环境的分析要了解党和政府的各项方针、路线、政策的制定和调整对企业市场营销的影响。对国际政治环境的分析要了解"政治权力"与"政治冲突"对企业营销的影响。政治权力指一国政府通过正式手段对外来企业的权利予以约束,包括进口限制、外汇控制、国有化、劳工限制等方面。进口限制指在法律和行政上限制进口的各项措施:一类是限制进口数量的各项措施;另一类是限制外国产品在本国市场上销售的措施。外汇管制指一个国家政府对外汇的供需及利用加以限制。国有化指国家将所有外国人投资的企业收归国有,有的给予补偿,有的不给予任何补偿。劳工限制指所在国对劳工来源及使用方面的特殊规定。这些"政治权力"对市场营销活动的影响往往有一个发展过程,有些方面的变化,企业可以通过认真地研究分析预测得到。"政治冲突"指国际上重大事件和突发性事件对企业营销活动的影响,包括直接冲突与间接冲突两种。直接冲突有战争、暴力事件、绑架、恐怖活动、罢工、动乱等给企业营销活动带来的损失和影响;间接冲突主要指由于政治冲突、国际上重大政治事件带来的经济政策的变化,国与国、地区与地区观点的对立或缓和常常影响其经济政策的变化,进而使企业的营销活动或受威胁或得到机会。

2. 法律环境

对国内市场营销法律环境的分析,主要指国家主管部门及省、自治区、直辖市颁布的各项法规、法令、条例等。企业了解法律,熟悉法律环境,既保证企业自身严格按法律办事,不违反各项法律,有自己的行动规范,同时又能够用法律手段保障企业自身权益。企业营销人员应熟悉和了解有关经济法规、条例。对法律环境的研究,除了要研究各项与国际、国内市场营销有关的法律、规定,研究有关竞争的法律及环境保护、资源管理方面的条例规定,还要了解与法律的制定与执行有关的监督、管理服务于企业市场营销活动的政府部门的职能与任务。这样才能使企业营销人员全面了解、熟悉企业所处的外部环境,避免威胁,寻找机会。

五、科学技术环境

科学技术是社会生产力中最活跃的因素,作为营销环境的一部分,科学技术环境不仅直接影响企业内部的生产和经营,还同时与其他环境因素互相依赖、相互作用,特别与经济环境、文化环境的关系更紧密,尤其是新技术革命,给企业市场营销既造就了机会,又带来了威胁。企业的机会在于寻找或利用新的技术,满足新的需求,而它面临的威胁则可能有以下两个方面:①新技术的突然出现,使企业现有产品变得陈旧;②新技术改变了企业人员原有的价值观。

所以,如果企业不及时跟上,就有可能被淘汰。正因为如此,西方经济学"创新理论"的代表人物熊彼特认为"技术是一种创造性的毁灭"。

1. 新技术对企业营销策略的影响

新技术引起的企业市场营销策略的变化给企业带来巨大的压力,同时也改变了企业生产经营的内部因素和外部环境,而引起以下企业市场营销策略的变化。

1) 产品策略

由于科学技术的迅速发展,新技术应用于新产品开发的周期大大缩短,产品更新换代加快,开发新产品成了企业开拓新市场和赖以生存发展的根本条件。因此,要求企业营销人员不断寻找新市场,预测新技术,时刻注意新技术在产品开发中的应用,从而开发出能给消费者带来更多便利的新产品。

2) 分销策略

由于新技术的不断应用,技术环境的不断变化,人们的工作及生活方式发生了重大变化。广大消费者的兴趣、思想等差异性扩大,自我意识的观念增强,从而引起分销机构的不断变化,大量的特色商店和自我服务的商店不断出现。例如,20世纪30年代出现的超级市场,40年代出现的廉价商店,六七十年代出现的快餐服务、自助餐厅、特级商店、左撇子商店等。同时也引起分销实体的变化,运输实体的多样化,增加了运输容量及货物储存量,使现代企业的实体分配出发点由工厂变成了市场。

3) 价格策略

科学技术的发展及应用,一方面降低了产品成本使价格下降;另一方面使企业能够通过信息技术,加强信息反馈,正确应用价值规律、供求规律、竞争规律来制定和修改价格策略。

4) 促销策略

科学技术的应用引起促销手段的多样化,尤其是广告媒体的多样化、广告宣传方式的复杂化。如人造卫星成为全球范围内的信息沟通手段。信息沟通的效率、促销组合的效果、促销成本的降低、新的广告手段及方式将是促销策略研究的主要内容。

2. 新技术对企业经营管理的影响

技术革命是管理改革或管理革命的动力,它向管理提出了新课题、新要求,又为企业改善经营管理、提高管理效率提供了物质基础。企业营销组织能否对动态市场作出迅速、准确的反应,直接影响整个企业的兴衰。在当前信息社会,国际经济环境的变化、市场空间的扩展、营销技术的改进和销售渠道的变革,都对企业营销组织提出了新的要求。

六、社会文化环境

社会文化深远地影响着人们的生活方式和行为模式。消费者的任何欲望和购买行为都深深地印有文化的烙印。例如,华人的春节和西方人的圣诞节是有着两种不同文化背景的消费高峰期,不同的节日风俗使他们的节日消费各具特色。另外,营销者本身也深受文化的影响,表现出不同的经商习惯和风格。要理解社会文化环境对市场营销活动的影响,首先应认识到,社会文化是一个涵盖面非常广泛的概念,是"一种复杂的总体,包括知识、信仰、艺术、道德、法律、风俗和任何作为一名社会成员获得的所有能力和习惯"。这其中既有物质的外壳,又有精神的内核。

1. 社会文化要素

根据人的社会实践和不同的文化现象的特殊性,社会文化基本上可以分成三大要素:物质文化、关系文化和观念文化。

物质文化是指人们在从事以物质资料为目的的实践活动过程中所创造出来的文化成果,以生产力为首要;关系文化是人们在创造、占有和享受物质文化的过程中形成的社会关系,包括以生产关系为基础的经济关系、阶级关系、民族关系、国际关系等,还包括为维护这些关系而建立的各种社会组织形式和与之相应的政治法律制度、社会道德规范等;观念文化是在前两种文化基础上形成的意识形态文化,包括人们在长期的文化历史发展中积淀而成的社会文化心理、历史文化传统、民族文化性格等,以及社会有意识地宣传和倡导的思想理论、理想精神和文学、艺术、宗教、道德等。任何一种社会文化都是这三方的统一。其中,以价值观为内核的观念文化是最深沉的核心文化,有高度的连续性,不会轻易改变。营销者应分析自己的市场营销活动将涉及哪些层次的文化因素,灵活地采取相应的策略。例如,一家美国公司在日本市场推销某产品时用的鼓动性口号是曾风靡美国市场的"做你想做的",但没有达到预期的效果,颇感意外。调查后得知,日本文化与美国文化在价值观上有很大差异,并不喜欢标新立异、突出个性,而是非常强调克己、规矩。后来,这家公司更改口号为"做你应做的",市场反应转好。口号虽一字之差,引发的思考却耐人寻味。

2. 亚文化

营销者在进行社会文化环境分析时,还要着重研究亚文化群的动向。每一种文化内部都包含若干亚文化群,即那些有着共同生活经验或生活环境的人类群体,如青少年、知识分子等。这些亚文化群的信念、价值观和风俗习惯既与整体社会文化相符合,又因为他们各有不同的生活经历和环境,而表现出不同的特点。这些不同的人群也是消费者群,根据各亚文化群所表现出来的不同需求和不同消费行为,营销人员可以选择这些亚文化群作为目标市场。

3. 图腾文化

图腾文化是民族文化的源头。图腾是一种极其古老的东西,简单地说,就是原始社会作为部落或氏族血统的标志并当作祖先来崇拜的动物或植物等。古老的图腾文化渗透到现代文化中,形成各种风俗习惯和禁忌,进而形成特别的消费习惯。例如,由于古文化中对牛的崇拜,一些民族至今不吃牛肉;由于古文化中对猪的厌恶,伊斯兰教徒不食猪肉。再例如,中华民族对龙凤呈祥、松鹤延年的美好祈盼,在消费者对产品设计、包装、商标、色彩和推销方式的特殊心理偏好上都有反映。

社会文化的影响深远而广泛,在国际营销活动中尤其如此。国际营销是跨国界、跨文化的活动,文化差异对其影响很大:在本国市场上成功的营销策略在他国文化中可能行不通,甚至招来厌恶、抵制;在本国文化中属于表层文化的因素,在他国文化中可能是必须严肃对待的"禁区"……所有这一切,都需要营销者仔细分析,并在充分尊重他国文化的基础上,有创新地实现跨文化营销目标。那些有民族特色、又不对他国文化构成利害冲突的营销策略往往会受到欢迎。

第三节 微观环境分析

企业的微观营销环境(micro-environment)包括企业内部环境、供应商、营销中介、顾客、竞争者和公众等影响企业营销活动的因素(见图3-4)。

一、企业内部环境

除市场营销管理部门外,企业本身还包括最高管理层和其他职能部门如制造部门、采购部门、研发部门及财务部门等,这些部门与市场营销管理部门一道在最高管理层的领导下,为实现企业目标共同努力着。正是企业内部的这些力量构成了企业内部营销环境。

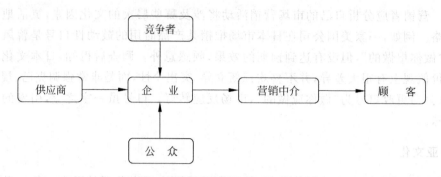

图 3-4 企业微观营销环境要素

而市场营销部门在确定营销计划和决策时,不仅要考虑到企业外部的环境力量,而且要考虑到与企业内部其他力量的协调,如图 3-5 所示。

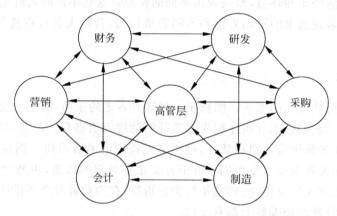

图 3-5 企业内部各部门的协作关系

首先,企业的营销经理只能在最高管理层所规定的范围内进行决策,以最高管理层制定的企业任务、目标、战略和相关政策为依据制订市场营销计划,并得到最高管理层批准后方可执行。

其次,营销部门要成功地制订和实施营销计划,还必须有其他职能部门的密切配合和协作。例如,财务部门负责解决实施营销计划所需的资金来源,并将资金在各产品、各品牌或各种营销活动中进行分配;会计部门则负责成本与收益的核算,帮助营销部门了解企业利润目标实现的状况;研发部门在研究和开发新产品方面给营销部门以有力支持;采购部门则在获得足够的和合适的原料或其他生产性投入方面担当重要责任;制造部门的批量生产保证了适时地向市场提供产品。

二、供应商

供应商是向企业及其竞争者供应原材料、部件、能源、劳动力等资源的企业或个人。供应商是能对企业的经营活动产生巨大影响的力量之一。其提供资源的价格直接影响企业的成本,其供货的质量和时间的稳定性间接影响企业服务于目标市场的能力。所以,企业应选择那些能保证质量、交货期准确和成本低的供应商,并且避免对某一家供应商过分依赖,不至于受该供应商突然提价或限制供应的控制。

对于供应商,传统的做法是选择几家供应商,按不同比重分别从他们那进货,并使他们互相竞争,从而迫使他们利用价格折扣和优质服务来尽量提高自己的供货比重。这样做,虽然能使企业节约进货成本,但也隐藏着很大的风险,如供货质量参差不齐、过度的价格竞争使供应商负担过重放弃合作等。认识到这点后,越来越多的企业开始把供应商视为合作伙伴,设法帮助他们提高供货质量和及时性。

三、营销中介

营销中介是协助企业推广、销售和分配产品给最终买主的那些企业,包括中间商、实体分配公司、营销服务机构和金融机构。

中间商是协助企业寻找消费者或直接与消费者进行交易的商业组织或个人。中间商分为两类:代理中间商和商人中间商。代理中间商指专门协助达成交易,推销产品,但不拥有商品所有权的中间商,如经纪人、代理人和制造商代表等。商人中间商指从事商品购销活动,并对所经营的商品拥有所有权的中间商,包括批发商、零售商。除非企业完全依靠自己建立的销售渠道,否则中间商对企业产品从生产领域成功地流向消费领域有至关重要的影响。中间商是联系生产者和消费者的桥梁,他们直接和消费者打交道,协调生产厂商与消费者之间所存在的数量、地点、时间、品种以及持有方式之间的矛盾。因此,他们的工作效率和服务质量直接影响企业产品的销售状况。

实体分配公司是帮助企业储存、运输产品的专业组织,包括仓储公司和运输公司。企业从成本、运送速度、安全性和方便性等因素制订合适的实体分配计划。实体分配公司的作用在于使市场营销渠道中的物流畅通无阻,为企业创造时间和空间效益。近年来,随着仓储和运输手段的现代化,实体分配公司的功能越发明显和重要。

营销服务机构包括市场调研公司、财务公司、广告公司、各种广告媒体和营销咨询公司等,它们提供的专业服务是企业营销活动不可缺少的。尽管有些企业自己设有相关的部门或配备了专业人员,但大部分企业还是与专业的营销服务机构以合同委托的方式获得这些服务。企业往往通过比较各服务机构的服务特色、质量和价格来选择最适合自己的有效服务。

金融机构包括银行、信贷公司、保险公司等对企业营销活动提供融资或保险服务的各种机构。在现代社会,几乎每一个企业都与金融机构有一定的联系和业务往来。企业的信贷来源、银行的贷款利率和保险公司的保费变动无一不对企业的市场营销活动产生直接的影响。

四、顾客

顾客是企业的服务对象,是企业产品的直接购买者或使用者。企业与市场营销渠道中的各种力量保持密切关系的目的就是有效地向其顾客提供产品和服务。顾客的需求正是企业营销努力的起点和核心。因此,认真分析顾客需求的特点和变化趋势是企业极其重要的基础工作。

市场营销学根据购买者和购买目的对企业的顾客进行分类。具体分为如下五类:消费者市场，由为了个人消费而购买的个人和家庭构成。生产者市场，由为了加工生产获取利润而购买的个人和企业构成。中间商市场，由为了转卖获取利润而购买的批发商和零售商构成。政府市场，由为了履行政府职责而进行购买的各级政府机构构成。国际市场，由国外的购买者构成，包括国外的消费者、生产者、中间商和政府机构。

每种市场类型在消费需求和消费方式上都具有鲜明的特色。企业的目标顾客可以是以上五种市场中的一种或几种。也就是说，一个企业的营销对象不仅包括广大的消费者，也包括各类组织机构。企业必须分别了解不同类型目标市场的需求特点和购买行为。

五、竞争者

任何企业都不大可能单独服务于某一顾客市场，完全垄断的情况在现实中不容易见到。而且，即使是高度垄断的市场，只要存在出现替代品的可能性，就可能出现潜在的竞争对手。所以，企业在某一顾客市场上的营销努力总会遇到其他企业类似的包围或影响，这些和企业争夺同一目标顾客的力量就是企业的竞争者。企业要在激烈的市场竞争中获得营销的成功，就必须比其竞争对手更有效地满足目标顾客的需求。因此，除了发现并迎合消费者的需求外，识别竞争对手、时刻关注他们，并随时对其行为作出及时的反应亦是成败的关键。

迈克尔·波特（Micheal Poter）在他的著名论著《竞争战略》中对竞争环境和企业的对策做了精彩分析。企业必须时时从顾客的角度出发，考虑顾客购买决策过程中可能考虑的因素，通过有效的产品定位，取得竞争优势。值得注意的是，企业的竞争环境不仅包括其他同行企业，而且包括发生于消费者进行购买决策全过程的其他更基本的内容。

菲利普·科特勒将企业的竞争环境分为欲望竞争、类别竞争、产品形式竞争和品牌竞争四个层次。

（1）欲望竞争，即消费者想要满足的各种愿望之间的可替代性。当一个消费者休息时可能想看书、进行体育运动或吃东西，每一种愿望都可能意味着消费者将在某个行业进行消费。

（2）类别竞争，即满足消费者某种愿望的产品类别之间的可替代性。假设前面那个消费者吃东西的愿望占了上风，他可以选择的食品很多，如水果、冰淇淋、饮料、糖果或其他。

（3）产品形式竞争，即在满足消费者某种愿望的特定产品类别中仍有不同的产品形式可以选择。假设消费者选中了糖果，则有巧克力、奶糖、水果糖等多种产品形式可满足他吃糖的愿望。

（4）品牌竞争，即在满足消费者某种愿望的同种产品中不同品牌之间的竞争。或许那个消费者对巧克力感兴趣，并特别偏爱 M&M 牌，于是，该品牌的产品在竞争中赢得了最后的胜利。品牌竞争是这四个层次的竞争中最常见和最显在的，其他层次的竞争则比较隐蔽和深刻。有远见的企业并不仅仅满足于品牌层次的竞争，而会关注市场发展趋势，在恰当的时候积极维护和扩大基本需求。

六、公众

公众是指对企业实现其市场营销目标构成实际或潜在影响的任何团体。企业所面临的公众主要有以下几种。

(1)金融公众(financial publics),指影响企业获取资金能力的财务机构,如银行、投资公司、股票经纪公司、保险公司等。企业良好的经营作风和财务状况,使金融公众对企业的正常经营满意放心,可以借以在这些群体中树立信誉。

(2)媒体公众(media publics),指电视、报纸、杂志、广播等传递信息的大众媒体,它们掌握传媒工具,具有广泛的社会联系,能够直接影响社会舆论对企业的认识和评价。一方面,各种媒体对企业营销活动的影响是显而易见的,企业可以通过新闻媒体的介绍来宣传自己企业的产品和品牌,扩大知名度,增强消费者的认同;但另一方面,媒体也可以揭露企业产品的不足,这会对企业营销活动的正常开展造成影响。这些团体有着广泛的社会联系,能直接影响社会舆论对企业的认识和评价,对企业的声誉起着举足轻重的作用。

(3)政府公众(government publics),指对企业的经营活动有相当影响的有关政府机构。这些机构就产品的安全性、广告的真实性等方面进行监督。政府机构的行为对企业的市场营销活动产生一定的影响,其可以运用拥有的各种政策、法律手段护持或是限制企业的经营活动。政府公众是指负责管理企业业务经营活动的政府机构,如行业主管部门和工商、税务、物价等部门。企业在开展营销活动时必须认真研究政府政策方针与措施的发展变化情况,从中寻找对企业营销的限制或机遇。

(4)市民公众团体(citizen-action publics),指对企业的经营活动有相当影响的有关非政府机构,如消费者组织,环境保护组织,少数民族团体等市民团体。这种团体可以通过宣传诉讼和联合抵制等手段来控制企业的营销活动。

(5)地方公众(local publics),指企业当地的居民和社区团体与地方政府。企业在营销活动中要避免与周围公众发生利益冲突,应指定专人负责处理这方面的问题,与社区公众维持良好的关系,因为社区公众会根据企业的种种表现作出反应(支持或抵制),企业如果拥有良好的社区公众形象,无疑会对企业的营销活动产生有利的影响。

(6)一般公众(general publics),指除社团公众和内部公众以外的居民、员工或组织团体。一般公众虽然不是有组织地对企业采取行动,然而他们对企业的印象却影响着消费者对企业及其产品的看法。因此,企业必须关注一般公众对企业产品经营活动的态度,在一般公众心目中树立良好的企业形象。这些公众力量的存在决定了企业必须处理好与周围公众的公共关系。

(7)内部公众(internal publics),包括企业内部的所有员工,如董事、经理以及企业的所有员工。因为在许多情况下企业的形象是靠企业的员工传达给外部顾客的。特别是服务性企业的内部公众。企业的营销活动离不开内部公众的支持,当企业雇员对自己的企业感到不满意时,内部公众的态度会影响到外部公众。

公众可能有助于增强一个企业实现目标的能力,也有可能妨碍这种能力。有时候公众的态度会直接影响企业营销的成功,因此,成功地处理好与公众的关系格外重要。目前,许多企业建立了公共关系部门,专门筹划与各类公众的良好关系,为企业建设宽舒的营销环境。

关键概念

营销信息系统　内部报告系统　营销情报系统　营销调研系统　营销分析系统　市场营销环境　宏观营销环境　微观营销环境

1. 什么是营销信息系统？
2. 企业应如何建立营销信息系统？
3. 什么是内部报告系统？
4. 营销人员应如何收集在线营销情报？
5. 有人认为企业在做营销决策时，仅依赖决策者的经验即可，没必要使用决策模型。你同意这种说法吗？为什么？
6. 什么是市场营销宏观环境？它包括哪几个方面的内容？
7. 什么是市场营销微观观环境？它包括哪几个方面的内容？

苏宁的营销信息系统建设

苏宁信息化工程的演进

苏宁电器1990年创立于江苏南京。1993年开始建设信息化工程，共经历了四个阶段。

苏宁第一代信息化工程：自主开发实施的售后服务系统信息化。1993年为了做好空调客户服务管理工作，苏宁率先建立了一套基于DOS（计算机操作系统）系统下的售后服务管理系统，将客户的送货信息、安装信息、维修记录等数据录入数据库，实行100%客户回访制度。

苏宁第二代信息化工程：自主开发实施的销售与财务系统信息化。1996年苏宁进行了第二代信息化工程——销售与财务系统信息化建设。建立了商场、物流配送、仓库、售后服务中心等局域网络系统。1996年，苏宁成为全国率先实现零售电脑开票的商业零售企业。

苏宁第三代信息化工程——自主开发实施ERP工程。2000年苏宁进入综合电器领域，经营范围和经营半径快速扩张，为了提高管理和服务质量，苏宁实施第三代信息化工程：集中式ERP信息管理系统。各子公司、门店通过ATM与总部直接相连，网络覆盖各销售门店、仓库、售后服务中心及售后网点，商品编码、各类信息、账务等高度统一，保证了系统的安全性，成本也大大降低。2001年，基于B2B（企业对企业电子商务模式）的中国电器网以及基于B2C的苏宁电器网先后上线运营。2003年，苏宁实施集中式办公自动化系统，实现各项工作流程化及电子化。

苏宁第四代信息化工程：苏宁SAP/ERP系统。2005年7月，苏宁启动第四代信息化工程——SAP/ERP系统建设。2006年4月11日，苏宁电器和德国SAP公司、IBM在南京苏宁总部联合宣布，苏宁电器SAP/ERP系统成功实施上线，标志着苏宁建成国际一流信息技术平台；全部工程历时9个月，投入约8 000万元。在上马SAP/ERP系统之后，苏宁在信息化道路上实现了整体飞跃，营销部门也受益匪浅。

营销信息化问题显现

苏宁的信息化建设所取得的成就有目共睹,但在作为信息化最为重要也最难的一个环节——营销信息化,苏宁遇到了以下问题。

第一,营销人员无法获得公司内部信息,导致作出的决策与公司人力、财力、其他安排出现冲突。在没有上马 SAP/ERP 系统之前,苏宁各个部门、各个门店之间数据不互通,很容易出现"信息孤岛",营销人员无法获得完整及时的公司内部数据。

第二,客户数据、供应商数据等外部数据不完整、不规范,这导致在制定营销决策的时候缺乏有力的数据支持,出现考虑不周全的情况。在上马客户关系管理系统之前,很多客户数据并不完善,收集上来的客户数据也会出现弃之不用的情况。供应商作为公司重要的合作伙伴,苏宁的营销人员也无法方便获得来自供应商的数据。

第三,没有科学系统的工具来对客户数据进行分析,导致"有数据、无信息"的尴尬状态。市场部花费人力、物力收集来的客户数据等资料,因为没有科学的统计分析工具,很有可能会出现没有好好利用的情况。

第四,营销决策完全靠决策者的经验,没有科学的决策支持系统作为辅助,可能会出现决策偏差与失误。并且如果下一任决策者的思路或想法与前人不同,会造成前者战略还未实施,后者又出新决策的情况。

苏宁营销信息化启动

苏宁高层为解决上述提到的问题,在营销领域大力推行信息化进程。在公司已有的 SAP/ERP、客户关系管理系统、供应链管理系统、呼叫中心等系统的基础上,决定推出自己的营销信息系统。

为了解决营销中出现的问题,2010 年,由采购管理中心、市场策划管理中心、连锁店管理中心和团购管理中心构成苏宁营销总部正式决定开始营销信息系统的开发,这标志着苏宁营销信息化的正式启动。苏宁营销信息系统项目的总目标为开发出一套可以集成公司内外部营销数据、对数据进行分析研究并为营销决策者提供决策支持的营销信息系统。营销总部成立了营销信息系统项目小组,专门负责苏宁的营销信息系统项目的开发工作,由营销总部管理者牵头,鼓励营销部门所有员工积极配合和参与。为了保守商业秘密,营销信息系统项目小组决定选择苏宁技术部门作为营销信息系统的技术开发人员。

苏宁的营销信息系统按功能可以区分为四个子系统,分别是:负责收集公司内部营销数据的内部报告子系统;收集外部营销数据的市场营销情报子系统;对数据进行调研及分析的市场营销调研子系统;帮助营销决策者制定决策的营销决策支持子系统。其中内部报告子系统、市场营销情报子系统、市场营销调研子系统是信息来源系统,营销决策支持系统利用前三个信息来源系统的信息辅助营销决策;苏宁营销信息系统还与公司已有的其他信息系统进行了整合和数据的共享,比如 SAP/ERP 系统、财务系统、客户关系管理系统(CRM)、供应商库存管理系统(VMI)、呼叫中心信息系统等都是苏宁营销信息系统的辅助系统。

营销信息系统各个子系统的构成及其实现的功能

内部报告子系统是营销管理人员经常应用的系统,苏宁的内部报告系统主要信息基于 ERP、CRM、OA 等系统,将来自企业内部的财务、会计、生产、销售等部门的信息进行集中,通常是定期提供报告,其主要任务是及时提供有关销售、成本、费用、存货、现金流量、应收账款等各种反映企业经营现状的信息,用于日常营销活动的计划、管理和控制。

营销情报子系统是相对于内部报告系统而言的,该系统着重收集外部与企业有关的营销环境发展变化的情报和市场发展态势变动信息,包括客户数据、供应商信息、市场信息、竞争对手信息等。市场营销情报系统的处理过程包括两个步骤:情报的定向和收集,以及初步的信息处理和分析。其数据和信息收集的来源有 CRM 系统、VMI 系统、呼叫中心,以及网络环境中的数据等。①客户数据主要来自 CRM 系统以及呼叫中心的客户信息收集。②供应商信息。苏宁除了利用 VMI 系统与供应商进行交互,还定期对供应商的资格进行审核。③市场信息。苏宁的营销情报系统可以在网络上收集与市场动态相关的数据。④竞争对手信息。一方面利用人工采集和输入的方式;另一方面利用互联网的优势,进行网络爬虫的收集、自动汇总和分类。最后将收集到的信息汇集到信息系统的比价系统和决策支持等系统中,与客户数据、营销调研数据一起为管理人员的决策提供支持。

市场营销研究子系统是完成企业所面临的明确具体的市场营销情况的研究工作程序或方法的总体。其任务是:针对确定的市场营销问题收集、分析和评价有关的信息资料,并对研究结果提出正式报告,供决策者针对性地用于解决特定问题,以减少由主观判断可能造成的决策失误。比如,苏宁利用市场营销研究子系统来进行市场特性的确定、市场需求潜量的测量、市场占有率分析、销售分析、企业趋势研究、竞争产品研究、短期预测、新产品接受性和潜力研究、长期预测、订价研究等项内容。

市场营销分析系统是指一组用来分析市场资料和解决复杂的市场问题的技术与技巧。这个系统由统计分析模型和市场营销模型两个部分组成:第一部分是借助各种统计方法对所输入的市场信息进行分析的统计库;第二部分是专门用于协助企业决策者选择最佳的市场营销策略的模型库。

辅助系统是苏宁营销信息系统的主要数据信息来源,在营销信息化中起到重要的作用。苏宁辅助系统的构成及其功能如下:①SAP/ERP 系统不仅仅是一套 ERP 系统,更是营销信息系统中内部报告系统最重要的数据来源。公司各部门、各门店均可以在系统中实时地看到销售和运营数据,信息不再有滞后,管理层可以根据系统中的数据进行及时的决策,与现实中的消费需求同步。②苏宁的客户服务中心拥有一套庞大的 CRM 信息系统,它将自动语言应答、智能排队、网上呼叫、语音信箱、传真和语言记录功能、电子邮件处理、屏幕自动弹出、报表功能、集成中文 TTS 转换功能、集成 SMS 短消息服务等多项功能纳入其中,建立了一个覆盖全国的对外统一服务、对内全面智能的管理平台。③营销信息系统中的营销情报子系统将 VMI 系统整合进来,获取了供应商的信息,与供应商进行更好的合作与交流。④呼叫中心直接与用户进行交互,是营销情报子系统重要的数据来源。苏宁在总部建立统一的呼叫中心,接待从全国各地打来的客户电话。

营销信息系统项目后期工作

营销信息系统相关人员培训。苏宁在营销信息系统设计开发完成之后,对所有相关的工作人员进行了一次培训,培训的内容不仅包括营销信息系统的使用,还包括向相关人员传输营销信息化的理念。

营销信息系统后期维护和更新。由于外部营销环境的不断变化,营销信息系统需要及时地进行维护和更新。苏宁的技术部门负责营销信息系统的维护和更新工作,包括对新需求的调研、新功能的开发、开发手册的编写、相关培训工作等。

与其他部门的持续合作。相对于其他几个部门的信息化程度,苏宁的营销信息化起步较晚、经验较少。苏宁营销总部应该持续与其他部门进行合作和交流,做好营销信息系统与其他系统的整合和对接。

苏宁易购平台的上线

自建网站是苏宁营销信息化战略的重要组成部分。

客户数据更加详细。除了基本的客户注册信息,还可以收集客户的行为数据。苏宁可以很容易地得到用户浏览网站的信息,如从哪个网站链接进来的、浏览轨迹是怎样的、页面的哪些部分用户视线停留的时间比较长、浏览了某商品后又浏览了哪些其他商品、某个用户最常浏览的是哪些商品、曾经看过哪些商品、是从哪些商品的页面跳出易购网站的。同时,系统可以对用户的评论进行文本挖掘,提炼出对商品有用的信息,将该带偏好的数据加入用户数据中。利用基于网络的营销信息系统,苏宁还可以进行方便的用户调研,因为是匿名的,并且很方便,用户一般不会拒绝,并且信息真实度较高。当记录的数据量达到一定程度时,用户偏好开始显现,营销信息系统可以告诉管理者页面哪些位置适合放广告位、哪些商品可以做促销活动、哪些商品最好降价、哪个年龄段的用户经常购买哪些商品、某些商品的用户需求趋势是怎样的、哪种设计更符合消费者需求、哪些商品不适合网购从而需要进行错位销售。

营销活动的实施更加方便。传统的苏宁营销活动一般都是在大卖场进行,时间、场地、人力、活动资金等方面都会有限制。当苏宁易购平台上线之后,营销活动的决策者和实施者可以利用这个网络平台来进行营销活动,不仅传播范围广、传播时间长,所有的网站浏览者都可以全天 24 小时看到营销活动信息,而且营销活动的实施成本低廉,在自己的平台上进行营销,几乎不会发生额外的营销费用。

资料来源:陈曦.电器大亨苏宁的营销信息化征程.中国管理案例共享中心案例库,2012

案例思考

1. 苏宁的营销信息系统和辅助系统有什么关系?
2. 请为苏宁营销信息系统的改进提出建议。

第四章

营销调研

1. 了解营销调研的内涵与作用。
2. 了解营销调研的分类与原则。
3. 了解营销调研的过程。
4. 了解营销调研中的资料收集、抽样和问卷设计技术。

云南白药牙膏的成功

云南白药是享誉中外的百年品牌,其止血愈伤、消肿止痛、活血化瘀的各类药品深得众多消费者的信赖。然而,长期以来云南白药集团一直聚焦在药品行业,面临着产品和业务类型过于单一的问题。而2005年云南白药牙膏的推出,为公司开辟了一个全新的市场,同时也改变了整个中国牙膏市场的竞争格局。

2005年,云南白药集团健康产品事业部携手上海凯纳策划公司,对中国的牙膏市场进行了深入的市场调研。通过收集大量二手资料,并深入牙膏消费现场与顾客进行互动访谈,云南白药集团对中国的牙膏市场有了两个重要发现。

首先,中国的牙膏市场主要由高露洁、佳洁士、中华等品牌所控制,但是这些传统牙膏解决的大多是牙齿的问题,如牙齿防蛀、美白和清洁等。这些问题都聚焦在牙齿上,并着重于清洁;但科学研究表明,清洁是牙膏必备的基础功能,防蛀主要是儿童期需要解决的问题,成年人的口腔问题大多体现在牙龈和整个口腔内。

其次,调查研究发现,中国90%的成年人都有不同程度的口腔问题。随着国人饮食习惯的改变和工作压力的增大,成年人大多有口腔溃疡和牙龈肿痛、出血、萎缩等口腔问题。这些口腔小问题虽然不足以去医院，但却会经常困扰人们的心情，很多成年消费者都具备解决这些口腔小问题的心理和生理需求。

正是基于这两个重要的发现，集团决定将云南白药牙膏定位于专业口腔保健，以牙膏为载体，让云南白药在牙龈、口腔等软组织发挥其独特功效，进而开启中国非传统牙膏功能护口的新时代。

随后，云南白药牙膏开始在全国范围展开大规模的广告宣传，并聘请了濮存昕、黄晓明等一线明星做品牌代言。虽然云南白药牙膏的价格达到20元以上，明显高于其他牙膏，但却依然得到了众多成人消费者的热烈追捧。2015年，云南白药牙膏的销售额突破20亿元，正式成为中国高端牙膏的第一品牌。

第一节　营销调研概述

一、营销调研的内涵

营销调研(marketing research)是为了解决有关企业营销的现实问题，利用科学的方法，有目的、有计划、系统而客观地收集、记录、整理有关市场的信息，并经过分析研究，为企业的营销决策提供科学依据。现代营销调研的特性主要体现在以下几个方面。

（一）营销调研是一个系统的过程

营销调研是一种有目的、有计划、系统而客观地收集、记录、整理市场现象和活动过程的有关信息资料的行为，而不是人们对市场现象无目的的、随机的、一般的观察和了解，也不是人们对市场现象零散的、片段的观察和了解。

（二）营销调研是一个科学的过程

企业的营销调研必须从市场的实际情况出发，客观和全面地收集市场信息，克服营销决策过程中的主观片面性。科学的调研方法包括市场实验、直接观察、不同形式的询问，以及各种数理统计分析等，这些都是在一定的科学原理指导下所形成的有效调查方法。

（三）营销调研的对象是市场信息

营销调研的主要工作就是系统而客观地收集、记录、整理有关市场的信息。这些信息并不仅来源于目标顾客，也来源于企业的营销环境、竞争对手和合作伙伴等。因此，所有与企业营销决策各个环节相关的信息，都有可能是企业营销调研的对象。

（四）营销调研的目的是服务营销决策

营销调研往往具有非常明确的目的。企业开展营销调研的原因是针对具体的营销问题，但是营销调研的目标却并不仅仅围绕营销问题本身，而是发现企业营销问题背后的原因和解决方案。因此，企业营销的最终目的是为企业的营销决策提供科学依据。

二、营销调研的作用

近些年来,随着市场竞争的不断加剧、消费者需求的不断变化,越来越多的企业都开始注重营销调研工作,基于营销调研的市场信息和市场分析,制定更加科学和更有针对性的市场营销策略。营销调研工作的加强、营销调研科学性的提升,对于企业经营的意义更加明显,并具体表现在以下几个方面。

(一)营销调研是企业获取市场信息的主要途径

通过营销调研工作,一方面企业可以持续、系统地收集有关目标市场和消费者的相关二手信息,进而帮助企业从错综复杂的市场环境中,更好地识别市场发展现状和未来发展趋势;另一方面,企业还可以针对自身的营销问题,收集目标市场和顾客相关一手信息,进而帮助企业更好地了解目标市场特点和顾客需求特点。

(二)营销调研是企业营销决策的重要依据

基于营销调研,管理者可以运用科学的方法,对调研资料进行加工整理、分析和预测,进而为企业的营销策略制定提供重要依据。例如,企业可以通过对市场环境的调研分析对未来的市场发展进行预测,进而为企业的投资结构和产品结构调整提供决策依据;通过对目标顾客的调研分析,可以对消费者需求特点进行预测,进而为企业的营销战略和策略制定提供依据。

(三)营销调研是保障企业经营绩效的重要手段

在竞争日益激励的市场环境中,市场营销已经成为企业赢得市场竞争、保证经营绩效的核心职能,而营销调研又是保障营销决策的科学性和有效性的重要工作。一方面,通过科学的市场信息的收集、分析和预测,可以保障营销决策的有效性,更好地满足目标顾客的需要,同时帮助企业获取更好的经营绩效;另一方面,通过对营销策略效果的持续追踪和反馈,可以对企业的营销策略不断调整,更好地适应市场环境的变化,进而保障企业经营绩效的稳定性。

第二节 营销调研设计

一、营销调研的分类

近些年来,随着营销调研工作在企业中的广泛运用和不断发展,营销调研的内容和形式也越来越多样。根据调研目的的不同,总体上可以将企业的营销调研工作划分为探索性调研、描述性调研和因果性调研三种类型。

(一)探索性调研

探索性调研一般是在对调研主题的内容与性质不太明确时,为了探索调研问题的性质,确定调研的方向与范围而进行的初步资料收集。通过探索性调研,可以帮助企业了解市场的基本情况,发现问题,明确基本设想,为进一步的调查研究指明方向。

因此,探索性调研是为了发现问题和界定问题性质而展开的小规模调研工作,是把一个大而模糊的问题表达为小而精确的子问题以使问题更明确,并识别出需要进一步调研的信息。

由于在探索性调研开始时,营销者缺乏知识,并没有非常明确的调研目标,因此探索性调研的主题和形式都具有很强的灵活性。最常用的探索性调研方式主要有二手资料调研、经验调查、小规模的深度访谈或焦点小组讨论,以及选择性案例分析等方法。

(二)描述性调研

描述性调研是针对企业目标顾客和市场环境等方面的现状总结与分析。描述性调研可以满足一系列的调研目标,如描述某类消费群体的特点,比较不同消费群体之间在需要、态度、行为、意见等方面的差异,识别行业的市场份额和市场潜力等都是非常常见的描述性调研。目前,大多数的企业营销调研都属于描述性调研工作。

与探索性调研不同,描述性调研是基于对调研问题性质的一些预先理解,因此,与探索性调研相比,描述性调研的目的更加明确,研究的问题更加具体,其资料数据的采集和记录,着重于客观事实的静态描述。

一个好的描述性调研需要对调研内容有足够的预备知识,然后通过科学的资料收集和分析技术,对调研的内容及其特征进行更加准确的把握。一般而言,描述性调研所收集的信息相对比较明确,最常见的调研方式往往是针对性的二手资料收集或较大规模的消费者访谈、观察或问卷调查。

(三)因果性调研

因果性调研是指为了探究营销决策中各类要素之间的关系,以及查明营销问题的原因所进行的调研。通过因果性调研,可以帮助企业更加清楚外界因素的变化对营销决策的影响程度,以及各种营销策略对消费者的作用和效果。

相对于其他调研方法,因果性调研需要首先对所要研究营销问题的因果关系提出相应的假设,然后通过系统地信息收集和整理,并利用逻辑推断和统计分析方法对所提出的因果关系假设进行检验。因此,因果性调研需要营销者具备更加丰富的相关知识和大量的前期准备。当前最常见的因果性调研往往采取实验法收集数据,通过人为控制一些实验条件,检验实验条件的变化对结果的影响作用,进而保障因果性调研的可靠性。

二、营销调研的原则

(一)科学性原则

营销调研作为企业营销决策的信息来源和重要支撑,需要有一整套科学性调研方法作为成功的保证。目前,可供选择的具体调研方法有很多,调研者必须遵循科学性原则来运用这些方法。首先,调研者必须贯彻实事求是的科学精神,保证调研结果的客观性,防止用主观臆测来代替对客观事实的观察。其次,调研者需要掌握各种科学的调研工具、资料收集方法和数据分析方法,保证调研资料的代表性,以及分析结论的准确性。最后,调研者需要从纷繁复杂的市场现象中,探求营销问题的原因和本质,对调研结果提出合理的假设和推断,并在此基础上为营销决策者提供有效的营销策略建议。

(二)系统性原则

营销调研所针对的消费者和营销问题往往都不是孤立的,而是受到了各种内部条件和外部因素的影响,因此营销调研必须全面考虑上述各种因素,对调研对象进行系统性分析。一方面,要保证调研样本资料的全面性,营销调研人员需要利用科学的方法确定样本,确保调研对象具有较好的代表性,同时全面收集调研对象的各方面信息,保证调研资料的全面性;另一方面,要保证调研方法的复合性,调研者可以将通过不同方法获得的调研信息进行相互验证和补充,进而提高调研结论的可靠性。

(三)时效性原则

对一个企业来说,营销调研所收集资料的价值,与其时效性有很密切的关系,过时的信息会导致企业失去市场获胜的机会。所以,在整个营销调研过程中,调研人员应该做到收集资料及时、统计分析及时、调研报告特别是调研结论的总结及时。此外,客观事物总是处在不断运动和变化之中,一次营销调研只能反映某一个时点或时段的市场状况。企业要想获得及时的市场信息资料,需要采取经常性的营销调研工作。因此,营销调研应该是企业长期而经常的任务,企业通过营销调研随时把握市场行情,及时根据市场环境的变化不断调整自身的营销策略。

(四)经济性原则

营销调研本身也是企业进行的一项商业活动,它以追求最大的经济效益为目的。营销调研活动的效益体现在两个方面:一方面,企业通过它可以及时掌握市场动态行情,从而减少决策的盲目性,最终目的是为企业节省经营成本,提高效益;另一方面,营销调研活动本身也要体现经济性原则,要用尽可能少的经费取得相对满意的资料。一般来说,在调查内容不变的条件下,采用不同的调查方案和调查方法,将取得不同的效果,同时也会有不同的费用支出。因此,任何一项营销调研活动在实施之前都需要对自身的经济价值和费用支出进行合理规划,争取以最少的费用去获得最佳的调查结果。

(五)创造性原则

营销调研本身是一种创造性的工具,需要调研者具有强烈的创新精神。虽然营销调研重点针对的是企业所面临的营销问题,但是管理者所看到的营销问题可能只是表面现象,是冰山的一角。决策者希望通过营销调研获得的也并不仅仅是对问题本身的表述,而是找到问题背后可能的原因和解决方案。而问题原因的分析和解决方案的提出,则需要管理者和调研人员共同进行创造性思考。因此,在营销调研过程中,调研者应当不断地发现新问题,研究新问题,从表面的营销问题中发掘出对企业营销决策有积极意义的新因素。

三、营销调研的过程

为了实现营销调研的科学性、系统性、时效性、经济性和创造性,对调研过程进行有效控制,保证营销调研的顺利进行并达到预期目的,营销者需要在营销调研之前对整个调研过程进行合理规划。一般而言,一个完整的营销调研往往包括调研准备、资料收集、调研研究、调研报告和追踪反馈五个阶段。

(一)调研准备阶段

营销调研的准备阶段是营销调研的决策、设计、筹划阶段,也是整个调查的起点。这个阶段的具体工作有三项,即确定调查任务、设计调查方案、组建调查队伍。合理确定调查任务是搞好营销调研的首要前提;科学设计调查方案是保证营销调研取得成功的关键;认真组建调查队伍是顺利完成调查任务的基本保证。

(二)资料收集阶段

资料收集阶段的主要任务是采取各种调查方法,按照调查方案的要求,收集与调研问题相关的各种资料。一方面,调研者可以通过企业内部报告和外部资料来源收集各种相关的二手资料;另一方面,调研者还可以直接与被调查者进行接触和沟通,获取相关的一手资料。营销调研收集的资料必须做到真实准确、全面系统,否则将直接影响后期调研分析结论的准确性和营销策略建议的有效性。

(三)调研研究阶段

调研研究阶段的主要任务是对调研所收集的资料进行鉴别和整理,并对整理后的市场资料进行统计分析。首先,鉴别资料就是对取得的市场资料进行全面的审核,目的是消除资料中虚假的、错误的、短缺的部分,保证原始资料的真实、准确和全面性。其次,整理资料是对鉴别后的市场资料进行初步加工,使调查得到的反映市场现象个体特征的资料系统化、条理化,以简明的方式反映市场现象总体的特征。最后,对资料进行统计分析,就是运用统计学的有关原理和方法,研究市场现象总体的数量特征和数量关系,揭示市场现象的发展规模、规律和趋势等。

(四)调研报告阶段

调研报告阶段的主要任务是撰写营销调研报告,总结调查工作,评估调查结果。调查报告是营销调研成果的集中体现,是对营销调研工作最集中的总结。一方面,调研报告需要对整个调研过程进行总结,对调研资料进行数据分析;另一方面,调研报告还需要基于资料分析结果,针对所研究的营销问题提出相应的营销策略建议。因此,营销调研报告是整个调研过程核心价值的综合体现。

（五）追踪反馈阶段

任何一个营销调研都不能保证调研结论完全正确，营销建议绝对有效。因此，根据营销调研的系统性原则，营销调研应当是持续进行、不断修正的过程。当营销者通过营销调研得到一些结论和策略建议后，后续还需要对市场问题进行持续跟踪，对营销策略的效果进行总结、反馈和调整，不断完善调研结论，保障营销策略的有效性。

第三节　营销调研技术

一、资料收集技术

（一）二手资料收集

二手资料（secondary data）是指并非为正在进行的研究而是为其他目的已经收集好的统计资料。与一手资料相比，二手资料具有取得迅速、成本低、易获取、能为进一步原始数据的收集奠定基础等优点；但是二手资料往往存在相关性差、时效性差和可靠性低等缺点。

在营销调研中，针对二手资料的收集也被称为文案调查，即通过收集各种历史和现实的动态统计资料，从中摘取与营销调研相关的情报，在办公室内进行统计分析的调查方法。

根据二手资料的来源不同，可将其分为内部二手资料和外部二手资料，其中，内部二手资料是指来自企业内部的资料，具体包括会计账目、销售记录和其他各类报告等；外部二手资料则是指从企业外部获得的资料，在当前的互联网环境下，企业获取外部二手资料的渠道有很多，如各种公开出版的图书和期刊文献、专业的行业研究报告、国家和地方的统计年鉴、各种网络搜索引擎、各类互联网数据库等。

（二）一手资料收集

一手资料（primary data）是指为了自身的营销调研目标而直接收集的相关资料，相对于二手资料，一手资料具有更好的针对性和时效性，然而一手资料的获取成本也相对较高。在营销调研中，针对一手资料的收集也被称为实地调查，主要包括访谈法、观察法和实验法三种收集方法。

1. 访谈法

访谈法是指将草拟的调研事项以当面、电话或书面的方式向被调查者提出询问，以获得所需资料的调查方法。它是调查人员与被调查者双方的互动过程，并通过这一互动过程来获取相关资料。在访谈法实施之前，调研人员需要根据调研内容和目标事先设计一个调研提纲或调研问卷，然后通过各种手段将调研提纲或问卷与被调查者进行沟通。根据具体沟通方式的不同，访谈法进一步可以划分为深度访谈、焦点小组讨论和问卷调查三种类型。

（1）深度访谈。深度访谈是调研人员针对所要研究的内容，以一对一和面对面的方式与被访者进行深入沟通，用以得知被访问者对于研究内容的看法和意见。深度访谈往往没有固定的访谈规则，而且访谈的进行常因访谈者与受访者的互动情形有很大的差异，因此深度访谈是异质性较大的研究方法。

深度访谈适用于了解复杂、抽象的问题，通过自由的深入交谈，对研究主题进行深入的探讨，并从中总结出相关的信息。在深度访谈的过程中，访谈员需要掌握很多沟通技巧，在与被访者进行交流的过程中，不断挖掘被访者对某一问题的潜在动机、信念、态度以及感情，因此深度访谈所用的时间也比较长，甚至可能持续两三个小时。

（2）焦点小组讨论。焦点小组讨论由一名组织者邀请若干个被访者自然的、无约束地讨论某些调研问题。相对于深入访谈，焦点小组讨论的氛围更为宽松、舒适，可以发现一些在常规的提问中不能获得的被访者意见和感受。

焦点小组讨论一般需要 8~10 个被访者，并持续 2 小时以上，因此对组织者和被访者都具有较高的要求。对组织者而言，需要能够对整个讨论过程进行有效控制，鼓励每一个被访者都能够充分发表意见；对于被访者而言，则要求具有类似特征却又彼此互不认识，防止被访者的个人意见被小组中的其他人所影响。

（3）问卷调查。无论是深度访谈还是焦点小组讨论，都是通过当面的方式来获取被访者的相关资料，时间成本和经济成本都比较高，因此往往适用于前期小规模的调研活动。而大规模的营销调研则需要借助标准化的调查问卷来进行，根据调查问卷发放方式的不同，问卷调查进一步又可以划分成电话调查、邮寄调查、留置调查和互联网调查等方式。

电话调查是指通过电话向被调查者询问有关调研内容的一种调查方法。电话调查是一种非常方便、快捷且成本低的调研形式，在电话相当普及的今天，电话调查可以减少人员来往的时间和费用，提高访谈的效率。然而，电话调查的被访者配合度相对较低，与此同时，由于调查人员只能借助电话与被访者沟通，因此只能询问数量有限且相对简短的调研问题。

邮寄调查是将设计好的调查问卷，通过邮件的形式发送给被访者，要求被访者回答后回寄，进而获得相关信息的调研方法。当前的邮寄调查可以使用传统邮政系统的纸质信件，也可以使用现代互联网的电子邮件，将完整的调查问卷发送给被访者，成本都比较低。然而，邮寄调查最大的缺点就是问卷回收率非常低，大部分被访者都不愿意主动回寄问卷。

留置调查是将调查问卷当面交给被访者，说明填写的要求并留下问卷，请被访者自行填写，然后由调研人员定期收回的一种调查方法。由于调查问卷是当面交给被访者的，因此被访者的配合度较高，问卷回收率也比较高。然而，留置调查需要大量调研人员参与，成本较高，同时也要求被调查对象相对集中，因此留置调查的调研区域范围有限，一般适合于会展和入户调查。

互联网调查是借助于互联网，将调查问卷转化为网页交互式媒体形式，然后在线获取被访者回答的一种调研方法。当前，互联网调查可以借助 PC 端和移动端等多种网络渠道，被访者只需要单击链接就可获取交互式的调查问卷，调研更加快捷，成本更低。然而，互联网调查的调研对象往往不受控制,因此很难保证调研对象的代表性。

各种访谈法的相互比较见表 4-1。

表 4-1 各种访谈法的相互比较

项　　目	深入访谈	焦点小组	电话调查	邮寄调查	留置调查	互联网调查
调查范围	窄	窄	广	较广	较窄	广
时效性	强	强	强	很弱	强	较弱
回收率	高	高	较高	很低	较高	较低
信息质量	高	高	较高	较低	较高	较低
人员要求	最高	很高	较高	低	低	基本没有
单位成本	最高	很高	较低	较低	较高	最低

2. 观察法

观察法是借助各种记录工具,深入调研现场,通过观察和记录被调查者行为,获取有关调研资料的一种方法。在观察法实施过程中,调研人员以第三者的姿态出现,置身于所观察的现象之外,而被观察者也并不知道自己正在被观察,此时的行为也是最自然和最真实的表现。最常用的观察工具主要有观察卡片、文字记录和录音录像设备等;此外,近些年来基于互联网技术对消费者网络浏览和检索行为的观察记录,正成为观察法的全新应用领域。

相对于访谈法,观察法最大的优势在于直观真实和简单易行。首先,由于被调查者并没有意识到自己正在被观察,是在完全自然的环境下做出的行为表现,因此观察法所获得的信息是最直观真实的。其次,在观察过程中,调研人员只是直接记录被调查者的行为表现,并不需要与被调查进行沟通,因此对调研人员的要求相对简单,更容易执行。

然而观察法本身也存在一些局限性,其中最大的不足就在于深度不够,观察法所获得的信息仅仅是被调查者的外部行为表现,观察不到被调查者的内部心理活动,因此调研人员只能根据外部行为表现来推测被调查者的想法和态度。此外,观察法需要保证能够全面记录被调查者信息,同时又不被察觉,因此会受到很多时间和空间的限制。

3. 实验法

实验法是从影响消费者心理和行为的众多因素中选出一个或两个因素进行控制,将被调查者置于一定条件下进行小规模试验,并对试验结果进行分析的方法。通过严谨的实验设计和严密的实验过程控制,实验法可以帮助调研者更加准确地把握实验控制因素和实验结果之间的因果关系,同时还可以在相同的情况下重复进行,以便验证实验结果的可靠性与有效性。因此,当前越来越多的营销管理者和研究者都开始采用实验法来开展营销调研工作。根据实验法实施方式的不同,可将其分为实验室实验法和市场实验法两种类型。

1)实验室实验法

实验室实验法是在实验室内利用一定的设施,控制一定的条件,并借助专门的实验仪器进行研究的一种方法。

实验室实验法的操作环境比较简单,便于严格控制各种实验因素,并通过专门仪器进行测试和记录实验数据,可以更加精确地分析实验自变量和因变量之间的关系,并具有较高的信度。因此,实验室实验法多用于研究消费者的心理过程和心理活动的生理机制等问题。

然而,实验室实验法的研究对象往往是消费者个体,同时实验成本比较高,很难进行大规模的样本研究,因此实验室实验法结论的可靠性存在一定局限。

2) 市场实验法

市场实验法是在自然的条件下,针对一个小型市场,有目的、有计划地创设和控制一定的条件来进行研究的一种方法。

市场实验法以一个市场整体为研究对象,通过控制一些实验条件,如不同的营销策略等,来发现实验条件与市场反应之间的相互关系。因此,通过市场实验法所得到的结论具有更好的可靠性。

然而,由于市场环境比较复杂,影响最终实验结果的因素众多,因此需要调研人员更加严谨和细致的实验设计与实验控制。

二、抽样技术

对于营销者而言,其面临的目标顾客数量可能非常众多,而在营销调研过程中企业没有能力也没有必要针对所有顾客展开普查,只需要通过抽样的方式选取一小部分顾客来代表整体。在实际抽样过程,根据抽样的原则和方式不同,可以将抽样技术划分为概率抽样和非概率抽样两种类型。

(一) 概率抽样

概率抽样(probability sampling)又称随机抽样,是以概率理论和随机原则为依据来抽取样本保证总体中的每一个单位都有同等的概率被抽中的抽样方法。依据统计学中的大数定律,概率抽样能够计算和控制抽样误差,因此可以准确说明样本的统计特征,根据样本调查的结果可以从数量上推断总体的性质和特征。正是基于这个原因,概率抽样往往是很多营销调研中首先考虑的抽样方法,根据操作方法的不同,概率抽样又可以分为简单随机抽样、等距抽样、分层抽样和整群抽样四种类型。

1. 简单随机抽样

简单随机抽样是按照随机原则直接从总体中随机抽取一定数量的样本。简单随机抽样是最完全的概率抽样,每一个样本都具有完全相同的被抽中概率,与此同时简单随机抽样也是操作最为简单的一种抽样方法。然而,简单随机抽样虽然看起来简单,但是要求总体必须是均匀分布的,这在现实中却很难实现。因此,在实际的营销调研中往往需要采用更为复杂的随机抽样方法,简单随机抽样则是其他抽样方法的基础。

2. 等距抽样

等距抽样是将总体按一定顺序进行编号和排列,然后按照一个间隔抽取被调查样本。

其中抽样的间隔由总体数量和样本数量决定,而抽取起点则通过随机抽样的方法实现。相对于简单随机抽样,等距抽样可以有效应对总体分布不均匀的问题,同时操作方式比较简单,成本花费也较少。然而,要采取等距抽样首先需要对总体进行编号和排序,而在实践过程中这一点却很难实现。

3. 分层抽样

分层抽样是把总体划分成若干个彼此相互独立的不同层次,然后在每个层次内部再进行简单随机抽样。分层抽样的总体分组标志与所研究的特征相关,不同分组之间存在明显的差异,通过在每个分组内部进行简单随机抽样,保证不同类型的样本都能够被抽中,进而提高样本的代表性。因此,与简单随机抽样相比,分层抽样的抽样误差更小一些,更适合分布不均匀的总体。然而,分层抽样需要首先对总体的分布特征有所掌握,并选择合理的分组标志,因此需要更多的前期准备工作。

4. 整群抽样

整群抽样是将总体分成若干个群体,然后从中随机抽取部分群,并对该群内的单位进行调研。相对于其他几种随机抽样方法,整群抽样最大的特点是随机抽取的是部分群体,而不是样本。当所面临的总体规模较大时,可以考虑采取整群抽样,调研组织工作比较集中,可以大量减少访问时间和经费。然而值得注意的是,整群抽样的前提是各个群体之间并不存在显著差异,所以才可以随机抽取部分群体。实际操作中,由于整群抽样忽略了群体之间的差异性,导致样本的代表性较差。

(二) 非概率抽样

虽然概率抽样是营销调研中首先考虑的抽样方法,但是在操作过程中概率抽样往往需要更多的策划和准备工作,花费的时间和费用也比较高。因此,当调研工作的时间和资金有限时,也可以考虑非概率抽样方法。

非概率抽样(non-probability sampling)又称为非随机抽样,就是调查者根据自己的方便或主观判断抽取样本的方法。非概率抽样的调查结果也可以在一定程度上说明总体的性质和特征,但不能准确控制抽样误差。非概率抽样根据操作方式的不同可以划分为便利抽样、判断抽样、配额抽样和推荐抽样四种类型。

1. 便利抽样

便利抽样只考虑如何尽量快和多地获取样本数量,因此便利抽样的样本只限于总体中易于被抽到的部分。最常见的便利抽样是偶遇抽样,即研究者将在某一时间和环境中所遇到的每一总体单位均作为样本成员。"街头拦人法"就是一种偶遇抽样。便利抽样是非概率抽样中最简单的方法,省时省钱,但样本代表性因受偶然因素的影响太大而得不到保证。

2. 判断抽样

判断抽样是指调研人员从总体中选择那些被判断为最能代表总体的单位做样本的抽

样方法。如果调研人员对所研究的对象十分熟悉、对研究总体比较了解时,采用判断抽样的方法可获得代表性较高的样本。判断抽样方法多应用于总体小而内部差异大的情况,以及在总体边界无法确定或研究者的时间与人力、物力有限时采用。

3. 配额抽样

配额抽样是将总体依某种标准进行分层,然后按照各层样本数与该层总体数成比例的原则主观抽取样本。配额抽样与分层概率抽样很接近,最大的不同是分层抽样的各层样本是随机抽取的,而配额抽样的各层样本是非随机的。配额抽样可以保障样本来源的多样性,因此是最常使用的非概率抽样方法。

4. 推荐抽样

推荐抽样是让被调研对象进一步推荐其他调研对象的多轮非概率抽样方法。当调研对象数量较少且很难直接接触的时候,可以首先寻找少数样本作为最初的调研对象,然后让他们进一步推荐他们所认识的第二批合格的调研对象,再由第二批调研对象推荐第三批调研对象,依次类推,样本如同滚雪球般由小变大。因此,推荐抽样有时也被形象地称为滚雪球抽样。

三、问卷设计技术

调查问卷(questionnaire)是一种以书面形式了解被调查对象的反应和看法,并以此获得资料和信息的载体。目前,问卷调查已经成为营销调研中最常见的调研方式,很多调研机构根据调查目的设计各类调查问卷,然后采取抽样的方式(随机抽样或整群抽样)确定调查样本,通过调查员对样本的访问,完成事先设计的调查项目,最后通过统计分析得出调研结果。

(一)问卷结构

一套完整规范的调查问卷在结构上往往包括问卷标题、问卷说明、问卷填写说明、被调查者基本情况、问卷主体内容、编码号和调查员信息七个部分。

问卷标题是对一份调查问卷的总体性概括,往往出现在一套问卷的最顶端,让被调查者通过阅读问卷标题就可以大体预估调研的主要内容以及自己是否有能力回答。

问卷说明是对问卷调查的背景和目的的简要介绍,目的是打消被调查者的顾虑,提高被调查者的参与程度。因此,在问卷说明中往往需要阐明调查人的身份、调查目的、保密协定和向被调查者致谢等关键内容。

问卷填写说明是对问卷填写方式的简要说明,特别是问卷设计比较复杂的情况下,需要告知被调查者具体的问卷填写步骤和要求。一般情况下,还需要提醒被调查者,问卷填写无所谓对错之分,只需要根据自身真实感受填写即可。

被调查者基本情况,是对被调查者的基本背景信息的收集。以备后期分析过程中对样本分布状况进行描述,以及不同类型被调查者的对比。

问卷主体内容,是围绕调研目的设计的一系列问题及其答案,是一份调查问卷的主体和核心。

编码号主要包括问卷编码,以及题项和答案编码两大部分。每份问卷都要有一个单独的编码,以便后期的问卷核实与查找;而题项和答案编码则是为了方便问卷的录入与分析。

调查员信息则是指对问卷的发放人员、发放时间和地点等信息的收集,便于问卷的复核,并能够明确问卷的调查责任人。

(二)问卷提问方式

一份调查问卷的主体内容就是围绕调研目标向被调查者设置的一系列问题及其答案,根据问题的提问方式不同,问卷设计又包括开放式问卷和封闭式问卷两种不同类型。

1. 开放式问卷

开放式问卷是指仅提出问题并不列出所有可能的答案,而是由被调查者自由作答的提问方式。常见的开放式问卷提问方式主要包括自由问答、语义联想、故事完成、角色扮演等类型。

对于开放式问卷,被调查者可以自由回答问题,并不需要按照问卷上已拟定的答案加以选择,因此被调查者可以充分地表达自己的看法和理由,有时还可获得研究者始料未及的答案。也正是基于这个原因,在很多封闭式问卷的最后也经常设置部分开放式题项,以获取一些额外的补充性信息。

然而,由于在开放式问卷中每个被调查者的答案都不一样,因此带来了资料整理和分析的困难,整个过程相当耗费时间,而且免不了夹杂调研人员的个人偏见。因此,开放性问题在探索性调研中是很有帮助的,但在大规模的抽样调查中,更多还是采用封闭式问卷。

2. 封闭式问卷

封闭式问卷是指已事先设计了各种可能的答案的问题,被调查者只要或只能从中选定一个或几个现成答案的提问方式。常见的封闭式问卷提问方式主要包括两项选择、多项选择、比较排序、语义差别量表等类型。

由于封闭式问卷提供了备选答案,因此方便了被调查者进行作答,与此同时,封闭式问卷可以排除调查人员的个人影响,且比较容易进行编码和分析,因此适合进行大规模发放。

然而封闭式问卷的设计需要更多的前期准备工作,除了要考虑设置什么样的题项外,还要考虑所有可能的答案;此外封闭式问卷所获得的信息只局限在备选答案中,无法获取更多的信息资料。

(三)问卷设计原则

调查问卷作为营销调研的重要工具,设计的质量直接决定了信息资料的质量和调研结论的质量。因此在问卷调查中,调研人员需要认真、严密地对问卷进行设计,并遵循全面性、明确性、逻辑性和非诱导性等原则。

1. 全面性

全面性原则要求问卷设计能够收集与调研主题相关的全面信息。一方面,题项的设置要涉及调研主题的各个方面,能够全面反映调研主题的特征;另一方面,备选答案设计也要能够穷尽所有可能的情况,让各种类型的被调查者都能选择。

2. 明确性

明确性要求调查问卷的设计必须语言明确、规范。首先,问题和答案的含义必须非常清晰,避免出现语义模糊甚至有歧义的表达,让被调查者能够作出非常明确的回答;其次,尽量使用被调查者能够理解和接受的语言,避免使用专业用语导致被调查者理解困难。

3. 逻辑性

逻辑性强调调查问卷的设计要有整体感,各个题项的设置要有条理,符合正常的逻辑顺序,即问卷中的各个问题彼此之间紧密相关,同时问题的安排顺序也具有逻辑性,因而能够获得比较完整的信息,也更符合被调查者的思维过程习惯。

4. 非诱导性

非诱导性是指调查问卷的题项和答案设置要保持中立的态度,只是提出问题和可能的答案,不做任何的价值判断,也不对被调查者进行任何的提示,完全由被调查者独立自主地思考和回答问题。

关键概念

营销调研　一手资料　二手资料　概率抽样　调查问卷

复习与思考

1. 在企业的营销决策过程中,营销调研的地位和作用是什么?
2. 营销调研中的一手资料和二手资料各自的优势与劣势是什么?
3. 在营销调研过程中,是否一定要坚持概率抽样方法?
4. 互联网时代,营销调研会有哪些发展和变化?

案例分析

武汉周黑鸭的市场调查

一、案例背景

湖北周黑鸭食品有限公司(以下简称"周黑鸭")由四川人周鹏于 2006 年在武汉市创立。周鹏初中毕业后于 1995 年来到武汉,在一个菜场里开了一家现场制作和销售肉类与素食类熟卤制品的家庭作坊式小店并一直干到2005年;他于2005—2006年在武汉航空路武汉广场旁的解放大道上成功开设第一家专卖店后,创立"湖北周黑鸭食品公司"并将其发展成拥有直营专卖店136家(武汉64家,湖北其他城市60家,南昌和长沙各12家)、2009年销售收入达2.5亿元的公司。

周鹏感到2010年及未来几年将是周黑鸭快速发展的阶段,向外地扩张是必然的思路。但周鹏认识到,进军外地的同时,必须很好地巩固作为公司大本营的武汉市场,因为竞争对手拓展武汉市场的势头直逼周黑鸭。如何进一步对武汉市场进行深耕细作,周鹏意识到不能再像以前那样仅凭自学和经验进行决策。因此,他决定对武汉市场进行一次全面、正式的市场调查研究,为武汉市场乃至全国市场的营销决策提供科学依据。

二、营销调研目标

围绕着深耕细作武汉市场的战略目标,周鹏将具体的营销调研任务分配给了公司的营销部门,并对本次营销调研提出了以下三个目标。

(1) 辨识周黑鸭的目标顾客。了解周黑鸭现有消费人群的消费习惯,同时识别潜在消费人群的消费需求。

(2) 辨识周黑鸭的竞争对手。识别周黑鸭的主要竞争对手都是哪些品牌,以及它们各自的产品、价格、渠道和促销策略特征。

(3) 提出周黑鸭未来的营销策略规划。结合周黑鸭的目标顾客特征和市场竞争状况,为公司下一步深耕细作武汉市场提供营销决策建议。

三、二手资料收集

调研团队首先对周黑鸭及其所在的熟卤制品行业进行了总结,通过二手资料查询等方法,对周黑鸭的行业环境、竞争对手和企业资源进行了详细分析。

(一) 行业环境调研

周黑鸭涉及两个行业:其一,周黑鸭属于饮食业;其二,周黑鸭将自身定位在休闲食品行业。所谓"休闲食品",是快速消费品的一类,是供人们在闲暇、娱乐时所吃的食品,也有人称为"吃得玩的食品"。

从饮食业来看,2006年我国饮食住宿业的营业额跨越了10 000亿元大关,占社会消费品零售总额的13.5%,拉动社会消费品零售总额增长2.2个百分点,对社会消费品零售总额增长的贡献率为15.8%,比GDP(国民生产总值)增速高出5.7个百分点。

从休闲食品来看,其市场前景也不容小觑。我国休闲食品的销量2007年达到300亿元左右,估计未来几年每年增幅在15%左右。休闲食品在主要超市、重点商场的食品经营比重中已占到10%以上,名列第一。我国休闲食品市场尚处在发展阶段,产品品种单一、技术力量相对薄弱,一些产品开发还是空白。在未来的发展过程中,健康、时尚和功能性将是休闲食品市场的主流。在西方发达国家,低油马铃薯食品和以水果蔬菜为原料的休闲食品越来越受到消费者的青睐,销售势头越来越好。

周黑鸭作为地方特色的休闲食品,也作为休闲餐饮的一部分,其市场前景和行业利润远远超过传统餐饮。然而,从国内来看,有地域特色且具有全国规模的企业并不是很多,但是小规模的、具有替代性质的区域性竞争特别激烈。从竞争角度看,在湖北市场能给周黑鸭带来实质性威胁的主要有绝味、精武鸭脖、廖记棒棒鸡3家,除了精武鸭脖是武汉当地的特色食品企业外,其他两家均为外地企业且在湖北具有一定的市场地位。这3家企业,加上周黑鸭,其产品虽有各自的特色和区域特色,但在一定程度上具有替代性,而且经营模式比较类似,因而相互之间是正面竞争对手,也是主要的竞争对手。

(二)竞争对手调研

周黑鸭在武汉地区的主要竞争对手包括绝味鸭脖、廖记棒棒鸡、精武鸭脖和久久丫四个品牌。调研团队进一步对这几个主要竞争对手的背景和经营策略进行了分析。

长沙绝味轩企业管理有限公司(以下简称"绝味公司")成立于湖南长沙,采用特许加盟连锁的经营策略。公司通过各地的加盟门店进行产品分销,其加盟形式为:加盟商在加盟地区选择好的商业地段,经公司审查认可后,绝味公司提供店面设计图纸,加盟商自筹前期的装修、设备费用,在公司指导下经营加盟店。2005年到2010年短短5年半的时间,成功在16个省、2个经济特区建立了2 500多家"绝味"连锁门店。除此之外,绝味在湖南长沙、河南郑州、四川成都、江西南昌、浙江杭州、广东深圳、广西桂林、南宁和柳州以及上海等城市也开设了网上订购服务。2010年上半年,绝味公司的促销活动都是每月一期,其在16个省市的45家主流报纸持续投放广告,遍及十六大主要城市的液晶楼宇电视,覆盖十大主要城市的公交车车身,其他一线品牌的战略联盟推广和网络媒体的软性植入更是绝味公司营销的另一手段。绝味目前的单品有24种,分为鸭类、蔬菜类、豆类和猪类四大类,有散装和真空包装,以散装售卖为主。

成都廖记连锁餐饮有限责任公司(以下简称"廖记")成立于1994年,经过多年的持续稳定经营,迄今已发展成为四川省内大型民营食品企业。2004年,廖记进军连锁加盟市场,后因加盟商频频关门,随后便退出加盟市场,只做自己的直营店。经过多年的市场运营,外聘管理人员,逐步开店,目前,廖记棒棒鸡熟食店在全国已有300多家。在促销方面廖记棒棒鸡总部提供统一宣传促销卡、促销品、招牌、徽记、广告用语、形象设计;统一服装、装修风格、技术培训、质量标准;统一核心原料配送、网络及其他形式推广。廖记卤制出来的食品具有"色、香、意、味、形、鲜"六大特点,其产品主要分为三类:经典菜品、卤菜和拌菜。廖记只进行散装售卖。

精武鸭脖兴起于20世纪90年代,其创始人通过对老配方的改进形成了适合武汉人口味的新配方,经过多年的发展,在精武路形成了独具特色的经营鸭类产品加工、销售的精武一条街。现今在精武路留存有18家名称不同的鸭脖店或公司,其在全国各地遍布数以千计的加盟店。据业内人士粗略测算,全国打着精武鸭脖招牌卖出去的产品销售收入每年在10亿元以上。2005年,汉口精武食品工业园有限公司投资一亿多元在黄陂区武湖建立占地200亩(1亩≈666.67平方米)、年深加工3万吨水禽熟食制品生产能力的加工基地。2007年,汉口精武公司销售收入2.91亿元。汉口精武鸭系列产品众多,有鸭类、水产类、素食类,各类别下的产品种类众多,如鸭脖、鸭翅、翅尖、鸭掌、酱板鸭、真空鸭翅。包装包括散装、真空和彩包。

久久丫有限责任公司(以下简称"久久丫")成立于2002年10月,总部设于上海,目前全国共有六大分部(上海分部、无锡分部、杭州分部、广州分部、北京分部、成都分部)。截至2008年底,其销售网络遍布全国20多个大中城市,门店数接近1 000家。久久丫的主要产品系列有原味系列、酱板系列、素食系列。

此外,调研团队还对竞争品牌的销售渠道和促销策略进行了总结与比较分析。

从销售渠道来看,周黑鸭的营销渠道主要有三种,即直营门店销售、网上销售(包括其官网商城、淘宝和拍拍专营店)以及经销商销售;绝味公司与周黑鸭最大的不同之处,在于其采用特许加盟连锁的经营策略,公司通过各地的加盟门店进行产品分销,绝味公司也开设了网上订购服务;廖记棒棒鸡走的也是连锁加盟模式;精武路第一家鸭脖店和汉口精武的营销渠道主要为商超、直营店和加盟店。

从促销策略来看,周黑鸭主要采用活动促销、与其他知名企业进行联合促销的形式;绝味公司主要采用活动促销和广告促销的形式;廖记棒棒鸡主要采用活动促销,与周黑鸭和绝味公司不同的是,廖记的促销活动不仅与时事和节日联系起来,并且结合了自己的产品特点。

(三)企业资源调研

调研团队还对周黑鸭自身的产品范围、门店覆盖面、市场渠道和公司销售队伍等进行了初步了解与观察。

从产品范围来看,周黑鸭的产品主要有鸭脖、鸭翅膀、鸭翅尖、鸭锁骨、鸭掌、周黑鸭、鹌鹑、鸭翅、鸡尖、卤干子、酱板鸭、鸭爪、金牌黑鸭等。按包装分类有散装、真空简包、真空彩包和礼盒包装;按品种分类有鸭类、水产类和蔬菜类。

从门店覆盖面来看,周黑鸭在武汉共有64家直营门店,其中31家位于主要商圈、7家位于社区和菜市场、10家位于学生区、10家位于郊区,还有6家位于车站(包括火车站和汽车站附近的门店)。

从市场渠道来看,周黑鸭主要的渠道是直营门店,同时2009年尝试性地打开了网络销售渠道,目前的增长率和贡献率都表现优异,还有小部分的经销商渠道,经销商主要将周黑鸭的彩包产品铺设在商超进行售卖,但是比例非常小,此外值得一提的是,周黑鸭自始至终没有采用加盟这一渠道,但是周黑鸭的主要竞争对手都已经采用了这一渠道。

四、一手资料的收集

(一)门店消费者观察

研究小组成员还分别到光谷店(商圈门店)、精武路店(商圈门店)、中南二店(商圈门店)、街道口店(商圈门店)、航空侧路店(社区门店)、万松园店(社区门店)、武大店(学生门店)、政法大学店(学生门店)等门店观察产品的销售情况和消费者特征,通过标准化的表格获取了一系列信息,见表4-2。

表4-2 周黑鸭精武路门店消费情况统计表　　　　　　　元

序号	性别	年龄	富裕程度	购买产品	总价
1	男	青年	富裕	鸭脖	20
2	女	中年	中等	鸭翅	12

根据观察数据,调研团队了解到周黑鸭销量最好的产品是鸭脖、鸭锁骨和鸭翅。而在门店按时间连续蹲点记录的356个消费者中,女性占63%,男性占37%;消费群体的年龄段集中在中青年,占比为74.2%,男性和女性的年龄比例无明显差异;女性消费者中有54.2%属于低消费人群,客单价低于20元,而在消费者数量上,女性比男性多出的部分也

多集中于此。大于20元的部分,男性消费者在人数上略微低于女性消费者,但是客单价百分比却高于女性消费者。

(二)销售人员访谈

调研团队设计了《销售人员调查提纲》,在公司各门店对店面销售人员进行访谈,目的是进一步了解产品销售特性、各产品的销售情况、购买者的偏好和行为特征等,同时通过观察,了解店面销售服务情况。

通过调研发现,销售人员的销售技巧培训主要通过店长凭经验教导的方式进行。因此对于相同的问题,在不同门店会得到差异较大的答案。例如,对于产品如何陈列的问题,甲店店长会说"我们都是把好卖的放在称的两边,以便消费者需要时,我们可以很快地拿到";而乙店店长则说"我们通常把滞销的产品放在称的两边或显眼的位置,把畅销的产品放旁边,这样消费者就可以了解我们所有的产品"。

(三)消费者问卷调查

在以上相关资料收集的基础上,调研团队进一步围绕周黑鸭的消费者展开了问卷调查。

调研团队首先针对周黑鸭的现有消费者和潜在消费者分别设计了两套不同的调查问卷。针对周黑鸭现有消费者的问卷,目的在于了解周黑鸭现有消费者的构成,了解他们对周黑鸭产品、口味、价格、促销、渠道的偏好情况及其对门店服务的满意度和期望等。针对周黑鸭潜在消费者的问卷,目的在于了解其熟卤制品购买偏好和购买行为,周黑鸭及其竞争品牌在其心目中的喜爱程度,各竞争品牌偏好者对竞争对手的产品、价格、渠道、促销及门店服务的满意度,购买频次和月均客单价,等等。

周黑鸭现有消费者问卷在周黑鸭门店里面发放,采取的是等距抽样方法,即进入门店购买了周黑鸭产品的消费者每隔两个人发放一份问卷;潜在消费者调查实施地点在周黑鸭门店1 000米之外的商场门口等人流量较大的地方,采用随机原则。所有填写问卷的消费者都可以获得周黑鸭公司赠送的礼品(可乐汽水)一份。

在问卷调研的实施过程中,为了确保获得足够样本量,调研团队在实际调查中适当增加了样本量。现有消费者问卷和潜在消费者问卷的发放总量分别为325份和405份,并分别回收了320份和402份。

调研团队进一步对回收的问卷展开编码、录入和汇总分析工作,通过数据分析发现:首先,对于现有消费者而言,对于周黑鸭的产品和渠道的满意度相对较高,但是对于促销和店面服务的满意度相对较低。其次,对于潜在消费者而言,周黑鸭产品满意度明显高于其他几个竞争品牌,但是在价格和服务方面,周黑鸭则明显低于绝味鸭脖和精武鸭脖等品牌。

五、营销策略建议

基于以上各种渠道所获得的相关调研资料和分析结果,调研团队最终向周鹏提交了"武汉市场营销调研分析报告",并在报告中提出了周黑鸭在武汉市场的营销策略建议,其中核心的策略建议包括以下几个方面。

首先,周黑鸭应当继续坚持"直营门店+网络店"的销售渠道策略。一方面通过对直营门店管理和控制,确保产品品质;另一方面通过开设网络店,迎合以中青年为主体的目标顾客的线上购物需求。

其次,周黑鸭应当加强门店布置和服务的标准化建设。由于门店店面布置不统一、店面服务不规范,导致消费者对于门店服务的满意度偏低。因此,在未来一段时间内,周黑鸭应当加强门店管理,在门店装饰、货品摆放和服务流程等方面进行规范化要求,同时对门店人员进行定期培训,提升门店人员的服务意识和服务水平。

最后,周黑鸭应当优化自身的品牌宣传和促销策略。通过传统和线上媒体进行品牌推广,吸引更多的潜在消费者;同时每月定期设计会员促销活动,提升现有消费者的顾客黏性。

资料来源:节选自"周黑鸭的武汉市场调查",中国管理案例共享中心案例库

 案例思考

1. 周黑鸭在武汉市场调研中使用了哪些营销调研方法?
2. 周黑鸭在进行问卷调查过程中使用了什么样的抽样方法?这种抽样方法有什么问题?

第五章

需求测量与市场预测

1. 了解需求测量和市场预测的概念。
2. 了解市场预测的主要内容、要求与原则。
3. 熟悉市场预测的一般步骤。
4. 理解并熟练使用市场预测的各种方法。

20世纪60年代以前,"日本制造"往往是"质量差的劣等货"的代名词,首次进军美国市场的丰田汽车,同样难逃美国人的冷眼。丰田公司不得不卧薪尝胆,重新制订市场规划,投入大量人力和资金,有组织地收集市场信息,然后通过市场细分对消费者行为进行深入研究以捕捉打入市场的机会。具体策略有二:一是钻对手的空子。要进入几乎是通用、福特独霸的美国汽车市场,对于丰田公司来说,无异于以卵击石。但通过调查,丰田公司发现美国的汽车市场并不是铁板一块,随着经济的发展和国民生活水平的提高,美国人的消费观念、消费方式正在发生变化。在汽车的消费上,已经摆脱了那种把车作为身份象征的旧意识,而是逐渐把它视为一种纯交通工具;许多移居郊外的富裕家庭开始考虑购买第二辆车作为辅助交通工具;石油危机着实给千千万万个美国家庭上了一节节能课,美国车的大马力并不能提高其本身的使用价值,再加上交通阻塞、停车困难,从而引发出对低价、节能车型的需求,而美国汽车业继续生产高能耗、宽车体的豪华大型车,无形中给一些潜在的竞争对手制造了机会。二是找对手的缺点。丰田定位于美国小型车市场。即便小型车市场也并非没有对手的赛场,德国的大众牌小型车在美国就很畅销。丰田雇用美国的调查公司对大众牌汽车的用户进行了详尽的调查,充分掌握了大众牌汽车的长处与缺点。除了车型满足消费者需求之外,大众牌汽车高效、优质的服务打消了美国人对外国车维修困难的疑虑;而暖气设备的不足、后座空间小、内部装饰差是众多用户对大众牌汽车的抱怨。对手的空子就是自己的机会,对手的缺点就是自己的目标。于是,丰田把市场定位于生产适合美国人需要的小型车,以国民化汽车为目标,吸收其长处,克服其缺点。如按美国车进行改良的花冠小型车,性能比大众牌汽车高两倍,车内装饰也高出一截,连美国人个子高、手臂长、需要的驾驶室大等因素都考虑进去了。

在快速变化的当今世界,营销决策制定既是一门艺术,也是一门科学。为了给营销决策提供背景信息、洞察力与灵感,公司必须对影响宏观趋势和企业经营绩效的各种因素拥有全面与及时的信息。理解市场环境,实施营销调研能够帮助企业识别市场机会。然后,公司必须测量并预测每个市场机会的大小。财务部门根据营销所提供的预测筹措投资与营运所需资金;生产部门根据销售预测制定产能和产出水平;采购部门根据销售预测规划正确的存货数量;人力资源部门根据销售预测决定所需要雇用的人数。如果销售预测产生很大的偏差,将导致公司存货过剩或不足。销售预测要以需求估计为基础,管理人员必须根据市场需求来确定与识别销售预测所具有的含义。

第一节 市场需求的测量

公司可以根据6种不同的产品层次、5种不同的空间层次和3种不同的时间层次来实行90种不同类型的需求估算(图5-1)。每一个需求测量都有一个具体的目的。公司可能会操纵短期预测作为原材料采购、生产规划及安排短期融资的参考。公司也应当进行区域性需求预测以决定是否建立区域性的分销渠道。

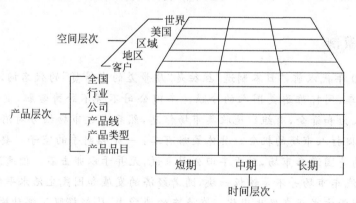

图 5-1　90种不同类型的需求估算(6×5×3)

一、市场

研究市场需求测量,离不开对市场的研究。根据不同的分类方法可将市场分为潜在市场、有效市场、目标市场和渗透市场四种类型。

1. 潜在市场

潜在市场(potential market)是指对市场所提供的商品有着某种程度兴趣的消费者

群体。然而,消费者的兴趣并不足以定义一个市场,潜在市场必须具有足够的支付能力且能够接近这项产品。

2. 有效市场

有效市场(available market)是指对市场提供的商品有兴趣、有足够的收入又可以接近特定供应物的消费者群体。公司或者政府机构也许会对某一群体加以限制。例如,我国法律禁止向未成年人出售烟酒,而满足资格的成年人就构成合格的有效市场。

3. 目标市场

目标市场(target market)是在合格的有效市场中,公司决定从事经营的那部分市场。

4. 渗透市场

渗透市场(penetrated market)是指购买公司产品的消费者群体。

以上这些市场定义是一项有用的营销规划工具。如果公司对目前的销售不满意,它可以考虑采取多种行动。它可以从目标市场中尝试吸引更多的消费者,可以降低潜在购买者的资格要求,可以通过建立更多的渠道或降级来扩张有效市场,可以在消费者心中进行重新定位。

二、需求测量

需求测量分为市场需求和公司需求,每种需求又可以根据不同标准进一步划分。

(一)市场需求

市场需求(market demand)是一个特定的顾客群在一定的地理区域内、一定的时间段内、一定的市场环境中和一项特定的营销方案下对产品的总购买量。

1. 市场需求函数

市场需求不是一个固定的数字,而是上述各种条件的函数,因此,它也称为市场需求函数。市场总需求和环境条件存在相互依存的关系,如图 5-2(a)所示。横轴表示在某特定期间内行业营销支出的各种可能水平,纵轴表示由此导致的需求水平。曲线代表在不同的行业营销支出水平下估计的市场需求量。

2. 市场潜量

在没有任何营销支出去刺激市场需求的情况下,仍存在一些基本销售量,称为最低需求量,用图 5-2 中 Q_1 表示。营销支出越高,市场需求的水平越高,其增长率则是先增后递减。以果汁饮料为例,当所有的竞争对手都来自其他类型的饮料时,营销支出的增加会帮助果汁饮料异军突起,增加需求量和销售额。当营销支出超过某一水准后,便无法再刺激更多的需求,因此达到市场需求的上限,称为市场潜量(图 5-2 中用 Q_2 表示)。

市场潜量(market potential)是指在既定的市场环境下,行业的营销支出达到极致时,市场需求所能达到的极致。这个"既定的市场环境下"非常重要,试考虑一下在经济繁荣期与萧条期的汽车市场潜量。经济繁荣期的市场潜量较高,如图 5-2(b)所示。该图说明市场潜量如何受到环境的影响。市场分析人员必须能够区分市场需求函数上位置的移动和曲线的移动,这两者是不同的。公司无法使整个需求函数发生变化,因为其取决于既定的市场环境,然而,公司可以由此改变营销支出程度来影响它在需求函数上的位置。

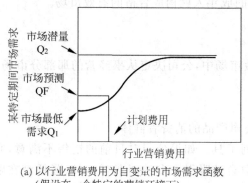 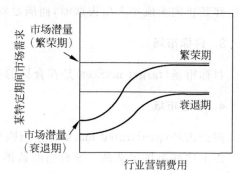

(a) 以行业营销费用为自变量的市场需求函数
（假设在一个特定的营销环境下）

(b) 以行业营销费用为自变量的市场需求函数
（假设在不同的营销环境下）

图 5-2 市场需求函数

市场最低需求量和市场潜量两者之间的差距,可显示整体需求的营销敏感性。图 5-2(a)中,Q_1 和 Q_2 之间的距离大,表明该行业的总规模颇受行业营销支出水平的影响;Q_1 和 Q_2 之间的距离小,表明该行业的总规模受行业营销支出水平影响不大。

1) 市场渗透指数

市场渗透指数(market penetration index)指的是将目前市场需求程度除以潜在需求程度。较低的市场渗透指数表明所有的公司都具有巨大的增长潜力;较高的市场渗透指数表明需要花费更多的成本以吸引市场中剩下的潜在顾客。一般来说,市场渗透指数很高时,市场中的竞争会更激烈,利润会降低。

2) 市场占有率渗透指数

市场占有率渗透指数(share penetration index)指的是公司将当前市场占有率除以潜在市场占有率。较低的市场占有率渗透指数表明公司可以大幅度扩张它的份额。市场占有率渗透指数低的原因可能是品牌知名度尚低、品牌可获得程度不高、获利不足或者价格太高等。公司应当计算移除每项因素后市场占有率渗透指数的提升,并分析哪些投资可以使市场占有率渗透指数获得最大限度的改善。

3. 市场预测

市场预测(market forecast)是指企业在通过市场调查获得一定资料的基础上,针对企业的实际需要以及相关的现实环境因素,运用已有的知识、经验和科学方法,对企业和市场未来发展变化的趋势作出适当的分析与判断,为企业营销活动等提供可靠依据的一种活动。

(二)公司需求

1. 公司需求的含义

公司需求(company demand)是公司在一定时间内,在各种不同公司营销活动程度下,公司的市场需求占有率的估计值。公司的市场占有率是指相对于竞争对手来讲,公司的产品、服务、价格、营销传播在市场中的认知情况。在其他条件相同的情况下,公司的市场占有率取决于营销支出的相对规模与效果。营销模型构建者已经开发出一套销售反应函数,用以衡量公司的销售量如何受到营销支出程度、营销组合及营销效果的影响。

2. 公司销售预测

公司销售预测(company sales forecast)是指在选定的营销计划和假设的营销环境下,对公司的销售额的预期水平。我们用纵轴表示公司的销售额,用横轴表示公司的营销努力,如图5-2所示。我们常听到一种说法:公司应该在销售预测的基础上制订营销计划。这种先预测后计划的顺序,只有在预测是表示对全国经济活动的估计或当公司需求不可扩张时才能成立。然而,当市场需求可以扩张或者预测是指公司的销售估计值时,这种顺序关系便不成立,公司销售预测只是假设的营销支出计划的结果。

3. 公司销售潜量

公司销售潜量(company sales potential)是指相对于竞争对手来说,公司增加营销活动时,公司需求所能达到的销售极限。当然,公司需求的最大极限是市场潜量。当公司达到100%的市场占有率时,公司需求就等于市场潜量。在大多数情况下,公司销售潜量都低于市场潜量,即使公司营销费用显著增加也是如此。这是因为每位竞争对手都有忠诚消费者,这类消费者对其他公司的营销努力往往无动于衷。

第二节 市场预测概述

一、市场预测的概念

所谓预测,就是根据过去和现在的已知因素,运用已有的知识、经验和科学方法,对与人们切身利益有关的事物的未来发展趋势作出估计和推测。预测作为一门科学,在各个领域都有着广泛的应用。将预测的理论与方法用于经济领域,即为经济预测,它既包括宏观经济中的经济发展、经济结构、经济政策等各方面情况的预测,又包括微观经济中各企业(各行业)和各种商品的产、供、销等发展前景的预测。

市场预测是预测科学的一个重要组成部分,是经济预测领域里的重要内容。所谓市场预测,就是企业在通过市场调查获得一定资料的基础上,针对企业的实际需要以及相关的现实环境因素,运用已有的知识、经验和科学方法,对企业和市场未来发展变化的趋势作出适当的分析与判断,为企业营销活动等提供可靠依据的一种活动。

要准确和全面地理解市场预测,应把握以下要点:一是市场预测是探索市场未来发展趋势的行为。二是市场预测要有充分的依据,它是根据市场的过去和现在来预测与推断市场的未来。也就是说,探索的过程是依据充分的客观资料和环境条件进行的。因此,市场预测要在掌握各级系统和准确的市场信息的基础上进行。三是市场预测必须运用科学的方法,包括科学的逻辑推断和数学计量方法,还包括实践中积累的经验和主观判断能力。

二、市场预测的要求

(一)专业性

专业性就是要求预测人员具有广博的经验和知识、专业素养,具有预算、综合、分析和推断等方面的能力,并具有一定的市场调研和预测经验,能从各个角度归纳和概括市场的变化,避免出现以偏概全的现象。此外,还要有良好的职业道德和敬业精神,保证预测结果的可靠性。影响市场活动的因素,除经济活动本身外,还有政治的、社会的、科学技术的因素,这些因素的作用使市场呈现纷繁复杂的局面。因此,预测人员是否专业对预测结果的准确性至关重要。

(二)综合性

综合性要求预测人员在进行市场预测时要把预测工作同企业战略管理、经营计划紧密结合起来,这样才能发挥预测的作用。

(三)客观性

客观性指的是在进行预测时,要按照经济发展规律分析市场的变化和趋势,根据国家的方针政策来指导市场变化的分析,从实际出发,实事求是。

(四)完整性

完整性就是要求预测资料必须全面、可靠。全面可靠的数据资料是进行市场预测的基础,如果数据不全或者不准确,将会对预测结果产生严重的影响,此时,预测工作也就失去了价值。因此,预测人员应该重视数据和相关资料的完整性,以确保市场预测在充分的信息基础上进行。

三、市场预测的原则

科学的预测是在一定的原则指导下进行的,市场预测需要遵行以下原则。

(一)连续原则

连续原则指的是事物的发展都具有连续性,市场发展也不例外。连续原则是市场预测的一个重要出发点。根据连续原则,过去和现在的市场经济存在的某种规律,在将来的一段时间内将继续存在。

连续原则也叫惯性原则。惯性是物理学中的一个重要概念,根据牛顿定律,任何物体都有保持其原来运动状态不变的特性,这种特性就叫惯性。惯性不仅存在于物理系统,社会系统、经济系统和政治系统同样存在惯性。

一般来讲,市场经济活动的连续性体现在两个方面:一是预测对象自身在较长时间内所呈现的数量变化特征保持相对稳定;二是预测对象系统的因果关系结果基本上不随时间而变化,而结构模型中各变量及参数则要遵循历史资料分析确定。正是根据这两方面的表现,我们才能根据调查的样本资料,选用时间序列分析预测法来建立时序模型进行外推,或选用因果分析关系预测法建立的结构模型进行外推预测。

需要指出的是,连续原则的应用是以经济系统的稳定性为前提的。当经济系统发生根本性变化时,就不适用连续原则进行预测。

(二)类推原则

事物的发展往往具有相似性。类推原则指的是根据事物相互之间在结构、模式、性质、发展趋势等方面客观存在的相似之处,利用预测对象与其他已知事物的发展变化在时间上有先后、在表现形式上相似的特点,将已知事物的发展过程类推到预测对象上,对预测对象的前景进行预测。

常见的类推原则主要有:①由小见大——从某个现象推知事物发展的大趋势,运用这一思路要防止以点带面、以偏概全;②由表及里——从表面现象推实质;③由此及彼——如引进国外先进的管理技术。

需要指出的是,利用类推原则要特别注意用来类推的两事物之间的发展变化是否具有相似性。一般来讲,两事物相似度越高,类推预测的效果越好;反之,如果两事物之间没有或者很少有相似之处,就无法使用类推原则进行预测。

(三)相关原则

相关原则是指各种事物之间往往存在一定的相互联系和相互影响,即市场经济变量之间存在着一定的相关性。如随着经济的发展、城市化水平的提高,道路所占用的面积越来越大等。事物的相互依存、相互制约,决定着事物的发展。当我们可以找到一个或者几个与预测对象密切相关的、可控的或者可以预先知道其变化情况的经济变量,就可以通过这种相关关系实现对预测对象的发展趋势的把握。

相关性有多种表现,其中最重要的是因果关系。因果关系的特点是原因在前,结果在后,原因和结果之间密切的结构关系可以用函数关系式表达。通过建立因素之间的因果关系——预测模型,可以观其因而测其果。

需要注意的是,利用相关原则时,首先,要确定事物之间是否存在相关关系;其次,要研究这种相关性在预测期间是否会发生变化。如果发生变化较大,则相关原理就不能利用。

四、市场预测的程序

遵循一定的程序进行市场预测,可以提高预测工作的效率、精度和质量。一般来讲,市场预测一般要经历三个阶段:第一阶段是明确预测目标,广泛收集有关的市场信息资料,并进行去粗取精、去伪存真的加工和整理;第二阶段是根据已知因素,运用主观经验和判断能力,运用科学的方法和手段,进行一系列的加工计算和科学分析,寻找市场发展的客观规律并力图用一定的模式来表述这种规律;第三阶段是利用已经找到的反映市场发展的客观规律,运用定性和定量的方法来预测未来。

(一)明确预测目标

明确预测目标,是开展预测工作的第一步,也是最重要的一步。因为预测的目标不同,预测的项目、内容、需要的资料和采用的方法都会有所不同。确定预测目标,就是确定预测的内容以及要达到的目标,它根据各个时期的任务和所要解决的问题来确定。确定预测目标,即确定此次预测要解决什么问题,用什么样的预测方法解决,确定预测人员,拟订预测计划,详细列出预测过程中所需要做的工作内容,并调配好各项工作,保证此次预测工作有计划、有节奏地进行。

(二)收集和整理信息资料

收集和整理信息资料是科学预测的基础。收集什么资料,由预测目标所决定。任何预测都要建立在过去和现在资料的前提下。一般来说,市场需求预测的信息资料可以分为历史资料和现实资料两类,也可以分为内部资料和外部资料、原始资料和二手资料。

资料收集范围应根据预测目标来确定,预测人员在收集资料和进行编辑、整理资料的过程中,对于收集到的资料,一定要进行鉴别和整理加工,判别资料的真实性和可用程度,去掉那些不真实、与预测关系不密切、不能说明问题的资料,力求保证资料的准确性、系统性和完整性。如果有些必需资料不易取得,还可以通过诸如配额预测、比例预测、适用面预测等方法进行测算而获得。

(三)选择预测方法,建立预测模型

市场预测需要运用一定的科学方法来进行。市场预测的方法很多,但并不是对每个预测对象和每项预测内容都完全适用,企业要根据预测问题的性质、要求以及占有资料的多少、收集数据的可靠性和预测成本的大小来进行选择。

在市场预测中,只有对市场预测的资料进行周密分析,才能建立适合的模型,选择正确的预测方法,才能对市场现象的未来表现作出可靠的预测。建立预测模型分以下两步进行。

1. 对预测资料进行分析判断

分析判断是通过对资料进行综合分析,使感性认识上升为理性认识,由现象深入本质,从而预测市场未来的发展变化趋势。对资料进行周密分析包括如下三方面。

1)分析研究市场现象及各种影响因素是否存在相关关系及其相关程度

在实际工作中,由于受到时间、地点、人力、物力、财力等因素的限制,只能对主要影响因素进行分析,如分析市场需求变化与国家政治经济形势和国家的方针政策之间的依存

关系、与各种产品的价格变化关系、与市场竞争的关系等。另外,还需对影响市场变化的各种因素的特点进行分析。只有对市场现象及各影响因素的特点有了深刻认识,才能选择适当的预测方法,建立适当的预测模型。

2) 分析预测期的产销供关系

预测期的产销供关系及其变化分析的主要内容有分析市场需求商品的品种、结构及流通渠道的变化情况;分析社会生产能力与市场需求总量的适应情况;分析产品结构与消费结构的适应情况等。

3) 分析当前的消费心理、消费倾向及发展变化趋势

主要是分析随着消费者收入水平的增加,面对众多的广告促销,人们的攀比心理、追赶时髦的心理和与一定社会集团、社会阶层相适应的趋同心理等的变化,对购买商品的数量、品种、质量等方面的影响。

2. 选择预测方法,建立预测模型

在上述分析的基础上,就可以选择适当的预测方法,建立适当的预测模型。

1) 预测方法

市场预测的方法通常分为定性预测和定量预测两种。定性预测是依据预测者对市场有关情况的了解和分析,结合对市场未来发展变化的估计,由预测者根据实践经验和主观判断作出的市场预测。定量预测是以大量的历史观察值为主要依据,建立适当的模型,以数字模型推断或估计市场未来的供给量和需求量等。

2) 预测模型

市场预测模型具体包括表示预测对象与时间之间的时间关系模型;表示预测与影响因素之间的相关关系模型;表示预测对象与另外的预测对象之间相互关系的结构关系模型。

3) 建立预测模型的要求

一是模型应服从于预测目标,应满足经营管理决策对具体信息的要求。即所选择的预测方法、建立的预测模型应该满足经营管理决策对具体信息的要求。二是了解预测对象商品本身的特点。不同的预测对象有不同的属性特点,如时装、家电等产品,一旦被社会接受,其发展速度就相当快,但也很容易被淘汰。对这类商品的预测采用趋势延伸外推法就不大适用,根据其特点,采用类比法进行预测更适合。而对于一些技术要求强、投资大的商品,一旦被社会认可接受,更新淘汰的过程就比较缓慢,它们的市场需求变化过程比较缓慢,成熟期较长,衰退期来得较迟。在其不同的发展阶段,可根据事物发展的连续原则,采用趋势延伸外推法进行预测更为合适。三是考虑预测时期现有的条件和基础。预测方法众多,选择预测方法时,还应该考虑实际所拥有的经费、人力、设备等条件。所选择的预测方法只要合适就行。

(四) 写出预测报告,得出预测结论

经过预测活动得到的结果就是预测值,得到预测值后,就可以着手编写预测报告。预测报告应包括预测的目标、预测的前提、预测的方法、预测值、误差的范围以及建议现在或

今后应采取的决策,并尽可能利用统计图表及数学方法予以精确表述。预测报告要求数据真实准确、论证可靠、建议切实可行。对预测的指标、预测资料、预测的过程等应作出简要的说明。

(五)评价修正预测结果

预测是对未来事物的估算,所以很难完全与实际情况一致,因此必须对预测结果进行认真分析和评价。一般需要将预测报告与历史和现状结合起来比较分析,既要有定性分析,又要有定量分析,对预测结果及其误差应有一定的分析和说明。如有必要可组织有关预测人员一起讨论,校对误差,提高预测结果的可信度,以得到更准确的预测值。

市场预测的具体程序如图5-3所示。

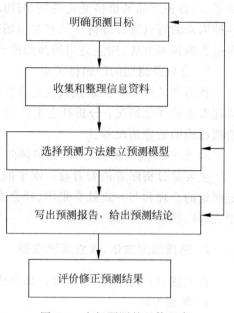

图 5-3 市场预测的具体程序

五、市场预测的作用

(一)企业决策的基础

古人云:"预则立,不预则废。"企业从事市场营销活动之前,对市场的未来发展以及市场营销行为所能引起的社会和经济后果作出较为准确的估计与判断,对于合理制定经营决策、使经营结果符合预期目的、取得经营成功关系极大。市场是企业一切营销活动的出发点和落脚点。只有看得长远些、准确些,才能使决策和计划正确无误、周密可行。这在市场瞬息万变的今天,尤为重要。

决策总是涉及未来,决策又是企业管理的核心。要想使决策做到准确无误,企业必须对未来的形势发展作出科学的分析。预测与决策实际上是一件事的两个方面或两个阶段。作为广义的决策过程,首先是了解事物未来发展趋势和过程,情况明了,决策才好制定。预测是决策的基础,科学的决策必须依据准确的预测结论才能作出。

(二)提高应变能力的有力手段

应变能力的大小,取决于信息的收集、分析和处理工作,取决于建立一个高效率的市场营销信息系统和市场预测系统。应变能力的基本要求就是对环境的变化能够作出迅速准确的反应,并通过采取正确的战略和策略决策,积极地适应环境和能动地改造环境。所谓适应环境,就是在环境发生变化时,能够相应地改变企业的生存方式和活动方式,改变企业的营销指导思想和营销策略,建立企业与环境之间新的平衡与协调关系。所谓积极地适应环境,指的是在环境发生变化前,就能够预见到环境将朝着什么方向变化,预先做好应变准备,而不是消极被动地跟在环境变化之后,穷于应付。所谓能动地改造环境,是指企业通过自己的努力,如引导需求、促销宣传、改换策略等措施,对宏观市场环境施加积极的影响,使环境条件朝着有利于顾客和企业发展的方向变化。

(三)有利于提高企业的市场适应力

市场需求是处在不断变化之中的,谁能把握市场需求变化的脉搏,谁就能在市场竞争中领先一步,获得好的经济效益。企业通过市场预测,可以了解不同企业的同类产品在市场竞争中对本企业产品的影响与冲击程度,以及产品的开发方向和发展趋势。当同一类产品有较多厂家生产时,企业就应按照市场预测结果正确地判断本企业所面临的形势,采取相应的措施,有针对性地提高产品质量、价格、服务和交货期等方面的竞争力,更好地争取用户和市场。当某一种产品在市场上已经达到饱和或用户对产品有新的要求时,企业就应该主动地、适时地组织新产品生产,进行产品更新换代,使本企业的产品在市场竞争中能占有一席之地。

六、市场预测的方法

市场预测方法众多,既有定性预测方法,又有定量预测方法。定性预测方法,是从事物的质的规定性方面去分析判断,作出预测。定量预测方法,是在认识事物质的规定性基础上,依据数据资料建立数学模型的描述作出预测。

定性预测方法是在没有或者有很少的市场资料条件下,根据实践经验和综合分析判断能力,对市场未来的发展变化作出预测。这种方法注重的是预测者的判断分析能力。定量预测方法的依据是市场未来的发展变化趋势是其过去和现在的延伸,这种方法注重过去和现在的资料及其可靠性。

在市场预测实践中,经常将两种分析预测方法结合使用,以增加市场预测的灵活性。两种方法相互补充,可以提高市场预测的精准度。

市场预测方法的总结如图 5-4 所示。

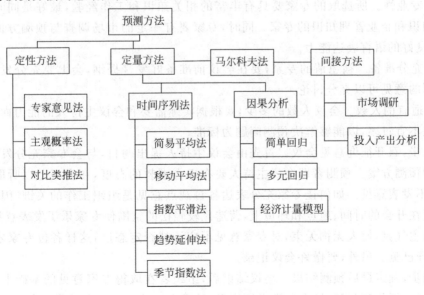

图 5-4 市场预测方法的总结

第三节 定性预测方法

一、专家意见法

专家意见法是根据市场预测的目的和要求,由预测组织者向有关专家提供与市场预测相关的资料,并收集汇总专家对未来市场所作出的判断预测值的方法。专家意见法的应用形式有两种：会议调查和通信调查,也分别被称作专家会议法和专家小组法。

（一）专家会议法

1. 专家会议法的概念

专家会议法是邀请或者召集有关专家参加会议并将专家的意见加以综合,对某市场现象的未来情况作出预测的方法。"头脑风暴法"就是专家会议法的具体运用。

2. 专家会议法的操作步骤

第一步,组织准备。组织准备工作包括的内容有：会前进行调查研究；组织者向各位专家提供必要资料及需要讨论研究的题目；会议日程安排等。

第二步,选择专家。专家的选择是否恰当,会在很大程度上影响预测的结果。专家会议法选取专家的原则如下。

（1）代表性。选择的专家应具有代表性,应该围绕预测所研究的问题全面邀请专家,最好来源于与预测对象有关的各个方面,以保证从不同的侧面对问题进行分析,包括不同学科的学者或不同流派的学者,与经济建设各方面有广泛联系的专家等。

（2）专业性。所选取的专家要具有丰富的相关知识和工作经验,最好是同时掌握专门业务知识和企业管理知识的专家。同时,专家要有一定的市场调查与预测方面的知识能力,有良好的语言表达能力。

（3）充分准备。被邀请的专家,要在会议前准备好发言提纲,会上要充分发表意见,对于不同的意见可以充分讨论。

（4）适宜的人数。会议人数的多少,要根据实际需要和会议主持人的能力而定,一般参加人数不宜过多,以能够解决预测问题为标准。

第三步,召开征询意见会议。首先由会议主持人提出题目,与会专家充分发表意见,提出各种预测方案。预测者即会议主持人要有虚心求教的态度,在会议上以听取意见为主,一般不发表意见。如何让专家充分表达各自观点意见是组织工作的关键,因此,预测组织者要在开会的时间、地点和环境上,营造比较轻松的氛围使专家乐于发表意见；会议要充满民主气氛,使人无拘无束,对专家意见不应该持否定态度,这样各位专家才能敞开思想,各抒己见。另外,要做好会议记录。

第四步,确定最后预测结果。会议结束后,组织者在取得专家意见的基础上,对各方案进行比较、评价和归类,综合各类专家意见,整理出有关企业生产经营或有关产品质量、性能、特点、价格、竞争能力和市场需求的分析材料,再综合市场行情及其发展趋势,确定最后的预测结果。

3. 专家会议法的优缺点

1) 专家会议法的优点

(1) 专家通过会议形式发表意见,可以达到集思广益、互相补充的目的,对预测对象的分析可以更深入,并能快速准确地得出预测结果。

(2) 成本较低。

(3) 通过专家之间的交流与讨论,能获得较多的信息。

2) 专家会议法的缺点

(1) 采取会议讨论的方式,会受到参加人数和时间的限制。参会人员较少,则缺乏全面性;参会人数较多,则时间紧张。因此,在确定参会人数上一定要慎重。

(2) 会议上权威专家的意见有时会左右会场,或者多数人的意见可能使少数人的意见受到压制。

(3) 预测结果易受调查者和被调查者双方心理状态的影响。

(二) 专家小组法

1. 专家小组法的概念

专家小组法也称德尔菲法,是采用征询意见表,利用通信方式,向一个专家小组进行调查,将专家小组的判断预测加以集中、反馈,并反复调查多次,最终利用集体的智慧得出市场现象未来预测结果的定性预测方法。

2. 德尔菲法的特点

德尔菲法具有以下几个特点。

(1) 匿名性。德尔菲法采取匿名的发函调查形式,受邀专家之间互不见面、联系。专家们可以不受任何干扰,独立地对调查表所提出的问题发表自己的意见,不必作出解释,甚至不必申述理由,而且有充分的时间进行思考和调查研究、查阅资料。匿名性保证了专家意见的充分性和可靠性。

(2) 反馈性。为了使受邀的专家能够了解每一轮咨询的汇总情况和其他专家的意见,组织者要对每一轮咨询的结果进行整理、分析、综合,并在下一轮咨询中匿名反馈给每个受邀专家,以便专家们根据新的调查表进一步发表意见。经典的德尔菲法一般要经过四轮咨询。

(3) 量化性。在应用德尔菲法进行信息分析研究时,对研究课题的评价或预测不是由信息分析研究人员作出的,也不是个别专家作出的,而是由一批有关的专家给出的。由此,对诸多专家的意见必须进行统计处理。所以,应用德尔菲法所得的结果带有统计学的特征,往往以概率的形式出现,它既反映专家意见的集中程度,又反映专家意见的离散程度。

3. 德尔菲法的操作步骤

第一步，组织预测领导小组。德尔菲法采用书面形式，以信函为主，工作量大，必须成立一个预测领导小组以主持预测活动，具体负责拟定预测课题、确定预测对象、根据预测对象的要求收集整理有关资料和数据、准备背景资料、设计征询表、选择专家、对预测结果进行分析处理等。

第二步，选择专家。预测结果的准确性在很大程度上取决于参加预测的专家的水平。专家的知识、经验以及综合水平是直接影响预测结果准确性的重要因素。在选择专家时应该注意以下几个问题。

（1）按照课题所需要的知识范围确定专家。专家应该对所预测的行业有比较深入的了解和研究，具有与预测内容有关的专业知识和丰富经验，思想活跃，富有创新性和判断能力，精通业务，有预见性和较强的分析问题的能力。

（2）专家人数的多少，可根据预测课题的大小和涉及面的宽窄而定，问题大、涉及面广，人数可以多一些；反之，人数可以少一些。一般来说，专家人数越多，预测的精确度越高，就企业市场预测而言，所选专家小组的人数一般以 10~15 人为宜，最好不超过 20 人。

第三步，向所有专家提出所要预测的问题及有关要求，并附上有关这个问题的所有背景资料，同时请专家提出还需要什么材料。然后，由专家作出答复。

第四步，各个专家根据背景资料，提出自己的意见，并说明原因。

第五步，将各位专家的意见进行第一次汇总，并列成图标，进行对比后再分发给各位专家，让专家比较自己同他人的不同意见，进而修改自己的意见和判断。

第六步，将所有专家的修改意见收集、汇总，再次分发给各位专家，以便作出第二次修改。该环节一般要经过三四轮。

第七步，对专家的意见进行综合处理。对专家意见的处理，要采用科学的处理方法。在实践中，一般采用对各位专家的预测结果计算平均数的方法作为最终预测结果，用中位数表示各位专家意见的集中程度，用级差或标准差反映各位专家意见的分散程度，级差或者标准差越小，说明各位专家的意见越统一；反之，越分散。

4. 德尔菲法的优缺点

1）德尔菲法的优点

（1）独立性强。各位专家能够在不受干扰的情况下，独立、充分地发表自己的意见。它克服了专家会议法所产生的心理影响，也不会受到某些权威意见的影响，更不会出现讨论会上随大流的倾向，有利于专家独立思考，发表自己的意见。

（2）可靠性强。预测结果是建立在具有丰富知识和经验的专家判断的基础上，预测结果是根据各位专家的意见综合而成的，能够发挥集体的智慧。

（3）应用面广，成本低。

2）德尔菲法的缺点

（1）缺乏一定的客观性。预测结果主要是专家的主观判断，缺乏一定的客观标准。所以，从某种程度上说，专家的选择就决定了预测结果。

(2)过程复杂,花费时间长。由于采用多次轮番征询,调查往返的时间较长,轮数太多,有时会造成有些专家中途退出而影响预测的精确度。

二、主观概率法

(一)主观概率法的概念

主观概率法是预测者对预测事件发生的概率作出的主观估计,然后计算其平均值,以此作为预测事件结论的一种定性预测方法。

(二)主观概率法的特点

主观概率法是预测者根据自己的实践经验和判断分析能力,对某种事情在未来发生的可能性的估计数值。如某企业经理认为明年的销售额将比今年增加15%。这种可能性有多大?有人认为实现的可能性为90%,有人认为是80%。这些都是个人主观的估计判断,反映出个人对某事件发展的预期,是一种主观概率,是用数值来表明个人对事件发生的可能程度的判断。由于主观概率与个人的知识结构和实际经验紧密相连,因此主观概率预测所得到的结果具有以下两个特性。

(1)不同的人在相同的条件下对同一事件的出现,可能得出不同的主观概率。

(2)无法核对主观概率的准确性程度。

例如,一名客户经理根据自己对于本辖区市场的了解,预测本辖区明年的卷烟销量提升的可能性为70%;而公司品牌经理则预测该辖区明年的卷烟销量提升的可能性为80%。这时无法判断谁提出的概率是正确的,即使该辖区明年的卷烟销量确实提升了,也无法证明提升的概率是70%或者80%。

由于主观概率预测存在以上两个特性,因此在做主观概率预测时应尽量满足以下三个条件。

(1)选择懂得概率及累积概率意义的对象作为被调查者,或者事先对被调查者进行简单、必要的培训。

(2)调查较多对象的主观估计,并了解其提出主观概率的依据。

(3)寻求合理的或最佳的估计概率。

(三)主观概率法的操作步骤

主观概率法是一种适用性较强的方法,可应用在许多市场现象和各种影响市场因素的预测当中。应用主观概率法一般要按以下步骤进行。

1. 说明预测目的和要求,提供预测所需资料

采用主观概率法,首先要由预测的组织者向预测者说明该次市场预测的目的与要求,另外,还要向参加预测的每个人提供预测所必需的资料。所提供的资料必须准确、系统,既要有数据资料,也要有文字资料;既要有预测现象本身的资料,也要有各种影响因素的资料。预测者只有掌握了详细准确的预测资料,才能得出较准确的主观概率值。

2. 制定主观概率调查表,并发给每个预测者填写

主观概率调查表是用来收集被调查者对未来预测值有关看法的表格。调查表中应列出各种可靠值发生的概率,由预测者在不同的概率下填写对应的预测值。调查表的常见格式见表 5-1。

表 5-1 主观概率调查表　　　　　　　　　　　　　　　　万元

累计概率	0.010(1)	0.125(2)	0.250(3)	0.375(4)	0.500(5)	0.625(6)	0.750(7)	0.875(8)	0.990(9)
销售额									

表 5-1 中,被调查者在第一栏填入销售额的最低可能值,在第九栏中填入销售额的最高可能值,在第五栏中填写销售额的中间可能值。该调查表要求每个预测者依据自己的判断分析进行填写。

3. 整理汇总主观概率调查表

预测者填写完成主观概率调查表后,由预测组织者将调查表收回进行整理汇总,一般采用对预测者的预测值计算平均值的方法进行汇总,汇总后绘制累计概率分布图。

4. 根据汇总情况进行判断预测

预测组织者对预测者的预测值进行汇总,可以作出判断预测,得出预测结果。

在应用主观概率法进行预测时,既要考虑预测的精确度,又要考虑其可靠程度。同时,在实际应用中,往往需要对预测值进行检验和校正。校正的依据主要有:一是对被调查者所提出的预测值及其主观概率的根据做深入的了解,研究其根据是否可靠;二是对过去已经做过的预测与实际发生值的误差进行核算,以此对预测值做进一步的校正。

三、对比类推法

(一) 对比类推法的概念

对比类推法即利用事物之间具有相似的特征,由预测人员把预测的经济现象或经济指标同其他相类似的现象或指标加以对比分析来推断未来发展变化趋势的一种方法。这种对比类推的基本思路是将不同空间或时间中的同类经济现象的相关情况进行对比类推,找出某种规律,推断出预测对象的发展变化趋势。

(二) 对比类推法的分类

1. 产品类推法

产品类推法即以市场上的同类产品或类似产品在发展中所表现的特征来类推某种产品的未来发展趋势。许多产品在功能、构造、用途等方面具有很大的相似性,因而这些产

品的市场发展规律往往也有某种相似性,可以利用这些相似性进行类推。例如,可以利用黑白电视机的发展特性类推彩电的发展特性;利用直角平面电视的发展特性类推纯平彩电的发展特性。

2. 行业类推法

行业类推法即根据同一产品在不同行业使用时间的先后,利用该产品在先使用行业所呈现出的特性,类推该产品在后用行业的规律。许多产品的发展是从某一行业市场逐步向其他行业推广,如电脑最初是在科研和教育领域使用,然后才转向民用和家用的。

3. 地区类推法

地区类推法即将不同地区同类产品或同类经济指标的发展过程或变化趋势相比较,找出共同的或类似的变化规律来预测目标,作出某种判断、推测。由于经济发展水平不同,同种产品在不同地区、不同城市进入市场的时间不同,可以利用产品在先入地域的发展规律来类推后入地域的发展规律。

4. 局部总体类推法

局部总体类推法即由局部推算总体,以若干点上的指标项目,推算与之相关联的全面指标项目的预测方法。这种方法主要是利用典型调查或抽样调查等局部的资料,推算预测总体的预测值;也可以利用某个企业的普查资料或某个地区的抽样调查资料,推算某一行业或整个市场的预测值。

第四节 时间序列预测方法

一、时间序列概述

(一) 时间序列预测法的含义

时间序列预测法就是通过编制和分析时间序列,根据时间序列所反映出来的发展过程、方向和趋势,进行类推或延伸,借以预测下一段时间或以后若干年内可能达到的水平。其内容包括:收集与整理某种社会现象的历史资料;对这些资料进行检查鉴别,排成数列;分析时间数列,从中寻找该社会现象随时间变化而变化的规律,得出一定的模式;以此模式去预测该社会现象将来的情况。

(二) 时间序列预测法的特点

1. 根据市场过去的变化趋势预测未来的发展

时间序列预测法是根据市场过去的变化趋势预测未来的发展,它的前提是假定事物的过去会同样延续到未来。

2. 突出了时间因素在预测中的作用

值得一提的是,时间序列预测法因突出时间序列暂不考虑外界的影响,因而存在着预测误差的缺陷,当遇到外界发生较大变化时,往往会有较大偏差。时间序列预测法对于中短期预测的效果比长期预测的效果好。

(三) 时间序列预测法的操作分类

时间序列预测法分为平均预测法和趋势延伸预测法。其中,平均预测法分为简单平均、移动平均和指数平滑法。

(四) 时间序列预测法的操作步骤

1. 收集历史资料,加以整理,编成时间序列,并根据时间序列绘成统计图

时间序列分析通常是把各种可能发生作用的因素进行分类,传统的分类方法是按各种因素的特点或影响效果分为四大类:①长期趋势;②季节变动;③循环变动;④不规则变动。

2. 分析时间序列

时间序列中每一时期的数值都是由许许多多不同的因素同时发生作用后的综合结果。

3. 选择合适的模型

求时间序列的长期趋势(T)、季节变动(s)和不规则变动(I)的值,并选定近似的数学模式来代表它们。对于数学模式中的诸未知参数,使用合适的技术方法求出其值。

4. 得出预测值

利用时间序列资料求出长期趋势、季节变动和不规则变动的数学模型后,就可以利用它来预测未来的长期趋势值和季节变动值,在可能的情况下预测不规则变动值。然后用模式计算出未来的时间序列的预测值 Y。

二、平均预测法

(一) 简单平均预测法

简单平均预测法是将观察期内时间序列各期数据的算术平均数作为预测值的方法。用简单算术平均法进行预测,需要一定的条件。只有当数据的时间序列表现出水平型变动趋势而无显著的长期趋势变化和季节变化时,才能采用此法进行预测。如果数列存在明显的长期趋势和季节变动时,则不宜使用。如某服装厂 2008 年 1 月、2 月、3 月服装销售额分别为 22 万元、24 万元、21 万元,预测 4 月的销售额。

解：按简单平均法计算公式得 4 月预测销售额＝(22＋24＋21)/3＝22.33(万元)。

(二) 移动平均预测法

移动平均预测法是在算术平均法基础上发展起来的一种预测方法。移动平均预测法是将观察期的数据，按时间先后顺序排列，然后由远及近，以一定的跨期进行移动平均，求得平均值，并以此为基础，确定预测值的方法。每次移动平均总是在上次移动平均的基础上，去掉一个最远期数据，增加一个紧跨期后面的新数据，保持跨越期不变，每次只向前移动一步，逐项移动求移动平均值，故称为移动平均预测法。移动平均预测法包括一次移动平均数法和二次移动平均数法。

1. 一次移动平均数法

一次移动平均数法即对时间序列的数据按一定跨越期进行移动，逐个计算其移动平均值，取最后一个移动平均值作为预测值的方法。

需要说明的是，一次移动平均数法一般适用于时间序列数据是水平型变动的预测。由于它具有滞后性，不适用于明显的长期变动趋势和循环型变动趋势的时间序列预测。

2. 二次移动平均数法

对一次移动平均值再进行移动平均，并根据实际值、一次移动平均值和二次移动平均值之间的滞后关系，建立线性时间关系模型进行预测。

$$M_t^{(1)} = \frac{x_t + x_{t-1} + x_{t-2} + \cdots + x_{t-n+1}}{n} \tag{5.1}$$

$$M_t^{(2)} = \frac{M_t^{(1)} + M_{t-1}^{(1)} + M_{t-2}^{(1)} + \cdots + M_{t-n+1}^{(1)}}{n} \tag{5.2}$$

式中，x_t 为时间数列在 t 时间的观察值；$M_t^{(1)}$ 为时间数列中时间为 t 时对应的一次移动平均数；$M_t^{(2)}$ 为时间数列中时间为 t 时对应的二次移动平均数；n 为移动平均的跨越期。

预测模型为

$$\hat{Y}_{t+i} = a_t + b_t \times i \tag{5.3}$$

$$\begin{cases} b_t = \dfrac{2(M_t^{(1)} - M_t^{(2)})}{n-1} \\ a_t = 2M_t^{(1)} - M_t^{(2)} \end{cases} \tag{5.4}$$

(三) 指数平滑法

指数平滑法由布朗(Robert G. Brown)提出，布朗认为时间序列的态势具有稳定性或规则性，所以时间序列可被合理地顺势推延；他认为最近的过去态势，在某种程度上会持续到最近的未来，所以将较大的权数作为最近的资料。

指数平滑法是生产预测中常用的一种方法，也用于中短期经济发展趋势预测。所有预测方法中，指数平滑法是用得最多的一种。简单的全期平均法是对时间数列的过去数据一个不漏地全部加以同等利用;移动平均法则不考虑较远期的数据;而指数平滑法则兼容了全期平均和移动平均所长,不舍弃过去的数据,但是仅给予逐渐减弱的影响程度,即随着数据的远离,赋予逐渐收敛为零的权数。

也就是说指数平滑法是在移动平均法基础上发展起来的一种时间序列分析预测法,它是通过计算指数平滑值,配合一定的时间序列预测模型对现象的未来进行预测。其原理是任一期的指数平滑值都是本期实际观察值与前一期指数平滑值的加权平均。

指数平滑法的基本公式为

$$S_t = a \times y_t + (1-a)S_{t-1} \tag{5.5}$$

式中,S_t 为时间 t 的平滑值;y_t 为时间 t 的实际值;S_{t-1} 为时间 $t-1$ 的实际值;a 为平滑常数,取值范围为 $[0,1]$。

由该公式可知:

(1) S_t 是 y_t 和 S_{t-1} 的加权算数平均数,随着 a 取值的大小变化,决定 y_t 和 S_{t-1} 对 S_t 的影响程度,当 a 取 1 时,$S_t = y_t$;当 a 取 0 时,$S_t = S_{t-1}$。

(2) S_t 具有逐期追溯性质,可探源至 S_{t-t+1} 为止,包括全部数据。其过程中,平滑常数以指数形式递减,故称之为指数平滑法。指数平滑常数取值至关重要,平滑常数决定了平滑水平以及对预测值与实际结果之间差异的响应速度。平滑常数 a 越接近于 1,远期实际值对本期平滑值的下降越迅速;平滑常数 a 越接近于 0,远期实际值对本期平滑值影响程度的下降越缓慢。由此,当时间数列相对平稳时,可取较大的 a;当时间数列波动较大时,应取较小的 a,以不忽略远期实际值的影响。生产预测中,平滑常数的值取决于产品本身和管理者对良好响应率内涵的理解。

(3) 尽管 S_t 包含有全期数据的影响,但实际计算时,仅需要两个数值,即 y_t 和 S_{t-1},再加上一个常数 a,这就使指数滑动平均具逐期递推性质,从而给预测带来了极大的方便。

(4) 根据公式 $S_1 = a \times y_1 + (1-a)S_0$,当欲用指数平滑法时才开始收集数据,则不存在 y_0。无从产生 S_0,自然无法据指数平滑公式求出 S_1,指数平滑法定义 S_1 为初始值。初始值的确定也是指数平滑过程中的一个重要条件。

如果能够找到 y_1 以前的历史资料,那么,初始值 S_1 的确定是不成问题的。数据较少时可用全期平均、移动平均法;数据较多时,可用最小二乘法。但不能使用指数平滑法本身确定初始值,因为数据必会枯竭。

如果仅有从 y_1 开始的数据,那么确定初始值的方法有如下两种。

(1) 取 S_1 等于 y_1。

(2) 待积累若干数据后,取 S_1 等于前面若干数据的简单算术平均数,如 $S_1 = (y_1 + y_2 + y_3)/3$ 等等。

一次指数平滑预测模型中的第一个平滑值 S_1 平滑系数 a,在被确定时只是根据经验,尚无严格的数学理论加以证明。一次指数平滑法对无明显趋势变动的市场现象进行预测是合适的,但对于有趋势变动的市场现象则不适合。当市场现象存在明显趋势时,不论值取多大,其一次指数平滑值也会滞后于实际观察值。

三、趋势方程预测法

趋势方程预测法也叫趋势外推法或趋势延伸法,就是利用趋势方程外推或将趋势线延伸来进行预测的方法。具体来说,先要拟合一个以时间 t 为解释变量、所考察指标 y 为被解释变量的回归方程来反映现象的长期趋势,此回归方程称为趋势方程,然后按原来的时间顺序将预测期的时间变量值 t 代入趋势方程中,即可计算出预测值的趋势值。

(一) 直线趋势方程预测法

当时间序列的逐期增长量大致相同、长期趋势可近似地用一条直线来描述时,称时间序列具有线性趋势,就可用下列形式的直线趋势方程来预测。

$$\hat{y}_t = a + bt \tag{5.6}$$

式中,$\hat{y}_t$ 为时间序列 y_t 的趋势值;t 为时间,通常取 $t=1,2,\cdots,n$;a 为趋势线的截距,表示 $t=0$ 时的趋势值,即趋势的初始值;b 为趋势线的斜率,表示当时间 t 每变动一个单位,趋势值的平均变动量。

线性趋势方程中参数 a、b 的估计通常采用最小二乘法,其计算公式与直线回归方程中参数的计算公式相同,只不过将自变量 x 换成了时间 t,计算公式为

$$\begin{cases} b = \dfrac{n\sum ty_t - \sum t \sum y_t}{n\sum t^2 - (\sum t)^2} \\ a = \bar{y} - b\bar{t} \end{cases} \tag{5.7}$$

直线趋势方程预测法与指数平滑法(二次移动平均法和二次指数平滑法)都可以用于直线趋势的预测,但二者有着明显的区别。

(1) 预测模型的参数估计方法不同。趋势方程的参数由最小平方法求得,平滑值的参数主要靠经验判断。

(2) 预测模型的时间变量的取值不同。趋势方程预测的时间变量值是建模时的时间序号的延伸,而指数平滑法的时间变量取决于预测期距离建模时点的间隔。

(3) 模型的适应性和灵敏性不同。趋势方程预测法将全部观察数据同等对待,反映观察期内长期趋势随时间变化的平均变动水平;指数平滑法注重近期数据的影响,不断根据最新数据来调整预测模型的参数,能够更加灵敏地反映现象的变化态势。

总之,二者各有特色。一般来说,趋势方程预测法适合对发展趋势比较平稳的现象进行短中期预测,指数平滑法更适合对发展趋势不太稳定的现象进行短期预测。

(二) 曲线趋势方程预测法

由于季节性及其他因素的影响,时间序列观察值的变动趋势并非都是一条直线状态,有时会呈现为二次曲线。在这种情况下,就不宜运用一次直线法,而应采用二次曲线法才能求得反映观察期的市场趋势线,然后使趋势线延伸来确定预测值。趋势曲线的类型很多,下面介绍几种常见的趋势曲线及其模型参数的估计方法。

1. 指数曲线

当现象的环比发展速度与增长速度大体相同时，其长期趋势可拟合为如下形式的指数曲线方程。

$$\hat{y}_t = ab^t \tag{5.8}$$

式中，a 为相当于时间序列长期趋势的初始值；b 为相当于平均发展速度。若 $b>1$，时间序列呈递增趋势，现象水平随 t 的增长而增加；反之，若 $b<1$，时间序列呈递减趋势，现象水平随 t 的增加而降低。

通过对数变换，可将式(5.8)转换为 $\lg \hat{y}_t = \lg a + (\lg b)t$。根据最小二乘法求出参数 $\lg a$ 和 $\lg b$ 的估计值之后，再取其反对数，即可估计式(5.8)中的参数 a 和 b。也可以利用 Excel 或 SPSS 来完成计算。

2. K 次曲线

对逐期增长量(一阶差分)序列再求逐期增长量，称为二级增长量(二阶差分)。以此类推，可计算时间序列的 K 级增长量(K 阶差分)。当现象的 K 级增长量大体接近一常数时，可拟合如下形式的 K 次曲线趋势方程。

$$\hat{y}_t = b_0 + b_1 t + b_2 t^2 + \cdots + b_k t^K \tag{5.9}$$

实际中最常用的是 $K=1,2,3$ 的情况。$K=1$ 时，K 次曲线就是直线，代表的是持续增长或下降的发展趋势，发展过程中不存在转折点；$K=2$ 时，K 次曲线就是二次曲线即抛物线，它描述的发展过程有一个转折点，包含增长和下降两个阶段；$K=3$ 时，K 次曲线就是三次曲线，它描述的发展过程也是有升有降，但存在两个转折点，起初由低到高，之后出现下降又再上升。式(5.9)中，t^k 是自变量，参数 b_k 采用最小二乘法估计计算。

3. 其他非线性趋势曲线

用来拟合现象非线性趋势的曲线还有修正指数曲线、逻辑斯蒂曲线等。

1) 修正指数曲线

修正指数曲线的方程形式为

$$\hat{y}_t = k + ab^t \quad (0 < b < 1) \tag{5.10}$$

修正指数曲线的数字特征是：变量值的一次差的环比比率相等。因此，当现象观测值的一次差的环比比率大体相等时，就适合用修正指数曲线来拟合。它描述的长期趋势具有以下特点，即现象初期增长迅速，随后增长率逐渐下降，直至最终以常数 k 为增长极限。

修正指数曲线需要估计三个参数：k、a 和 b，通常采用"三段求和法"来近似估计。首先，将时间序列分为三段，每段包含 m 个数据，即 $m=n/3$，如果 m 不是整数，余数为几就舍弃几个离预测期最远的观察值。其次，分别对每段观察值求和，依次记为 $\sum_1 y_t$、$\sum_2 y_t$、$\sum_3 y_t$。最后，根据这三个总和与模型参数的关系求解出参数的估计值。

$$\sum_1 y_t = \sum_{t=1}^{m} y_t = (k+ab^1) + (k+ab^2) + \cdots + (k+ab^m) = mk + ab\frac{b^m - 1}{b-1}$$

$$\sum_2 y_t = \sum_{t=m+1}^{2m} y_t = (k+ab^{m+1})+(k+ab^{m+2})+\cdots+(k+ab^{2m}) = mk+ab^{m+1}\frac{b^m-1}{b-1}$$

$$\sum_3 y_t = \sum_{t=2m+1}^{3m} y_t = (k+ab^{2m+1})+(k+ab^{2m+2})+\cdots+(k+ab^{3m}) = mk+ab^{2m+1}\frac{b^m-1}{b-1}$$

将上述三个方程联立求解可得

$$\begin{cases} b = \sqrt[m]{\dfrac{\sum_3 y_t - \sum_2 y_t}{\sum_2 y_t - \sum_1 y_t}} \\ a = \left(\sum_2 y_t - \sum_1 y_t\right)\dfrac{b-1}{b(b^m-1)^2} \\ k = \dfrac{1}{m}\left(\sum_1 y_t - ab\dfrac{b^m-1}{b-1}\right) \end{cases} \quad (5.11)$$

2) 逻辑斯蒂曲线

逻辑斯蒂曲线(logistic curve)的方程式为

$$\hat{y}_t = \frac{1}{k+ab^t} \quad (5.12)$$

逻辑斯蒂曲线的数学特征是：变量值倒数的一次差的环比比率相等。它通常所描述的现象趋势是，初期增长缓慢，随后逐渐加快，达到一定程度后增长率又逐渐减慢，直至达到饱和状态，接近一条水平线 $y=1/k$。逻辑斯蒂曲线经常用于描述一些变量的成长过程，也称为成长曲线，其图形是一条 S 形曲线，如图 5-5 所示。

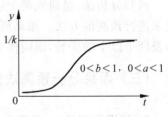

图 5-5 逻辑斯蒂曲线

可证明，当 $k>0, 0<a<1, 0<b<1$ 时，逻辑斯蒂曲线有一个拐点，该拐点位于 $t=\dfrac{\ln k - \ln a}{\ln b}$ 处，此时 $y=1/2k$。在此拐点之前后，现象的增长量随着时间 t 的增加由逐渐增大转变为逐渐减小。

令 $1/y_t = y_t^*$，则由式(5.12)转化为 $y_t^* = k+ab^t$。因此，逻辑斯蒂曲线可转换为修正指数曲线进行估计。

第五节 因果分析预测法

一、因果分析预测法概述

(一) 因果关系

市场的发展变化是由多种因素决定的，如国民经济各部门的发展，农、轻、重比例关系的变化，积累和消费比例关系的调整，人口的增长和劳动就业情况，居民收入的变化，人们的物质文化需要和消费心理变化等，都会引起市场的变化。市场经济现象之间的这种相互依存关系，就是因果关系。这种因果关系，从量的方面来说，可以运用一组变数来描绘,即表现为自变数和因变数之间的关系。自变数系指影响市场变化的各种因素的量的变化,因变数系指在各种影响因素的量的变化制约下,市场预测目标的量(如需求量、商品资源量等)的变化,因变量随着自变量的变化而变化。运用市场经济现象变量之间的这种因果关系来分析、预测市场未来的发展,就是因果分析法。运用因果分析法进行市场预测,可以更科学地预见市场未来的发展趋势,为经营决策提供更可靠的依据。

(二)因果分析预测法

经济现象之间的因果关系,有的可以运用确定性的函数关系来表达,如设 N 为食油的居民每人需求量,p 为居民人数,则 $S=N\times P$ 就是食油的市场需求量。只要知道每人需求量 N 和居民人数 p 就可以求得食油的需求量 S。还有的为非确定性的函数关系,如居民对某种个人消费品的需求量同收入水平之间的因果关系,某种生产资料的需求量同工业产值之间的因果关系等,都不能建立确定性的函数关系,只能利用统计方法找出它们的回归关系。而在一市场预测中,非确定性的函数关系是大量的,所以市场预测的因果分析法,主要是运用回归分析法。

回归分析法,是研究两个以上变数之间关系的数学方法,即从事物变化的因果关系出发来进行预测的方法。如果所研究的因果关系只涉及两个变数,叫作一元回归分析,如果涉及两个以上的变数,则叫作多元回归分析。

(三)因果分析预测法的操作步骤

1. 根据预测目标,确定自变量和因变量

明确预测的具体目标,也就确定了因变量。如预测具体目标是下一年度的销售量,那么销售量 Y 就是因变量。通过市场调查和查阅资料,寻找与预测目标的相关影响因素,即自变量,并从中选出主要的影响因素。

2. 建立回归预测模型

依据自变量和因变量的历史统计资料进行计算,在此基础上建立回归分析方程,即回归分析预测模型。

3. 进行相关分析

回归分析是对具有因果关系的影响因素(自变量)和预测对象(因变量)所进行的数理统计分析处理。只有当变量与因变量确实存在某种关系时,建立的回归方程才有意义。因此,作为自变量的因素与作为因变量的预测对象是否有关,相关程度如何,以及判断这种相关程度的把握性多大,就成为进行回归分析必须解决的问题。进行相关分析,一般要求出相关关系,以相关系数的大小来判断自变量和因变量相关的程度。

4. 检验回归预测模型,计算预测误差

回归预测模型是否可用于实际预测,取决于对回归预测模型的检验和对预测误差的计算。回归方程只有通过各种检验,且预测误差较小,才能作为预测模型进行预测。

5. 计算并确定预测值

利用回归预测模型计算预测值,并对预测值进行综合分析,确定最后的预测值。

二、一元线性回归分析预测法

(一) 一元线性方程的形式

一元线性回归预测法,是根据自变量 x 和因变量 y 的相关关系,建立 x 与 y 的线性回归方程进行预测的方法。由于市场现象一般是受多种因素的影响,而并不仅仅受一个因素的影响,所以应用一元线性回归分析预测法,必须对影响市场现象的多种因素做全面分析。只有当诸多的影响因素中,确实存在一个对因变量影响作用明显高于其他因素的变量,才能将它作为自变量,应用一元线性回归预测法进行预测。

一元线性回归分析法的一般预测方程模型为

$$\hat{y}_t = a + bx_t \tag{5.13}$$

式中,x_t 为第 t 期自变量的值;$\hat{y}_t$ 为第 t 期因变量的估计值;a、b 为一元线性回归方程的参数。

a、b 参数采用最小二乘法计算得出,具体见如下公式(用 $\sum$ 代替 $\sum_{i=1}^{n}$)

$$\begin{cases} \hat{b} = \dfrac{n\sum x_i y_i - \sum x_i \sum y_i}{n\sum x_i^2 - (\sum x_i)^2} = \dfrac{S_{xy}}{S_{xx}} \\ \hat{a} = \dfrac{\sum y_i}{n} - b \times \dfrac{\sum x_i}{n} = \bar{y} - b\bar{x} \end{cases} \tag{5.14}$$

其中,

$$\bar{x} = \frac{\sum x_i}{n}, \quad \bar{y} = \frac{\sum y_i}{n}$$

$$S_{xx} = \sum (x_i - \bar{x})^2 = \sum x_i^2 - \frac{(\sum x_i)^2}{n}$$

$$S_{yy} = \sum (y_i - \bar{y})^2 = \sum y_i^2 - \frac{(\sum y_i)^2}{n}$$

$$S_{xy} = \sum (x_i - \bar{x})(y_i - \bar{y}) = \sum x_i y_i - \frac{\sum x_i \sum y_i}{n}$$

式中,$\hat{a}$、$\hat{b}$ 为系数 a、b 的估计值;n 为样本数据点数量;x_i、y_i 为样本数据值;

将 $\hat{a}$、$\hat{b}$ 代入一元线性回归方程 $y_t = a + bx_t$,就可以建立预测模型,那么,只要给定 x_t

值,即可求出预测值 y_t。

(二)一元线性方程的显著性检验

一元线性回归模型是否符合变量之间的客观规律性、两个变量之间是否具有显著的线性相关关系需要对回归模型进行显著性检验,即检验自变量 x 对因变量 y 的线性影响是否显著。在一元线性回归模型中最常用的显著性检验方法有相关系数检验法、F 检验法和 t 检验法。

1. 相关系数检验法

相关系数检验法首先要计算相关系数 r,见式(5.15)(用 $\sum$ 代替 $\sum_{i=1}^{n}$)。接着根据回归模型自由度 $n-2$ 和给定的显著性水平 α(α 表示线性方程在一定区域描述 x 与 y 的相关关系不可靠的概率,$1-\alpha$ 称为置信度,表示在一定区间用线性方程描述 X 与 Y 的关系令人置信的程度)查询相关系数临界值表,得到相关系数临界值 $R_\alpha(n-2)$。最后对 r 和 $R_\alpha(n-2)$ 进行比较。

$$r = \frac{\sum(x_i-\bar{x})(y_i-\bar{y})}{\sqrt{\sum(x_i-\bar{x})^2 \sum(y_i-\bar{y})^2}} = \frac{S_{xy}}{\sqrt{S_{xx}S_{yy}}} \tag{5.15}$$

若 $|r| \geqslant R_\alpha(n-2)$,表明两变量线性关系具有显著性,这时回归模型可以用来预测;若 $|r| < R_\alpha(n-2)$,表明两变量线性关系不显著,检验不通过,这时回归模型不能用来预测。$0 = |r| = 1$,$|r|$ 越接近 1,说明 x 与 y 的相关性越大,预测结果的可信度越高。

2. F 检验法

F 检验的目的,主要是说明回归预测模型中自变量的变化能否完全解释因变量的变化,回归预测模型是否有效。用 F 检验法需计算 F 统计量,计算公式如下(用 $\sum$ 代替 $\sum_{i=1}^{n}$):

$$F = \frac{\sum(\hat{y}_i-\bar{y})^2}{\sum(y_i-\hat{y}_i)^2/(n-2)} \tag{5.16}$$

式中,$\hat{y}_i$ 为与自变量取值 x_i 相对应的因变量的估计值。

可以证明 F 服从第一自由度为 1,第二自由度为 $n-2$ 的 F 分布。对给定的显著性水平 α,查询 F 分布表可得到临界值 $F_\alpha(1,n-2)$。若 $F = F_\alpha(1,n-2)$,则认为两变量间的线性相关关系显著;反之,若 $F < F_\alpha(1,n-2)$,则认为两变量间的线性相关关系不显著。

3. t 检验法

t 检验法是检验 a,b 是否显著异于 0 的方法,我们以对 b 检验为例来说明 t 检验法的步骤。构造 t 统计量(用 $\sum$ 代替 $\sum_{i=1}^{n}$):

$$t = \frac{b}{S(b)} = \frac{b}{S_e \sqrt{\sum (x_i - \bar{x})^2}} \sim t(n-2) \qquad (5.17)$$

其中,
$$S_e^2 = \sum e_i^2 / (n-2)$$
$$e_i = y_i - \hat{y}_i \qquad (5.18)$$

可以证明 t 服从自由度为 $n-2$ 的 t 分布。查 t 分布表得临界值 $t_{a/2}(n-2)$。若 $|t| > t_{a/2}(n-2)$,则认为 b 显著异于 0;反之,若 $|t| \leqslant t_{a/2}(n-2)$,则认为 b 不显著异于 0。

对于 a 是否显著异于 0 的检验过程与此完全相同。

三、多元线性回归分析预测法

(一) 多元线性方程的形式

在市场经济活动中,经常会遇到某一市场现象的发展和变化取决于几个影响因素的情况,也就是一个因变量和几个自变量有依存关系的情况。而且有时几个影响因素的主次地位难以区分,或者有的因素虽属次要,但也不能略去其作用。例如,某一商品的销售量既与人口的增长变化有关,也与商品价格变化有关。这时采用一元线性回归分析预测法进行预测是难以奏效的,需要采用多元线性回归分析预测法。

多元线性回归分析预测法,是指通过对两个或两个以上的自变量与一个因变量的相关分析,建立预测模型进行预测的方法。当自变量与因变量之间存在线性关系时,称为多元线性回归分析。

多元线性回归分析法的一般预测方程模型为

$$\hat{y}_t = b_0 + b_1 x_{t1} + b_2 x_{t2} + \cdots + b_m x_{tm} \quad (t=1,2,\cdots,n) \qquad (5.19)$$

式中,$\hat{y}_t$ 为第 t 期因变量的估计值;$x_{ti}(i=1,2,\cdots m)$ 为第 t 期各个互不相关的自变量;$b_i(i=0,1,\cdots,m)$ 为回归系数,其中 $b_i(i=0,1,\cdots,m)$ 是 y_t 对 $x_{t1}, x_{t2}, \cdots x_{ti}, \cdots, x_{tm}$ 的偏回归系数,其含义是其他自变量保持不变时 x_{ti} 变化以单位所引起的 y_t 的变化量。参数估计量的求解采用最小二乘法,具体方程如下(用 $\sum$ 代替 $\sum\limits_{t=1}^{n}$):

$$\begin{cases} \sum y_t = nb_0 + b_1 \sum x_{t1} + b_2 \sum x_{t2} + \cdots + b_m \sum x_{tm} \\ \sum y_t x_{t1} = b_0 \sum x_{t1} + b_1 \sum x_{t1}^2 + b_2 \sum x_{t2} x_{t1} + \cdots + b_m \sum x_{tm} x_{t1} \\ \sum y_t x_{t2} = b_0 \sum x_{t2} + b_1 \sum x_{t1} x_{t2} + b_2 \sum x_{t2}^2 + \cdots + b_m \sum x_{tm} x_{t2} \\ \vdots \\ \sum y_t x_{tm} = b_0 \sum x_{tm} + b_1 \sum x_{t1} x_{tm} + b_2 \sum x_{t2} x_{tm} + \cdots + b_m \sum x_{tm}^2 \end{cases} \qquad (5.20)$$

通过解上述方程组便可以求出多元线性方程的参数估计值 $b_i(i=0,1,\cdots,m)$。

(二) 多元线性方程的显著性检验

多元线性回归分析中,回归方程的显著性检验包括两个方面:一是回归方程的显著性检验；二是各个回归系数的显著性检验。

1. 回归方程的显著性检验——F 检验

多元线性回归分析中,回归方程的显著性检验就是要检验因变量与多个自变量的线性关系是否显著,基本原理与一元线性回归方程的 F 检验形同。用 F 检验法需计算 F 统计量,计算公式如下(用 $\sum$ 代替 $\sum_{i=1}^{n}$)

$$F = \frac{\sum(\hat{y}_t - \bar{y})^2/(m-1)}{\sum(y_t - \hat{y}_t)^2/(n-m)} \sim F(m-1, n-m) \tag{5.21}$$

可以证明 F 服从第一自由度为 $m-1$,第二自由度为 $n-m$ 的 F 分布。对给定的显著性水平 α,查询 F 分布表可得到临界值 $F_\alpha(m-1, n-m)$。若 $F \geqslant F_\alpha(m-1, n-m)$,则认为两变量间的线性相关关系显著；反之,若 $F < F_\alpha(m-1, n-m)$,则认为两变量间的线性相关关系不显著。

2. 回归系数的显著性检验——t 检验

在多元线性回归中,通过了 F 检验只能说明 m 个总体回归系数不全为 0,并不能说明每一个自变量都对因变量有显著影响。因此,还需要进一步对每一个回归系数进行显著性检验。一般来说,当发现某个自变量的线性影响不显著时,应将其从多元线性回归模型中剔除,以尽可能少的自变量达到尽可能高的拟合效果。构造 t 统计量。

$$t = \frac{\hat{b}_i}{S_{\hat{b}_i}} = \sim t(n-m-1) \quad (i=1,2,\cdots,m) \tag{5.22}$$

$\hat{b}_i$ 是自变量 x_{ti} 对应的回归系数估计值,$S_{\hat{b}_i}$ 是估计量 $\hat{b}_i$ 的标准差的估计值。给定显著性水平,可查 t 分布表中自由度为 $(n-m-1)$ 的对应的临界值 $t_{\alpha/2}(n-m-1)$。若 $|t| \geqslant t_{\alpha/2}(n-m-1)$,则认为自变量 x_{ti} 对因变量 y_t 的影响是显著的；反之,若 $|t| < t_{\alpha/2}(n-m-1)$,则认为自变量 x_{ti} 对因变量 y_t 的影响是不显著的。

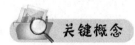

关键概念

潜在市场　有效市场　目标市场　市场需求　市场预测　专家会议法　专家小组法　主观概率市场预测法　对比类推法　时间序列预测法　移动平均数法　回归分析法

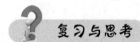

复习与思考

1. 什么是预测？预测的原则和要求是什么？
2. 什么是定性预测？什么是定量预测？都有哪些具体方法？如何操作？
3. 某商店销售额的历史数据如表 5-2 所示。试用二次移动平均法预测下一年度和 2018 年度的销售额。

表 5-2　某商店销售额的历史数据　　　　　　　　　　　　　　　　万元

年份	2006	2007	2008	2009	2010	2011	2012	2013	2014	2015
销售额	40.0	45.0	50.3	55.1	60.2	65.7	70.9	75.8	80.9	86.2

4. 设某公司每周广告费支出和每周支出的销售额数据如表 5-3 所示。

表 5-3　某公司每周广告费支出和每周支出的销售额数据　　　　　万元

每周广告费支出	0.41	0.54	0.63	0.54	9.48	0.46	0.62	0.61	0.64
每周销售额	12.5	13.8	14.3	14.3	14.5	13.0	14.0	15.0	15.8

(1) 广告费支出与销售额之间是否存在显著的相关关系?
(2) 计算回归模型参数。
(3) 回归模型能解释销售额变动的比例有多大?
(4) 如果下一周的广告费支出为 0.67 万元,试预测下一周的销售额(取显著性水平 $\alpha=0.05$)。

案例分析

唐山盾石干粉有限公司新产品开发德尔菲预测

　　唐山盾石干粉有限公司是一个集高科技和绿色环保于一身的新型建材企业,由中国北方最大的水泥供应商——×××集团投资兴建,从奥地利引进全套先进的干粉砂浆生产线,2001 年正式投产,年生产能力 15 万吨,是当年国内生产规模较大的专业干粉砂浆生产企业。公司在 2001 年投入 400 万元,建立了长江以北最大的干粉研发试验中心,具备雄厚的新产品开发实力。公司在引进匈牙利全套设备的同时,还邀请了 2 名德国专家帮助企业做基础的干粉研发工作。在不到一年的时间里,新产品在国外专家的帮助下开发出来了,同时也为公司培养出一批年轻的干粉研发人员。公司无论在硬件设备还是研发能力方面,都具备了独立自主开发新型干粉材料的基础。

　　进入 2002 年以后,企业遇到了危机,全年销售干粉仅 2 000 吨,财务账面亏损近 400 万元。究其原因,主要在于以下几个方面。

　　第一,产品品种少。市场对产品的需求是多样的,需要有各种不同功能、不同用途的产品来满足市场的不同需求。而公司的产品品种仅停留在外国专家已经研发的产品上,即仅有普通外墙外保温干粉、普通黏结干粉和嵌缝干粉三种。远远不能满足市场日渐膨胀的需求。

　　第二,生产成本过大。公司投资建厂时一次性投资很大,每年仅固定设备折旧就达400 万元。企业回收成本的压力相当大。

　　第三,干粉在国内作为一种高质量新型建材,公司对产品的定价很高。很多市场对这种高价位的新型产品并没有十分认同,由于使用这种新型产品会导致成本增加,建筑市场对是否采用干粉这种产品还处在试探阶段。这种情况导致公司 2002 年一年的销售量仅有 2 000 吨,与其 15 万吨的年产量严重不成比例,公司无可避免地出现亏损的局面。

在分析了公司市场现状的基础上,通过与公司高层领导多次沟通,最终在高层会议上明确了公司2003年的战略重点。

第一,通过研发配方降低成本。

第二,开发出适合我国国内市场的产品项目。从前外国专家为我们研发出来的产品项目是适合欧洲市场需求的产品,这些产品不一定完全适合国内市场的需要。要研发出新产品来迎合国内市场的要求。

第三,通过降低产品生产成本,进一步降低产品在市场上的销售价格,来提高产品的市场占有率。

第四,通过大幅度提高产品在市场上的份额,提高市场竞争力,增大盾石干粉在市场上的品牌影响力。

研发新的产品项目,为公司创造生机,已经是箭在弦上,不得不发了。为了达到公司战略目标,公司高层召集了公司内部技术人员、研发人员、市场营销人员和内部专家,讨论并制订了新产品研发及销售的5年规划,准备研发12个新的产品项目(其中改进5个老产品项目,开发7个全新产品项目),如表5-4所示。

表5-4　新产品研发及销售的5年规划

种　类	产　品
改进项目	1. 强力型外墙外保温干粉
	2. 柔性瓷砖黏结干粉
	3. 加强型瓷砖黏结干粉
	4. 高级瓷砖黏结干粉
	5. 大理石黏结干粉
新开发项目	1. 界面干粉
	2. 腻子干粉
	3. 彩色饰面干粉
	4. 自流平干粉
	5. 砌筑干粉
	6. 抹面干粉
	7. 灌注砂浆

虽然已经经过了公司内部的集体讨论,但高管层还是认为公司的设想可能有局限性,为了保证产品研发项目方案的正确性,保障企业的根本利益,决定采用德尔菲法来广泛征求企业外部各类专家的意见,对干粉产品项目今后的发展趋势作出判断。

资料来源:中国管理案例共享中心

1. 根据本章内容帮该企业制订一份预测计划书,该预测采用德尔菲法。计划书中应包括征询内容、征询对象、征询过程等。

2. 根据调查预测的内容为企业制定决策。

第六章

企业战略

1. 企业战略的概念和特征。
2. 战略的五个构成要素。
3. 企业总体战略需要回答的战略问题。
4. 企业发展战略的类型和特征。
5. 企业竞争战略的类型和特征。
6. 市场营销管理过程。

王府井集团：自有品牌战略迈出实质性一步

近年来，国内百货业的日子很不好过。一方面，迅猛发展的网络零售、购物中心和奥特莱斯等新兴业态对传统百货业产生了显著的分流作用；另一方面，随着限制"三公"消费等政策的深入实施，百货店高档商品的购买者明显减少。为了求生存和发展，百货企业纷纷走上转型升级之路，其中，开发自有品牌被业界普遍认为是重要的突破口之一。

自有品牌是指由零售商树立并自主运营的商品品牌，是零售企业增强差异化竞争力和盈利能力的重要途径。"自有品牌"听上去很美，但实施起来难度很大，涉及商品品类选择、商品开发、代工企业选择、质量控制、门店销售和推广等问题。最关键的，还是规模问题，如果规模上不去，成本就降不下来，进而增强企业盈利能力的目标也难以实现。因此，对于试水自有品牌，王府井集团一直持谨慎态度。

2013年,随着新一轮战略转型的启动,王府井集团终于踏上了自有品牌开发之路。在经过一年的精心准备之后,王府井集团首个自有品牌"FIRST WERT"于2013年1月15日在北京百货大楼和北京双安商场同期上柜,这标志着王府井集团在自有品牌开发之路上迈出了实质性的一步。王府井集团希望借助自有品牌,不断增强企业的商品经营能力并培育企业零售门店的差异化竞争优势。

由于处于自有品牌战略实施的探索阶段,因而王府井集团选择了男士衬衣、T恤、夹克等风险系数相对较低的商品品类进行试水。与其他品类相比,男士衬衣、T恤、夹克等品类具有款式变化小、库存风险低、开发投入少等特点。因而,运作这一类商品,比较容易上手。

2013年至2015年期间,王府井集团自有品牌商品的销量呈现平稳增长趋势。

第一节 企业战略概述

一、企业战略的含义和特征

"战略"一词原本是一个军事领域的概念,原意是指指挥军队的科学和艺术。著名的《孙子兵法》是中国历史上最早的一部研究军事战略的伟大著作,书中阐述的"知己知彼,百战不殆"等思想不仅是获取军事胜利的重要途径和保证,而且早已成为企业战略决策和竞争制胜的优秀管理思想。将"战略"一词引入企业经营管理中来,是基于市场如同战场、企业如同兵团、企业之间也有非常激烈的竞争的认识。

关于什么是企业战略(corporate strategy),目前学术界尚未形成统一的认识。例如,有的学者认为,企业战略就是企业的发展目标以及实现目标的基本方针;有的学者则认为战略就是决定企业所从事业务的范围以及在某个具体的业务领域如何获得竞争优势;有的学者还认为,战略就是协调和配置企业各种资源与市场活动来创造价值的方式。归纳各种观点,本书认为,战略是指企业为了实现长期生存和发展,在综合分析内部条件和外部环境的基础上作出的一系列带有全局性与长远性的谋划。这些谋划是为了使企业在不断变化的环境中实现长期生存和发展而由企业最高管理层绘制的一张蓝图。企业战略是企业家经营管理思想的集中体现。

同一般性计划相比,企业战略具有以下方面的特征。

(一)全局性

人力资源管理、技术管理、财务管理等职能管理主要解决的是关于企业某个局部或某个层次的问题,而战略管理是以企业全局为管理对象来确定企业发展的远景和总体目标,规定总的行动纲领,追求整体绩效最大化。也就是说,战略不是研究企业的局部问题,也不是包罗万象,而是把重点放在企业的整体发展上。因此,战略决策正确与否,直接关系企业的兴衰成败。当然,战略管理必然涉及企业内部各个战略业务单位、职能部门或计划编制单位,战略决策所导致的关于权责与资源的分配与再分配必然会对这些部门产生复杂的影响。

(二) 长远性

战略的着眼点是企业的未来,是为了谋求企业的长远发展和长远利益,而不是眼前得失。制定有效的战略需要决策者具有高瞻远瞩的眼光。有时,为了实现企业的长远利益甚至可能会牺牲眼前的利益。因此,那种不顾企业长远发展、贪图一时所得的做法,是一种典型的缺乏战略眼光的行为。从长远性角度看,战略管理的基础不是决策者知道什么,而是决策者预测到了什么,对环境变化趋势作出科学预测是战略管理的一项基础性工作。

(三) 纲领性

企业战略所确定的战略目标和发展方向,是一种概括性和指导性的规定,是对企业未来的一种框架性设计。它不纠缠于现实的细枝末节,而是解决企业长期发展中的主要矛盾。它为企业未来指明了发展方向,是企业所有行动的纲领。但要把它变成现实,仍需要经过一系列展开、分解和具体化的过程。

(四) 客观性

企业战略是高层管理者为了使企业在未来的环境中求得生存和发展而绘制的一张蓝图。这张蓝图不是凭空想出来的,而是在对未来环境变化趋势和自身资源条件进行客观分析的基础上,通过一系列科学的决策提出来的。因此,可以说,企业战略管理的实质是谋求外部环境、内部资源条件与战略目标三者之间的动态平衡。值得注意的是,一些拥有大致相当的内部资源的企业,面对相同的外部环境,它们制定和实施的战略却大相径庭。例如,有的企业追求开拓进取,不断开发新技术、开拓新市场,甚至进入新的业务领域;而有的企业则固守原有的市场和原有的产品,追求平稳地发展。之所以存在这种差异,与人们对客观世界的认识方式不同有关。

(五) 竞争性

制订企业战略的一个重要目的就是要在激烈的竞争中战胜竞争对手,赢得竞争优势,进而赢得市场和顾客。这使得经营战略有别于那些单纯为改善组织现状,以提高管理水平为目的的行动计划。也就是说,战略是一种具有"火药味"、而非"和平状态"下的长远性谋划。企业要想在激烈的竞争中脱颖而出,必须拥有自己的核心竞争能力。因而,如何加快培育核心竞争能力成为企业战略管理的关键任务。

(六) 权变性

企业战略着眼于未来,但未来充满不确定性,即使利用再先进的预测技术也很难将所有的不确定性因素明确下来,这必然导致任何战略方案都带有一定的风险性。例如,一些企业期望通过收购兼并来增强对市场的控制力,但如果市场占有率的提高不是建立在规模经济或协同效应的基础上,或者并购后期整合不能有效进行,则该项收购活动可能会给企业带来负担,并购目标可能实现不了。

在企业内外部环境发生重大变化时,往往需要高层管理者对既定战略方案作出一定的调整,以保证企业长期目标的实现,这就是战略管理的权变性。一般而言,战略调整是局部性调整而非全盘推倒重来,亦即在一般情况下,企业总的战略方向(如愿景、使命、业务范围等)不能轻易调整,但实现愿景的战略步骤、措施等可以根据需要作出必要的调整。

二、战略构成要素

哈佛商学院教授科利斯和蒙哥马利在《公司战略:企业的资源与范围》一书中提出,一项有效的公司战略应是由五个基本要素组合而成的协调一致的系统,正是这个系统创造了企业优势,并产生了经济价值,如图6-1所示。这五个要素是战略远景、目标与目的、资源、业务和组织。

图 6-1 战略的五个构成要素

(一)战略远景

无论是一个刚刚成立的合伙制企业,还是一个已经有百年发展历史的大型企业集团,在制定战略时,首先必须作出的抉择是确定自己的战略远景,即明确组织应承担什么样的社会责任、从事什么样的事业以及成为一个什么性质的组织。简言之,战略远景就是指组织在社会进步和经济发展中应担当的角色与责任。战略远景向组织内外的利益相关者说明了组织存在的理由。能够清楚地表述连贯一致的战略远景,并在相当长的时间内致力于实现这一远景是一个组织具有战略力的重要表现。企业战略的设计必须围绕战略远景进行,如图6-1所示,战略远景位于"三角形"分析框架的中央。强有力的战略远景应能够激发组织成员的事业心和责任感,激励他们为实现这个远景而不断努力。一般来说,战略远景包括两方面的内容:企业使命和价值观。

(二)目标与目的

战略远景描述的是企业希望在多年以后要达到的一种状态,而一项有效的战略还必须设定一套中短期的目标与目的,作为企业实现其战略远景道路上的一个个里程碑。同时,由于这些目标与目的近在眼前,就更具有现实性,所以它们能够更直接地激励员工。

其中,目标是指具体的中期和短期定量目标,诸如"每年保持20%的销售收入增长率"或"到2012年实现销售收入达到100亿元"等等;而目的则是指在相应期限内的定性期望,如"努力成为一个跨国经营的公司"或"形成较强的研究开发能力",等等。这些目标与目的应时刻与公司的战略远景保持一致,但在可操作性上比战略远景要强得多。

(三) 资源

每个组织都拥有大量独特的有形资源和无形资源,这些资源决定的不是组织想做什么,而是组织能做什么,所以资源是组织战略的关键要素。同时,资源也是把一家组织与另一家组织区别开来的主要标志。如果所有组织都拥有相同的资源,那么所有组织都可以制定并实施相同的战略,从而组织培育竞争优势的基础也就随之消失了。因此,资源是战略的本质,是持续竞争优势的源泉。资源的存在方式是多样的,从唾手可得的普通投入要素,到高度差别化的无形资源。组织资源可以分为有形资源和无形资源两大类,这两类资源的特性及其对组织发展所产生的作用存在较大差异。

有形资源主要指那些可以在资产负债表上反映的资产,包括现金、房地产、机器设备和原材料库存等。虽然有形资源也是组织发展所必需的,但是由于它们具有易获得性、标准化属性,使得它们很难成为组织长期竞争优势的源泉。

无形资源,指以知识或技能形态表现的战略资源,包括品牌、技术专长、组织文化以及各种组织能力等。无形资源是组织在长期的学习、修炼、创新和运营实践过程中积累起来的,具有创新性、难以模仿性、扩张性等特征,能够对组织的发展长期地发挥作用,因此是组织长期竞争优势的主要源泉。海尔集团从小型集体企业发展成为年销售收入过千亿元的大型企业集团,就是因为企业在经营管理中非常重视品牌、技术、文化等无形资源的培育和运用。

在无形资源中,组织能力是比较特殊的一类资源,如研发能力、渠道管理能力、售后服务能力、融资能力等。这一类资源是组织多种资产、技术、人员与组织投入产出过程的复杂结合,因此它们不能独立存在。精心培养的组织能力可以使一个企业在与竞争对手投入要素相同的情况下,以更高的生产效率或更高的质量将这些要素转化为客户需要的产品或服务。

(四) 业务

业务是三角形分析框架的第二条边,它指的是组织参与竞争的产业领域。产业选择对于公司战略获得长期成功至关重要。公司在决定是否要进入某个产业时,首先要考虑该产业的吸引力,因为,如果一个产业的盈利能力较其他产业为高的话,处于该产业的企业通常也能获得不错的投资收益。

决定公司是否要进入某个产业的另一个重要法则是,公司是否拥有能够在该产业中产生竞争优势的资源,尤其是那些专属性资源,如产业特有的技术专长、管理经验、专门人才、顾客忠诚、营销网络等,即所选择产业应与公司战略资源之间存在适配性。众所周知,公司谋求业务扩张的原始动机是能够在新的产业中创造价值，如果公司的资源不能够在该业务上创造价值，公司就不应该涉足这个业务领域。这也正是一家服装公司不宜在智能手机产业参与竞争的重要原因。

（五）组织

组织是战略三角形的"底边"，指的是组织结构与管理体制等要素，它们共同形成组织的行政关系，维持各业务单元之间的一致性，保证战略方案的有效实施。在很多情况下，正是由于缺乏合理的组织设计，导致战略执行出现失误。

1. 组织结构

组织结构描述的是在组织内部分配权力的框架。如同没有普遍成功的公司战略一样，也没有一种组织模式可以适用于每个企业。20世纪以来，工商实践中出现过的组织模式有职能制、事业部制、矩阵制以及虚拟组织等。无论设计过程多复杂，每一种组织模式都存在其自身的优点和弊端。因此，管理层面临的一个重要任务就是设计出满足战略需要的组织结构。

2. 管理体制

在对各战略业务单位授出权力后，还必须对其运用情况实施监督、控制，管理体制的作用就在于此。管理体制是指控制组织内部各业务部门行为的各种正式制度、政策与程序，涉及从战略制定到业绩考核的一系列事项。组织常见的控制系统有财务预算、考核制度、报酬体系和组织文化等。如果没有合适的管理体制和行为准则、文化等制约因素，授权往往会产生一些不利的结果，如为追求局部利益而损害公司的整体利益资源得不到有效利用等。管理体制的作用就在于保证资源在各业务单元之间合理配置，并使各单元与公司整体战略保持一致。

第二节　总体战略规划

总体战略主要回答的问题是企业应建立什么样的业务组合以及不同业务在整个业务组合中处于什么样的位置，它是制定组织业务层战略和职能战略的依据。总体战略主要有三种类型：稳定型战略、发展型战略和收缩型战略。

一、明确企业使命

明确企业使命(mission)，是企业战略管理的核心任务，业务、资源、组织、目标等战略方案的设计需要围绕企业使命来进行。定义企业使命，就是要回答那些貌似简单却又着实最难回答的问题：我们要从事什么样的事业？谁是我们的客户？我们需要为客户提供什么样的价值？我们要开展什么样的业务？例如，松下幸之助为松下电器公司确立的使命是，"努力改善和提高人们的生活水平，使家用电器像'自来水'那样廉价和充足"。刘强东为京东确立的使命是"让百姓生活变得简单快乐"。

简单地说,使命就是企业现在和未来应从事什么样的事业。定义企业使命,需要描述清楚企业的业务范围、主攻市场、核心技术或能力等。在定义企业使命时,应避免两种错误倾向:一种是将企业使命确定得过于狭窄,另一种则是确定得过于空泛。狭窄的企业使命会束缚管理层的经营思路,使企业可能丧失许多发展机会;而过于空泛的使命对于企业来说,可能失去了指导意义。例如,一家生产空调的企业,如果只是将自己的使命定义为"帮你调节室内温度",就显得狭窄了,这样会使企业丧失开发其他家电产品的机会。相反,如果一家汽车制造厂将自己的宗旨确定为"提供各种交通工具",则显得对企业方向的决策没有太多实际的意义,因为这样的使命远远超出了企业的能力,企业不可能同时进入飞机制造、轮船制造等业务领域。

二、设立战略业务单位

设立战略业务单位(strategic business unit,SBU)解决的是"企业是做什么"的战略问题。企业必须通过开展一定的业务来满足特定的市场需求,进而实现企业的各种长短期目标和企业使命。有的企业在长期发展中,只从事一种业务,有的企业则同时从事多种业务。例如,格力电器在很长时间里专注于空调业务(为顾客提供舒适的室内温度),其空调产销量自2005年以来连续10多年领跑全球。同样起家于家电业务,海尔集团自20世纪90年代初就走了多元化扩张之路,时至今日,已建立起庞大的业务体系,包括大家电、厨卫、生活电器、电脑、手机、动漫、房地产等。

设立战略业务单位,首先要决定企业从事哪种或哪些业务,即明确企业的经营范围。在确定企业经营范围的过程中,最高管理层经常要面临的抉择是,企业是否要进入一个很热门的业务领域。一般而言,企业是否要进入某个业务领域,应考虑两方面的问题:一是该业务的吸引力,即该业务所面对的市场需求是否得到了充分的满足,或者说还有没有市场空间;二是企业是否拥有能够在该业务领域获取一定竞争优势的资源条件,包括专门人才、核心技术、渠道、企业文化等。

在明确了企业经营范围之后,为了便于管理,有必要对企业所从事的所有业务加以区分或合并,进而形成不同的战略业务单位。有时候一个战略业务单位就是企业的一个部门、一类产品或服务,有时候也可能涵盖几个部门、几类产品或服务。划分战略业务单位的目的在于为其制定单独的战略并分配适当的资源。

战略业务单位具有如下特征。

(1)战略业务单位是一项单独的业务或相关业务的集合,可独立于企业的其他业务并单独编制战略和计划。

(2)在企业外部有自己的竞争者群体。

(3)有人负责战略、计划和业绩,并控制着影响业绩必不可少的资源条件,如研发、生产、渠道、销售团队等。

在划分战略业务单位的实践中,决策层要坚持以市场为导向,而不是以产品为导向。依据产品或技术特征区分战略业务单位往往难以持久,因为产品或技术会过时,而市场需求才是长久的。譬如,康师傅这家企业把方便面作为一个战略业务单位,在如今消费者通过智能手机订购外卖越来越流行的年代,该战略业务单位会陷入被动。但如果依据市场导向,将战略业务单位定义为"满足消费者对方便、快捷、健康食品的需要",那么该事业部也可以向快餐、外卖等产品市场发展。

三、规划投资组合战略

一旦确定了企业的业务范围和战略业务单位,接下来,最高管理层就要决定如何把有限的资源分配给不同的战略业务单位。资源分配不可能平均化,肯定有多有少,这与不同业务的发展潜力或前景直接相关。发展潜力大的业务,就要多投入;发展潜力小的业务,就要少投入;没有前途的业务,可能就要退出。那么,如何评价不同业务的发展潜力呢?由美国波士顿咨询集团所提出的"市场增长—市场份额"矩阵(简称"BCG"矩阵),就是一个重要的评价方法。

如图 6-2 所示,BCG 矩阵根据市场增长率和相对市场占有率两项指标,将企业所有的战略业务单位分为"吉星""现金牛""问号"以及"瘦狗"四大类,并据此制定企业总体战略。在 BCG 矩阵中,横轴代表市场份额,它以企业相对于主要竞争对手的相对市场占有率来表示,高市场份额意味着企业在该行业中处于领导地位。如果企业某项业务的相对市场占有率为 0.8,表示它的市场占有率仅为最大竞争对手的 80%。纵轴代表所在行业的市场增长率,表示某行业对企业的吸引力大小,如果市场增长率高往往意味着企业迅速收回投资的机会大。一般认为,市场增长率达到 10% 以上就算是高增长率。

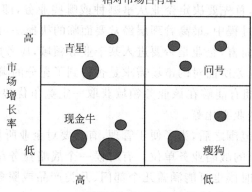

图 6-2 BCG 矩阵

根据 BCG 矩阵,可以将企业的各种业务分成以下四种。

(1)现金牛业务。现金牛业务即拥有较高的相对市场占有率和较低的市场增长率的业务。较高的相对市场占有率意味着可以带来较多的利润和现金,较低的市场增长率则意味着需要较少的资金投入。因此,现金牛业务通常能产生大量的现金流入,并成为整个企业的支撑。

(2)吉星业务。吉星业务即拥有较高的相对市场占有率和较高的市场增长率的业务。由于这类业务成长迅速,所以对资金的需求大,但是其所处的支配性市场地位为回收投资提供了有力保证。

(3)问号业务。问号业务即市场成长很快但企业所占市场份额相对较低的业务。高速的市场增长率需要大量的资金投入,但较低的市场份额意味着只能产生较少的现金流入。

(4) 瘦狗业务。瘦狗业务即那些相对市场占有率和市场增长率都较低的业务。这类业务往往不能带来大量现金流入。

从 BCG 矩阵可以得出与战略决策相关的重要启示:①管理层应当从"现金牛"身上挤出尽可能多的"奶"(现金流)来,而对它的投资也应限制在最必要的水平上,即对现金牛类业务实施稳定型发展战略。②把"现金牛"产生的大量现金,尽可能多地投资于吉星类业务,以巩固和发展其有利的市场地位,即对吉星类业务实施扩张型发展战略。③对于瘦狗类业务,除非有证据表明其收益率较好,否则应该及早清理变现,即实施收缩型战略。④比较麻烦的是问号类业务。出路有两种:如果市场地位难以改变,可以采取出售的战略措施;如果通过努力能够显著改变市场地位,即将其转变成吉星业务,那么可采取扩张型战略。所以,对于问号类业务,关键是要通过调查研究准确判断改变自身市场地位的可能性。⑤管理层必须使各个象限的业务组合保持平衡,以便使公司整体上获得快速成长。

四、规划发展战略

在作出了有关投资组合的战略规划后,企业往往还需要考虑新业务的发展问题,因为多数企业希望在现有战略起点基础上,不断向更高目标发展,扩大企业经营范围和经营规模,提升企业的市场影响力。

企业规划发展新业务的思路主要有三种:一是在现有业务范围内寻找进一步发展的机会,即密集型发展战略;二是分析从事与现有业务有关的新业务的可能性,即一体化发展战略;三是开发与现有业务无关但有较强吸引力的业务机会,即多元化发展战略。

(一) 密集型发展战略

所谓密集型发展战略,是指集中企业资源,以快于过去的增长速度来增加某种产品或服务的销售额或市场占有率。世界上许多著名的大公司,如可口可乐、沃尔玛、英特尔、格力电器等,在其发展初期都曾成功地采用过密集型发展战略,有些企业还一直沿用到现在。可口可乐曾一直生产一种口味、一种包装的碳酸饮料,将产品行销到了全世界。

安索夫的"产品—市场"扩展矩阵为企业决策者评估现有业务的发展机会,提供了一个有用的分析框架,如图 6-3 所示。根据安索夫矩阵,企业寻求密集型发展的战略途径有如下三种。

	现有产品	新产品
现有市场	市场渗透战略	产品开发战略
新市场	市场开发战略	多元化战略

图 6-3 安索夫矩阵

（1）通过广告、促销或特殊的定价来吸引更多的顾客，或提高原有顾客的购买频率。

（2）在现有产品线内开发新产品项目，满足现有市场的差异化需求或新需求。

（3）扩大销售范围，向国内外新市场领域扩张；或通过定价策略、产品差异化和广告等，向竞争对手的市场渗透。

密集型发展战略的优点是经营目标集中、管理简单方便，而且有利于集中利用组织资源，实现生产的专业化，获取规模经济效益。但该战略也有缺陷，就是对环境变化的适应能力较差，风险较大。在采取该战略时，企业集中经营一类产品，一旦该产品的市场需求有明显下降，企业可能会快速陷入困境。顾客需求偏好转移、技术变革、政府政策调整以及强大竞争者的进入等，都可能导致市场需求萎缩或市场生存空间的减小，进而对采取密集型发展战略的企业形成威胁。

（二）一体化发展战略

一体化发展战略是指向产业链上游和下游两个可能的方向上，扩展企业经营范围的一种战略。它包括前向一体化战略和后向一体化战略两种表现形式。其中，前向一体化战略就是企业对自己所生产的产品做进一步深加工，或建立自己的销售组织来销售本企业的产品或服务的战略。例如，石油公司对自己开采的石油进行炼化，生产各种石化产品如合成橡胶、化肥等，并自行组织这些产品的销售，这就是前向一体化战略。后向一体化战略则是指企业开发、生产所需的原材料和零部件等，由外部供应改为自己生产，如钢铁公司自己拥有矿山和炼焦厂、中药企业培育自己的中药材基地等。

一体化战略的优点有：①后向一体化可以使企业对其所需的原材料或零部件的成本、质量和供应情况进行有效的控制，进而有助于降低成本、减少风险，保证生产正常进行。②前向一体化使企业能够有效控制销售和分销渠道，进而有助于更准确地掌握市场需求信息和发展趋势，更迅速地了解顾客的意见和建议，增强对市场变化的适应能力。③前向一体化通过提高产品的深加工程度，可以给企业带来更多利润。

一体化战略也有其不足：①一体化使企业经营规模扩大，人员和组织机构更加庞杂，这不可避免地会导致管理难度加大和管理费用的增加。②进入新的经营领域，不仅需要投入大量的资金，而且需要组织掌握更多的技术和经验，如果企业缺乏这些技术和能力，可能会导致效率的下降，使一体化失去应有的作用。③企业一旦进入新的经营领域，再退出就很难了。

（三）多元化发展战略

多元化发展战略可以分为关联多元化发展战略和无关联多元化发展战略两种类型。

1. 关联多元化发展战略

关联多元化发展战略也称为同心多元化战略，是指进入与现有产品或服务有一定关联的业务领域，进而实现企业规模扩张的战略。比如，海尔原来主要生产冰箱，后来又生产空调，这就属于关联多元化。因为空调和冰箱在核心技术、目标顾客群、分销渠道等方面具有显著的关联性。关联多元化发展战略的关键是新业务与原有业务之间必须有一定的关联性,这里的关联性包括产品的核心技术、生产系统、销售渠道或顾客基础等方面。

关联多元化发展战略有利于发挥企业在生产技术、销售网络、顾客忠诚等方面的优势,获取研发、生产、销售等方面的协同效应。因此,关联多元化是企业进行扩张时的主要选择。但如同其他发展战略一样,随着多元化的实施,企业规模必然扩大,管理难度和管理费用都会增加。

2. 无关联多元化发展战略

无关联多元化发展战略,是指组织进入与现有产品或服务在生产、技术、市场等方面没有任何关系的新行业领域的战略。例如,海尔本来以经营家电产品为主,后来又进入电脑、手机、动漫、房地产等领域;四川新希望集团以生产饲料为主营业务,后来又进入房地产、旅游等行业。它们开展的都是无关联多元化。

无关联多元化发展战略的优点有:①通过进入不同的产业领域和生产不同的产品,有助于分散经营风险,即人们常说的"东方不亮西方亮"。②有助于抓住市场机会,进入更具发展潜力的行业。③有助于发挥组织的资源优势,提高经济效益。

无关联多元化发展战略也有弊端:①导致人员和组织结构膨胀,加大管理难度和管理费用。②分散组织资源,降低资源配置效率。③要在新的行业领域站稳脚跟,组织必须掌握该行业特有的技术专长和管理经验;如果不具备这些战略资源并且不能很快地得到弥补,进入这样的行业只能给企业带来更多的风险,更不要说分散风险了。

第三节 业务层战略规划

一、业务层战略管理过程

业务层战略管理,是指为了实现企业在某个业务领域的长期生存和发展,在对组织内部资源条件和外部环境进行分析的基础上,确定战略目标和实现目标的有效战略,并将战略付诸实施和对战略实施过程进行控制与评价的动态过程。由于业务层战略管理是一个复杂的、系统的过程,为了保证该过程有效进行,必须按一定的步骤有计划地进行。业务层战略管理过程大致可分为六个阶段(图6-4),这六个阶段概括起来就是要做好三方面的工作:一是战略分析;二是战略制定;三是战略实施及控制。

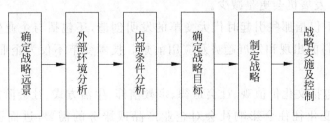

图6-4 业务层战略管理过程

(一) 战略分析

绝大多数组织都是开放的系统,在组织内部以及组织与它所处的外部环境之间时时刻刻都发生着物质和信息的交换,组织的活动每时每刻都受到其内部环境和外部环境的影响。因此,组织在制订战略目标及达到目标的战略措施之前,必须对组织的外部环境和内部环境进行分析、评估,为战略决策提供依据。一般来说,战略分析分为外部环境分析和内部环境分析两部分。其中,外部环境分析的目的是适时寻找和发现组织发展可能面临的机会、威胁与约束,以便在制定战略时能够利用外部环境所提供的机会并避开威胁。内部环境分析的目的是发现组织具有的优势和劣势,以便在制定战略时能够扬长避短、发挥资源优势。

1. 宏观环境分析

现代组织受到外部环境的影响越来越多、越来越复杂,而且大多数环境影响因素是组织不可控制的。所以,组织在制定战略时,必须全面、客观地分析和把握外部环境的变化趋势及其对组织的影响,并能够发现其中哪些因素对于组织是机会,哪些因素则是组织面临的威胁,作为制订战略目标和战略措施的出发点、依据和限制条件。成功的战略大都是那些与外部环境相适应的战略。对外部环境的分析可以分为宏观环境分析和行业环境分析两个层次。

宏观环境指间接或潜在地对组织产生影响的社会性因素。宏观环境只是给组织发展提供机会、威胁与约束,但不会单独作用于某个组织,而且以一个组织的力量难以改变它。宏观环境分析的内容包括如下方面。

政治因素:对组织活动的开展具有现实或潜在作用与影响的政治力量,如国家或地区的政局稳定性、政府推行的基本政策以及这些政策的连续性和稳定性等。

法律因素:对组织活动加以限制或影响的法律法规,如公司法、经济合同法、商标法、消费者权益保护法、产品定价规定等。

经济因素:主要指所处经济发展阶段、宏观经济发展形势、利率水平、通货膨胀率、消费者收入水平等因素。例如,在宏观经济繁荣的时期,市场规模扩大、需求增加,企业发展机会往往也较多;相反,在宏观经济处于停滞或衰退的情况下,市场需求往往会萎缩,企业生存空间变小,发展机会更是减少。

技术因素:不仅指那些引起时代大变革的发明创造,还包括与企业生产有关的新技术、新工艺、新材料的出现和发展趋势及应用前景。技术变革不仅为企业提供机遇,同时还会带来威胁。

人文环境:包括文化价值观、社会道德、宗教信仰、生活方式、社会阶层、人口结构等。人文社会因素的变化往往会影响社会对企业产品或服务的需要,进而影响企业的战略选择。

生态因素:包括气候、地形地貌、自然资源等。

2. 产业环境分析

企业总是存在于某一产业（或行业）环境之内的。产业环境分析的内容主要包括本产业竞争格局、产业所处生命周期阶段以及本产业与其他产业的关系等。从一定意义上讲，产业竞争结构决定着产业的竞争规则和企业可能采取的战略，因此产业竞争结构分析是企业制定竞争战略重要的基础性工作。

根据美国著名管理学家迈克尔·波特的理论，产业竞争结构分析主要从五个方面进行，即现有企业之间的竞争强度、潜在进入者威胁、卖方讨价还价的能力、买方讨价还价的能力及替代品威胁，如图6-5所示。这五种作用力综合起来决定了产业中的某个企业获取超出资本成本的平均投资收益率的能力，因为它们影响着价格、成本和企业所需要的投资等因素。

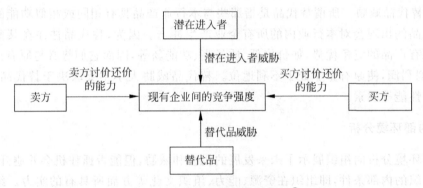

图6-5　产业竞争结构分析框架①

（1）现有企业之间的竞争强度。影响现有企业之间竞争激烈程度的因素有很多，其中一个最主要的方面就是竞争者的数量和相对实力大小。比如，当产业内现有竞争者的数量相对较少而且大家的实力相当，竞争者就可能会认识到相互依赖的重要性，进而抑制相互之间的竞争行为，这样市场的竞争格局会相对平稳。如果产业是由一个占支配地位的竞争者主导，并包括一批实力相对较弱的追随者，同样倾向于减缓产业竞争态势，因为该支配者能够制定行业价格和惩罚违规者。相反，如果产业内竞争者实力相当且数量众多，市场竞争就会趋于激烈，因为各公司都希望超过他人。

（2）潜在进入者威胁。这种威胁主要是由于新加入该行业的企业，不仅会带来供给的增加，而且还会带来对经营资源、市场份额的要求，这样势必会加剧市场竞争，降低行业的平均盈利能力。

分析潜在进入者威胁的关键概念是进入壁垒。当一个行业扣除资本成本后的利润高于零时，就会有大量的企业涌向该行业。这时，如果有较明显的进入壁垒，就可以阻止过多的企业进入该行业。进入壁垒是指潜在进入者在进入该行业时所遇到的各种不利因素或限制，它可以以多种不同的形式存在，常见的进入壁垒存在于经济规模、产品差异化、销售渠道、政府政策限制等方面。

---

① 迈克尔·波特.竞争优势[M].北京：华夏出版社，1997：4.

（3）买方讨价还价的能力。买方讨价还价的能力往往会挤掉卖方的一部分利润，具体的途径就是迫使卖方降价，要求更高产品质量或更多服务。比如，通用汽车公司在全盛时期拥有强大的砍价能力，因为它支配着整个行业；它经常以断绝业务关系来威胁零部件供应商，迫使供应商作出一定的价格或非价格方面的让步。买方讨价还价的能力主要取决于以下因素：买方的集中程度、买方所购买的产品在其全部成本中占的比重、本行业产品的标准化程度、买方后向一体化的威胁等。

（4）卖方讨价还价的能力。如果供应商讨价还价能力强，同样可以挤掉购买者的一定利益。比如，在 PC 行业，盈利性最强的公司不是戴尔、联想，而是微软和英特尔公司，这两家公司垄断了兼容 PC 机关键组件的供应，一个是操作系统，一个是微处理器。卖方讨价还价的能力主要取决于以下方面：卖方集中度、卖方产品在买方要素投入体系中的重要性、卖方产品的差异性、卖方前向一体化的威胁等。

（5）替代品威胁。所谓替代品是指那些与本行业产品具有相同或相似功能的其他产品。替代品的出现会对本行业内的所有企业产生冲击。因为，替代品往往在某些方面具有超过原有产品的竞争优势，如价格低、质量高、功能新等，因而它们势必与原有产品争夺市场，分割利润，使原有企业处于不利地位。替代品威胁大小主要取决于替代品的价格、替代品的性能等因素。

3. 内部环境分析

外部环境分析向组织展示了未来发展的机会和威胁，但能否抓住机会并避开威胁，则取决于组织的内部条件，即组织在资源、能力、组织文化等方面所具有的实力。组织在某一领域的竞争武器就是组织拥有的与众不同的资源或能力。例如，我国海尔集团拥有的制冷技术方面的独特能力、联想集团拥有的渠道管理能力，都给企业带来了显著的竞争优势。

内部环境分析的核心是对组织核心能力的分析。所谓核心能力是一种将知识、技能、资产和运行机制有机结合的企业自组织能力，它以企业的技术创新能力为核心，通过其与企业的生产制造能力、市场营销能力和组织文化等资源或能力的交互作用，最终生成能够使企业保持竞争优势的能力。随着战略理论的发展，人们普遍认识到，核心能力是长期竞争优势的源泉，决定了企业可以或不可以从事什么样的事业。所以，对企业核心能力的分析是内部环境分析的核心内容。通过核心能力分析，可以使决策层清楚企业核心能力的现状如何，以及核心能力存在哪些不足，进而指导企业制定出增强核心能力的有效对策。对组织核心能力进行分析，必须把握核心能力具有的三个基本特征：充分的用户价值、难以模仿性和延展性。

（1）充分的用户价值。一项资源或能力要成为企业核心能力的构成要素，必须能够为顾客或用户提供根本性的好处或效用。例如，本田公司在发动机方面拥有的特长就是其核心能力的关键构成要素，因为它对客户来说是最有意义的，而本田公司在处理与经销商关系方面的专长对客户来说是无关紧要的，所以就不能构成公司的核心能力。

（2）难以模仿性。由于核心能力可使企业获取超额收益，竞争对手总是极力去模仿它们。因此，企业所建立的模仿障碍越大，模仿的难度就越大，企业的竞争优势就越持久。一般来说，基于专利技术、营销网络、品牌等无形资源所建立的优势往往是难以模仿的，这是因为无形资源是在长期的实践过程中逐步积累起来的,而且与企业的组织结构、管理和文化特征高度复合。

(3)延展性。延展性即核心能力能够为企业打开多种产品市场提供有力支持,对企业所生产的一系列产品或服务的市场竞争力都有促进作用。例如,夏普公司的液晶显示技术,使其可以在笔记本电脑、袖珍计算器、大屏幕电视等领域都比较容易获得一席之地。

(二)战略制定

战略制定阶段的任务有两个:一是战略目标的制订,战略目标从不同角度或层面反映战略业务单位期望达到的状态;二是战略设计,即战略方案的探索、提出和比较选择。

1. 战略目标的制订

在完成内外部环境分析后,管理层便可以制订计划期内的战略目标了。多数战略业务单位往往追求的是一个目标组合,包括利润或利润增长率、销售额或销售额增长率、市场份额扩张、品牌声誉、净现金流等。当战略目标明确了,战略业务单位就可以根据这些目标开展目标管理。

制订战略目标时,应注意以下问题。

(1)明确目标的主次关系。在目标体系中,不同目标的重要程度存在差异。管理层应按重要程度,排列目标的优先顺序。在战略实施过程中,主要目标实现了,其他目标往往自然而然地也就实现了。

(2)目标应具有客观性。目标应基于企业对市场机会和资源条件的分析,是企业经过一定程度的努力后切实能够实现的。

(3)目标应尽可能量化。"年内实现销售额增长20%"显然比"大力提高销售收入"表述得明确,更有利于战略管理。

(4)目标应保持一致性。多个目标之间应尽可能相互支撑,而不是此消彼长。譬如,当企业期望显著提高销售收入时,同时期望显著提高销售利润率往往是不现实的。

2. 战略设计

战略设计过程是对战略方案进行探索、提出以及比较选择的过程。管理层在战略设计时,应努力开发出达到战略目标的多种战略方案,并根据战略目标对这些方案进行分析和评价,以选择出适合自身情况的方案。战略设计需解决的核心问题是,明确企业在某一竞争领域处于什么样的位置,以便获取领先于竞争对手的竞争优势。

在制订战略之前,决策者应将组织外部环境分析和内部环境分析的结果进行综合、比较,寻找二者最佳战略组合,为战略制订和战略决策提供更为直接的依据。这就是人们常说的 SWOT 分析。其中,"S"表示组织所拥有的优势,"W"表示组织的劣势;"O"表示外部环境中的机会,"T"表示外部环境对组织的威胁。进行 SWOT 分析,需要绘制 SWOT 分析矩阵。这个矩阵是以外部环境中的发展机会和威胁为一方,以组织拥有的优势和存在的不足为另一方而组成的二维矩阵(图6-6)。在这个矩阵中,存在四种组合,即优势-机会(SO)组合、劣势-机会(WO)组合、优势-威胁(ST)组合和劣势-威胁(WT)组合。

		内部条件	
		优势(S)	劣势(W)
外部环境	机会(O)	SO 组合	WO 组合
	威胁(T)	ST 组合	WT 组合

图 6-6　SWOT 分析矩阵

（1）劣势-威胁（WT）组合。在四种组合中，组织应尽可能避免 WT 组合，因为在这种情况下，组织难以抵挡环境威胁。组织一旦处于这样的位置，在制订战略时就要设法降低环境不利因素对组织的冲击，使损失减到最小。比如，及时采取缩减生产规模、抽资转向、剥离等收缩战略。

（2）劣势-机会（WO）组合。决策层已经识别出外部环境中存在的机会，但自身存在的不足可能会限制组织对机会的把握。对于这样的情况，最现实的问题就是如何弥补自身资源或能力的不足，以抓住机会。如果自身资源能力得不到改进，机会只能让给竞争对手。

（3）优势-威胁（ST）组合。如果组织处于优势-威胁（ST）的位置上，应该做的就是巧妙利用自身优势来对付环境中的威胁，降低威胁可能产生的不利影响。这种做法显然不是"上策"，因为组织的优势资源没有得到更好的利用。

（4）优势-机会（SO）组合。这种组合应该是组织的最佳选择，即通过发挥自身优势，最大限度地利用外部环境所提供的机会，实现业务的快速发展。

（三）战略实施及战略控制

1. 战略实施

无论战略制订得多么精细，如果不能有效地实施仍不会取得成功。战略实施的能力取决于管理层的领导能力、职能战略、激励机制及其他因素。为了推进战略的有效实施，管理层应做好以下三个方面的工作。

（1）将战略方案分解。战略方案一般比较笼统，为了方便执行，需要将战略方案从时间和空间两个方面进行分解。所谓时间分解，就是将战略方案中的长期目标分解为若干个战略阶段，再将战略阶段分解为年度计划、季度计划、月度计划等。空间分解就是将战略方案按职能进行分解，形成具体的部门战略或职能战略，如研发战略、人力资源战略、营销战略等。

（2）编制行动计划。战略只是规定了发展方向、目标和基本措施。为了使战略得以顺利执行，必须编制具体的行动计划。通过编制行动计划，可以进一步规定任务的轻重缓急和行动时机，明确每一个战略阶段或战略项目的工作量、起止时间、资源保证和负责人。

（3）对组织结构进行调整。战略是通过组织来实施的，要有效实施一个新战略，往往需要设计一个新的，或者是经过改革和调整的组织结构。根据组织服从战略的原理，新建的组织机构，或者经过调整的部门或机构要能够适应战略的需要，并为战略实施提供一个良好的内部环境。

2. 战略控制

在战略执行过程中,为了使战略达成预期目标,必须对战略实施过程进行控制,即将执行中的实际表现与预期的战略目标进行比较,如果二者有明显的偏差,就应当采取有效的措施来纠正偏差。战略控制必须以战略目标为控制标准。

在战略控制过程中,当发现的偏差是由于环境发生了预想不到的变化而引起的,这时就需要重新审视环境,修改甚至重新制订战略方案,这就是战略调整。战略调整有被动调整和主动调整两种方式。被动调整,是指对环境重大变化毫无察觉,一旦发现,已陷入严重困难局面,被迫作出调整,但损失已无法挽回。主动调整,就是在预测到环境将发生重大变化时,不失时机地进行调整。主动调整损失较小,甚至不会造成损失。因此,决策层应力争主动,及时进行战略调整。

二、竞争战略的类型

竞争战略,即业务层战略,主要解决的问题就是在特定的业务领域内,如何参与市场竞争,以获取超越竞争对手的竞争优势。在竞争战略的设计和选择方面,迈克尔·波特教授的理论最流行。波特教授在他的产业竞争结构分析框架基础上,提出了三种可供选择的一般性竞争战略,它们分别是成本领先战略、差异化战略和集中化战略。

(一)成本领先战略

1. 成本领先战略的含义

如果企业打算成为产业中的低成本生产商,那么它实施的就是成本领先战略。企业取得成本领先优势的途径包括追求规模经济、技术创新、低工人工资、优惠的原材料供应源、渠道共享等。实施该战略要求企业必须在加强成本控制方面做大量的工作。实行成本领先战略,要求企业必须成为成本领导者,而不仅仅是降低了成本。成本领先战略的理论基石是规模效益,它要求企业的产品或服务必须具有较高的市场占有率,否则大量生产就毫无意义,而不大量生产也就不能使成本有较明显的降低。

2. 实施成本领先战略的条件

为了实现成本领先的目标,要求企业内部具备下列条件。
(1)企业各产品线之间关联性强,能够充分利用企业的生产制造系统。
(2)低成本能有效提高企业市场占有率,进而给企业带来高额收益。
(3)必须具有先进的生产工艺技术和现代化技术装备,能够进行大批量生产。
(4)建立起严格的、全面的成本控制系统,并且能够在企业各个部门得到有效执行。

3. 成本领先战略的利弊

实施成本领先战略可以给企业带来以下战略好处:①当企业处于成本领先地位时,形成抵挡竞争对手的优势。②企业建立起的巨大生产规模和成本优势,使欲进入该行业的投资者望而却步,形成行业进入壁垒。③提高与购买商、供应商谈判时的讨价还价能力。

该战略也具有缺陷:①新技术的出现可能使企业过去积累的经验变得低效。②行业中的竞争对手或新加入者通过模仿、吸取前人经验或购买更先进的设备,使自己的成本更低,后来居上。这时,成本领先优势也就不复存在了。③随着人们收入水平的提高,消费者从注重价格转向更加注重产品的差异性,这使得成本领先优势的意义大大降低。

(二)差异化战略

1. 差异化战略的含义

差异化战略,也称标歧立异战略。如果企业寻求在产业中与众不同,它实施的就是差异化战略。该战略致力于满足顾客普遍重视的一个或几个特性,如高超的质量、卓越的性能、周到的服务、创新的设计或独特的品牌形象等。一个能够创造和保持差异性的企业,如果其产品或服务价格溢价超过了它为寻求差异性而付出的额外成本,它的收益就会高于产业的平均盈利水平。

2. 实施差异化战略的条件

企业要实施差异化战略,应具备如下条件。
(1)具有卓越的研究与开发能力,能够不断开发出满足顾客差异化需求的新产品。
(2)组织拥有产品质量好或技术领先的声望。
(3)具有强大的市场营销能力,能够提供优质的服务,在市场上树立良好的形象。
(4)研发、生产和营销等部门之间能够进行有效的协调与配合。
(5)企业资金实力或融资能力较强。

3. 差异化战略的利弊

通过有效实施差异化战略,可以给企业带来以下方面的战略益处:①建立起顾客对企业及其所提供产品的信赖和忠诚,形成差异化竞争优势。②顾客的信赖和忠诚形成了强有力的行业进入壁垒。如果新加入者想参与市场竞争,必须投入大量资源来扭转顾客对本企业产品的信赖和忠诚。③差异化可以使企业制定高价格,进而获取高额收益。

差异化战略的不足主要体现在以下方面:①由于增加研发费用、采购高档原材料或做大量广告等原因,实施差异化战略的企业经营成本往往都比较高。如果因成本高而把价格定得很高,超出了顾客的承受能力,顾客宁可牺牲质量、性能、形象等方面的差异性,而去追求低价格采购。②如果竞争对手在质量、性能、服务、形象等方面不断推出差异性,也会使得本企业的差异化优势大大降低。

(三)集中化战略

集中化战略也称为目标集聚战略,是指将企业资源集中于狭小的细分市场上,寻求成本领先优势或差异化优势的战略。如果企业寻求的是在目标市场上的成本领先优势,它实施的就是成本集聚战略；若企业追求的是在目标市场上的与众不同，它实施的则是歧异集聚战略。它们构成了集中化战略的两种表现形式。因此，可以说，集中化战略是前两种战略类型的一种特殊表现形式，所不同的是前两者寻求在整个市场范围内实现成本领先或差异化，而它则是追求在较狭窄的范围内，集中企业有限的资源和能力，获取竞争优势，进而获得高于行业平均水平的收益。例如，在网络零售领域，中粮我买网实施的就是目标集聚战略。中粮我买网选择办公室白领和年轻一族作为主要目标市场，为他们提供安全、放心、营养、健康的食品和高品质的购物服务，致力于打造全国领先的安全、优质、独具特色的食品购物网站。

集中化战略的优势就是组织结构简单，便于管理，而且有利于充分利用组织的资源和能力。但是，它也有明显的不足，就是市场风险比较大。一旦目标市场需求发生较大变化，企业就可能陷入困境。集中化战略是中小企业较为适宜的战略选择。

三、竞争战略的选择

企业在选择竞争战略时需要考虑以下具体情况。

1．经济发展水平

在经济发展水平较高的情况下，一方面，由于企业之间竞争非常激烈；另一方面，由于居民收入较高，对产品品质、服务等方面的关注超过了对价格的关注，因此，成本领先战略在很大程度上失去了意义，此时差异化战略会更加有效。相反，在经济较落后的情况下，则应重视成本领先战略，以借助低价格来刺激市场需求。

2．自身资源和能力状况

一般而言，在企业发展初期，由于规模较小，资源、能力都比较薄弱，这时企业宜选择集中化战略，即集中有限的资源在特定市场领域追求成本领先或差异化。随着经营规模的扩大，企业资源和能力都不断得到积累，但不同的企业可能形成不同的优势。如果企业的生产能力较强而研发能力或市场营销能力较弱，这时可考虑采取成本领先战略；如果企业拥有卓越的研发能力、市场营销能力等，则可考虑运用差异化战略。

3．行业所处生命周期阶段

从行业生命周期来看，通常在投入期和成长期，为了抢占市场防止潜在进入者的进入，企业应主要采取成本领先战略，以刺激需求，使企业处于低成本、高市场占有率、高收益和更新改造的良性循环中。而到了行业的成熟期与衰退期，其消费需求呈现多样化、个性化的局面，这时企业应以差异化战略为主，培育顾客忠诚。

4．产品类别

对于不同的产品，购买者对价格、质量、服务、品牌形象等特征有不同的关注程度。对于大多数的工业品，如钢材、标准机械等，标准化程度都比较高，在保证产品基本质量的前提下，价格成为购买者关注的主要因素，因此企业宜采取成本领先战略。但对于一些专用机械、成套设备等工业品,非常强调售后服务。因此,应积极采取服务方面的差异化战略。对于消费品中的耐用品来说,由于它们属于一次性购买、长期使用的产品,品牌形象、质量、售后服务等因素都非常重要。因此,宜采取差异化战略。对于大多数的日用消费品,由于人们反复少量购买,价格仍是消费者关注的产品特性,因此可以采取成本领先战略。

战略　战略管理　营销战略　营销计划　企业使命　战略业务单位　竞争战略　成本领先战略　差异化战略　集中化战略

1. 通过互联网或其他途径,查找一家企业的战略远景,并分析其战略远景的陈述是否清晰,战略远景由哪几部分内容构成,其战略远景有何独到之处?

2. 如何利用BCG矩阵法选择企业总体战略?

3. 以家电行业或钢铁行业为例,阐明如何分析行业竞争结构,并讨论行业中的企业如何制定竞争战略。

4. 无关联多元化发展战略有许多弊端,但现实当中仍有许多企业还是选择实施无关联多元化发展战略,分析这些企业都是怎么想的,它们的想法是否正确?

5. 对你自己和你的职业生涯用SWOT分析法进行分析。你的主要优势和劣势各是什么?你如何运用对这些优势和劣势的认识来制订你未来的职业生涯规划?

王府井集团踏上战略转型之路

2014年2月21日,王府井集团举行了企业一年一度最重要的会议——集团2014年度工作会议。会上,时任集团董事长的刘冰女士做了《因改变而拥有未来》的主题报告。报告中有这样一段话:"我们刚刚走过了难忘的2013年,这一年,是起伏跌宕、险象环生的一年。在这一年中,我们经历了中国经济转型的阵痛、互联网思维的洗礼、新技术革命推动的行业变革,以及政策带来的市场逆转;在这一年中,面对汹涌澎湃的互联网经济大潮,面对新的市场生态环境的形成和消费者主权时代的到来,企业在深入分析形势的基础上,开始了战略转型的设计与实施。这次战略转型关乎着王府井集团的未来,将对企业未来发展产生极其重要的影响,也是企业又一次重大的历史机遇选择。把握好这一重大机遇,将使企业再一次站在巨人的肩膀上,成为新时代的佼佼者。"

王府井集团是国内专注于百货业态发展的最大零售企业,截至2015年末,在全国28个城市开设47家百货商店。2013年是王府井集团战略转型的起始之年。在这一年里,集团自建购物网站——王府井网上商城正式上线,第一个自有品牌"FIRST WERT"也正式上柜。在接下来的2014年、2015年,王府井集团仍不断推出改革举措,如2014年

3月,王府井集团的6家门店接入微信支付系统;2014年10月,王府井集团天猫旗舰店正式上线。

那么,王府井集团战略转型的背景是怎么样的?其战略转型的目标是什么?战略转型的条件和面临的问题又有哪些?

一、为什么要转型

自2012年以来,国内百货企业普遍感到生意不好做了。商场的客流减少,特别是年轻消费者减少;交易次数和客单价(每笔交易金额)不断下降;传统营销措施对销售的拉动作用大大降低;毛利率提升难度越来越大;成本不断上升,利润不断收窄。这一系列问题,导致一些零售企业信心受到打击,"关店"现象频频上演。特别是一些不具备规模、影响力的企业,已经在零售行业萌生退意。

国内百货业发生以上现象,与以下问题有密切的关系。

1. 中国经济发展进入新常态

中国经济在经历了30年的高速发展后,正进入一个中高速发展阶段。特别是"十二五"时期以来,全球经济总体处于低迷不振的状态,我国出口增速处于明显下滑趋势;同时,随着中国经济改革的深入推进,以往粗放式的经济增长模式将逐步让位于集约式增长。经济增速下降,往往伴随着居民收入增速的放缓。

2. 政策冲击

新一届中央推出的关于反腐倡廉和反对铺张浪费的一系列规定,给高端百货业带来显著影响,零售客单价明显下降。

3. 互联网带来的冲击

互联网正在像空气一样渗透到社会的方方面面,深刻地影响和改变着实体经济。2010年以来,互联网新技术开始大举进军传统行业,包括零售业。2013年网络零售额已经占到社会消费品零售总额的8%,2014年达到10.6%,2015年又提高到12.9%。

互联网时代,消费者购买行为方式正发生着深刻变化。究其原因,互联网打破了信息的不对称性,使顾客通过对信息的搜索、比较和朋友之间的推荐,对信息有了更大的知情权;网络口碑对消费者购买决策的影响越来越大;互联网使消费者对商品的选择广度和深度更大,满足了消费者的个性化需求;互联网为消费者提供了购物的便利性。调查发现,随机逛商场的顾客比重大幅度下降,定向性购买比例大幅度上升。

互联网的发展对传统产业而言,已不是"赶超"的问题,它是"跨界颠覆"的问题。"赶超"是两军对垒、公平竞争,在这种竞争中,领先型企业一般都能取得竞争的优势。但是"跨界颠覆"则是跟龙卷风一样,防不胜防,难以抵挡,更不知道如何出手反击。在这种变革中,一夜之间,就可能被别人赶超、占领和推翻。

4. 消费者消费行为的变化

(1)购物空间立体化。从单一的实体店(如王府井集团的实体店)到网店(如天猫、京东)再到移动商店(如微店)。消费者的购物空间和路径往往是这样的:先在网上浏览信息,通过社交渠道征求朋友们的意见,然后去实体店比较,也可以用手机查看APP上的信息,比较一下价格、优惠额,最终确定购买。可以在实体店POS机上完成交易,也可以在移动终端完成支付,或者到网上下单完成支付。在这种购物过程中,顾客运用了很多渠道,有网上的、地面的、移动的、社交的,完全是立体化的。

(2) 购物移动化。智能手机的诞生及各种新技术的运用(Wi-Fi 的铺设、APP 的建立、移动支付工具的广泛使用)改变了消费者的购物行为。

(3) 时间碎片化。不受营业时间限制,不受节假日限制,不再把逛街购物作为休闲方式,购物更具有目的性。

(4) 选择个性化。消费者将更加注重个性化需求和情感因素的满足。

(5) 传播社交化(圈群化)。很多交流、沟通、分享都在微信群里发生,大家有共同热议的话题。

二、转变什么

2013 年,很多零售企业在思考着互联网时代的转型之路,有的在彷徨,有的在思考,王府井集团高层认为,在互联网大潮到来时,企业必须构建互联网经济下的商业新模式,并且要从以下四个方面作出努力。

1. 改变基因,建立互联网思维

在互联网经济冲击下,行业的升级需要的是不同的基因。近年来,很多国际化的大企业的衰败不是因为管理落后、资金不足、产品不行,主要是败在基因上。

那么,互联网思维到底是什么?归根结底,"用户(客户)第一"是互联网思维的精髓。所谓互联网思维,非常重要的就是做到极致的客户体验。

互联网思维包括:

平等:一个网状结构的互联网是没有中心的,它不是一个层级结构,是中心化的,是平等的。

开放:在一个网状社会,一个人和企业的价值是由连接点的广度、厚度决定的,你越开放,你与别人的联系就越多,你就会有越多的机会。

分享:在一个开放的空间,每个人都是参与者,每个人都可以发表意见,每个人都与其他人共同分享互动。

迭代:通过实践,快速纠错,快速更新,不断优化。

"天下武功,唯快不破",只有快速地对消费者需求作出反应,在实践中用一个个微创新不断改进、不断试错,才能在持续的改变中完善自我。

变革首先是思想的解放、思想的变革。互联网经济的到来,不是简单地运用新技术,更重要的是拥有互联网的思维,改变基因,把互联网的思维融入企业的所有经营环节中。

2. 建立与"消费者主权时代"相适应的经营能力

互联网的核心是创造新的商业模式,而不是对实业的替代。有了这种新的商业模式,就会"给猪插上翅膀"。

(1) 在互联网时代,如何给顾客一个来店的理由。未来,零售企业要从"经营商品"向"经营顾客"转变,重新审视企业的经营思想。

——未来商场的定位可能不再以档次、年龄定位,而是以概念、主题定位。

——商场销售的不是商品,而是创意。

——商品分类不再按照特性、性别、年龄、功能分类,而按照不同"粉丝群"分类。

——经营的商品品类由"广而宽"向"窄而精"转化,在某个品类上做到极致。

——对未来的经营场所、经营面积、营销模式进行认真思考,以符合顾客好玩、社交、分享的需求。

(2) 追随顾客的脚步,建立以客户为中心的生态圈。一是利用大数据精准把握顾客需求。在移动互联网时代,用户在互联网上一般会产生信息、行为、社交关系三类数据。互联网为经营者提供了利用这些数据为顾客进行更精准服务的可能。二是大数据为"私人定制"的顾客体验提供了可能。大数据提供了顾客的精准信息,根据这些信息,为每一位顾客进行"私人定制",开设"微店",提供专享服务。三是让顾客成为商场的主角,与顾客进行分享。跟顾客一起玩,让顾客之间玩起来,将成为吸引顾客来店的重要理由,商场不再简单的是一个购物场所,将更多承载着社交、娱乐、体验、精神满足、知识传播的功能,顾客也从过去消费舞台的配角走到了前台,"我的消费我做主"是互联网赋予每个消费者的权力。仍然沿用过去的方式:广告轰炸、减价促销、我卖你买,将会越来越远离消费者。

3. 构建零售全渠道,实现线上线下高度融合

2013年,王府井集团在对形势进行深入研判的基础上,开始了全方位的"拥抱互联网"行动,并努力实现线上线下融合发展,充分发挥移动互联网的作用。2013年初,公司网上商城上线。2014年10月,王府井集团天猫旗舰店正式上线。

王府井集团的全渠道目标:凡是有顾客接触的点都有王府井;同一个消费者同一个王府井;无论从何处来,都是统一的身份,无论到何处去都是同样的体验。

按照"线上线下高度融合"的思路,地面店、网店、移动商店,社交媒体的全渠道融合,是公司新商业模式的目标,将成为公司发展的战略高地。最终目的是提升顾客的体验,消除顾客的购物壁垒,不论从线上、线下、移动都能够随心所欲。

4. 打造平台型组织,营造创新文化

互联网时代的组织架构,也将发生很大的变化。从原来的等级制,事事讲控制的集权模式进入可以快速响应市场变化的、小而美的自组织("躺下的是组织,站起来的是个人"——这可能是未来在互联网环境下,一种新的组织设计)。整个组织必须全面转向以消费者为中心的组织。因此,需要重新梳理公司的组织架构,以适应互联网时代以客户为中心的变化。

平台型组织就是要变成"自组织"而不是"它组织","它组织"永远听命于他人,"自组织"是自己来创新。

(1) 总部职能向战略引导、风险监督、服务支持、能力提升转变。

(2) 加强顾客研究、顾客关系维护、大数据开发和全渠道管理部门的建设。

(3) 建立线上线下统一的商品资源中心,统筹线上线下商品管理,共享顾客与商品资源。

(4) 以顾客为中心,调整门店的组织架构。

(5) 建立适合全渠道业务的考核体系。

(6) 建设一支具有创新变革能力的人才队伍。

三、怎么转型

1. 公司实施战略转型的有利条件

(1) 经过一年的思想动员,王府井集团上下对在新技术革命推动下的转型重要性和

紧迫感有了充分的认识,员工团队蕴含着巨大热情和需求,这是公司实施战略转型的重要内生动力。

(2) 公司战略转型及未来发展的思路清晰、目标明确、方案设计基本完成,为全面构建新型商业价值链和新的商业模式,继续保持公司的领先地位奠定了坚实的基础。

(3) 经过几十年商业洗礼,王府井集团既拥有成功的经验和喜悦,也经历了创业和改革的艰辛与阵痛,公司团队的抗压能力得到了锻造。相信在新的创业征程中,拥有这样一支不畏困难、坚忍不拔的团队,将是成功的重要保证。

(4) 公司效益平台总体是健康的,具备了一定的抗风险能力,能够有力地支持公司的重大转型。

2. 存在的问题

王府井集团高层认为,企业的战略转型要达到期望的效果,必须解决好以下问题。

(1) 虽然经营环境已发生深刻变化,但一些管理者仍缺乏危机感和紧迫感。

(2) 看不见外部环境的变化,看不起新生代企业或中小企业的做法,看不懂互联网思维和互联网经济的特点。

(3) 一些领导仍在凭经验主义、固有思维模式做事情。

(4) 一些领导怕担风险。

王府井集团已经走到了变革的十字路口,而且变革更加猛烈,影响更加巨大。变革是痛苦的,是需要勇气和智慧的。王府井集团上下要发扬"凤凰涅槃"的精神,忍受在转型中的痛苦,勇敢地开始公司的再一次创业。

资料来源:王府井集团官网 http://www.wfj.com.cn/collectivism/news/37

 案例思考

1. 请分析王府井集团为什么要实施战略转型。
2. 互联网时代消费者购买行为有哪些深刻变化?
3. 王府井集团战略转型的思路和目标是什么?
4. 如何理解互联网思维?

第七章

目标市场

1. 理解市场细分的定义和作用,掌握市场细分的过程。
2. 理解并掌握细分消费者市场和产业市场的主要依据。
3. 理解并掌握企业选择目标市场的主要策略。
4. 理解市场定位的含义和方法。

华为很长时间里一直是电信设备制造商,其客户主要是电信运营商、IT公司以及各类使用华为设备的企业、政府机构或单位,个人消费者从来都不是华为的直接顾客。这种情况,随着华为进入智能手机市场而发生巨大的改变。

2011年,华为推出了自己的品牌手机并直接向个人消费者展开营销活动。这标志着华为进入一个全新的市场——个人消费品市场。华为选择进入手机市场的原因和大多数企业一样:成长和利润。实际上,华为2003年就开始制造手机,但是,在很长一段时间里,华为并没有进入手机市场,而是采用白牌的方式做手机,即给全球的电信运营商做贴牌供货,属于非核心业务。换句话说,华为当时只生产手机,并不营销手机。虽然在2007年华为手机发货量达到2 000万台,2008年成为CDMA定制手机全球第三大供应商,2009年发货超过3 000万台。但采用非品牌化、与电信运营商合作的模式,华为手机的利润薄如白纸。

华为进入手机市场后的前4年,销售规模的成长速度十分惊人,2015年即成为国内市场占有率最高的品牌,并在此后一直保持领先的市场地位。华为手机的成功,首先源于过去几年高速成长的智能手机市场,其次是它在生产能力、技术实力、品牌基础、财务投入方面比其他国内手机厂商具有的相对优势。此外就是华为在细分市场和目标市场覆盖方面采取的战略,它准确地辨识和满足了政府公务员等细分市场的独特需求,还采取了与智能手机市场生命周期发展十分吻合的市场覆盖策略——以多品牌、多品种的产品满足成熟期市场高度差异化的需求。

目标市场选择是战略层次的营销管理问题。经典营销理论提供了解决这个问题的基本工具:STP模型。STP模型是指企业选择目标市场的三个战略步骤,即市场细分(market segmentation)、目标市场覆盖(market targeting)和市场定位(market positioning);三者互相联系、不可分割:市场细分是目标市场覆盖和市场定位的基础与前提;目标市场覆盖和市场定位则是市场细分的深化与继续。没有细分的覆盖策略与定位策略必然是盲目的,而没有目标市场覆盖和定位,细分也就失去了意义。

第一节 市场细分

市场细分要解决的是现代企业在市场营销活动中必然面临的一个基本问题:在需求差异性日益增强、企业资源相对有限、市场竞争广泛存在的条件下,企业如何准确地选定自己的目标市场?或者说,企业应该在哪一个或哪几个市场上经营,才能最大限度地发挥自己的资源优势,降低经营风险,取得最大经济效益?企业只有在正确解决这一问题之后,才能开始产品生产、价格制定等一系列营销活动,才能使企业的经营目标建立在比较可靠的基础上。也只有在正确解决这一战略问题之后,企业的营销活动才是自觉的,而不是盲目的;企业的营销组合才可能是一体化的而不是互相割裂的。

一、市场细分的概念

所谓市场细分,是指按照消费需求(包括生产消费和生活消费)的差异性把某一产品的整体市场划分为若干个子市场的过程。每个子市场都是由一群具有相同或相似的需要与欲望、购买行为或购买习惯的消费者所组成;属于不同子市场的消费者之间具有明显的差别。

市场细分的客观基础是消费需求的差异性。这种差异性,使细分成为可能,也使细分大有必要。

(一)市场细分的可能性

市场之所以能够被分隔,其根本原因是消费需求差异性的客观存在。从营销角度来说,市场是指产品的购买者。如果一种产品的全体购买者或用户,对该种产品具有相同或相似的需要、欲望和购买行为,并对产销该种产品的企业所实行的营销策略具有相同或相似的反应,那么,我们称该种产品的市场是同质市场。例如,普通食盐市场、自来水市场均属于同质市场。如果一种产品的全体购买者或用户,对该种产品具有互不相同的需要、欲望和购买行为,并对产销该种产品的企业所实行的营销策略具有互不相同的反应,那么,我们称该种产品的市场为异质市场。例如,服装市场、化妆品市场均属典型的异质市场。绝大多数社会产品的市场属于异质市场。也就是说,在绝大多数情况下,消费者或用户对某种产品都有不同的要求;对某一企业的营销策略也会有不同的反应。正是这些差异,使市场细分成为可能。

需求的差异性随消费水平和竞争水平的发展而不断发展。在消费水平提高、价值观念改变及社会进步等众多因素的作用下,许多原来同异性的市场也正在或已经向异质市场转化。同时,原有的异质市场,其需求差异性的程度也在不断增强。例如,我国的自行车市场,早期具有相对的同质性质,人们对自行车花色、规格、档次的要求大致是相似的。但随着人们对自行车的需求明显分化,自行车市场也逐渐成为一个典型的异质市场。

(二) 市场细分的必要性

消费需求差异性的客观存在,也使企业进行市场细分,并在此基础上选择目标市场变得十分必要,既然绝大多数产品的市场具有异质性,消费者或用户的具体消费需求并不相同,甚至差别极大。那么,任何企业都不可能以其相对有限的资源满足全体消费者对其产品的需求,而只能满足其中一部分消费者的需求。企业选择哪一部分消费者作为服务的对象,则决定了其相对有限的资源能否带来最大的效益,也决定了企业能否在竞争中生存和发展。因此,只有通过对整体需求的不同组成部分进行辨别、分析、比较,即市场细分过程,企业才能作出合理的选择。反之,当消费需求不具有差异性时,尽管企业事实上仍只能满足一部分消费者的需求,但因所有消费者需求相同,也就没有必要对其进行细分。

二、市场细分的作用

市场细分之所以被企业广泛采纳,在于它所具有的实践意义。实践证明,市场细分对提高企业的整体营销能力、实现企业的营销目标具有重要的作用。

(一) 确认营销机会

市场细分有利于企业分析、挖掘新的市场机会,形成新的富有吸引力的细分市场。通过市场细分过程,企业可以比较全面地了解构成某一产品整体市场的各消费者群之间在需求满足程度方面的差别,发现哪些需求已经有较好的产品或服务去满足,哪些需求满足的程度还不够,哪些需求根本未引起生产者的注意,无适销对路的产品去满足。而满足程度不够和根本未得到满足的那部分需求,往往就是企业的最佳市场机会。抓住这样的机会,选择需求未被满足或满足程度不够的消费者群为目标市场,可以大大提高营销活动成功的概率。如果企业能够在此基础上,结合资源状况,推出适当的产品或服务,并设计实施相应的营销策略,往往可以迅速地在目标市场上建立优势,并取得较高的市场占有率。

(二) 选择竞争位置

市场细分有助于企业在竞争中选择有利的位置,从而提高企业的竞争能力。市场细分过程,不仅是区分消费者需求的过程,同时也是一个辨别竞争对手、寻求竞争优势的过程。它把一个整体市场划分成若干个子市场,使企业可以比较清楚地发现哪个子市场上存在竞争者,哪个子市场上尚无竞争者,哪个子市场上竞争比较激烈,哪个子市场上竞争不十分激烈或者没有竞争。这样,企业就可以根据自身状况与能力,合理地选择自己的目标市场和竞争策略,或避实就虚,或针锋相对,总能使企业立于不败之地。正是基于这一点,市场细分成为对小企业生存和发展具有重要意义的一种经营思路。小企业资源有限,很难与实力雄厚的大企业竞争。只有通过细分发现那些可以避开强大竞争对手的子市场,小企业才有生存与发展的可能。

(三)增强应变能力

市场细分有助于及时发现市场需求的变化,从而增强企业的应变能力。如果企业对一个需求充满差异的整体市场不进行细分,而坚持把具有不同需求的各个消费者群仍看作一个整体,那就难免出现这样的现象:企业往往无法敏锐地发现需求的变化,或者不能及时了解企业的某些营销策略对某些购买者已经失去效力,等等。这是因为,某一部分消费者群的变化与反应常常被整体市场的状况所掩盖,因而被忽视。其结果,是企业渐渐失去这部分消费者,使竞争者有机可乘。相反,通过市场细分,则可以使企业变得更加敏感。以子市场为单位开展营销活动,增强了市场调研的针对性,市场信息反馈较快,对消费者的变化和反应企业可以较快地掌握。这就使企业有可能及时、正确地规划和调整产品结构、产品价格,销售渠道及促销活动,保证企业营销目标的实现。

(四)集中使用资源

市场细分还有助于企业集中使用资源,避免分散力量。市场细分过程把各个子市场的潜在价值和潜在风险清楚地呈现在企业决策者面前,从而使之有可能选择一个或若干个最佳的(最适合本企业的)子市场,集中投入人力、物力、财力资源,形成相对的力量优势。这种扬长避短、有的放矢的经营,不仅可以减少营销费用,提高经济效益,同时也可以降低经营风险,提高企业的生存能力和发展能力。

(五)满足多样需求

市场细分不仅大大提高了企业营销活动的成功概率,而且还有一定的社会效益。市场细分理论充分关注了不同消费者的需求个性,倡导企业以各个消费者群的不同需求为前提制订与执行战略性营销计划。这在客观上起到了使不断变化的、千差万别的社会消费需求得到更好满足的作用。众多的企业奉行市场细分化策略,尚未满足的消费需求就会逐一成为不同企业的营销目标。这样,新产品就会层出不穷,同类产品的花色品种就会日益丰富,消费者或用户也就有可能在市场上买到各自称心如意的商品。

三、市场细分的程序

市场细分是一个由一系列活动组成的连续过程,对这一过程的任何割裂,对有机联系的各个环节的任何舍弃,都有可能破坏市场细分的有效性。

市场细分一般需要通过以下步骤来完成。

(一)划定细分范围

划定细分范围即对要细分哪一种产品或服务的整体市场以及要在哪一区域内进行细分这两个前提加以界定。例如,某企业准备投资于软饮料行业,那么该企业所要细分的市场可能是碳酸饮料市场，可能是果蔬菜饮料市场，也可能是营养滋补饮料市场等，或者是不加区分的所有饮用软饮料的市场；其研究的区域可能是一个城市，也可以是几个城市，也可能是全国所有城市，甚至更大。细分范围的大小，取决于多种因素，其中主要的是：企业已掌握的技术或已开发的产品的性质；企业的任务与目标；企业的人力、财力状况等。

（二）确认细分依据

所谓细分依据，亦即用来细分市场的基本标准，是指那些造成消费者对某一产品的需求出现差异的主要因素，如地理因素、人口统计因素、心理因素等。明确到底是哪些因素使消费者对同一产品具有不同的购买欲望与购买行为，是保证市场细分准确性的重要一环。在很多情况下，为了比较精确地显示一个整体市场的差异，往往要使用多种细分依据，亦即考虑多种影响因素。例如，一家化妆品厂商，可能需要以人口统计因素和心理因素两种依据细分其产品的市场，因为经验表明，性别、年龄、收入等人口统计特征及心理特征是影响消费者选购化妆品的主要因素。

（三）权衡细分变量

细分变量或称细分尺度，是构成细分依据的具体要素，是用来分析消费者需求差异程度的分析单位。例如，一家自行车厂若以地理因素为细分依据细分自行车市场，可能选择城市和农村作为细分变量；若以受益因素为依据对城市自行车市场进行进一步细分，则可能使用"作为代步工具""作为运动器材""代步工具兼作运动器材"为细分变量。细分变量选择是否准确，对市场细分的准确性至关重要。细分变量使用不当，可能会使细分结果与市场的实际状况相去甚远，从而导致决策失误。要做到细分变量使用合理，必须对市场需求现状有比较深入的了解。

（四）实施市场调查

实施市场调查即对细分作业范围内的消费者或用户进行以需求状况和竞争状况为主要内容的市场调查，以取得有关的第一手数据和资料。其中需求状况调查应包括购买者数量、结构、需求特征、购买行为、对营销策略的反应模式等内容；竞争状况调查应包括竞争者数量、产品种类、营销能力、市场地位、品牌价值等内容。企业应当根据细分市场的具体目标以及实施调查的能力（人力、财力）来确定调查的具体内容和方式。

（五）评估细分市场

评估细分市场即根据调查所得信息，对各个子市场的价值（规模、性质、竞争状况、变化趋势等）进行评价、分析。通过调查，各个细分市场的轮廓已经清晰，此时需要按照一定的标准和方式，比较、判断各个子市场对于本企业来说价值何在、风险何在。

（六）选择目标市场

通过分析评估，可能发现有利可图的子市场往往不止一个，但企业的资源和短期生产能力又是有限的。因此,应将若干个有价值的子市场按照按某种标准如预期盈利能力排列,从排列靠前的子市场顺序往下选择目标市场,直至企业的能力不能再满足为止。除盈利能力外,排序的标准还可以是销售潜力、市场占有率、竞争状况等,最好按加权平均方法综合考虑这些因素。

(七)设计营销策略

对于已经选定的目标市场,企业应该依据各目标市场的不同特征、企业在各目标市场的具体营销目标等,分别制定营销组合策略。通常,由于各目标市场的特征、具体目标不尽相同,因此,为不同目标市场设计的产品策略、价格策略、渠道策略、促销策略也应有所差别。

四、有效的市场细分

任何经济或管理理论都有其局限性,市场细分理论也不例外。尽管市场细分对企业营销活动的成功具有明显作用,但如果运用不当也可能带来一些问题。

(一)市场细分的常见错误

1. 过度细分

如果企业不能准确把握细分的层次,做到适可而止,那就可能增大生产成本和推销费用,使因细分化增加的投入超过市场细分给企业带来的利益,即"领先成本"。这是因为,一方面,细分化能塑造或推动市场需求更具多样性,从而增加企业产品多样化的压力;另一方面,细分化本身就意味着企业为各个目标市场提供不同的产品。两种趋势的共同结果是:小批量的生产、多系列的销售、较小的规模效益。因此,企业一旦发现市场划分过细,就应该及时采取"反细分策略",即略去某些细分市场,或合并若干相似的细分市场。

2. 多数谬误

市场细分可能带来的另一个问题是:企业总是希望进入规模较大的子市场,但如果众多企业都以最大的子市场为目标市场,就会出现所谓的"多数谬误"现象。其结果必然造成某一子市场上出现太多的竞争者,严重影响企业的经济效益,或者在竞争中众败俱伤;还会造成社会资源的无端浪费;也不能满足其他多种多样的市场需求。

(二)有效细分的原则

为了避免可能出现的问题,确保市场细分的有效性,市场细分过程应当遵循以下4个基本原则。

1. 可衡量性

细分出来的子市场必须具有可衡量性,是指细分出来的子市场应该是客观存在的,其范围清晰可辨,其需求量的大小可以测量。子市场是否具有可衡量性,关键在于用以细分市场的细分依据及细分变量是否可以识别与衡量。例如,以人口统计因素为细分依据、以性别或年龄作为细分变量来细分服装市场,各个子市场一般是比较易于衡量的。而假如以生活方式作为细分依据、以生活方式的类型为细分变量细分服装市场,则描述子市场的规模、特征就相当困难;即使个别子市场轮廓比较清晰,但由于大部分子市场的价值大小无从判断,细分过程也就很难作为选择目标市场的基础。这样的细分也就失去了意义。

2. 适量性

大部分细分出来的子市场应当具有适当而稳定的需求规模。所谓适当而稳定,可以理解为:子市场的需求规模大到足以使某一企业实现其利润目标,并且,这一规模能够在一定时期保持相对稳定。换言之,一个子市场拥有的相对稳定的顾客数量,必须与企业及其竞争者(个别情况下可以不考虑竞争者)所提供的产品数量保持恰当的比例关系。而且,这些顾客不仅有购买欲望,还拥有充足的货币支付能力。如果子市场没有足够数量的顾客,显然,企业所提供的符合需求的特定产品就无法销售出去,生产与行销成本就得不到补偿,利润目标更无法实现。如果子市场的需求不十分稳定,企业也同样不能回收成本、赢得利润。

3. 可进入性

所谓可进入性,是指细分出来的子市场必须是企业的营销活动能够延伸到达的市场,或者说,子市场必须是企业能够对顾客施加影响、产品能够展现在顾客面前的市场。这主要表现在两方面:一是企业能够通过一定的广告媒体把信息传递给该市场的众多消费者,二是产品能够经过一定的渠道抵达该市场。考虑细分市场的可进入性,实际上就是考虑企业营销活动的可行性。

4. 差异性

细分出来的子市场必须具有明显不同的特征,例如,对产品有不同的需求,对企业营销活动也有不同的反应,等等。否则,为每一个子市场制定和实施一个单独的营销组合策略,就成为一种纯粹的浪费。这样的细分没有任何意义。事实上,的确存在一些难以细分或者没有必要细分的市场。例如,有些产品的市场,并非没有差别,但这种差别可能非常微弱;或表现为如下形态:90%的消费者具有大致相同的需求特征,其他10%的消费者形成若干个互相区别的群体。此时,细分常常是不必要的。

第二节 细分市场的依据

一、细分消费者市场的依据

从前面对市场细分一般原理的阐述中不难发现:准确选择细分依据与细分尺度是保证市场细分有效性的关键。那么,怎样才能准确地使用细分依据与尺度呢?最重要的一点是,必须认识到细分不同产品的市场需要有不同的标准与尺度。细分消费者市场与细分产业市场需要使用不同的依据与尺度。细分两种不同个人消费品的市场或两种不同生产资料的市场，其依据与尺度也不尽相同。本节主要分析细分消费者市场的一般依据和尺度，下一节分析细分产业市场的一般依据与尺度。

从营销学的角度看，造成消费者对产品的需求产生差异性的因素主要有地理因素、人口统计因素、心理因素和其他因素。这四个因素构成了细分消费者市场的主要依据。

（一）地理因素

地理因素是产品具有不同需求的一个基本因素，因此也就成为细分市场的一个基本依据。地理因素的具体变量主要包括国家、地区、城市、乡村、城市规模、人口密度、不同的气候、不同的地形地貌等。在很多情况下，处于不同地理环境下的消费者会对同一种产品表现出不同的需要或偏好，对产品价格、促销手段的反应也会有所差别。例如，不同气候条件下的消费者，对电风扇、空调机、加湿器等产品均会有不同的需求状态；不同地形地貌则造成消费者对自行车等产品产生不同的要求；而农村消费者与城市消费者，对家用电器、纺织品、食品、饮料等许多产品在需求方面都表现出差别；至于国家的不同对消费需求的影响，则更加广泛。

地理因素不仅包含较多的具体变量，可以广泛应用于细分许多产品的市场；同时，地理因素比较易于辨别和分析，以其作为细分市场的依据，往往可以使细分结果比较准确可靠，即具有较强的有效性。因此，地理因素往往是细分市场时应予以首先考虑的因素。

按照地理因素细分产品市场，对于分析研究不同地区消费者的需求特征、需求总量及其变化趋势均具有一定意义，有利于企业开拓区域市场。通过这种细分，企业应考虑将自己有限的资源尽可能投向最能发挥本企业优势的地区市场中去。

地理因素是一种静态因素，以此为依据细分市场虽然可以使企业清楚了解不同地区消费者需求的差异性，然而处于同一地理区域的消费者之间在需求方面并非没有差异。对于考察同一地区消费者的需求差异，地理依据就无能为力了，因此企业需要进一步寻找其他细分依据。

（二）人口统计因素

人口统计因素的具体变量有年龄、性别、职业、收入、教育、家庭人口、家庭生命周期、国籍、民族、宗教、社会阶层等。消费者在人口统计方面的不同与需求差异性之间的因果关系是十分明显的。例如不同年龄的人，在购买同一种商品时会有不同的选择标准；不同受教育程度的消费者会对文化消费表现出不同的倾向；而不同收入水平的消费者则会对同一产品的价格有不同的反应。

以人口统计因素为依据细分市场，可以使用单一的具体变量，如仅以"性别"为尺度来细分化妆品市场。但在大多数情况下，需要使用两个以上的具体变量，才能准确描述每个子市场的特征。例如，一家家具制造厂商可能发现，影响居民、家庭购买家具的主要变量是家庭收入和家庭生命周期。根据这两个变量的组合，可以把整个居民家庭家具市场细分为多个子市场。通过对每个子市场上家庭单位的数量、平均收入水平、平均购买率及竞争状况等指标的调查、统计、分析，就可以对每个子市场的价值作出比较准确的判断。经过比较、权衡,就可以从中选择一个或几个子市场作为目标市场,并为每个目标市场设计实施不同的营销组合策略。

人口统计因素不仅包含的变量较多,而且这些变量所描述的基本上是影响消费者需求的最主要方面,因此,人口统计因素是细分市场最重要和最常用的细分依据。但它对某些消费者之间需求的差异却不能作出解释。例如,相同年龄、性别和收入水平的消费者,在购买服装时也有不尽相同的选择标准或购买习惯。另外,一些不同年龄和收入水平的消费者却可能表现出相同或相似的需求特征与消费行为。此时,往往是心理因素在起作用。

(三)心理因素

消费者的心理特征同样可以作为细分市场的依据。不过,心理因素比较复杂,没有一套公认有效、相对固定的具体变量。生活格调、个性、购买动机、价值取向以及对商品供求关系变动趋势和销售方式的感应程度等都曾被用作心理细分的变量。

以人的心理特征为细分依据是有其客观基础的。人的任何行为都在不同程度上受其心理活动的影响,消费行为也不例外。例如,人们发现,消费者对服装、化妆品等商品的消费行为在很大程度上受到其生活格调的影响。而生活格调的形成,又与人们的主张、个性、兴趣、价值观念等心理特质密切相关。生活格调是指人们对工作、消费、娱乐的特定习惯和倾向性方式。把具有共同主张、个性、兴趣、价值观念的消费者集合成群,并联系他们的行为方式,就可以划分出具有不同生活格调的群体,如"传统型"与"新潮型"、"节俭型"与"奢侈型"、"严肃型"与"活泼型"等。这种细分方法能够显示出不同群体对同种商品在心理需求方面的差异性。美国有的服装公司就按生活格调来细分市场,把妇女分成"朴素型""时髦型""男子气质型"等群体,分别为她们设计制作出不同款式、颜色、质料的服装。

以心理因素作为细分市场的依据,可能会在实际操作过程中遇到一些问题,诸如细分变量比较模糊、子市场的价值难以衡量、子市场的特征不够稳定等。这就要求企业在使用心理因素作为细分依据时,必须选择那些能够明显区分消费者的心理特征作为细分变量,同时采用恰当的调查方法尽量使每个子市场的价值得到比较准确的评价。

(四)其他因素

上述三种因素是细分消费者市场的主要依据,一般用以描述大部分产品的需求差异。除此以外,在某些情况下也可以使用其他因素细分消费者市场。

行为因素通常被用来细分比较成熟的市场。消费者在购买行为特征方面的差异性可以作为细分市场的依据,其具体变量主要包括消费者进入市场的程度、购买的数量规模、品牌忠诚度及进入市场的时间等。按消费者进入市场的程度,可将一种产品的使用者区分为经常购买者、初次购买者、潜在购买者等不同群体。按照购买的数量规模,可将全体购买者区分为大量用户、中量用户、少量用户。按照品牌忠诚度,可将一种产品的消费者区分为单一品牌忠诚者、几种品牌忠诚者和无品牌偏好者等群体。按消费者进入市场的时机,可将某一产品的消费者区分为早期采用者、中期采用者和晚期采用者等。

受益因素通常用来细分大众化的市场如快速消费品市场。所谓"受益"是指消费者在购买和使用某种产品时希望得到的利益。由于消费者在购买和使用同一种产品时各自追求的具体利益有所不同,部分消费者可能会被某种产品具有不同特征的变异产品所吸引,因此可以用来作为细分市场的依据。例如,购买牙膏的消费者,可能特别关心味道爽口,可能格外关注防治牙病,可能强调保持牙齿洁白,可能注重经济实惠,甚至还可能注重美容效果。这些差别使消费者可以被分为不同的消费群体。按受益差别细分市场,关键在于洞悉消费者对一种产品多种多样的预期利益。为此,细分活动要从调查一种产品的用户和潜在用户开始,先了解消费者注重哪些利益,产品具有哪些特性才能使消费者获得期望得到的利益。然后,再赋予产品这些特性或进一步强化这些特性,并借助广告宣传使消费者了解这些特性。由于人们购买某种特定的产品时总要获得某种实实在在的利益,使受益细分可以广泛应用于大多数产品的市场。以受益细分为基础制定营销组合,往往能取得良好的效果。这是因为买主寻求的利益比前述人口统计等因素能更准确地决定消费者的行为。

二、细分产业市场的依据

在前述各项用来细分消费者市场的细分变量中,除人口统计因素的性别、年龄等具体变量和心理因素中的生活格调等具体变量以外,相当一部分可以用来细分产业市场。但是,产业市场具有与消费者市场不同的特点,导致用户购买行为产生差异的因素也不同于消费者市场。因此,有必要对产业市场的细分进行单独的分析。

按照市场营销学经典著作的分析,细分产业市场的主要依据是用户要求、用户规模和用户地点。

(一)用户要求

最终用户对产品的不同要求,必然影响产业购买者对产品的选择,这是销售者(企业)细分产业市场时必须首先考虑的因素。例如,同样是采购某种电子元件,一家军用飞机制造厂、一家民用通信器材制造厂和一家电子零配件商店肯定会有不同的选购标准。飞机厂的最终用户可能是军队,民用通信器材厂的最终用户可能是一般企事业单位或个人,商店的最终用户则可能是修理商或电子爱好者。仅就价格、质量来说,军队、一般企事业单位和修理商的要求往往会有很大的不同,这种差异也必然反映在飞机厂、民用通信器材厂和零售店的采购行为中。电子元件生产厂商在细分市场时对此不可能视而不见。企业可以根据某种产品的最终用户使用该产品的不同目的,以及它们对产品规格、型号、质量、功能、价格等方面的不同要求,进行市场细分,把要求大体相同的用户集合成群,并为不同的用户群(子市场)设计实施不同的营销组合。由于用户要求的差异通常比较明显,且易于发现,细分出来的子市场可衡量性较好,因此,这种细分方法具有很强的有效性。这也使此种方法成为细分产业市场比较常用的方法。

(二)用户规模

用户规模的大小通常是以用户对产品需要量的多少来衡量的。因此,用户规模之所以可作为细分产业市场的依据,并非因为不同规模的用户在需求的质的方面有很大的差异,而是因为它们在需求的量的方面存在差异。而这种量的区别,也就是市场价值的不同。对销售企业来说,当然应当挑选价值最大的子市场作为目标市场,或者对不同价值的子市场使用不同的促销组合。在产业市场上,用户需要量的差异远远大于个人消费者之间的区别,少数大客户可能占有总需要量或采购量的绝大比重;而数目较多的小客户,却可能占需要量或采购量的很小一部分。一般情况下企业会对不同规模的客户采用不同的促销方式。例如,对于大客户,往往建立直接的业务联系,不经中间环节;对于众多小客户,则可能通过批发商或零售商组织销售。不过,企业不应仅仅以某一客户目前的采购量作为细分变量,还应考虑该客户的采购潜力。此外,竞争状况和供求关系变动趋势也不可忽视。

(三) 用户地点

用户距企业空间距离的远近、用户分布的分散与集中,也可以作为细分产业市场的细分变量。如果把距离较远的客户、比较分散的客户分别视为一个子市场,其价值显然不如距离较近、分布集中的子市场。这里需要特别指出的是,产业市场比消费者市场更为集中。因为大多数国家和地区,由于自然资源、气候条件、社会环境、历史承继等方面的原因,以生产的相关性和连续性的不断加深对生产力布局的影响,都会形成若干集中了某种产业的产业带或产业区。如我国的山西煤炭工业区、辽宁的冶金工业区、北京的电子工业区、江浙的丝绸纺织工业区等。企业选择用户较为集中的地区作为目标市场,不仅可以更有效地规划运输路线、节省运力与运费,而且可以更充分地利用销售力量、降低推销成本。当然,并非每个企业都能够选择到这样的产业集中地区作为目标市场。因此,按用户地点细分市场有其局限性。与消费者市场一样,产业市场的需求差别也往往是由多种因素造成的,因此,细分产业市场也经常需要同时使用多个变量。

第三节 目标市场覆盖策略

按照前述市场细分程序,在将一个整体市场细分为若干个子市场之后,下一步就是在市场调研、评估各子市场价值的基础上选择目标市场。

一、评估细分市场

评估细分市场应当在市场调研的基础上进行。有关市场调研的方法与技术不在本章讨论范围,这里着重讨论应从哪些方面评估某一细分市场的价格。

从某一企业的角度来看,一个市场是否具有价值,主要取决于该市场的需求状况和竞争状况。需求规模虽然很大,但竞争已经十分激烈的市场,或者竞争不很激烈但需求规模却很小的市场都不具有很高价值。企业应综合考察这两方面的情况,以便更准确地把握某一子市场的实际价值。此外,需求和竞争的现状与未来以及一定时期的发展变化趋势也应一并加以考察。

(一) 需求状况的评估

某一子市场的需求状况可以通过下列一组指标来评估。

消费者或用户的总数。消费者或用户的总数即某一细分市场上所有潜在购买者的数目。购买者总量是估计销售潜力的基础数据,在其他条件不变的情况下,购买者总量越大,销售潜量越大,该市场的价值越高。

购买力水平。有一些指标都可以用来表示购买力水平,其中以人均收入、人均收入增长率、人均可支配收入等比较常用。购买力水平是衡量一个市场需求规模的重要指标,购买力水平越高,子市场的价值也越高。

消费者或用户的结构。消费者或用户的结构即消费者在年龄、性别、收入水平、受教育程度等方面的分布情况或用户在规模、购买频率等方面的分布情况,这些情况在某种程度上反映潜在购买者的质的特征。

实际购买率。实际购买率是指一定时期内实际购买者与潜在购买者之比,它可以更真实地反映一种产品的销售潜力。通常,企业会通过比较市场生命周期不同阶段的购买率,判断进入不同子市场的难易程度。

需求总量。需求总量一般是指某种产品一定时期内预计的销售总量。需求总量=消费者或用户总数×预期购买率×购买单位的平均购买数量。实际上,它常常是以基期销售额为基础、考虑计划期增长变化情况而推测出来的。

某种产品的拥有量。某种产品的拥有量是指全部消费者或用户中已拥有某种产品的百分比,通常用来反映某种购买周期较长的产品(主要是耐用消费品)的销售潜力。

需求状况的变化趋势。除了对上述指标的现状进行评估之外,还应对上述指标在未来一段时间的变化趋势作出预测,以便更完整地衡量子市场的价值。

上述这些指标是反映需求状况的常用指标,企业应根据产品和子市场的特点及资料的可获得性选择使用。

(二) 竞争状况的评估

某一子市场的竞争状况则可以通过下列一组指标来评估:竞争厂商数量;各竞争厂商的产品规格、质量、价格、特点等;各厂商的生产能力及实际产量;各竞争厂商的财务状况,包括销售额、利润额及利润率、费用水平等;促销、费用投入水平及结构;营销队伍的水平;各厂商的市场占有率;主要竞争者的市场形象,包括知名度和美誉度;上述情况在未来一定时期内的变化趋势,等等。

根据上述需求及竞争状况,再考虑本企业产品、资源、营销能力等,就可以对下述指标作出预测:①一定时期内企业所需投入的营销总成本。②该时期能够达到的销售水平及市场占有率。③预计的盈利水平。这样一个子市场的价值大小就比较清晰地呈现出来。

实际上,企业并不需要对所细分出来的子市场进行评估,只需挑选若干个具有优点而难以取舍的子市场进行详细评估。只要有比较丰富的市场经验,就不难发现哪些市场值得进行详细评估。若对所有子市场都一一加以评估,则既花费大量成本,又毫无意义。

二、目标市场覆盖策略

通过细分市场评估,如果发现只有一个子市场对企业具有价值,那么企业将别无选择。而多数情况下,有价值的子市场可能不止一个。那么,面对已经细分的市场和多种可能的机会,企业应如何选择自己的目标市场和设计营销组合策略呢?通常有三种思路可供企业采用:无差异性营销策略、差异性营销策略和集中性营销策略。人们将这些思路统称为目标市场营销策略,也称目标市场策略或目标市场覆盖策略。

(一)无差异性营销策略

1. 概念

所谓无差异性营销,就是指这样一种选择目标市场和组织营销活动的思路:面对细分化的市场,企业重视各子市场之间在需求方面的共性而忽略它们的个性,不是选择一个或若干个子市场作为目标市场,而是把各个子市场重新集合成一个整体市场,并将其作为自己的目标市场;企业向整体市场供应单一的标准化产品,使用单一的营销组合,并通过强有力的促销吸引尽可能多的购买者。

企业使用这种目标市场营销策略,是有其客观依据的。首先,市场细分虽然是一个寻找整体市场差异性的过程,但有些产品的整体市场可能并不具有很强的差异性。换句话说,企业在对整体市场进行细分之后,有可能发现:各个子市场之间的相似性超过了差异性。其次,客观上也确实存在这样一些产品,它们的市场具有纯粹的同质性。最后,任何企业在选择目标市场和组织营销活动时,都必须考虑营销成本的高低。基于以上三点,某些企业完全有理由实施无差异性营销策略。

2. 实践要点

采用无差异性营销策略的企业,通常使用单一生产线大规模生产单一产品,尽管有时也可能推出几种牌号的产品,但这些产品的实体并无很大差别;建立广泛的或大众化的销售渠道,以适应大规模生产的需要;开展强有力的促销活动,尤其是使用大量的、统一的广告宣传,这种促销策略往往能够在消费者或用户心目中树立"超级产品"的形象。美国的可口可乐公司被认为是采用这种策略最成功的案例。早期的可口可乐公司生产一种口味的可口可乐,不仅供应美国国内市场,而且在国外市场推销的也是完全相同的产品。借助于专利配方的保护和强有力的广告宣传,这种单一产品竟然受到世界各地消费者的欢迎。

3. 优点与不足

无差异性营销策略的优点十分明显:首先,无差异性营销策略可以降低营销成本。大批量的生产,使单位产品的生产成本能够保持相对较低的水平;单一的营销组合,尤其是无差异的广告宣传,可以相对节省促销费用。其次,广告宣传等促销活动的投入,不是分散使用于几种产品,而是集中使用于一种产品,因此有可能强化品牌形象,甚至创造所谓"超级品牌"。

无差异性营销战略的缺点也同样明显：首先，它可能使消费者多样的需求无法得到较好的满足。在很多情况下，并非需求没有差异，而是企业"忽略"了差异。可以说，在一定程度上，这种营销方式是靠强大的广告宣传"强迫"具有不同需求的顾客暂时接受同一种产品。这就潜藏着失去顾客的危险。其次，易于受到其他企业发动的各种竞争力的伤害。由于上述第一点，采用无差异性营销策略的企业，常常在竞争中被另一些企业所打败，这些企业想方设法为尚未得到更好满足的顾客服务，为特定的细分市场提供更具针对性的产品，逐渐蚕食市场。最后，如果在同一市场上众多企业都采用无差异性营销策略，就会使该市场上的竞争异常激烈，形成几败俱伤的局面。

4. 适用性

鉴于无差异性营销策略优劣具备，因此企业要特别注意考察其适应性。一般而言，无差异性营销策略适用于两种情况：一是具有同质性市场的产品；二是具有广泛需求、可能大批量产销的产品。但对于大多数需求存在明显差异的产品而言，这种策略并不适用。特别要提醒企业注意的是，市场是不断变化的，那些具有同质需求的产品和需求差异性较小的产品，随着时间的推移，很可能在多种因素的作用下，由同质渐变为异质，由差异性较小渐变为差异性较大。如果企业不了解这些变化，及时改变策略，而是一味坚持无差异营销，势必使企业陷入困境。正因为如此，世界上一些长期实行无差异营销的大企业最终也不得不转而实行差异性营销策略。可口可乐在20世纪60年代以前靠无差异性营销策略独霸世界，但由于软饮料市场竞争激烈，特别是百事可乐利用可口可乐长期只生产一种口味产品、忽视需求差异性的局面，成功地打入市场并很快形成与可口可乐相抗衡的实力，终于迫使可口可乐公司不得不放弃传统的无差异性营销策略。

（二）差异性营销策略

1. 概念

所谓差异性营销，就是指这样一种选择目标市场和组织营销活动的思路：面对已经细分的市场，企业选择两个以上或多个子市场作为目标市场；分别为每个子市场提供有针对性的产品；根据产品的特征和子市场的特点，分别制定和实施价格策略、分销渠道策略和促销策略。差异性营销策略有许多具体形式：企业可能只选择少数几个较大的子市场；如果企业认为有价值的子市场不仅两个或几个，则可能选择更多的子市场作为目标市场；如果企业发现所有子市场的规模、价值相差无几，则可能以所有子市场为目标市场。但从实践角度来看，后一种情况出现的机会并不多。

2. 实践要点

采用差异性营销策略的企业，一般拥有较宽、较深的产品组合和更多的产品线，实行小批量、多品种生产；不仅不同的产品价格不同，同种产品在不同地区市场也有差异；分销渠道可能各不相同，也可能几种产品使用同一渠道；促销活动也有分有合，具体产品的广告宣传是分开进行的，而品牌的宣传则常常是统一的。

3. 优点与不足

差异性营销策略具有很大的优越性：首先，这种营销方式大大降低了经营风险。由于企业同时在若干个既互相联系、又互相区别的市场上经营，某一市场的失败，不会招致整个企业陷入困境。其次，这种营销方式能够使消费者的不同需求得到更好满足，也使每个子市场的销售潜力得到最大限度的挖掘，从而有利于扩大企业的市场占有率。再次，无差异性营销策略大大提高了企业的竞争能力，特别有助于阻止其他竞争对手利用市场空档进入市场。最后，如果企业能够在几个子市场上取得良好的经营效果、树立几个著名品牌，则可以大大提高消费者或用户对该企业产品的信赖程度和购买频率，尤其有利新产品迅速打开市场。20 世纪 60 年代以来，世界上有越来越多的大企业采用这种目标市场策略，比较著名的成功企业有可口可乐、宝洁化妆品（P&G）、松下电器、三洋电机等。

不过，差异性营销策略也有一定的局限性，实行差异性营销策略的最大问题是营销成本提高。小批量、多品种的生产，使单位产品的生产成本相对上升；多样化的广告宣传必然使单位产品的广告费用增加；此外，市场调研费用、管理费用也会有所增加。

4. 适用性

基于上述有缺点，这一策略的运用必然会限制在这样一个范围内：销售额扩大所带来的利益，必须超过营销总成本的增加。实行差异性营销遇到的另一个问题是：受有限资源的制约，许多中小企业无力采用此种策略。较为雄厚的财力、较强的技术力量和较高水平的营销队伍，是实行差异性营销策略的必要条件。

（三）集中性营销策略

1. 概念

集中性营销策略是指企业在一定时期内以一个较小的或很小的子市场为目标市场，努力在这个细分市场上取得较高的甚至是占支配地位的市场占有率，而不追求在整体市场上或较大的细分市场上占有较小的份额。

2. 实践要点

选择集中性营销策略的企业，既不试图在整体市场上经营，也不是把力量分散使用于若干个子市场，而是集中力量进入一个子市场，为该市场开发一种理想而独到的产品，实行高度专业化的生产和销售。它与无差异性营销策略、差异性营销策略的最大不同在于：后两者尽管在选择目标市场和实行营销组合策略方面有着非常大的区别，但它们的出发点和最终目标是相同的，即它们都追求在整体市场上市场份额的最大化，而前者则只希冀在某一个子市场上获得绝对的市场优势。

3. 优点与不足

集中性营销策略的主要优点有：一是可以使企业避开与强大对手的竞争，获得一个相对稳定的生存空间；二是能够更好地满足一部分消费者的需求，因而获得相对的竞争优势。这一策略的不足之处是经营风险较大。一旦目标市场上的消费者突然改变了需求偏好，或者某一更强大的竞争对手闯入市场，小企业就可能会因为没有回旋余地而立即陷入困境。因此，采用这一策略的小企业必须特别注意产品的独到性及竞争方面的自我保护；还要密切注意目标市场及竞争对手的动向。

4. 适用性

显然，这是一种特别适用于小企业的策略。小企业的资源和营销能力，使其无法与大企业正面抗衡。但通常市场上总是存在这样一些子市场：它们的规模与价值对大企业来说相对较小，因而大企业未予注意或不愿踏足，但却足以使一个小企业生存并发展。如果小企业能够为此子市场推出独到的产品，并全力以赴加以开拓，则往往能够达到目标。这种策略可以使某些子市场的特定需求得到较好的满足，因此有助于提高企业与产品的知名度，今后一旦时机成熟，便可以迅速扩大市场。值得注意的是，集中性营销策略强调的是一种"独辟蹊径，蓄势待发"的经营思想，它对于我国企业在选择目标市场方面避免近年屡屡发生的"追风赶潮"现象，即一旦某个企业成功开发了某一市场，便有许多企业争相跟进，应具有积极意义。

三、选择市场覆盖策略的依据

上述三种目标市场营销策略各有利弊，企业在确定自己的策略时，应综合考虑多种因素。

一般地，企业资源、产品性质及市场是否同质三方面是应首先考虑的因素。企业实力雄厚、营销能力较强，可根据产品的特性决定采用无差异性营销策略或差异性营销策略，资源有限的企业则宜于选择集中性营销策略；一些初级产品如大米、小麦、食盐、钢铁、煤炭等适宜实行无差异性营销策略，而大部分加工制造产品如汽车、家用电器、服装、食品等则宜于使用差异性或集中性营销策略；同质市场宜采用无差异性营销策略，异质市场则应采用差异性或集中性营销策略。

此外，产品生命周期、市场供应趋势、竞争对手的市场策略也影响企业对目标市场营销策略的选择。处于导入期和成长前期的新产品，竞争者较少、品种单一，适合采用无差异性营销策略；而已进入成长后期或成熟期的产品，面临更多对手的竞争，宜于采用差异性营销策略，以利于开拓新市场；或者实行集中性营销策略，以保持原有市场、延长产品生命周期。供不应求的产品，因消费者或用户的选择性不强，适用无差异性营销策略；相反则应使用差异性营销策略或集中性营销策略。假如竞争对手采用无差异性营销策略，企业就应采用差异性营销策略，以提高产品的竞争能力；假如竞争对手已经采用差异性营销策略，企业就应进一步细分市场，实行更有效的差异性或集中性营销策略；但若实行差异性营销策略的对手实力较弱，则企业也可以考虑实行无差异性营销策略。

第四节　市场定位

企业一旦选定了目标市场,就要在目标市场进行产品的市场定位。市场定位是企业营销机会选择过程的一个重要组成部分,也是制定营销组合策略的一个必要前提。产品的市场定位是否准确,直接关系到营销过程的成败。尤其是在竞争比较激烈的市场上,市场定位几乎成为产品能否为更多的顾客所接受、企业能否击败竞争对手的关键问题。正因为如此,市场定位的观念和方法日益受到企业的重视。市场定位也被广泛应用于其他领域。

一、市场定位的概念与过程

市场定位,就是针对竞争者现有产品在市场上所处的位置,根据消费者或用户对该种产品某一属性或特征的重视程度,为产品设计和塑造一定的个性或形象,并通过一系列营销努力把这种个性或形象强有力地传达给消费者,从而使该产品在市场上确定适当的位置。

市场定位的基本出发点是竞争,是一种帮助企业确认竞争地位、寻找竞争策略的管理方法。通过定位,企业可以进一步明确竞争对手和竞争目标;通过定位,企业也可以发现竞争双方各自的优势与劣势。设法在企业的产品或服务上找出比竞争者更具有竞争优势的特性是市场定位的核心任务。

因此,一个完整而有效的市场定位过程,通常应由以下五个步骤组成。

(1)分析竞争地位。调查了解主要竞争者以及本企业的产品在目标市场上所处的实际位置,分析确定这种市场地位的态势给本企业及竞争企业的营销活动带来哪些有利影响和不利影响。

(2)明晰定位机制。通过分析消费者或用户的认知过程和认知途径,掌握消费者或用户为特定的产品或服务确定市场位置的机制。分析的内容包括:调查消费者或用户对该产品的哪个或哪些特征最为重视,消费者或用户对某种产品特征或属性的评价标准,消费者或用户通过哪些途径了解该种产品的属性或特征,等等。

(3)辨识竞争优势。分析本企业产品或服务所具有的哪些特征或属性有可能成为竞争优势的来源,用来支撑产品的市场定位。这些可能成为竞争优势的属性或特征,既包括产品已经具备的,也包括对产品或政策加以改进后可能具有的。

(4)选择竞争优势。根据以上三个环节的信息,选择最有可能获得顾客认可的和成本较低的属性或特征作为定位元素。营销管理者为本企业产品选择竞争优势,有时是在产品已经开发完成或者已经推向市场之后,而最佳时间则是在产品的开发过程开始时。

(5)传达竞争优势。传达竞争优势是指企业设计和实施一系列旨在把竞争优势传达给顾客、获得顾客认同的营销活动,不仅包括广告、销售推广,也包括产品设计、生产等范围广泛的各类活动。此外,营销团队还需要根据实施效果及时调整和改进营销组合,或者重新设计产品的地位。

市场定位应当是一个连续的过程,它不应仅仅停留在为某种产品设计和塑造个性与形象阶段，更重要的是如何通过一系列营销活动把这种个性与形象传达给消费者。市场定位的最终目的是使产品的潜在顾客觉察、认同企业为产品所塑造的形象，并培养顾客对产品的偏好和引发购买行动。因此，企业在实施定位的过程中，必须全面、真实地了解潜在顾客的心理、意愿、态度和行为规律，提出和实施极具针对性的促销方案。只有这样才能从真正意义上使产品在市场上确定适当的竞争地位。

在实践中，还要注意防止这样一种倾向：只重"传达"而忽视"塑造"。有些企业不是在客观事实的基础上"传达"产品的个性与形象，而是利用广告宣传手段夸大甚至编造产品的某种特征或属性，或者把市场定位简单化为"包装"。这种做法与市场定位的含义背道而驰，最终会损害企业的市场形象，降低企业的竞争能力。

二、市场定位的内容

市场定位的核心内容是设计、塑造、传达产品的某些个性或特色，而产品的特色和个性则可能有多种表现：可以通过产品实体本身来表现，如形状、成分、结构、性能、颜色等，可以从消费者对产品的心理感受来表现，如产品可能使顾客感到豪华、朴素、时髦、典雅、别致、通俗、活泼、庄重等，还可以通过价格、质量、服务、促销方式等形式来表现。

虽然可以用来给产品或服务定位的属性或特征不胜枚举，但大多数公司或营销管理团队最常用的定位内容主要包括产品的质量、功能、价格，以及品牌价值和顾客服务五个方面。

（一）产品质量

产品质量方面的优势一旦通过有效地传达而获得顾客的认同，往往能够给企业的营销带来强有力的且较长久的竞争优势，因此，很多企业都会优先寻找质量优良的证据或有说服力的信息、事实用作产品的定位元素。对于许多耐用消费品、单位产品价格较高的产品、奢侈品，市场定位中使用质量元素可能更有必要性。

营销管理者在选择和使用产品质量类定位元素时，需要了解几个问题：第一，产品质量的优劣并不像产品价格那样一目了然，营销者选择的有关质量的证据、信息、事实应该足以说服消费者。第二，消费者对产品质量的评价往往是在与购前期望比较、与竞争品牌比较的过程中形成的，消费者通常不会关注 ISO 质量标准的内容，明显好于竞争对手是塑造质量优势定位的现实标准。第三，在进行质量定位上，还应该考察质量的边际投入所带来的边际效益，即质量的边际投入和边际收益应相等。如果提高了质量档次的产品，在市场上能够以更高的价格销售，当高价售出产品后产生的增值大于为提高档次所投入的费用时，把产品定位在高质区才是正确的。

（二）产品功能

在市场定位中使用产品功能方面的优势作为定位元素常常能够产生明确而显著的效果，因为功能优势更易于被购买者所识别，如普通消费者能够准确地分别哪一款智能手机具有更高像素、更大存储能力。因此，功能优势被广泛地使用于各种产品的市场定位中，从快速消费品如不同品牌牙膏强调止血、增白等功能，到高价值产品如不同品牌轿车强调省油等功能。

功能定位的着眼点是产品的功效,但一个产品可能具有多方面的功效,即使是主要功效,也可能不止一个。因此,营销管理者必须认真思考这样一个问题:突出产品哪一方面的功效,才能在市场上占据最为有利的位置?例如,某品牌瑞士手表,既有走时准确的好处,又有外表美观的优点,还有永不磨损的长处。营销者只是突出产品一个方面的特点,那就是所谓的"永不磨损"。事实证明,他们的判断和做法都是正确的。

(三)产品价格

产品价格对市场定位所起的作用是比较明确的:产品价格一经确定,许多购买者就会根据同类产品价格水平的高低差异来判断产品的质量和功能,并在心目中大致给出每个产品的市场地位。有些企业主动地使用价格作为定价元素,有些企业则是因价格水平而"被定位"。例如,小米手机因为低价被消费者"定位"为低端手机,即使通过各种努力,目前仍然没能扭转这种定位。所以,问题的关键在于,企业的营销管理团队必须及早地考虑价格的定位作用,主动选择企业"想要的定位"。

使用价格元素确定产品的定位有两种基本方式:第一,高价定位。实行产品高价定位策略,产品的优势必须明显,使消费者能实实在在地感觉到。行业领导者的产品、高端产品等都可以采用高价定位策略,而日常消费品则不宜采用高价定位策略,否则很容易影响产品的销售。采用高价定位策略应该考虑市场的特征、企业成本、产品的差异、产品的性质以及产品可替代性等因素。第二,低价定位。在保证产品质量、企业一定的获利能力的前提下,采取薄利多销的低价定位策略容易进入市场,而且在市场竞争中的优势也会比较明显。低价定位策略也可成为攻坚的武器,在残酷的营销竞争中,价格或者成为一些企业的屠刀,或者成为企业取得优势的撒手锏。现代市场上的价格大战实质上就是企业之间价格定位策略的博弈。

此外,品牌价值和顾客服务,也是企业常用的定位元素。提升品牌价值及辨识度几乎是所有营销管理者都喜欢的营销方式和定位策略,但很多企业受资源限制不可能使用长期、大量的预算来推升品牌。顾客服务优势具有非常好的定位效果,尤其是在某些生产标准化、产品类似性高的行业里,如家用电器、电脑等行业。

三、市场定位的策略

如前所述,市场定位的基本出发点是竞争。因此,市场定位策略实质上是一种竞争策略,是关于某一企业在已经确定的目标市场上如何处理与其他企业竞争关系的基本思路。有两种基本的市场定位策略:避强定位策略和迎头定位策略(图7-1)。由这两种基本定位策略可以演绎出多种市场定位具体方案。

(一)避强定位策略

避强定位策略,是指企业力图避免与实力最强或较强的其他企业直接发生竞争,而将自己的产品定位于另一市场区域内,使自己的产品在某些特征或属性方面与最强或较强的对手有比较显著的区别。如图7-1所示,图中虚线圆E表明:企业正面对已有A、B、C、D四家企业先期进入市场的情况,可能认为本企业的竞争能力太弱,因而决定进入一个与其他企业均有一定距离的市场位置。不过，这是避强定位的一定极端形式。虚线圆 F 则表明，企业 F 在同样的情况下，使用了另外一种形式，即只是避开最强大的竞争对手企业 B，但却与企业 C 处于大致相同的市场位置。避强定位策略能够使企业较快速地在市场上站稳脚跟，并能在消费者或用户心目中树立起形象；市场风险较小，成功率较高。其缺点主要是：避强往往意味着企业必须放弃某个最佳的市场位置，尤其是图中企业 E 所使用的方式，很可能使企业处于最差的市场位置。

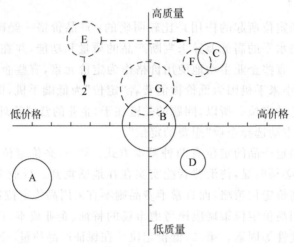

图 7-1 市场定位

注：图中每个圆圈代表一个企业；圆圈大小表示市场份额大小及竞争实力的强弱；虚线表示某企业可能的定位。

（二）迎头定位策略

迎头定位策略，是指企业根据自身的实力，为占据较佳的市场位置，不惜与市场上占支配地位的、实力最强或较强的竞争对手发生正面竞争，而使自己的产品进入与对手相同的市场位置。图中企业 G 采用的就是这种定位策略。该企业选择了一个最强的竞争对手企业 B，并决定产品的特征是：与企业 B 同样的价格，却有更高的质量。企业 G 也可以采用"完全相同的质量与价格""同等质量更低价格"等具体方案。迎头定位策略可能引发激烈的市场竞争，因此具有较大的风险性。但是，由于竞争对手是最强大的，因此竞争过程往往相当惹人注目，甚至产生所谓轰动效应，企业及其产品可以较快地为消费者或用户所了解，易于达到树立市场形象的目的。应该指出，如果企业仅仅为了"轰动效应"而与最强竞争对手发生冲突，那么这种做法并不明智。迎头定位策略要求企业必须具有与竞争对手不相上下的竞争实力，并且一般不应该以彻底打垮对方为目标，只要能够平分秋色就是巨大的成功。

（三）再定位策略

某种定位方案实施一段时间之后，企业可能发现实施效果并不理想，或者没有足够的资源实施这一方案。此时，应对该产品进行重新定位。重新定位一般是由初次定位不当引起的。例如图 7-1 中企业 E 的初次定位是：产品具有极高的质量和偏低的销售价格。

也许企业 E 会发现：技术力量和财务能力不能保证生产的产品具有极高的质量,或者成本太高、盈利甚微,因而需要重新定位。如果按箭头 1 所示方向重新定位,意味着保持原有质量、提高销售价格;如果按箭头 2 所示方向重新定位,则表示:并不改变价格,但要适当降低产品质量。重新定位还可能由另外两种原因引起:一是初次定位招致竞争对手的有力反击或出现了新的强大的竞争对手;二是需求态势因某种原因发生变化,如一种专为儿童设计的护肤油却受到年轻女士的欢迎。此时,重新定位是必要的。

企业使用上述两种基本策略制订某种具体的定位方案时,也要考虑企业自身资源、竞争对手的可能反应、市场的需求特征等因素。

关键概念

市场细分　STP 模型　无差异性营销策略　差异性营销策略　集中性营销策略　市场定位

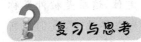

复习与思考

1. 解释市场细分的必要性和可能性。
2. 试用市场细分原理为某个企业找出几个细分市场。
3. 评估智能手机的某个细分市场,给出对市场特征的描述。
4. 整理一个公司的案例,分析其所使用的目标市场覆盖策略。
5. 选择一个品牌,为其规划市场定位的策略和执行要点。

案例分析

华为手机

自 2011 年进入智能手机市场以来,华为消费者业务近年来获得了快速发展,现已成为三星、苹果之后,全球第三大智能手机厂商。2016 年 7 月,华为消费者业务发布 2016 年上半年业绩:实现销售收入 774 亿元人民币,同比增长 41%;智能手机发货量 6 056 万部,同比增长 25%。根据权威分析机构 IDC 预测,2016 年全球智能手机发货量增长仅 3.1%,这意味着华为智能手机发货量增速远超行业平均增长水平。

随着消费者业务快速发展,华为品牌认知度不断提升。2016 年华为以 186.52 亿美元的品牌价值再次入选 BrandZ 全球最具价值品牌榜百强,排名从 2015 年的第 70 位提升至第 50 位。华为手机依靠自身强大的技术实力和研发水平及高效的目标市场营销策略,迅速完成了从定制机到品牌机的转换,成为国际知名手机品牌。

"两马竞争"

2003 年开始,刚刚进入智能手机行业的华为,选用定制机的策略,尝试做终端产品。初期的华为智能手机主要通过定制机、捆绑销售、低价和模仿国外同行业产品,为本企业通信产品服务,属于非核心业务。华为总裁任正非有一次对内部的人员说:"当年我们没想过做终端,我们是被逼迫上马的,因为我们的 3G 系统卖不出去,没有配套手机,要去买终端,买不到,才被逼上马的。"2005 年 3 月之前,华为因没有取得信息产业部颁发的手机牌照,华为的移动终端只能在海外市场销售。在欧美,70% 以上的手机依靠移动运营商销售给消费者,华为手机依靠与通信系统设备"捆绑"的方式,就能相对比较容易地进入当地市场。

华为采用白牌的方式做手机,即给全球的电信运营商做贴牌供货。虽然 2007 年华为手机发货量达到 2 000 万台,2008 年成为 CDMA 定制手机全球第三大供应商,2009 年发货超过 3 000 万台,但采用非品牌化、与电信运营商合作的模式,华为手机利润薄如白纸。华为手机在中国市场前期的发展同大部分国产手机一样强制捆绑运营商,代表的"中华酷联"四大国产手机品牌通过与运营商合作,迅速在中国手机市场占据了一定的地位。然而随着营销渠道重心向开放市场转移,国产手机由于竞争力不高,很难在渠道客户中占据主动的话语权。

2010 年 12 月 3 日,任正非组织召开了一次高级座谈会,徐直军、郭平、陶景文、万彪、余承东等参加。在这次高层会议上,任正非对终端业务重新进行了定位,这就是被外界称为有关华为终端生死攸关的重要会议。任正非在会议上说:"我认为在终端上,我们创新不够、能力不够。自己要抓住自己的优势,要做出几款好的产品。"这次会议明确了华为手机的市场目标是品牌化的智能终端市场,即做出有市场影响力的智能手机产品。

半年过后,华为推出了自己的品牌手机,但 80% 的渠道仍然依赖运营商。图 7-2 所示为华为手机 2010 年的销售渠道。

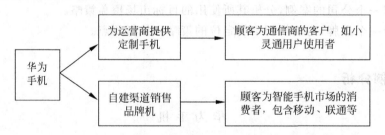

图 7-2 华为手机 2010 年的销售渠道

在销售渠道建设方面,华为高层出现两种声音:一部分认为运营商销售渠道成本低、风险低,另一部分认为自建渠道自主性强、品牌化高。对于这一争论,任正非表示把选择权交给市场,采用"两马竞争"策略,即自建渠道和运营商销售渠道同时进行。相应的,华为手机目标市场分为定制机和品牌机市场。2011 年 11 月,三亚会议召开,任正非在会上明确提出把最终消费者作为公司客户,这一决定改变了华为手机的研发和销售模式。同时决定将终端并入消费业务,砍掉 3 000 万部低端智能机和功能机。按照任正非的指示,终端公司由来自无线业务部门的余承东坐镇。到 2012 年初,华为手机完成由白牌到品牌的转换,品牌战略是华为手机开始目标市场布局的第一步。

"笨鸟"逆风也飞翔

2012 年,华为自认为设计感很强的高端系列——P1 手机并没有获得市场认可,销量惨淡。P1 是华为手机品牌化后的首秀,其设计理念为质感、时尚。但其细分市场定位模糊,且缺乏品牌前期积累,因此难以迅速在市场走红。随后问世的 D1、D2 依旧如此,Mate1 也反应平平。更让人顾虑的是,CEO(首席执行官)万飚离开华为终端,由此引发的种种猜测弥漫开来。

同样成立于 2010 年的小米手机,凭借其敏锐的市场嗅觉、前瞻性的市场把握及对目标市场的准确定位成为智能手机市场最大一匹黑马。小米的成功这无疑对华为终端是一个巨大的打击,使得华为高层重新思考其战略、目标市场及市场运作。

余承东感觉已没有退路,他力排众议,将传统渠道和电商一并进行,同时又特别指出传统渠道和电商的不同之处在于其产品的目标市场相异。2013 年,荣耀品牌从华为终端分离出来,采用华为、荣耀双品牌。荣耀是华为针对中低端市场策划的产品,荣耀畅玩系列是其杰出代表,主要采用线上发售模式。华为消费者业务推出"荣耀"品牌作为其旗下的互联网手机品牌,目标受众聚焦在以互联网生活为中心的年轻族群,如职场新秀、青年蓝领、学生族群等,用户群体主要是对价格较为敏感的中低收入群体。荣耀产品选择联合大型电商平台,如京东、天猫和华为电商官网进行同步首销。图 7-3 所示为华为手机 2013年的销售渠道与对应的细分市场。

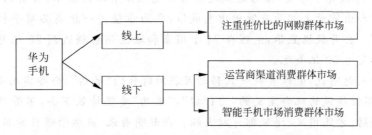

图 7-3 华为手机 2013 年的销售渠道与对应的细分市场

荣耀是华为依据小米模式开发的具有自己特色的品牌,在强调产品质量、创新的基础上加入了华为所缺乏的时尚元素。余承东分析目标市场竞争对手时说:"看不懂竞争对手时,我们就贴着打。"荣耀手机发布会上,一向以低调、内敛著称的华为,用别开生面的出场方式表现出全新的形象。消费者业务掌门人余承东由十几名女郎拥簇而出,撑着雨伞穿过人工雨帘,象征着勇士"荣耀"归来。

2013 年 12 月,华为手机推出荣耀品牌,荣耀品牌的运营独立于华为其他系列手机,销售渠道的拓展主要依托于电商,高性价比和华为品牌的拉力使得荣耀品牌刚推出就收获了良好的市场反馈。虽然荣耀产品的推出对华为其他手机产品线下的销售起到一定的阻碍作用,但是其互联网营销模式有效地和小米等手机产品形成了强有力的竞争态势。因此,纵观全局,荣耀产品补充和带动了华为手机产品整体的发展。荣耀品牌的准确定位,很快集聚大批消费者,加之适合电商渠道所推崇的性价比,口碑迅速建立。

荣耀产品的推出成功地吸收了电商营销渠道策略,同时拓展了新的目标市场,强化了品牌策略。次年,荣耀系列已经进入 74 个国家和地区,全年销售量超 2 000 万部,年销售额超过 24 亿美元,较 2013 年的 1.09 亿美元增幅超过 20 倍;荣耀品牌在一年时间内由默默无闻一跃达到占华为品牌的 54%,品牌满意度高达 90%。图 7-4 所示为荣耀系列2013—2015 年销量统计情况。

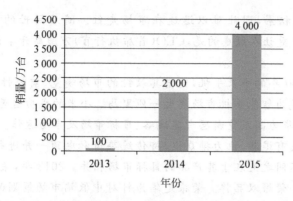

图 7-4　荣耀系列 2013—2015 年销量统计情况

荣耀 7 是荣耀系列的代表,在上市 100 天后,全球销量突破 280 万台,全网好评率达到 98%。据了解,荣耀 7 共计登陆 24 个国家和地区,50 天海外销量达 40 万台,并迅速拿下法国亚马逊畅销机型销量冠军,被德国媒体评为性价比最高手机。华为主打翻转摄像头概念的荣耀 7i 被寄予厚望,荣耀总裁赵明在接受媒体采访时表示,目前的美国市场,国产手机在品质和出货量上都没有做出出色成绩,华为希望用一款高品质手机作为美国市场的"敲门砖"。公开数据显示,荣耀在 74 个国家和地区销售额达到 26 亿美元;2015 年全年销售目标定为 50 亿美元。

荣耀负责人赵明说,荣耀要做一只移动互联网时代的"笨鸟",会务实而专注飞向全球市场,荣耀绝不做等风的机会主义的"飞行猪","笨鸟"要坚持笨下去,不管什么时候都要练硬自己的翅膀,才能顶风、逆风都可以飞翔。在赵明看来,虽然荣耀当时只有一岁多,但是它与华为公司的基因是相同的,笨鸟精神本身就是过去 27 年里的华为精神。

Ascend 偷了谁的苹果

一部新上市的苹果手机售价 6 000 元人民币,但销售场面仍火爆无比,甚至刚上市的一个月内,常常处于断货的状态。乔布斯说:"我们重新发明了手机。"乔布斯为何敢如此理直气壮?因为使用过苹果手机的用户都会被苹果手机便捷的操作和优良的系统与硬件的兼容性所打动。当消费者发现这部手机上网如此流畅、操作如此便捷,在使用苹果手机的时候,能感受到产品本身所赋予的某种内涵——设计富有灵性,同时为人们带来使用时的享受和乐趣。此时,苹果手机完美阐释了科学技术就是生产力的内涵,利用行业遥遥领先的 iOS 和手机的设计优势,牢牢把握业界高端手机头把交椅。

2014 年下半年,华为消费者市场掌门人余承东接受专访过程中预测华为手机当年下半年至少会删减 80% 产品型号,总机型将不超过 10 款。同时,将不再做超低端机型,电商渠道、公开渠道将是华为终端销售的主要途径。除约 20% 比例留给运营商外,其余份额都被前面两个途径瓜分。精品战略制定意在加深消费者对华为手机质量和设计的认可,带动华为品牌的整体发展。

近两年,华为开始进军高端智能手机市场,推出了旗舰机型 Ascend 系列,如 Ascend Mate 系列高端手机,据专业人士测评,此款手机在性能上和三星已经不相上下。华为手机精品路线以 Ascend 为统领,下设 Mate 系列、P 系列,其中麦芒系列是与电信共同开发的品牌。Mate 系列产品策划理念基于商务人群,P 系列产品策划理念采用时尚路线,麦芒寓意潮流和希望。表 7-1 所示为华为手机高端产品目标市场分布情况。

表 7-1　华为手机高端产品目标市场分布情况

Ascend	Mate 系列（3000＋）	设计理念：商务、安全 目标市场：商务精英	Mate 7 是经典之作，开创了国产手机在商务细分市场对抗三星的局面，最新代表作是 Mate 8
	P 系列（3000＋）	设计理念：科技、时尚 目标市场：爱美人群	P6 是华为高端手机的开始，号称针对苹果手机开发的系列产品，最新发布的 P9 手机搭载双摄、自主研发麒麟 950 芯片，据称专业功能领先苹果手机半年
	麦芒系列（2000—3000）	设计理念：灵动、青春 目标市场：年轻人	麦芒 4 以其灵动之美诠释出青春之美，最新发布的麦芒 5，以特有的光学防抖功能获得粉丝喜爱

麦芒系列是华为与电信联合开发的、主打年轻人市场的手机品牌，它的理念是"无畏生长"，麦芒的品牌语是"你可以质疑我的资历，但无法否定我的努力；你可以嘲笑我的青涩，但不能否定我的青春"。年轻手机消费市场是一个非常广阔的市场，竞争十分激烈，但依然有区隔化的空间。对于整个年轻品牌，华为有不同的制式和产品相对应，如 P8 青春版、华为畅玩等。麦芒定义的"年轻消费群体"有着独有的特征和标签：不盲目任性。这一群年轻人有理想、有抱负，但是脚踏实地，他们笃信知行合一，厚积薄发，不人云亦云。麦芒所代表的，正是怀着这种人生态度的一群年轻人。市场细分中，差异性品牌营销只是华为消费者业务手机成长的一个原因，另一个重要原因是立足研发，以过硬技术不断推出高品质的手机。而这被华为放在最为重要的位置。截至 2015 年 5 月 31 日，华为在终端领域共申请了 8 500 件发明专利；同时已经获得中国专利授权 1 900 件，欧美等境外专利授权 700 多件。目前华为在终端领域每年以 1 300 件左右的专利申请量稳步增长。

从 P6 开始，华为手机进入高速增长期，这个增长不仅体现为销量和销售额的增长，更为重要的是打开了高端智能手机市场的格局。目前，华为手机在扩大自身在中低端市场优势的前提下，开始着手开发高端智能手机市场。2014 年第三季度的数据显示，其智能手机销量达到 160 万台，同比增长 26％。其中，产品结构中高端机型的表现较为突出，在整体智能机销量中的比例进一步提升，比例达到 26％，同比增幅达到 162％，并成为首个登陆 brand Z 百强名单的大陆品牌。以其主打的中高端产品为例，其 Ascend P7 在全球的销量已突破 300 万台，2014 年 9 月上市的华为 Ascend Mate 7 系列手机在中国市场上市当天的销量就超过 30 万台。华为高端智能手机的用户群体主要是追求性能和品质的商务群体，这部分群体对价格不敏感，更关注智能手机的性能与使用体验，华为依靠自身强大的技术优势，对这部分群体具有较强的吸引力。

"华为在欧洲传统高端市场以及北非、拉美、中亚等新兴市场均实现蓬勃发展。在行业增速放缓、市场竞争激烈的环境下，华为能够保持稳健增长，得益于长期坚持创新驱动、坚持以消费者为中心，海内外双布局策略的成果。"华为消费者业务 CEO 余承东在媒体采访时如是说。华为智能手机在全球各区域市场的热销，使得华为智能手机市场份额进一步提升。据权威调研机构GFK报告显示,截至2016年5月,华为智能手机全球市场份额已提升至11.4%。随着Mate 8及P9系列等产品的热销,华为智能手机在500~600美元的高端市场份额较2015年同期增长超过10个百分点。其中,Mate 8人气口碑超越Mate 7上市同期表现,全球销量增长超过65%。P9是华为手机最新力作,搭载自主研发海思麒麟950芯片,配有徕卡双摄功能。P9发布会前后,媒体向外界透露2015年华为向苹果许可专利769件,而苹果向华为许可专利98件。一时间,P9及P9 Plus风靡国内外,上市三个月销量超过450万台,不论是在海外还是国内,P9销量均较P8同期增长超过120%。

在欧洲市场,得益于P9及P9 Plus的热销,华为消费者业务在欧洲市场的影响力进一步提升,高端市场实现跨越式突破。根据GFK报告显示,华为智能手机已经在多个欧洲国家的市场份额突破15%。在英国、法国、德国等全球品牌高地,华为消费者业务也获得了可喜的突破。在北非和南太平洋地区,华为智能手机市场份额在关键国家取得突破。在埃及,华为智能手机市场份额突破20%;在新西兰,华为智能手机市场份额突破15%。在拉美、中亚等新兴市场,华为消费者业务也表现出了良好的发展态势,在个别国家,华为智能手机销量翻番。在中国市场,华为消费者业务持续领先,根据2016年6月的GFK报告显示,华为智能手机市场份额已经增长至18.6%。图7-5所示为2016年上半年华为手机高、中、低档位市场贡献率统计情况。

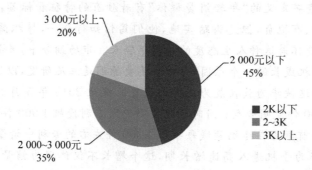

图7-5 2016年上半年华为手机高、中、低档位市场贡献率统计情况

加密为国安护航

政府采购是华为手机细分市场的一部分,随着政府对信息保护的加强,这一细分市场得到华为高层重视。政府采购被誉为企业经营活动的金矿,同时是对一个企业产品质量的检验。政府采购风险低、资金回笼快,大规模定制可以降低生产成本。

2013年6月,美国前中情局(CIA)职员爱德华·斯诺登将两份"棱镜门事件"绝密资料交给英国《卫报》和美国《华盛顿邮报》。报道称:美国国家安全局有一项代号为"棱镜"的秘密项目,美国国家安全局和联邦调查局通过进入微软、谷歌、苹果、雅虎等九大网络巨头的服务器,监控美国公民的电子邮件、聊天记录、视频及照片等秘密资料。这一事件引发了公民对个人隐私的保护及各国政府对信息安全的加强,苹果手机的使用,自然引起政府人员的忧虑。华为手机瞄准这一细分市场,及时推出加密手机用于政府采购项目。

Mate 系列手机是华为针对信息安全研发的一款商务手机,其特有的信息安全系统获得商务人士青睐。作为一款商务人士专用手机,要具备非常强的安全性。乐钱金融 CEO 王炜提到了未来手机将在支付上有所突破,所以商务手机必须有足够的安全保障。华为 Mate 8 已经做到了芯片级的安全性能。作为如此重要的工作必备品,手机中必然存储着重要的商务资料,一旦发生安全问题导致信息泄露,后果将不堪设想。而华为 Mate 8 不仅有防伪基站功能,从根源上拒绝骚扰、诈骗短信,当手机丢失时,商务人士还可以通过华为账号锁定手机、远程同步和删除手机资料,避免手机被强制刷机,确保个人信息及资料不被别人盗取。而且,华为 Mate 8 还支持 SD 加密技术,即使别人想把手机存储器取出通过技术手段破解,也无法获取用户数据,进一步提升安全性。

Mate 系列优良的信息保护能力很快赢得了政府采购市场,据不完全统计,从 Mate 7 开始,上海、广东、江苏、山东、河北、山西、内蒙古等地方政府将华为纳入政府采购对象。华为手机成为继中兴之后,政府采购的重要对象。除了 Mate 系列,荣耀系列及与电信联合开发的麦芒系列也受到政府采购的欢迎,华为手机依据目标市场布置的高、中、低产品组合符合了政府采购的各层次需求。

据悉,各级政府对华为手机采购量占其全年销量的 4%~6%。相对于华为全球第三的出货量,显然微不足道。但从另一方面却反映出华为手机的影响力,对其口碑宣传及提升品牌价值有着重要作用。

小结

华为手机细分市场从价格层面形成错落有序,高、中、低搭配的目标市场组合。一方面,各目标市场有相应的销售渠道提供保障,这是华为手机迅速占领市场的重要原因之一;另一方面,华为手机为其他国产手机的发展提供了借鉴,为寻找到适合自己发展的模式提供了思考。图 7-6 所示为华为依据价格形成的细分市场。

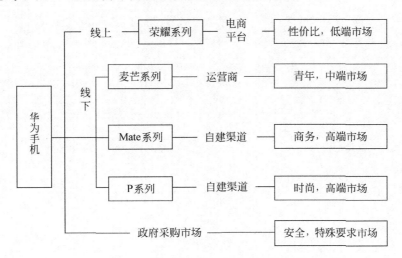

图 7-6 华为依据价格形成的细分市场

1. 总结华为手机的市场覆盖策略。
2. 华为手机的多品牌化、差异化市场细分战略对国内其他手机厂商有何指导意义？
3. 结合当前国内智能手机市场情况论述华为手机该如何保持其优势。

第八章

产品管理

1. 了解产品与产品类别的内容。
2. 知道产品开发管理的内容。
3. 掌握产品生命周期的内容。
4. 理解个别产品决策的内容。

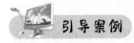

谷歌：以光速创新产品

谷歌正在全面创新。谷歌近期作为最具创造性的公司位居《快速公司》杂志的榜首，在其他创新排行中谷歌也经常跻身顶尖的前二位或前三位。谷歌的成功引起世界的注意。尽管有微软和雅虎这样强大的竞争对手，谷歌的股票在其核心业务——在线搜索方面仍占到了66%的决定性份额，是实力最相当的两个竞争对手的共同市场份额的2.5倍。该公司还占据了移动搜索市场86%的份额，以及各种搜索相关广告收入的60%。

但谷歌已经不仅仅是一个互联网搜索和广告公司。谷歌的使命是："整合全球信息，使人人皆可访问并从中受益。"在谷歌看来，信息是一种原始资源——它有待人们去发现、提炼和传播。正是这一理念使得谷歌看似完全不同的项目变得一致，如绘制世界地图、在手机屏幕上搜索网页，甚至是为早期流感做好监测等，并且谷歌正以创新的方式实现信息的处理和利用。

谷歌深知如何创新。在许多公司，开发新产品需要一两年的时间，通过按部就班的工作流程谨慎地完成。与之相反，谷歌的新产品开发速度极快。在它的竞争对手还在改善原来的产品服务时，谷歌就已经实施了一项全新的服务项目。例如，谷歌的一名高级项目经理这样描述谷歌的可定制主页 iGoogle 的闪电般开发过程：

很明显谷歌的用户可以分为两种类型：一种是喜欢简洁、经典的主页形式；另一种则是需要大量的信息——邮件、新闻、天气信息（这些人需要丰富饱满的主页）。iGoogle 最初由我和其他 3 名设计师一起设计。当时我 22 岁，在我眼里这个想法真是棒极了！6 周以后，我们在 5 月投放了第一版。市场反响很好，到 9 月我们就使 iGoogle 能够连接 Google.com。这样迅速的创新会使大多数公司的开发者望而却步，但是在谷歌，这是标准的公司操作程序。

谷歌 CEO 埃里克·施密特表示，在谷歌，新产品研发过程不存在 2 年计划，只提前规划 4～5 个月。埃里克说，他宁愿看到一个投入计划的项目很快夭折，也不愿看到一个精心策划良久的计划落空。

谷歌著名的随意创新引领了看似无穷尽的一连串的多样化的新产品高潮。从电子邮箱服务、博客搜索引擎、在线支付服务系统和相片共享服务，到移动电话应用的通用平台，到浏览器、地图工具，甚至是对你所在地区禽流感传播监测的预警系统（FluTrends）。谷歌声称 FluTrends 可以比美国疾病控制与预防中心提前两周识别出流感的爆发。

最后，对谷歌而言，创新不是一种形式，而是它的精神所在。"在谷歌，创新是无处不在的。"一位谷歌的研究专家如是说。

谷歌的发展告诉我们，公司必须善于开发和管理新产品才能获利。每一种产品似乎都要经历一定的生命周期：生产，经历各个阶段，然后走向灭亡，与此同时另一种更能满足消费者需要的产品也会应运而生。

第一节 产品与产品组合

产品是企业营销组合中的基础策略。要实现企业的营销目标，使企业在市场中占据有利的竞争地位，最重要的是拥有受消费者欢迎的产品。

一、产品

（一）产品的概念

人们通常理解的产品是指具有某种特定物质形状和用途的物品，是看得见、摸得着的东西。这是一种狭义的定义。市场营销学认为，广义的产品是指人们通过购买而获得的能够满足某种需求和欲望的物品的总和，它既包括具有物质形态的产品实体，又包括非物质形态的服务，这就是"产品的整体概念"。

其中，物质产品主要包括产品实体及其品质、特色、式样、商标和包装等；非物质形态的服务包括可以给顾客带来附加利益和心理满足感以及信任感的售后服务、承诺、企业形象、产品信誉等。

（二）产品的五个层次

产品整体概念是现代市场营销学的一个重要理论，它具有宽广的外延和深刻而丰富的内涵。以往,学术界用三个层次(核心产品、形式产品、延伸产品)来表述产品整体概念。

20世纪90年代以来,菲利普·科特勒等学者倾向于使用五个层次来表述产品整体概念,认为五个层次的表述方式能够更深刻、更准确地表述产品整体概念的含义。产品整体概念要求营销人员在规划市场供应物时,要考虑到能提供顾客价值的五个层次。产品整体概念的五个基本层次介绍如下。

(1) 核心产品。核心产品是指向顾客提供的产品的基本效用或利益。例如,消费者购买小米手机是为了满足和他人进行交流与沟通的需求。从根本上说,每一种产品实质上都是为解决问题而提供的服务。因此,营销人员向顾客销售任何产品,都必须具有反映顾客核心需求的基本效用或利益。

(2) 形式产品。形式产品是指核心产品借以实现的形式,是消费者得以识别和选择的主要依据。它由五个特征构成,即品质、式样、特色、商标及包装。即使是纯粹的服务,也具有相类似的形式上的特点。形式产品向人们展示的是产品核心的外部特征,它能够满足同类消费者的不同需求。消费者购买时,除了考虑产品功效外,还要选择产品的品牌、造型、颜色、质地、档次等。形式产品是企业在市场竞争中满足特定需求从而吸引消费者的一个重要方面。

(3) 期望产品。期望产品是指购买者在购买产品时期望得到的与产品密切相关的一整套属性和条件。例如,使用诺基亚手机的顾客期望得到的是质量高、使用时间长的产品,在使用方面能更容易操作。

(4) 延伸产品。延伸产品是指顾客购买形式产品和期望产品时附带获得的各种利益的总和,包括产品说明书、保证、安装、维修、送货、技术培训等。国内外很多企业的成功,在一定程度上都应归功于它们更好地认识到服务在产品整体概念中所占的重要地位。

(5) 潜在产品。潜在产品是指现有产品包括所有附加产品在内的,可能发展成为未来最终产品的潜在状态的产品。潜在产品指出了现有产品可能的演变趋势和前景(图8-1)。

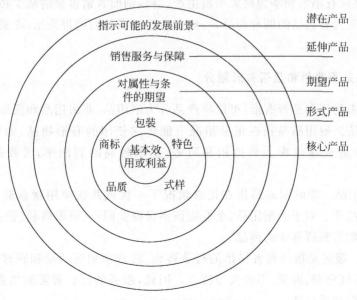

图8-1 产品的五个层次

(三) 产品整体概念的意义

产品整体概念对于企业市场营销实践活动具有十分重要的理论指导意义。

(1) 产品整体概念说明了产品是有形产品和无形产品的统一。

(2) 对产品整体概念的理解必须以消费者的基本需求为中心。

(3) 产品整体概念是一个动态概念。

(4) 根据不同顾客的需要设计不同的附加产品,是提高产品竞争力的重要途径。

(四) 产品类别

现代市场营销观念认为,依据产品的分类,每一个产品类型都有与之相适应的市场营销组合策略,所以对产品的分类必不可少。因其分类标准不同,产品的类别也各不相同。从企业经营管理的角度来看,有意义的分类主要有以下几种。

1. 按产品之间的销售关系划分

按产品之间的销售关系,可以将产品分为独立品、互补品和替代品三类。

(1) 独立品。独立品是指一种产品的销售状况不受其他商品销售变化的影响。例如,电脑和馒头的销售变化互不影响。互为独立品的两种商品,一般满足人们不同的消费需求。

(2) 互补品。互补品是指两种产品的销售互为补充,即一种产品销量的增加必然导致另一种产品销量的增加。例如,复印机销售的增加必然导致复印纸销售的增加。互为互补品的两种商品,一般相互补充共同满足人们的同一类需求。

(3) 替代品。替代品是指一种产品销量的增加必然导致另一种产品销量的减少。例如,市面上如果只有小米和华为两家手机生产厂商,则前者销售量的减少必然导致后者销售量的增加。互为替代品的两种商品,一般存在相互竞争的销售关系,能满足人们的同一类需求。

2. 按产品是否耐用和是否有形划分

按产品是否耐用和是否有形,可以将产品分为耐用品、非耐用品和服务三类。

(1) 耐用品。耐用品是指在正常情况下能多次使用的有形物品,如住房、汽车等。对于耐用品,企业应该重视人员推销和服务,追求较高的利润率,并提供优质的售后服务。

(2) 非耐用品。非耐用品是指在正常情况下一次或几次使用就被消费掉的有形物品,如饮料、食品等。对于非耐用品,企业应该多设商业网点、只求微利、积极促销,以便使消费者随时能购买到所喜欢的商品。

(3) 服务。服务是指经营者提供的行业咨询、教育培训等活动和顾客的满足感。服务具有无形、不可分割、可变、不经久等特点。因此,服务的经营者需要加强质量管理,提高产品的可靠性和适应性。

3. 按消费者的购物习惯划分

按消费者的购物习惯,可以将产品分为便利品、选购品、特殊品和非渴求品四类。这些种类的产品因消费者购买方式的不同,销售的方式也不同(表8-1)。

表8-1 消费品的营销考虑事项

营销问题	消费品的类型			
	便利品	选购品	特殊品	非渴求品
消费者购买行为	频繁购买,很少计划,很少做比较或花费精力,消费者参与度低	不经常购买,较多计划并为购买花费较多的精力,根据质量、价格和样式比较品牌	强烈品牌偏好和忠诚度,为购买付出特别努力,很少比较品牌、价格,敏感度低	对产品了解很少(或即使了解,也没有什么兴趣或唯恐避之不及)
价格	低	比较高	高	不确定
分销	渠道广泛,网点便利	在较少的店面进行选择性分销	在每个市场区域只有一家店面或几家专卖店面	不确定
促销	制造商大量促销	生产商和经销商的广告与人员推销	生产商和经销商针对性更强的促销	生产商和经销商的强力广告与人员推销
实例	牙膏、杂志、洗衣粉	大家电、电视、家具、服装	奢侈品,如劳力士手表	人寿保险,献血活动

(1) 便利品。便利品指消费者要经常购买、反复购买、即时购买、就近购买、惯性购买,且购买时不用花时间比较和选择的产品,如报刊、香烟等。便利品一般是非耐用品,且都是消费者日常必需的,因此,便利品经营地点的选择,应以方便顾客购买为原则。

(2) 选购品。选购品指消费者对使用性、质量、价格和式样等基本方面要做认真权衡比较的产品,如家具、服装、旧汽车和大的器械等。选购品可以划分为同质品和异质品。消费者认为同质选购品的质量相似,但价格却明显不同,所以有选购的必要。销售者必须与消费者"商谈价格"。但对消费者来说,在选购服装、家具和其他异质选购品时,产品特色通常比价格更重要。经营异质选购品的经营者必须备有大量的品种花色,以满足不同消费者的爱好;他们还必须有受过良好训练的推销人员,为消费者提供信息和咨询。

(3) 特殊品。特殊品指消费者不熟悉,或虽然熟悉,但不感兴趣,不主动寻求购买的产品,如环保产品、人寿保险以及专业性很强的书籍等。

(4) 非渴求品。非渴求品包括以下两种类型:①新的非渴求品(new unsought product)。新的非渴求品是指那些的确提供潜在消费者所不知的新的理念的产品。信息含量大的促销活动能帮助说服消费者接受产品,并结束其非渴求状态。达能的酸奶、立顿的微波炉以及索尼(Sony)的卡式录像机如今已非常流行,但在刚开始时它们属于新的非渴求品。②常规非渴求品(regularly unsought product)。常规非渴求品是指那些(如墓碑、人寿保险以百科全书)仍然处于非渴求状态,但并非一直如此的产品。需求可能存在,但潜在消费者却未激起购买欲。对于这些产品,人员推销十分重要。许多非营利组织试图"推销"它们的非渴求产品。例如,红十字会一般会以血车上街宣传的方式来提醒潜在的血液捐赠者,血液是如此重要。

二、产品组合

一个企业究竟应当生产经营多少种产品,这些产品应当如何搭配,需要根据市场需求和企业实力等条件来决定。为了合理规划产品结构,调整新老产品的组成,有必要对产品组合问题进行探讨。

(一)产品组合及其相关概念

1. 产品组合

产品组合是指一个企业生产经营的全部产品的结构,即各种产品线、产品项目的有机组合方式。产品组合一般包括若干产品线,每一条产品线内又包括若干产品项目。

2. 产品线

产品线是指具有相同的使用功能,但规格、型号不同的一组类似产品项目。我们可以把能满足同一种消费需求的,或必须放在一起使用的,或经由同一销售渠道出售的,或同时属于某价格范围的一组相关产品称为一条产品线。工业上多按产品的种类、类别、型号划分产品线。

3. 产品项目

产品项目是指产品线中按规格、外形、价格等区分的具体产品。它能与企业生产经营的其他产品相区分,列入生成和销售目录中的任何产品,区别于别的产品的特征可能是性能、规格或式样的不同。

4. 产品组合的宽度、长度和深度

(1)产品组合的宽度。产品组合的宽度(产品组合的广度),是指一个企业所拥有的产品线的多少。产品线越多,说明产品组合的广度越宽。产品组合的广度表明一个企业经营的产品种类的多少及经营范围的大小。

(2)产品组合的长度。产品组合的长度是指产品组合中的产品项目总数。用产品项目总数除以产品线是产品线的平均长度。通常,每一产品线中包括多个产品项目,企业各产品线的产品项目总数就是企业的产品组合长度。比如,某企业的 A 生产线有 6 个生产项目,B 生产线有 4 个生产项目,那么,该企业的生产组合长度=6+4=10(个)。

(3)产品组合的深度。产品组合的深度,是指产品线中每一产品有多少品种。

产品组合的长度和深度反映了企业满足各个不同细分子市场的程度。增加产品项目,增加产品的规格、型号、式样、花色,可以迎合不同细分市场消费者的不同需要和爱好,招徕、吸引更多顾客。

5．产品组合的相关性

产品组合的相关性是指各产品线之间在最终用途、生产条件、销售渠道等方面相互关联的程度。比如，清洁剂、洗衣粉、洗发液、香皂这几条产品生产线都与洗涤去污有关，这几大类产品组合就具有较强的相关性。较高的产品相关性能带来企业的规模效益和范围效益，提高企业在某一地区、行业的声誉。

（二）产品组合策略

1．扩大产品组合策略

扩大产品组合策略是开拓产品组合的广度和加强产品组合的深度。开拓产品组合的广度是指增添一条或几条产品线，扩展产品经营范围；加强产品组合的深度是指在原有的产品线内增加新的产品项目。

扩大产品组合的具体方式有：①在维持原产品品质和价格的前提下，增加同一产品的规格、型号和款式；②增加不同品质和不同价格的同一种产品；③增加与原产品相类似的产品；④增加与原产品毫不相关的产品。

扩大产品组合的优点有：①满足不同偏好消费者多方面的需求，提高产品的市场占有率；②充分利用企业信誉和商标知名度，完善产品系列，扩大经营规模；③充分利用企业资源和剩余生产能力，提高经济效益；④减小市场需求变动性的影响，分散市场风险，降低损失程度。

2．缩减产品组合策略

缩减产品组合策略是削减产品线或产品项目，特别是要取消那些获利小的产品，以便集中力量经营获利大的产品线或产品项目。

缩减产品组合的方式有：①减少产品线数量，实现专业化生产经营；②保留原产品线削减产品项目；③停止生产某类产品，外购同类产品继续销售。

缩减产品组合的优点有：①集中资源和技术力量改进或保留产品的品质，提高产品商标的知名度；②生产经营专业化，提高生产效率，降低生产成本；③有利于企业向市场的纵深发展，寻求合适的目标市场；④减少资金占用，加速资金周转。

3．产品线延伸策略

（1）向下延伸。向下延伸是在高档产品线中增加低档产品项目。

实行向下延伸策略的优点有：①借高档名牌产品的声誉，吸引消费水平较低的顾客慕名购买该产品线中的低档廉价产品；②充分利用企业现有生产能力，补充产品项目空白，形成产品系列；③增加销售总额，扩大市场占有率。

实行向下延伸策略的缺点有：低档产品策略的实行能够迅速为企业寻求新的市场机会，同时也会带来一定的风险。如果处理不当，可能会影响企业原有产品的市场声誉和名牌产品的市场形象。因此，实行这一策略的同时需要有一套相应的整体营销手段与之配合,这又会加大企业营销费用的预算。

（2）向上延伸。向上延伸就是在原有的产品线内增加高档次、高价格的产品项目。

实行高档产品策略的优点有：①高档产品的生产经营容易为企业带来丰厚的利润；②可以提高企业现有产品的声望,提高企业产品的市场地位；③有利于带动企业生产技术水平和管理水平的提高。

实行向上延伸策略的缺点有：采用这一策略的企业也要承担一定风险。因为,企业生产廉价产品的形象在消费者心目中不可能立即转变,使得高档产品不容易很快打开销路,从而影响新产品项目研制费用的迅速回收。

（3）双向延伸。原定位于中档产品市场的企业在具备一定条件时,可以朝上、朝下从两个方向延伸其产品线,推出高档产品和低档产品。

第二节 产品开发管理

一、新产品的概念

（一）新产品的定义

新产品具有广泛的意义。从不同的角度可以有若干种不同的定义。对新产品的定义可以从企业、市场和技术三个角度进行。对企业而言,第一次生产销售的产品都叫新产品；对市场来讲则不然,只有第一次出现的产品才叫新产品；从技术方面看,在产品的原理、结构、功能和形式上发生了改变的产品叫新产品。

市场营销学中所讲的新产品与科学技术发展上的新产品的含义不完全相同,它是从产品整体性概念的角度来定义的。市场营销理论中强调消费者的观点,认为凡是消费者认为是新的、能从中获得新的满足的、可以接受的产品都属于新产品。

（二）新产品的分类

1. 基本分类

新产品基本可以分为两大类,即市场型新产品和技术型新产品。

（1）市场型新产品。市场型新产品主要指产品实体的主体和本质没有什么变化,只改变了色泽、形状、设计装潢等,不需要使用新技术的产品,其中也包括因营销手段和要求的变化而引起消费者新感觉的流行产品。例如,用马口铁制的糖果盒由圆形改为长方形,刚出现时被视为市场型新产品；几十年前就有的、现在女青年中流行的夏装裤裙,也被视为新产品。前者是由于产品实体形状的变化造成新的感觉,后者则是通过促销手段形成人们新的产品印象。

（2）技术型新产品。技术型新产品是由于科学技术的进步和工程技术的突破而产生的新产品,不论是功能还是质量,与原有的类似功能的产品相比都有了较大的变化。例如,电话、电报机、计算机、无线电传真设备的问世,都属于技术型的新产品。

2. 进一步分类：按新产品创新程序划分

在市场上，纯属以上两种情况的新产品为数不多，大多数新产品属于两者的"混合型"，既要求一定的新技术、新发明作为前提，又依赖于市场营销的其他因素。因此，我们可以将新产品进一步分为全新产品、换代产品、改进产品和新牌子产品。

（1）全新产品。全新产品与上述技术型新产品有时具有相同的意义，即指新技术新发明应用于生产过程而制造出的过去从未有过的产品，这类产品中的许多产品具有时代意义，质量和功能有较大的进步，一旦在市场打开局面，将会表现出很强的生命力，能够为企业带来较长期的利润。此类产品一般研制所需的时间长，要求的技术条件高，企业成本投入比较多，同时也正是由于这个原因，使其他企业仿制起来需要投入较多的资金、技术和时间，这就可以使先驱企业容易在竞争中获得有利地位，并在一定时间内维持其营销优势。

（2）换代产品。换代产品即在原有产品的基础上采用新材料、新工艺制造出的适应新用途、满足新需求的产品。更新换代产品与原有产品相比，产品性能有了一定改进，质量也有了相应提高。它适应了时代发展的步伐，也有利于满足消费者日益增长的物质需要。

（3）改进产品。改进产品指对老产品的性能、结构、功能等加以改进，使其与老产品有较显著的差别，以提高质量或实现多样化，满足不同消费者需求的产品。除此之外，对于构成产品三个层次中某个因素的变化或改动，有时尽管这种变化很微小，但也有可能产生新产品。此外，有时企业对市场已有的产品进行仿制，但不是原封照搬，而是做些更改，也可以称为新产品。与换代产品相比，改进产品受技术限制较小，且成本相对较低，便于市场推广和消费者接受，但容易被竞争者模仿。

（4）新牌子产品。新牌子产品指在对产品实体微调的基础上改换产品的品牌和包装，带给消费者新的消费利益，使消费者得到新的满足。

新产品还可以从其他角度、运用其他标准进行分析。比如，按照消费者行为的变化程度分析、按提供产企业的观点分析等。我国理论界目前大多数是按以上四种划分方法对新产品进行分类的。

新产品的不断开发和涌现是企业的活力所在。美国著名管理学家彼得·德鲁克说："任何企业只有两个——仅仅是两个基本功能，就是贯彻市场营销观念和创新，因为它们能创造顾客。"创新是企业的基本功能之一，而创新通过新产品体现。

二、新产品的发展趋向

企业想要开发出新产品并得到消费者的认可绝非易事。众多企业在研制新产品上争先恐后，仅从用于研制新产品的科研费用上就可见一斑。欧美的企业，每年拿出销售额的 3％～5％作为新产品的研究费用。美国通用电气设有专门的科研和发展中心以及 206 个产品研究部门，共有科研人员 17 000 人。以上情况说明，科研与生产有着密不可分的关系。科研的每一项进步最终必将体现在产品上。企业间在开发新产品方面竞争激烈，同时，新产品试制的失败率很高。通常新产品试制失败率平均高达 80％～90％。要避免失败,企业必须首先正视面临的困难,如科技方面创新的难度,对环境的适应、资金筹备的困难,对消费需求了解和掌握的障碍等,在此基础上制订相应的应对措施。除了要充分估计困难、战胜困难外,企业开发的新产品必须具有较强的生命力,主要表现在以下几方面。

(一) 相对优点突出

新产品相对于市场原有的产品来说具有独特的长处,如性能好、质量优、使用方便、携带容易或价格低廉等。

(二) 适应性强

新产品必须适应人们的使用习惯。如试制幼教系统用电子琴,就要使产品适应此系统使用者的使用习惯(如双手弹奏)。

(三) 有利于保护环境

新产品属于节能型,或对原材料的消耗很低,或者有利于环境保护,对"三废""三害"的消除有效。

(四) 时代感强

新产品能体现时代精神,培植和引发新的需求,形成新的目标顾客和市场。

(五) 多功能化

使新产品能具有多种用途,一物多用,既方便购买者的使用,又能提高购买者的购买兴趣。

(六) 人体工程化

无论对生活消费品或生产资料都要充分考虑人体工程化这一因素。如汽车驾驶室的高度和设施如何令驾驶员感到更方便与更舒适,通过对人手部肌肉或受力点的分析设计出更省力、更易操作的照相机等。

(七) 简易化

尽量在产品结构和使用方法上简单方便并易于维修。在科技的日新月异中,有些产品设计得过于复杂,在注意功能的同时使消费者使用起来非常烦琐,也因此失去了自己的消费群体。

(八) 微型化、轻便化

在保障质量的前提下使产品的体积变小、重量变轻,便于移动也是适合现代产品发展潮流的一个趋势,如电子计算机、无线通话机等,体积越小、重量越轻的产品在市场上越受欢迎。

上述方面是对企业发展新产品的要求,也反映了新产品的发展趋向。

三、新产品的开发

(一)新产品开发程序

新产品开发是一项极其复杂的工作,从根据用户需要提出设想到正式生产产品投放市场为止,其中经历许多阶段,涉及面广、科学性强、持续时间长,因此必须按照一定的程序开展工作,这些程序之间互相促进、互相制约,才能使产品开发工作协调、顺利地进行。产品开发的程序是指从提出产品构思到正式投入生产的整个过程。由于行业的差别和产品生产技术的不同特点,特别是选择产品开发方式的不同,新产品开发所经历的阶段和具体内容并不完全一样。现以加工装配性质企业的自行研制产品开发方式为对象,来说明新产品开发需要经历的各个阶段。

1. 调查研究阶段

发展新产品的目的是满足社会和用户需要。用户的要求是新产品开发选择决策的主要依据,为此必须认真做好调查计划工作。这个阶段主要是提出新产品构思以及新产品的原理、结构、功能、材料和工艺方面的开发设想与总体方案。

2. 新产品开发的构思产生阶段

新产品开发是一种创新活动,产品创意是开发新产品的关键。在这一阶段,要根据社会调查掌握的市场需求情况以及企业本身条件,充分考虑用户的使用要求和竞争对手的动向,有针对性地提出开发新产品的设想和构思。产品创意对新产品能否开发成功有至关重要的意义和作用。

企业新产品开发构思创意主要来自三个方面:①用户。企业着手开发新产品,首先要通过各种渠道掌握用户的需求,了解用户在使用老产品过程中有哪些改进意见和新的需求,并在此基础上形成新产品开发创意。②本企业职工。特别是销售人员和技术服务人员,经常接触用户,用户对老产品的改进意见与需求变化他们都比较清楚。③专业科研人员。专业科研人员具有比较丰富的专业理论和技术知识,要鼓励他们发扬这方面的专长,为企业提供新产品开发的创意。此外,企业还可通过情报部门、市场监督管理部门、外贸等渠道,征集新产品开发创意。

在收集"构思"的过程中,怎样才能最有效地发掘出"构思"需要一定的方法。可用的方法有特点罗列法、强迫关系法、多角度分析法和头脑风暴法。

(1)特点罗列法。特点罗列法是把某一产品的特点列出,然后逐一推敲,以便找寻出另一组特点的组合来对本产品进行改进。

(2)强迫关系法。强迫关系法也叫硬性结合,即将不同产品项目排列出来,通过自由联想,考虑不同产品的关系,进而组合成新的产品"构想",如把扇子与遮阳帽联想到一起,产生了"扇帽"。

(3)多角度分析法。多角度分析法即将存在的几个重要因素提出来,查看每一个变化的可能性,如洗衣粉产品,因素很多,集合最重要的因素是水温、去污力、泡沫、洗涤范围和包装,可在这几种因素的基础上,考察其改进的可能性。

（4）头脑风暴法。在某种情形下,人的创新构想会因受到别人有意义的启发和影响而有所提高,可采用几人一组的方法,一般6～10人最适宜,将问题告诉大家,任他们对问题发表看法,这样一个想法会激起另一个新的"构思"的产生。主持人不对他人的构想做评论,应注意对提出的构思的组合及改变,融合改良他人的构思产生新的"构思"。在此创新过程中使不宜把问题和盘托出、直接点明,而应把问题规定得宽泛一些,使讨论小组得不到关于某个特定问题的暗示。主持人要巧妙地提出问题,引导大家开拓思路,产生最具创造性的想法。

3. 构思的评核与筛选（过滤）

企业产品开发部门在收集许多构思之后,在决定采用哪一种构思作为发展方案时,首先要进行评核和筛选工作,即尽可能去掉不好的构思而留住好的构思。这是因为在以后的产品开发过程中,成本会上升很快,而公司只希望进一步开发能盈利的产品。进行评核和筛选一般应考虑以下几个方面的因素。

（1）新产品是否同企业的营销范围、营销目标一致。
（2）新产品有没有适当的目标市场,新产品的销售量。
（3）新产品的获利情况。
（4）新产品的特点是否突出,是否便于消费者了解。
（5）新产品的成本与设备能力情况。
（6）新产品的原料来源保证情况。
（7）新产品上市后,可能出现的竞争状况,即竞争地位状况。
（8）新产品的潜在需求量。
（9）新产品上市后对现有产品可能带来的影响。
（10）其他有关开发与生产的问题。

在对新构思进行评核和筛选时,还要研究消费者的生理需求和心理因素。

4. 新产品设计阶段

产品设计是指从确定产品设计任务书起到确定产品结构为止的一系列技术工作的准备和管理,是产品开发的重要环节,是产品生产过程的开始,必须严格遵循"三段设计"程序。

（1）初步设计阶段。初步设计阶段一般是为下一步技术设计做准备。这一阶段的主要工作就是编制设计任务书,让上级对设计任务书提出体现产品合理设计方案的改进性和推荐性意见,经上级批准后,作为新产品技术设计的依据。它的主要任务在于正确地确定产品最佳总体设计方案、设计依据、产品用途及使用范围、基本参数及主要技术性能指标、产品工作原理及系统标准化综合要求、关键技术解决办法及关键元器件、特殊材料资源分析、对新产品设计方案进行分析比较,运用价值工程,研究确定产品的合理性能（包括消除剩余功能）及通过不同结构原理和系统的比较分析,从中选出最佳方案等。

（2）技术设计阶段。技术设计阶段是新产品的定型阶段。它是在初步设计的基础上完成设计过程中必需的试验研究(新原理结构、材料元件工艺的功能或模具试验),并写出试验研究大纲和研究试验报告;作出产品设计计算书;画出产品总体尺寸图、产品主要零部件图并校准;运用价值工程,对产品中造价高、结构复杂、体积笨重、数量多的主要零部件的结构、材质精度等选择方案进行成本与功能关系的分析,并编制技术经济分析报告;绘出各种系统原理图;提出特殊元件、外购件、材料清单;对技术任务书的某些内容进行审查和修正;对产品进行可靠性、可维修性分析。

(3) 工作图设计阶段。工作图设计的目的,是在技术设计的基础上完成供试制(生产)及随机出厂用的全部工作图样和设计文件。设计者必须严格遵守有关标准规程和指导性文件的规定,设计绘制各项产品工作图。

5. 新产品试制与评价鉴定阶段

新产品试制阶段又分为样品试制阶段和小批试制阶段。

(1) 样品试制阶段。样品试制阶段的目的是考核产品设计质量,考验产品结构、性能及主要工艺,验证和修正设计图纸,使产品设计基本定型,同时也要验证产品结构的工艺性,审查主要工艺上存在的问题。

(2) 小批试制阶段。小批试制阶段的工作重点在于工艺准备,主要目的是考验产品的工艺,验证它在正常生产条件下(在生产车间条件下)能否保证所规定的技术条件、质量和良好的经济效果。

试制后,必须进行鉴定,对新产品从技术上、经济上作出全面评价,然后才能得出全面定型结论,投入正式生产。

6. 生产技术准备阶段

在生产技术准备阶段,应完成全部工作图的设计,确定各种零部件的技术要求。

7. 正式生产和销售阶段

在正式生产和销售阶段,不仅需要做好生产计划、劳动组织、物资供应、设备管理等一系列工作,还要考虑如何把新产品引入市场,如研究产品的促销宣传方式、价格策略、销售渠道和提供服务等方面的问题。新产品的市场开发既是新产品开发过程的终点,又是下一代新产品再开发的起点。通过市场开发,可确切地了解开发的产品是否适应需要以及适应的程度;分析与产品开发有关的市场情报,可为开发产品决策、改进下一批(代)产品、提高开发研制水平提供依据,同时还可取得有关潜在市场大小的数据资料。

(二) 新产品开发策略

新产品开发是企业产品策略的重要组成部分。新产品开发的主要策略有如下四个。

1. 领先策略

领先策略就是在激烈的产品竞争中采用新原理、新技术、新结构优先开发出全新产品,从而先入为主,领略市场上的无限风光。这类产品的开发多从属于发明创造范围,采用这种策略,投资数额大、科学研究工作量大、新产品实验时间长。

2. 超越自我策略

超越自我策略的着眼点不在于眼前利益而在于长远利益。这种暂时放弃一部分眼前利益、最终以更新更优的产品去获取更大利润的经营策略,要求企业有长远的"利润观"理念,要注意培育潜在市场,培养超越自我的气魄和勇气,不仅如此,更需要有强大的技术做后盾。

3. 紧跟策略

采用紧跟策略的企业往往针对市场上已有的产品进行仿造或进行局部的改进和创新,但基本原理和结构是与已有产品相似的。这种企业跟随既定技术的先驱者,以求用较少的投资得到成熟的定型技术,然后利用其特有的市场或价格方面的优势,在竞争中对早期开发者的商业地位进行侵蚀。

4. 补缺策略

每一个企业都不可能完全满足市场的任何需求,所以在市场上总存在着未被满足的需求,这就为企业留下了一定的发展空间。这就要求企业详细地分析市场上现有产品及消费者的需求,从中发现尚未被占领的市场。

(三)新产品开发的意义

新产品开发的意义主要包括以下几点:①企业生存和发展的根本保证;②开发新产品能够更好地满足人们日益增长的物质和文化生活要求;③提高企业竞争能力的重要手段;④提高企业经济效益的重要手段;⑤可以加强战略优势,提高品牌权益,增强企业形象;⑥有利于保持企业研究开发能力;⑦可以充分利用生产和经营资源。

四、新产品的推广

新产品决定进入市场,企业的任务就是抓住时机进行推广,把新产品引进市场并达到使消费者普遍接受的目的。在这个阶段,要考虑消费者的心理因素,具体地研究消费者接受新产品的一般心理规律。

消费者接受新产品具有"阶段性",包括以下五个阶段。

(1)知晓。要想方设法让消费者知道有这种产品,运用各种手段引起消费者的注意。

(2)兴趣。不仅要引起消费者的注意,还要使消费者感兴趣。

(3)欲望。多方面激发消费者的购买欲望,让消费者了解产品的优点,可以通过展览、示范及试用的办法使消费者不断了解产品,诱发购买行为。

(4)确信。通过前两个阶段,使消费者确信某产品是经济实用、物美价廉的。

(5)成交。消费者决定采用,正式做出购买行为。

以上是消费者一般的心理活动过程,但不同的消费者采用新产品的态度不同,因此,还要研究不同的消费者。营销专家经过调查,将消费者采用新产品的情况按照态度分为以下五类。

（1）最早采用者，又叫革新型的购买者。这类人对新产品敏感，消息灵通，易于接受新事物，占消费者总数的 2.5%。

（2）早期采用者。这类人喜欢评论，好鉴赏，以领先为荣，这类人占消费者总数的 13.5%。

（3）中期采用者。这类人性格上较稳重，但接触外界的事物多，一般经济条件较好，愿意使用新产品，占消费者总数的 34%。

（4）晚期采用者。他们与外界接触少，其中有些人经济条件差些，他们一般不会主动采用新产品，而是等大多数人证实其效用后才采用，这类人占消费者总数的 34%。

（5）最晚使用者，又称保守型的消费者。这类人为人拘谨，对新产品总是持怀疑与反对态度，习惯势力强，只有到新产品已成为传统式产品时才采用，这类人占消费者总数的 16%。

把新产品采用者的状况和产品的经济生命周期联系起来，进行综合分析，可以清楚地看到，两者之间具有很强的关联性。从另一个角度来看，产品的经济生命周期的变化取决于消费者对产品的态度，反映了消费者购买产品的规律，因此，研究产品开发和企业营销策略，不仅要考虑消费者采用产品的情况，还要结合产品的经济生命周期进行。当产品处于试销阶段时，应将最早采用者视为营销对象，并重视其在购买中的"领头羊"示范作用；当产品进入畅销阶段时，就要抓住早期采用者和中期采用者，以扩大新产品的市场；当产品进入饱和阶段时，中、晚期采用者（特别是晚期采用者）就成为主要的营销对象；当产品进入滞销阶段时，企业的营销目标只能是最晚采用者（见表 8-2）。

表 8-2 消费者采用新产品的情况

产品所处阶段	营销对象	作用
试销阶段	最早采用者	"领头羊"示范作用
畅销阶段	早期采用者、中期采用者	扩大新产品的市场
饱和阶段	中、晚期采用者（特别是晚期采用者）	巩固市场份额
滞销阶段	最晚采用者	产品进入最后阶段，应加紧新产品的开发

有人说，当最晚采用者光顾你的产品时，便可判定产品已经进入最后的阶段，应当加紧新产品的开发与研制了。以上这种分析与联系指的是一般的、大致的情形，是一种趋向上的认识。

第三节 产品生命周期

一、产品生命周期的概念

产品生命周期是指某产品从进入市场到被淘汰退出市场的全部运动过程。一个典型的产品生命周期曲线，包括产品在整个周期内的销售和利润情况。产品生命周期通常要经历四个阶段：投入期、成长期、成熟期和衰退期。

图8-2显示出产品在其生命周期不同阶段的发展变化过程。其中,投入期(介绍期)是新产品刚刚被引入市场的起始阶段,这个时期的产品销售呈缓慢增长的态势。成长期是指产品在市场上逐步被消费者接受,销售额迅速上升的时期。成熟期是指产品已被大多数消费者接受,市场销售保持较高水平的状态。衰退期是指产品销售额急剧下降,利润趋向于零甚至是负值的阶段。

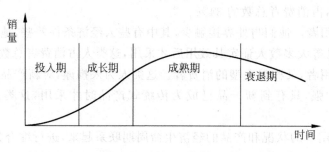

图8-2 产品生命周期曲线

由于产品所处的各个生命周期阶段具有不同的市场机会和利润潜力,因此,研究生命周期理论对于企业市场营销组合策略的制定和执行有着重要的指导意义。我们对产品生命周期原理的理解还应该从更深的层次来进行。

(一)产品生命周期与产品使用寿命

产品生命周期与产品使用寿命是两个完全不同的概念。产品生命周期指的是产品的经济生命,也叫产品的市场寿命。而产品使用寿命是指产品在消费过程中,实体磨损或消耗所持续的时间,即产品的耐用程度。产品的使用寿命短,不等于其生命周期短;反之,使用寿命长的产品,也不等于其生命周期长,两者之间的区别见表8-3。

表8-3 产品生命周期与产品使用寿命的区别

名 称	特 点	决 定 因 素
产品生命周期	无形的、抽象的	各种市场因素
产品使用寿命	有形的、具体的	产品性质、使用及养护程度等

(二)产品种类、产品形式、品牌的生命周期

一般而言,产品种类(如香烟)、产品形式(如过滤嘴香烟)和品牌(如万宝路)的生命周期很大不同。

产品种类的生命周期最长,像食盐、服装、家具等产品的成熟期可无限延续下去,因为其销量与人口增长率成正向关系。

产品形式比产品种类能更准确地体现标准的产品生命周期历程。在经历了典型的生命周期的四个阶段之后,老产品被新产品取代而退出市场。

品牌的生命周期有长有短。在竞争市场中,一些品牌不断被其他新式样、新牌子所替代,这显示了品牌较短的生命周期;而像市场寿命已超百年的可口可乐品牌,则显示了品

牌较长的生命周期。

(三) 产品生命周期的非标准形态

产品生命周期是一种理论抽象,是提取了大多数产品的市场特征后进行的综合性、典型性概括。生命周期曲线的标准形态只是描述一般产品在市场中表现出来的变化规律。在现实经济生活中,由于各种产品的科技含量、所处的市场环境等条件不尽相同,所以它们经历生命周期各阶段的过程并不都是完全一致的,每个阶段的长短也各不相同。因此,描述某一产品的销售与时间关系变化时,其生命周期曲线形态不一定与理论曲线一样。

二、产品生命周期各阶段市场特点及营销策略

(一) 投入期市场特点及营销策略

1. 投入期市场特点

投入期市场特点如下:①产品技术、性能不够完善,消费者对产品不够了解,销售量小;②价格决策风险大,高价可能会限制购买,低价则不易尽快收回成本;③有效的分销渠道尚未完全建立;④广告和其他促销开支大;⑤市场竞争者少。

2. 投入期营销策略

当企业推出一种新产品时,决策者对各个营销变量,如产品、价格、分销、促销可选择或低或高不同水平。如果单从价格和促销两个因素考虑,管理者能在图8-3所示的策略组合矩阵中择一而行。

		促销费用水平	
		高	低
价格水平	高	高价高促销 (快速撇脂策略)	高价低促销 (缓慢撇脂策略)
	低	低价高促销 (快速渗透策略)	低价低促销 (缓慢渗透策略)

图8-3 投入期的四种策略

(1) 快速撇脂策略。快速撇脂策略以高价格和高促销费用向市场推出新产品。成功地实施这一策略,可以赚取较大利润,迅速收回新产品开发投资。该策略的适用条件是:①新产品确实优于市场原有同类产品;②市场需求潜力大;③目标顾客有强烈的购买欲望而不在乎价格。

(2) 缓慢撇脂策略。缓慢撇脂策略以高价格和低促销费用向市场推出新产品。该策略的适用条件是:①市场规模有限;②目标市场中大多数顾客已了解这种产品;③适当的高价格能为购买者接受;④竞争威胁不大。

(3)快速渗透策略。快速渗透策略以低价格和高促销费用向市场推出新产品。该策略的适用条件是：①产品的市场容量大；②消费者对产品不了解且对价格十分敏感；③竞争激烈；④单位产品成本能够随生产规模和销售量的扩大而降低。

(4)缓慢渗透策略。缓慢渗透策略以低价格和低促销费用向市场推出新产品。该策略的适用条件是：①市场容量大；②产品知名度高；③产品的需求价格弹性大；④存在竞争者和潜在竞争者。

（二）成长期市场特点及营销策略

1. 成长期市场特点

成长期市场特点如下：①销量迅速上升是产品成长期的首要标志；②产品基本定型、成本降低、利润提高；③价格稳定或略有提高；④分销渠道疏通；⑤竞争者涌入。

2. 成长期营销策略

在这个阶段，企业实施营销策略的目的是尽可能延长产品的成长期，具体可采取以下策略。

(1)提高产品品质。从质量、性能、色调、款式、包装等方面加以改进、提高，以对抗竞争产品。企业还可以从扩展产品用途入手，增加产品的市场竞争力。

(2)开拓新市场。对处于高速发展时期的新产品，市场需求潜力一般都比较大。企业应抓住这一机会，为产品寻求更广阔的市场。

(3)重新评价渠道。巩固原有渠道，增设新渠道，提高市场占有率。

(4)树立产品形象。促销宣传的重点由扩大产品知名度转移到树立产品形象，以培养消费者的品牌偏好。

(5)调整产品价格。选择适当时机降低或实行折扣价格，这既可以吸引更多的消费者，又可以阻止竞争对手进入。

（三）成熟期市场特点及营销策略

1. 成熟期市场特点

在成熟期的前半段，销售增长缓慢，销售渠道趋于饱和，仅有少数后续购买者进入市场，大多为老顾客的重复购买。此时，产品的销售量达到最高峰，利润也达到顶点。在成熟期后半段，消费者的兴趣已开始转向其他同类产品或替代产品，销售量下跌，利润下降，竞争加剧。

2. 成熟期营销策略

(1)市场改良策略。市场改良策略又称市场多元化策略，即进入新的细分市场争取新顾客。

(2)产品改良策略。产品改良策略又称产品再推出策略。产品整体概念任何一个层次的改进,都可以视为产品改良。实现产品再推出的具体策略有品质改进、性能改进、风格改进、服务改进等。

(3) 营销组合改良策略。营销组合改良策略即通过改变定价、销售方式及促销方式来延长产品的市场寿命。一般是通过改变一个或几个因素的搭配关系来刺激消费需求、扩大销售量。企业可以在产品品质不变的条件下降低价格,从竞争对手那里吸引一部分顾客。企业采取扩大销售渠道、增设销售网点、加强广告宣传等措施,也能收到同样的效果。

(四)衰退期市场特点及营销策略

1. 衰退期市场特点

衰退期市场特点如下:①产品销量由缓慢下降变为迅速下跌,消费兴趣转移;②价格降到最低点;③多数企业无利可图,纷纷撤离市场;④留在市场的企业,被迫削减促销预算,简化销售渠道,以维持微利或保本经营。

2. 衰退期营销策略

(1) 维持策略。企业为了避免消耗过多实力,不采取主动出击的策略,而是顺其自然,继续保持原有的细分市场,沿用以往的营销组合策略,将销售量维持在较低水平,等到一个适当的时机,便停止经营该产品,撤出市场。

(2) 集中策略。企业简化产品线,缩小经营范围,把资源集中使用到最有利的目标市场、最有效的经销渠道和最容易销售的各种款式上,同时收缩广告规模及其他促销活动。总而言之,集中策略即缩短战线,集中力量赢得尽可能多的利润。

(3) 榨取策略。企业以急功近利的方式,压缩广告费用、取消广告宣传、大幅度精简推销人员、削价处理产品。这样做,有可能使盈利迅速下降,但可以争取产品淘汰前的最后一部分利润。

(4) 转移策略。企业停止生产经营衰退期产品,出卖、转让产品商标以及存货,处理好善后事宜,将企业资源转向新的经营项目。此外,企业也可及早开发出新产品,对处于衰退期的产品逐步停产,有序地完成新老产品的更替,以减少停产、转产为企业带来的损失。

产品生命周期各个阶段的特征及相应的营销目标和营销策略如表 8-4 所示。

表 8-4 产品生命周期各个阶段的特征及相应的营销目标和营销策略

特 征	投 入 期	成 长 期	成 熟 期	衰 退 期
销售	低销售额	销售剧增	销售高峰	销售衰退
成本	单位顾客成本高	单位顾客成本一般	单位顾客成本低	单位顾客成本低
利润	亏本	利润增长	利润高	利润下降
顾客	创新者	早期使用者	早期大众	落后者
竞争者	很少	增多	稳中有降	下降
营销目标	创造产品知名度,提高产品试用率	市场份额最大化	保护市场份额,争取最大利润	压缩开支,榨取品牌价值

续表

特　　征	投　入　期	成　长　期	成　熟　期	衰　退　期
营销策略	快速撇脂策略 缓慢撇脂策略 快速渗透策略 缓慢渗透策略	提高产品品质 开拓新市场 评价、增设渠道 树立产品形象 调整产品价格	市场改良策略 产品改良策略 营销组合改良策略	维持策略 集中策略 榨取策略 转移策略

第四节　品牌管理

品牌代表了一系列由它的营销者、公司管理层以及全体员工在相当长一段时间内坚持增强和沟通的价值。例如，芝华士是骑士精神的代名词；卡地亚代表了爱情至上；哈雷戴维斯代表了自由和坚强的个人主义；索尼代表了高质量与可信赖；劳力士手表代表了大师级的工艺与精密。品牌不仅仅是一个名字、术语、标识。品牌包括公司相比同类产品的其他品牌所具有的提供给消费者独特的承诺。一个品牌的存在，是一个营销的实体[①]，拥有它自己的名字、术语、标示、符号、设计或是以上这些要素的组合作为其身份的确认。如果没有一个能够被识别的品牌，那么这个产品仅仅是一种商品。

本节将介绍连接消费者与企业的主要纽带——品牌；并依次介绍品牌的相关概念，品牌资产，探讨如何建立优质的品牌以及品牌的维护与发展。

一、品牌

（一）品牌的含义

品牌（brand）既是一种识别标志，又是一种精神象征，其外在表现为名称、术语、符号、图案或是这些因素的组合，用以识别产品或服务的制造商和销售商；同时又是产品或服务的核心体现，是将其特定利益让渡给消费者的一种承诺。

英文的品牌"brand"一词源于古代斯堪的纳维亚语"brandr"，意为烙印。在这个词的基础上衍生了brands，最初的含义是"对牛享有所有权的标记"。[②] 随着时间的推移，品牌不再是简单的商品名称，脱离了早期单纯的产品之间的区分功能；并逐渐演化为不仅代表所有权，也象征对消费者具有某种意义的特定属性，成为企业竞争的有力武器之一。

当品牌所具有的属性与消费者的期望联系在一起时，对价值的一种感知便被创造出来了。可以说品牌不仅是一个简单的名称，更是一种承诺，代表着消费者对产品及其功能的认知和感觉。在所有消费者可能感知到的与品牌相关的产品或是服务上，这种承诺都无所不在。某些品牌，如可口可乐、麦当劳、耐克、香奈儿之所以始终在市场中引领风骚，

[①] 营销实体是指一个产品、一家零售店、一种服务或是一个地理区位，如整个国家、地区、州或是城市。
[②] H. Arnold, "Brand Aid", Financial Management (November 2001): 31-34.

不仅仅是因为其传递了独特的利益、值得信赖的服务或是创新的技术,相反的,而是由于其与某种文化建立起了深刻的联系。

(二) 品牌与产品

品牌与该品牌所属组织所提供的产品(或服务)是有区别的,品牌存在于人们的意识之中。二者之间的区别主要体现在以下几个方面。

(1) 产品是在工厂里生产的,品牌则是通过营销沟通和体验形成的。

(2) 一个产品可以被竞争者模仿,而品牌则是独一无二的。

(3) 产品可能会过时落伍,而成功的品牌则会经久不衰。

(4) 产品是通用的术语,而品牌却有自己的个性、特点和思想。

(三) 品牌与商标

品牌不是商标。"商标"一词系舶来语汇,英语里称为"trade mark"。在古希腊、古罗马等文明的考古出土器物上,也发现刻有文字的印记和图案,内容基本是制作者名字和动植物等图案,其作用也是便于在物品交换过程中区分产品所有者。品牌则是产品或服务的象征,而商标指的是符号性质的识别标志。品牌所涵盖的领域,包括商誉、产品、企业文化以及整体运营的管理。因此,品牌不是单纯的象征,而是一个企业整体竞争力的总和。

二、品牌资产和品牌估价

(一) 品牌资产

品牌资产(brand equity)是指通过创建独特形象来影响顾客行为的一种品牌力量。20世纪七八十年代,随着品牌竞争的加剧,品牌管理者迫切需要用更加量化的方式来指导和评价品牌营销决策。自80年代中期以来,全球掀起了大规模企业并购浪潮,发生了许多起兼并、收购品牌企业的案例。雀巢公司(Nestle)以3倍于股市价格、26倍于净资产价格收购了Rowntree Macintosh;宝洁(P&G)以账面价值(book value)的2.6倍收购了Richardson-Vicks;菲利普莫里斯公司(Philip Morris)收购卡夫(Kraft)时花了129亿美元,出价是卡夫账面资产的4倍多,这一系列的收购使人们对品牌的价值有了深刻的认识。可见,伴随着全球市场上大规模企业并购,对品牌的估值成为并购活动中一项重要内容。

在上述力量的推动下,"品牌资产"一词在20世纪80年代初期首先被美国广告界广泛使用(Barwise,1993)。这一概念比早期的品牌形象等概念更深入地说明了品牌竞争制胜的途径。与此同时,品牌资产这个概念逐渐被学术界所重视(Aaker,1991;Aaker & Biel,1992)。美国营销科学院(MSI)以"品牌资产"为主题召开会议后,它便成为营销学文献中最热烈讨论的议题之一。大量学者就如何理解、建立、管理和延伸品牌资产撰写了文章;广告公司和市场咨询机构(诸如Interbrand、Total Research等)也对此问题有较多关注。

诚如营销学泰斗菲利普·科特勒所言,"品牌是必须精心发展和管理的强有力的资产"。[①] 尽管品牌不同于产品或是服务,但无疑会影响消费者对企业产品或是服务的感知价值。这种感知会增强或者削弱公司的市场竞争力。品牌资产反映了消费者赋予品牌承诺的价值。所有为大众所接受与尊敬的品牌都加强与传递了独特的价值。知名品牌拥有很高的品牌资产,因为消费者相信这些品牌有能力传递品牌承诺。

(二)品牌估价

拥有品牌也就拥有了溢价权,品牌溢价(brand premium)是满足消费者欲望层面的东西。商品一般可以满足消费者三个层次的需求,分别是需要、需求和欲望。需要是商品的基本功能,需求是商品功能的提升,欲望是满足消费者使用功能以外的精神需求。比如汽车,其基本功能是代步,比人走得快,不怕风吹日晒,这是需要层面;在满足这些条件过后,用户考虑能否更安全、平稳、可娱乐、方便操控等就是需求层面的;如果买一辆奢华的意大利原产超级跑车则是满足欲望层面的需求。

以上对品牌建设和品牌价值实际重要性的探讨催生出市场如何为品牌赋予价值并如何衡量其价值的问题。品牌估价(brand valuation)是对拥有一个品牌所产生的经济利益进行量化的过程。现代意义的品牌估价始于20世纪80年代中期,当时国际品牌集团开始为一家英国企业[②]进行估价。

表8-5展示了2016年全球品牌估值前十名企业,表8-6展示了中国品牌估值在全球品牌100强中的情况。

表8-5 2016年全球品牌前十名

排 名	品 牌	与前一年排名变化	品牌价值/亿美元	变化百分比(较2015年)	所属国家
1	谷歌	1	2 291.98	32%	美国
2	苹果	−1	2 284.60	−8%	美国
3	微软	0	1 218.24	5%	美国
4	AT&T	2	1 073.87	20%	美国
5	Facebook	7	1 025.51	44%	美国
6	Visa	−1	1 008.00	10%	美国
7	Amazon	7	989.88	59%	美国
8	Verizon	−1	932.20	8%	美国
9	麦当劳	0	886.54	9%	美国
10	IBM	−6	862.06	−8%	美国

数据来源:根据《2016 BrandZ全球品牌100强》榜单整理

---

①② 菲利普·科特勒,加里·阿姆斯特朗.市场营销原理[M].7版.赵平,等译.北京:清华大学出版社,2002.

表 8-6　2016 年全球品牌 100 强中上榜中国企业

排　名	品　牌	与前一年排名变化	品牌价值/亿美元	变化百分比（较 2015 年）
11	腾讯	0	849.45	11%
15	中国移动	0	559.23	−7%
18	阿里巴巴	−5	492.98	−26%
27	中国工商银行	−5	336.37	−13%
29	百度	−8	290.30	−27%
46	中国建设银行	−5	196.17	−11%
50	华为	20	186.52	22%
57	中国平安	11	169.10	6%
59	中国人寿	3	167.12	−4%
62	中国农业银行	−12	163.31	−19%
71	中国银行	−6	138.03	−16%
72	中国石化	−9	132.06	−24%
83	中国石油	−12	123.41	−18%
93	茅台	新入榜	114.65	N/A
99	京东	新入榜	104.96	37%

数据来源：根据《2016 BrandZ 全球品牌 100 强》榜单整理

（三）品牌资产评估模型

品牌资产评估的经典方法有 Aaker 模型、Keller 模型以及三维度模型。

1. Aaker 模型

Aaker 主要基于消费者的视角提出了品牌资产的"五维度"概念模型，将品牌资产分为品牌忠诚度、品牌知名度、感知品质、品牌联想和其他品牌专有资产五个部分[1]。后来，Aaker 又将其细化，提出了品牌资产五维度十要素模型，将品牌资产结构进一步具体为溢价、满意/忠诚、感知质量、领导能力、感知价值、品牌个性、公司组织联想、品牌知名度、市场份额和价格十个子维度。[2]

2. Keller 模型

美国学者 Keller 在 1993 年提出了"基于消费者的品牌资产"（customer-based brand equity，CBBE）概念模型。[3] 该模型提出塑造品牌资产的关键在于品牌知识的形成，这是基于消费者的品牌资产理论的核心观点，品牌知识及其测量指标是基于消费者的品牌资产模型的变量的测量题项。而品牌知识具体由品牌认知和品牌形象两个维度构成。品牌

---

[1] Aaker D A. Managing Brand Equity：Capitalizing on the Value of a Brand Name[M]. New York：The Free Press，1991.

[2] Aaker D. Measuring Brand Equity across Products and Markets[J]. California Management Review，1996，38(3)：102-119.

[3] 凯文·凯勒.战略品牌管理[M].北京：中国人民大学出版社，2008.

认知是指消费者对品牌记忆及品牌识别的反应,由品牌回忆和品牌识别构成。品牌回忆是指给消费者一组产品类别时消费者能记忆回想该品牌的能力,品牌识别是当给出某品牌的一些特征和要素时消费者能确定该品牌曾出现过的能力。品牌形象是存在于消费者记忆中的一组与某个品牌相关联的联想,反映对该品牌的认知,亦即消费者已经形成有关品牌的知觉组合。品牌形象由品牌联想类型(包括属性、态度和利益)、联想喜好(喜好程度及评价)、联想强度(容易回想)和联想唯一性(独特的竞争优势)构成。

3. 三维度模型

Yoo 和 Donthu 以 Aaker 模型中品牌资产的十个要素为基础,通过探索性分析最后发现品牌资产可以用三个维度进行整合,即感知质量、品牌忠诚和品牌联想[1]。作者开发了量表在运动鞋、胶卷和彩电三个不同的行业进行检验,具有良好的信度和效度。Yoo 和 Donthu 的研究实际上是对 Aaker 模型的检验,其维度的简化便于研究的测量。同时,Yoo 和 Donthu 在其研究中还发现品牌资产各维度并不是平等的,可能存在一定的层次性,而且在不同的文化背景下品牌资产各维度的重要性具有差异,美国的消费者可能更加注重感知质量,而韩国的消费者则更加注重品牌忠诚(Yoo&Donthu)。[2]

三、建立优质的品牌

建立优质的品牌是帮助顾客简化决策、降低风险以及建立期望值的有效手段。美国营销学者认为,"未来的营销是品牌的竞争——品牌互争短长的竞争。商界与投资者将认清品牌才是公司最宝贵的财产。拥有市场比拥有工厂重要得多。拥有市场的最佳途径就是拥有具有市场优势的品牌。"越来越多的企业开始认识到,最有价值的财产之一是与各种产品和服务相联系的品牌。

建立一个优质的品牌是复杂且具有挑战性的工作,其不仅要考虑竞争类型、程度和竞争种类,进行差异化的能力以及企业管理层的敏锐,公司整体的战略及资产等因素。它需要更加敏锐地把握周遭环境以及消费者的心理和行为特点,需要多种手段协同作用。本小节将从品牌定位、品牌命名以及品牌视觉三个方面介绍如何构建优质的品牌。

(一)品牌定位

建立优质的品牌包括多个不同步骤,它们共同回答了"我们的品牌应该代表什么、想要表达什么"这些问题。让品牌在消费者心中占据独特的位置是建立优质品牌最关键的环节。所谓的品牌定位(brand positioning),即一个品牌在市场中相对于竞争者所占据的位置。

---

[1] Yoo B, Donthu N. Developing and validating a multidimensional consumer-based brand equity scale [J]. Journal of Business Research, 2001, 52(1): 1-14.

[2] Yoo B, Donthu N, Lee S. An examination of selected marketing mix elements and brand equity [J]. Journal of the Academy of Marketing Science, 2000, 28(2): 195-211.

第八章 产品管理
CHAPTER 8

1. 如何理解品牌定位

品牌定位既是一个有用的概念,又是一种无价的战略工具。一个品牌的定位是通过建立一种定位清晰,一个能够引起消费者共鸣、能够获得消费者认可的品牌。一个品牌的定位代表其在目标受众整体印象中的关键特征、优势或形象。成功的品牌定位是开发一个成功的营销计划最基本的初始行动。定位主张是品牌传播者与营销团队需要首先明确的事情。通过一个清晰的定位主张,品牌管理团队致力于通过所有的营销传播工具传递一致的信息。

从概念上讲,品牌定位包含两个方面的意思:第一,品牌管理团队诉求为品牌建立一个特殊的意义,并且希望该意义牢固地保留在消费者的记忆中。第二,消费者记忆中的品牌意义是同他们脑海中同一类别产品或服务的品牌意义相对比的。因此品牌定位涉及两个相互联系的行动,在消费者脑海中定位以及同竞争品牌进行竞争性定位。可见,定位是在消费者的脑海中创造品牌意义的活动,这些意义始于那些与消费者对竞争品牌相竞争的想法和感受。从策略上说,定位是一种主张或是一种行为,传递出品牌希望消费者铭记的信息,显示本品牌相比于竞争品牌的差异与优势。通过定位的表达给了消费者一个购买本品牌的理由,同时还承诺为消费者的需求提供解决方案。正如之前我们提到的,一个品牌的定位主张代表了品牌管理团队想要消费者如何思考和感觉本品牌。一个优秀的品牌定位主张应该满足两个要求:①应该反映一个品牌的竞争优势(相比于同一类别的竞争产品);②增进消费者的购买意愿。

2. 品牌定位的重要性

市场营销战略通常是在市场细分的基础上,选择目标市场,针对目标市场的竞争状况进行市场或品牌定位。制订市场营销战略需要回答如下基本问题:我们的目标消费者是谁?谁是我们的竞争者?我们的产品或品牌如何与竞争者的产品或品牌相区别(品牌定位)?企业与品牌管理团队只有对这些问题有清楚的认识,其营销活动才能有的放矢。

回答谁是我们的消费者、谁是我们的竞争者等问题,看似容易,实则不然。并且对这些问题的回答对营销组合策略的制订具有关键性的影响。

20世纪80年代中期,生产高级自来水钢笔的派克公司换了一个老总。上任伊始,他召开了第一次董事会,会上他拿着公司生产的最好的自来水钢笔,问谁是公司最大的竞争者。其中一位董事试探性地回答,公司最大的竞争者是一个叫 Shaeffer 的公司,因为该公司也生产高级自来水钢笔,而且其产品无论是品质还是价格都与派克相类似。对这一回答,新老总不以为然,他认为 Shaeffer 无疑是公司的竞争者,但绝不是最大的竞争者。随后,另一位董事提出,公司最大的竞争者应当是 Biro-Swan,该公司生产的圆珠笔,价格便宜,现在越来越多的人使用 Biro-Swan 圆珠笔而不是钢笔,所以该公司才是派克最大的竞争者。对此派克公司的老总给予了赞许,认为这种想法具有启示性。受此鼓舞,其他的董事纷纷提出各种观点,甚至提出凡是生产书写用具的公司,包括生产打印机、电脑、传真、复印机等产品的公司都是派克的竞争者。如此一来,关于谁是公司竞争者这一问题变得越来越不清楚。

最后,公司老总做了总结性发言,他的发言出乎所有与会者的意料。他认为公司最大的竞争者是 Ranson 牌高级打火机。他指出,消费者购买派克钢笔,70%以上的人不是供自己使用,而是作为礼品送给他人,他们在选择派克钢笔时,另外一种选择就是 Rasnon 牌高级打火机。在确定了谁是派克的竞争者以及派克是在经营礼品的定位后,有关派克的营销战术或策略方面的问题实际上也就迎刃而解了。既然派克是在礼品市场上经营,那么其产品的品质必须是一流的,包装必须是高档的,与之适应,价格必须很昂贵,渠道必须是选择性的,绝不能在大众化的通路上销售。

很明显,企业只有在制订合适的营销战略,解决"谁是我们的目标顾客""谁是我们的竞争者""顾客为什么选择我们的产品"等基本问题后,才能更有效地决定广告、定价、促销等战术性活动。在此过程中,产品或品牌定位即如何使我们的产品与竞争者的产品相区分、如何给消费者充分的理由选择我们而不是竞争者的产品,无疑构成营销战略不可或缺的重要内容。

3. 如何进行品牌定位

品牌定位实际上是从概念层面决定如何把本品牌与竞争品牌相区别,如何使品牌与消费者的生活、目标和追求相联系,从而给消费者提供选择该品牌的充足理由。一个品牌要被消费者的脑海所铭记,本身必须特别醒目、突出。怎样才能使信息醒目和突出呢?关键是使信息与消费者的需求、消费者的生活相关联,使信息与消费者头脑中的已有知识相联系。基于经验和学习所获得的知识,将以一定的方式和结构储存在消费者的头脑里,新的信息只有与原有知识建立某种联系,才能被消费者接受并被方便地提取。所以,定位从某种意义上是将品牌嵌入消费者的"知识库"中,并在"知识库"中占有一个很突出的位置。

从企业的角度来讲,进行品牌定位首先需要确定定位声明。所谓定位声明实际上是营销战略的高度概括,它用简洁的语言说明产品或品牌面向的对象、提供的利益。通常定位声明包括三个方面的内容:一是目标市场,二是参照系,三是价值建议。

以红牛饮料为例,其在 1995 年初进入中国市场时,品牌定位在"功能性饮料",生产诉求为"提神醒脑,补充体力",其目标受众群体为司机、夜场娱乐人士、经常熬夜的工作人员、青少年运动爱好者等。精准的品牌定位配合良好的营销策略使红牛与市场中的竞争产品区隔开来,成功地在市场中站稳脚跟。随着中国功能性饮料市场的不断饱和,红牛单一的功能诉求已不能满足消费者对功能饮料身体和心理上的需求,单一的功能诉求同时限制了消费群体。面对新情况,红牛将品牌定位升级为"精神力量的传递",提出"有能量,无限量",也很好地淡化了产品功能的诉求,同时传播了时尚前卫的品牌内涵和生活方式。红牛时时进行的品牌升级,使红牛品牌更加鲜明、丰富,具有独特的个性,实现品牌价值与消费者心理、情感需求的完美契合。

4. 品牌定位的方式

根据参照对象的不同,品牌定位可以分为两种主要方式,即竞争定位与目标定位。

1) 竞争定位

所谓竞争定位,就是指针对同类产品中的其他品牌或虽非同类产品但与本品牌争夺目标消费者的企业或业务确定一个具有差异性且对消费者有价值的位置。竞争定位需要解决两个基本的问题：一是将品牌与某类产品相联系，二是针对竞争的产品或业务创造和显示本品牌的差异点。对大多数产品来说，前一个问题可能不成为问题；但对某些新产品或新品牌，发展与某类产品的联系非常重要，因为只有建立起这种联系，消费者关于该类产品的那些突出属性或特征才能转移到新的品牌上。比如，提到最安全的汽车，大多数消费者想到的是沃尔沃(Volvo)，沃尔沃也是"安全汽车"中的典型成员。若是某个新品牌的汽车也想被消费者视为非常安全的汽车，一种可能的做法是强调与沃尔沃品牌一样安全。并通过各种展示和传播活动在消费者心目中建立起与"安全汽车"这类产品的密切联系。

当然仅仅建立起与某类产品的联系是不够的，要使消费者认同你的品牌，还需要提供独特的差异性。此处我们以美国联邦快递的定位为例。美国联邦快递通过航空运输传送邮件和包裹，所以它较以公路运输为主的快递公司如联合包裹公司具有"运送更快"的优势。长期以来，它以"快捷""准时"作为利益诉求，以此与竞争对手相区分。但随着其他邮寄公司也相继采用航空运输方式，特别是随着互联网和传真技术的运用，使得联邦快递所强调的差别点日益失去吸引力。在此情形下，它需要针对新的参照系重新定位，新的定位强调的不再是如何快捷和准时，而是"安全""保密"，而这恰恰是互联网、传真机等不具有的优势。更重要的是消费者一旦将"安全""保密"这样的关键词牢牢地与联邦快递相联系，那么其他竞争者要想在这一属性和利益层面上与联邦快递竞争就非常困难了。

2）目标定位

与竞争定位不同的是，目标定位不拿竞争品牌或竞争业务做比较，而是根据消费者追求的利益与目标作为品牌定位出发点，最终使品牌在抽象层面上与消费者的追求相一致，或帮助消费者达成其追求的目标。比如如果目标消费者有不断追求创新、时尚的个性，则品牌中应加入创新和时尚的因素，并通过富有创新、时尚感的代言人，通过展现各种与创新、时尚相联系的事件、活动、人物，不断强化品牌定位，最终使品牌成为"创新与时尚"的同义词。一旦这种目标定位达成，不仅竞争者很难仿效，而且消费者也不再主要依据产品的具体属性如价格等进行品牌比较从而使企业赢得竞争优势。

（二）品牌命名

为新品牌选择一个恰当的名称是一个极其重要的决策，一个好的品牌名称可以极大地促成一个产品或是一项服务的成功。好的品牌名称将唤起安全、可靠、速度、高效、优雅、美好等诸多正激励的联想。当然，找到一个好的品牌名称并不是件容易的事，我们需要了解品牌命名的规则以及品牌命名的过程。

1. 品牌命名的规则

恰当的品牌名称能为产品或服务带来巨大的优势。品牌名称应当符合所代表产品或是服务的属性和利益，并与目标消费者相关联。品牌命名的规则如下。

（1）品牌名称能区别和描述产品或是服务。

（2）品牌的名称要适合产品类别，同时易于记忆又有独特性。

（3）避免所采用的品牌名称只能将商业机会限制于某一特定的细分市场，而不能扩展至新的细分市场。

（4）品牌名称具备国际性，能够在国际市场使用。

（5）确保品牌名称作为知识产权受到保护。

在实际情况中，企业常常需要面临的是为新产品创立新品牌还是将其纳入现有产品组合中的抉择。这个问题涉及公司的品牌架构。品牌架构（brand architecture）指在范围相对广泛的产品组合中进行的品牌命名和组建。

2. 品牌命名的过程

在品牌的运营上，一个优质的品牌之所以区别于普通的品牌，其中一个很重要的原因就是：成功的品牌拥有家喻户晓、妇孺皆知的知名度，消费者在消费时能够第一时间回忆起品牌的名称。品牌命名的过程可以归纳为如下几个步骤。

步骤一：明确品牌名称的目标。同所有的管理决策一样，第一步是要确定达成的目标。好的品牌名称应该促使品牌被消费者所认知并记忆，为相应的产品或服务提供一个合适的形象，并与其他竞争品牌区隔开来。

步骤二：创立备选品牌名称。备选品牌名称通常是通过创造性思维训练和头脑风暴得到的。

步骤三：评估备选过程。备选中的品牌名称需要进行相关的标准评估，如同产品类别的相关程度、品牌名称的联想是否良好以及总体吸引力等。

步骤四：选择一个品牌名称。品牌管理团队通过步骤一和步骤三的不断筛选得到最终的品牌名称。该名称是团队结合主观决策与营销研究的共同产物。

步骤五：注册商标。这是完成品牌命名的最后一步，使得品牌名称最终确定下来。

（三）品牌视觉

品牌视觉（brand vision）是品牌理念的视觉化，通过品牌名称、标志、标准字、标准颜色等视觉要素在各种视觉载体上的应用，并对各种载体进行创意设计，把品牌理念以视觉方式传达给消费者。品牌视觉是消费者接触品牌的最直接方式，消费者对品牌信息的获取大部分都是通过品牌视觉，消费者很大程度上是通过品牌视觉对品牌进行认知，所以品牌视觉是品牌向消费者进行传播的有效方式，也是展现品牌形象的重要途径。

伴随商品经济的不断发展，品牌的内涵与外延也在不断地深化和扩展。当代品牌的含义已经不仅仅局限于是识别某种商品、服务或企业、个人的显著性标志，同时也被视为一种精神象征、一种价值理念，是品质的保证，是企业的无形资产，是提升产品、企业附加价值的有效手段。站在当代消费文化的视角上来审视，一个优良产品所要满足的除了消费者的生理需求，还有心理需求，而后者往往才是决定消费者购买行为的关键。[1] 此外，消费者心理的满足感往往来自其自我价值的彰显和身份地位的肯定，这其中品牌的溢价作用往往成为关键因素。[2] 优秀的视觉表现是品牌提升的第一步，其商业价值和审美价

---

[1] 孙日瑶，刘华军.品牌经济学原理[M].北京：经济科学出版社，2007：71.
[2] 张小炜，杨黎明，杨敏锋.企业商标全程谋略——运用、管理和保护[M].北京：法律出版社，2010.

值都是显而易见的。

品牌视觉对于品牌的塑造起着重要作用。视觉识别是品牌识别最主要的方式,基于视觉直观性的特点,视觉形象设计可以通过媒体传播对受众产生巨大的影响力。虽然视觉形象设计并非品牌成败的决定性因素,但其在建立优质品牌过程中却是不容忽视、必不可少的环节。

1. 品牌视觉形象

品牌的核心是它与消费者之间的关系,最终消费者能决定产品的品牌价值,良好的品牌视觉形象就是打动消费者实施购买行为一个极其重要的决定因素。一个品牌的视觉形象是品牌与消费者建立沟通过程中的第一印象。方式独特,色调搭配有视觉冲击力,并且具有一定亲和力的品牌视觉形象往往会吸引更多消费者的注意力,这也便于消费者对品牌有最初的印象及了解度。品牌视觉形象是品牌形象视觉传达的集中体现,是传递品牌信息最重要的、最直接的手段[①]。

品牌可以利用视觉效应,直观、形象地提供一些精美的画面,使受众产生一种审美想象的效果。在企业创建品牌的过程中,塑造品牌形象尤为重要,品牌形象中的视觉形象能够向消费者最为直观地传达该品牌的品位、特色等。任何成功的品牌在视觉表现上都会有鲜明的识别性,它用规范、个性的色彩、符号、字体等来突出品牌视觉的整体形象,并且会传递一种美感。也就是产品在消费者心中的美,众所周知的知名品牌,都有自己独特的形象符号,如百事可乐的蓝色包装、路易威登的 LV 标示、香奈儿的双 C 等。

品牌视觉形象传达给消费者的信息大致有以下因子:颜色、图案、文字、标识、形状、质感、意境和联想,如图 8-4 所示。

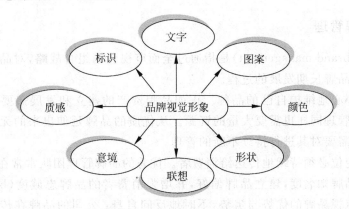

图 8-4　品牌视觉形象因子构成

2. 品牌视觉设计

品牌视觉的设计直接影响品牌的形象力。一个企业想要将企业的文化、理念等内在的形象进行宣传并传播给大众,那么必须以可视的形式将这些内在的因素外化出来,这种

---

① 林海斌.如何建立有效的品牌视觉形象[D].福州:福建师范大学,2009.

外化的方式就是为企业或其产品的品牌设计视觉形象,并且视觉形象设计的优劣也会反过来影响企业形象的传播效果。

品牌视觉设计在表现形式上最大的转变就是从以文字为主体逐渐转向以图为主体。传统的牌匾、楹联、招幌等品牌形象的推广形式虽仍存在,但其在商业设计上的价值与作用已经远不及商标、平面广告等新形式了。以图形、图像设计为主要形式的商标和广告,在识别性、艺术性、审美性、传播性等方面都要比以文字为主的传统形式更加有优势。这并不是说文字在品牌视觉形象设计与传播中失去了作用,可有可无。文字仍是品牌视觉形象设计中不可缺失的组成部分,不过在近代品牌视觉形象设计体系中,它是起着辅助图形、图像的作用,主要用作补充说明,当然也有纯粹以文字作为主体元素的商标、广告设计,但从总体数量上来看,仍是少数。

优质的品牌除了具有准确的品牌价值理念,还要有有效的视觉创意设计进行有效的传播。一般来讲,优秀的品牌视觉设计可以从以下几个方面对企业品牌产生有益的影响。

(1) 帮助企业品牌在市场竞争中建立起属于自身的鲜明形象,确保其在经济活动中的独立性和不可替代性。

(2) 传达企业品牌的理念和文化,以形象的视觉形式宣传企业品牌。

(3) 以特定的视觉形象及相应的符号系统吸引公众的注意力并产生记忆,促使消费者对企业品牌所提供的产品或服务产生品牌忠诚度。

(4) 从企业自身发展角度讲可以提高企业员工对企业的认同感、自豪感,提高企业士气。

四、品牌的管理与维护

(一) 品牌管理

品牌管理(brand management)是指通过全面审视营销组合战略,对品牌资产进行整体协调,从而使品牌长期发展的过程。

公司必须小心地维护自己的品牌。正如品牌资产的建立和发展需要大量的资源一样,持续的品牌管理同样也需要大量的资源。从优质的品牌延伸出来的无形品牌价值和有形品牌价值,需要对其进行持续不断的管理。

首先品牌定位必须持续地传达给消费者。优秀的品牌管理团队常常在广告上花费巨额资金来获得品牌知名度,建立品牌偏好,并增强消费者的品牌忠诚度(brand loyalty)。公司需要定期审视品牌的优势与劣势,不时地反问自身:公司的品牌在传递顾客真正重视的利益时是杰出的吗?品牌定位恰当吗?公司所有的消费者接触点都能支持品牌定位吗?品牌是否得到了适当的、持续的支持?

当商业环境变化时,品牌管理要利用品牌价值去开辟一条满足市场需求的捷径,管理公司的品牌资产再也不仅仅是品牌经理(brand manager)的任务。品牌经理没有足够的权力和能力完成建设与加强品牌的所有必要工作。管理作为资产的品牌更需要长期的战略规划,因此,公司成立了品牌资产管理团队来管理主要品牌。品类管理(category management)涉及对一条产品线中多个品牌的管理。品类经理(category manager)担负的责任往往包括传统上产品经理和品牌经理的责任,其中有产品组合决策和横跨不同产品的营销活动。

(二)品牌维护

品牌管理的关键因素之一是品牌维护(brand maintenance),一个好的品牌包含很多的内容,各种因子的巧妙结合使得产品的品牌得以完美地体现。品牌维护是品牌管理的关键因素之一,指的是企业为获得顾客忠诚而努力保护产品的形象和声誉,维系产品的感知度。

1. 品牌形象维护

良好的品牌形象是企业在市场竞争中的有力武器,深深地吸引着消费者。IBM 的精密,苹果手机的强大及其创造力,肯德基的精品化、标准化、人性化等,这些品牌的形象无不刺激着我们的购买欲望。以《华西都市报》为例,其为了维护品牌形象和品牌权威,加大二级市场的投入成本,增设分印点,增加彩色印张,提高出版时效,强化发行营销,不断开展市场攻势。同时,建立严格的广告价格制度,进一步规范广告市场和广告营销行为,制定稳定高效的价格体系;对所有广告客户一视同仁,没有亲疏远近之分;严格执行广告代理制,确保广告市场公平、透明等。总体而言,对品牌形象的维护可以从以下几个方面展开。

(1)通过视觉识别维护品牌形象。视觉识别不仅仅是一个图案设计,而是要创造一个具有商业价值的符号,并兼有艺术欣赏价值。标志是视觉形象的核心,它构成了企业形象的基本特征,体现了企业的内在气质。品牌标志的改变,是品牌形象维护的重要内容。

(2)通过形象代言人维护品牌形象。形象代言人是品牌形象的具体化、人格化。形象代言人的改变,能够使消费者很容易地接受新的品牌形象。例如,企鹅是中国腾讯公司虚拟的主题化形象;麦当劳叔叔是美国麦当劳公司的虚拟代言人等。

(3)通过理念识别维护品牌形象。品牌维护,目的就在于使自己的理念与消费者的消费观念、消费习惯同步。

(4)通过再定位改变品牌形象。持续一致的定位会给品牌带来积累的效应,但是一个定位如果不能适应时代或者市场,就应该作出相应的调整。改变定位有两种做法:转移定位和扩大定位。

为了使品牌形象保持连续性,在品牌维护过程中,品牌主管要深入研究企业的使命、远景、目标和战略。企业使命中要描述企业的核心目标:企业如何为其顾客提供价值,企业如何证明其存在价值。另外,远景则是以未来为导向的:企业将向哪个方向发展?它想实现什么目标?它有什么样的计划?使命与远景都旨在传递确定的、相关的信息与方向。使命和远景往往都与更明确、更易衡量、在较短时期内更易达到的目标和战略相联系。目标和战略比使命与远景更加明确,在企业的品牌传播主题中也更容易表达。此外,在品牌维护中,要始终如一地体现企业的价值观。价值观是相对较稳定的,企业的价值观往往来源于企业文化。

2. 品牌产权保护

品牌维护另一重要决策便是制订品牌保护(brand protection)措施,以及制定保护包括知识产权在内的品牌固有价值的决策。知识产权是指受法律保护,因而未经授权,不得仿造或使用的创新成果所形成的术语,是企业非物质资产的总称,如专利或是商标。倘若品牌的知识产权保护不力,就有可能导致如下严重的长期问题。

(1) 公司品牌贬值。召回和负面宣传会损害人们对品牌的感知。

(2) 合法利润减少。打击假冒伪造品的高昂成本会使公司长期和短期的利润均受到影响。

(3) 消费者信心降低。消费者对品牌的信任度降低,对品牌产品的购买意愿趋向谨慎。

(4) 产生相关责任风险。因使用假冒产品而产生的诉讼。

美国专利及商标局(USPTO)是负责向公司或个人授权在有限时间内使用创新成果的联邦机构。其主要任务是处理商标和专利的使用,并提供商标和专利信息。伪造是最常见的触犯品牌保护的形式。其是指在未经授权的情况下对已经注册品牌的产品、包装或其他知识产权进行仿造的行为。

3. 品牌发展策略

品牌管理团队有四种策略来发展品牌,分别是产品线延伸(line extension):为现有的产品类别中已存在的品牌开发新的形式、规格和口味;品牌延伸(brand extension):将现有品牌应用到新的产品类别中去;多品牌策略(multi-branding):将新品牌引进到已有的产品类别;打造新品牌(new brands)策略:为新产品类别开发新品牌。

(1) 产品线延伸。产品线延伸是指公司使用相同的品牌名称在既定的产品类别中推出另外的商品,如新口味、形式、颜色、成分或是包装量。产品线延伸作为一种低成本、低风险的推出新产品的方法,满足消费者对多样性的需要,利用过剩的生产能力,或者是希望获得零售商更多的货架空间。然而产品线延伸也有风险,一是一个过分延伸的品牌可能失去它特定的意义,使消费者产生混淆。二是一件延伸产品的销售可能以牺牲产品线内其他产品项目为代价。产品线延伸最好的状态是从竞争品牌处获得市场份额,而不是与本品牌其他产品线相互厮杀。

(2) 品牌延伸。品牌延伸是指在新的产品类别中使用成功的品牌名称推出新的或是修正过的产品。品牌延伸使新产品被迅速识别和更快接受,还节省了创立一个新品牌通常必需的高额广告费。品牌延伸的风险在于混淆主品牌的形象。而且一旦某个品牌延伸失败,则会损害消费者对其他持有相同品牌名称产品的态度。更进一步说,一个品牌名称可能对一个特定的新产品不合适,尽管该产品制作精良且令人满意——你会考虑购买格力的食用油或是金龙鱼的巧克力吗?过分的延伸可能导致一个品牌名称失去其在消费者脑海中的特殊定位。

(3) 多品牌策略。有一些公司选择在同样的产品类别中引进或是推出多个不同品牌。例如,宝洁公司是多品牌策略的优秀玩家,在其每个产品项目中都营销许多不同的品牌。多品牌策略不仅可以在充分利用企业资源的条件下，满足不同消费者的多样化需求，更有助于建立不同的属性并吸引不同的购买动机。多品牌策略的劣势在于每个品牌可能只获得很小的市场份额，并且无法获得垄断市场的高额利润。公司的资源也会因品牌过于分散而难以集中，无法推动潜力品牌的发展。此处引入一个新的概念品牌替换（cannibalization），意为在同一产品组合中，以牺牲现有产品的销量为代价来推出新产品。品牌替换是多品牌策略的特殊问题。拥有多个品牌，尽管研发和维护成本较高，但在定位不同产品属性方面却拥有较大的弹性。

（4）打造新品牌策略。当现有品牌出现资产不良，趋于衰落，无法有效地将品牌延伸至新的类别，就是企业准备考虑打造新品牌的时候了。例如，本田创立了主营豪华轿车业务讴歌品牌以区隔本田原有经济型轿车产品线。新品牌可为产品定位提供全新的选项，但其发展需要大量的资金投入。通常，新品牌的打造会参照企业已有产品组合中某一成熟品牌的经验和定位，然后专注于某个特定的利基市场。

第五节　个别产品决策

一、个别产品决策的概念

个别产品决策是指公司个别产品的开发与营销的决策问题，它具体包括产品属性、品牌、包装与标签三方面的决策。

需要注意的是，个别产品决策与产品决策并不一致。产品决策是企业根据市场预测的结果，在企业经营战略的指导下，结合企业自身的具体条件，确定在未来一段时间里以什么样的产品（产品组合）满足目标市场需要及推出该产品的过程。而产品决策包括个别产品决策。

二、个别产品决策的内容

个别产品决策的内容包括老产品决策和新产品决策两方面。

（一）老产品决策

企业对老产品的决策方针有以下几种。

（1）积极发展。当某种老产品市场容量大、收益大、销售增长率高、竞争能力强时，应采取积极发展的方针。

（2）整顿改进。凡市场容量大、收益大、销售增长率高而竞争能力弱，但有可能提高的产品，应采取整顿改进的方针。

（3）维持现状。凡市场容量饱和、销售增长率为零或开始下降，但目前仍有利润的产品，应采取维持现状的方针。

（4）保留。凡暂时没有销路但从长远看仍有发展前途的产品，应采取保留的方针。

（5）缩小或淘汰。凡市场容量缩小、发生滞销、无利或亏损的产品应采取缩小或淘汰的方针。

（二）新产品决策

企业对新产品的决策应考虑以下几方面。

（1）凡社会需要、有发展前途、可以形成一定生产规模、有销售渠道、收益好，企业又具有一定物质条件的新产品，应进行积极开发。

（2）对新产品类型的选择。新产品有全新产品、换代新产品及改进产品三种。全新产品技术要求高、投资大、需要时间长。换代新产品和改进产品投资少，收益快。一般企业应尽量选择换代新产品及改进新产品决策。

（3）新产品投入市场时机。新产品投入市场时机，应选择在老产品进入成熟期的后期，这样，当老产品的销售增长率开始下降时，新产品正进入成长期。

（4）新产品的开发形式。新产品的开发形式有改进现有的产品、扩大现有产品的花色品种、独立研制、技术协作、技术引进等。对于这些形式，企业应根据主客观条件决定。

三、个别产品决策的组成及策略

（一）包装及其策略

1. 包装的定义及作用

（1）包装的定义。包装是商品实体的重要组成部分。它一般分为三个层次：第一层次包装即直接包装，是指最接近产品的容器，如润肤露的瓶子。第二层次是间接包装，是指保护第一层次包装的物品，当产品进入使用状态时，它一般被丢弃，如载有促销信息的润肤露的纸板盒。第三层次又称运输（或储运）包装，是指产品存储、辨认、运输和方便进一步销售时所必需的包装，如装有 24 瓶润肤露的硬纸箱。这三个层次的内容共同构成了商品的包装。

（2）包装的作用。包装的作用见表 8-7。

表 8-7 包装的作用

作　用	描　述
保护商品	保护商品免遭污染、损坏、散失、变质等
方便使用	便于消费者使用，易于携带和开启等
促进销售	识别功能
	传递信息功能
	诱发购买功能
	增值功能

2. 包装策略

（1）类似包装。企业生产的全部商品的包装相同或相近。这种策略便于企业节约包装设计、制作费用，同时可以扩大影响，造成消费者对生产企业的强烈印象，消费者一看包装就知道是哪家的产品。但需要注意的是，采用此策略的企业产品线不宜过宽，同时，各种产品之间的质量差距不能太大，以避免不必要地加大低产品的包装费用，或使优质产品的声誉受到影响。

（2）等级性包装。按照商品的质量、价值分成等级，不同等级采用不同的包装。同等级商品采用相同的包装，不同等级商品的包装有各自的特征，易被区分，此策略使消费者根据包装选择商品。但是采用此策略需注意把本企业的商品时时与市场上的同类、同值商品做比较，以正确地决定等级之间的差异程度。

（3）组合包装。组合包装又称多品种包装，即按照消费习惯，将几种或多种有关联的不同商品集中装于一个包装物中。这种策略既可以方便消费者一次购到所需有关物品，还可以引发其连带性购买行为，利于新产品的上市推广。但现在我国有些企业用此方法推销残、次、滞商品，是不可取的。

（4）再使用包装。再使用包装也称双重用途包装。一种商品使用完了，其包装还可以派上其他用场。这种策略使消费者有新奇感，移作他用的包装物又可较长时间地留在人们身边，起到宣传商品的作用。但再次使用包装所用工料一般价格较高，在决策时要注意对消费心理进行研究，结合商品的特征，设计出有欣赏意味或再使用价值的包装。

（5）附赠品包装。在包装里面附赠品以吸引顾客购买，扩大销售量。附赠品包装还可以作为在国际市场介绍新产品和进行市场调查的手段。但在我国应禁止那些带有明显赌博或其他不健康手法的附赠品包装策略。

（6）改变包装。使商品放弃旧包装，改换新包装。在下列情况下宜采用此策略：①原包装缺点明显，并被证明是应该改进的；②为吸引顾客而换包装，以新的面貌出现；③包装材料落后，影响商品销售时，以及为了更好地满足目标顾客对包装物的要求而改变包装等。但需注意，改变产品包装时应注意配合产品质量的提高。

包装是商品的一部分，其策略也要服从和配合企业相关的策略。若企业采取单一的商品策略，追求企业及商品在消费者心目中的特定形象，包装也要为实现这一目的而设计。

（二）商标及其策略

1. 商标的定义

在西方国家，商标是一个专门的法律术语，品牌或品牌的一部分在政府有关部门依法注册并取得专用权后，称为商标。商标受到法律的保护，是一项重要的工业产权和知识产权，国际市场上的驰名商标，往往在许多国家注册。在商品经济发达的国家，商标依其知名度的高低和声誉的好坏，具有不同价值，是企业的一项无形资产，其产权或使用权可买卖。

在我国商标的概念有所不同。我国习惯上对一切品牌（包括名称和标志）不论其注册与否，统称商标，而另有"注册商标"与"非注册商标"之别。注册商标即受法律保护、所有者有专用权的商标；非注册商标即未办理注册手续的商标，不受法律保护。

2. 商标策略

个别商标策略是商标策略的一种类型，是指企业为实现、实施商标战略，根据商品的不同情况而采用不同的商标。

个别商标策略主要适用于以下四种商品：①不同类别的商品。企业生产的商品种类不同,商标也不同。②不同档次的商品。一般来讲,当生产经营的商品档次不同时,应分别设计商标。③不同品种的商品。即品种不同,使用不同的商标。④新商品。

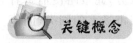

产品　产品的五个层次　产品类别　产品组合　产品开发　产品生命周期　包装决策　包装　商标

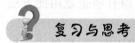

1. 简述产品概念的内涵、产品类别及其对实际工作的主要意义。
2. 简述产品组合的含义及产品组合的方法。
3. 列举并定义产品开发的过程。
4. 简述产品开发策略。
5. 描述产品生命周期的各个阶段以及产品生命周期中营销策略的变化。
6. 简述个别产品决策的种类及各种决策的作用。

三星：从跳跃到奔跑

在消费电子品的世界里,模仿性品牌多如牛毛。如果消费者不想花大价钱购买高端市场领导者的产品,他们就会青睐这些品牌。因此,如果消费者想要一个高配置的电视机,他们可能从索尼或 LG 中寻找。如果他们想找一些比较便宜、不是很高端的产品,他们可能从 Insignia、Dynex、Vizio 这些品牌中寻找。但是三星电子呢？不管你信不信,从 1969 年开始制作计算机和黑白电视一直到 20 世纪 90 年代中期,三星电子一直是廉价消费电子仿制品制造商。然而,今天,三星电子是世界上最大的电视制造商,并提供最尖端的机型。

三星电子是世界上最大的企业集团——韩国三星集团的一部分。巨大的三星集团成立于 1938 年,还拥有世界上第二大的制船企业、一家大型建筑公司以及韩国最大的人寿保险公司。该集团是如此之大,以至于占据了韩国所有企业利润的 25%,遥遥领先于排名第二的现代起亚汽车集团(只占 6.4%)。在 CEO 和董事长,即创始人李炳喆的第三个儿子李健熙的指导下,三星电子的发展已经取得了重大进展。

新管理策略

1993 年,李健熙推出他所谓的"新管理",一个针对整个公司自上而下的策略。作为李健熙新的管理的一部分,他使三星电子走向一个雄心勃勃的新方向。他希望三星作为首屈一指的品牌,淘汰索尼,成为世界上最大的消费电子品公司。三星要成为一个尖端产品的领导者而不是抄袭者。公司聘用了一群充满新鲜血液的年轻设计者,他们发动了新产品洪流——不是单调乏味的、仿制的产品,而是针对高端用户的时髦的、大胆的和漂亮的产品。三星称他们为"艺术生活方式"的作品。每个新产品必须通过"哇"的测试:如果在市场测试中没有得到"哇"的反应,它就被直接送回设计工作室。

随着开发时尚型和创新型新产品的进行,作为三星调整战略和定位的一部分,公司改变了分销渠道以与其相匹配。它摒弃了低端的分销商,如沃尔玛和凯玛特,选择与专业零售商建立强有力的关系,如百思买和电路城。"我们不再廉价。"一位三星电子设计者说。

在不到20年的时间里,三星电子已实现了它的崇高目标并会越走越远。2009年,公司收入为1170亿美元,利润83亿美元。与此相比,索尼收入770亿美元,净亏损近10亿美元。国际品牌集团(Interbrand)把三星评为5年中世界增长最快的品牌。2009年,在国际品牌集团列出的最具价值的全球品牌名单上,三星位列17,而索尼下降到29。

自2005年以来,三星一直是世界最大的消费电子品公司。它是世界上最大的电视制造商和第二大手机生产商。三星在DVD播放机、家庭影院、数码相机和摄像机、家电和激光打印机的市场中是强大的竞争者。但是,三星不仅生产成品,还是世界上最大的科技电子元件公司。这使得相当大份额的液晶LED显示屏、手机显示屏和电信元件被用在其他公司的产品中。它也是世界上闪速存储器最大的制造商。

艺术品

三星已经变得不只是大而已,它还实现了成为最先进的产品制造商这一目标。事实上,《快速公司》和《商业周刊》都把三星排在最具创新的企业名单的前列。而作为其设计能力的证据,三星公司在国际杰出设计奖中摘得八项荣誉。这一奖项的评判依据是产品的外观、功能以及每个产品背后的设计思想。设计界的宠儿苹果公司也只摘得七项荣誉。

看看2010年的获奖者。三星的彩色触摸屏蓝光DVD播放机以红色基调自然地融入一个钢琴黑框外壳的特点吸引了评判的眼球。评判指出:随着不同灯光而改变的颜色和外壳使DVD播放机看起来像一个玻璃制成的艺术品。三星Luxia LED电视系列也充满了"哇"的惊讶声,超越了市场上任何一种机型:55英寸的电视仅仅只有1英寸厚,仅重49磅。三星的EcoFit显示器采用了透明的支架,给人带来浮在空中的感觉。三星的YPS2Pebble既是MP3播放器,也是一个时尚挂件。它的卵石形状和迷人色彩让人想起大自然,它可以戴在脖子上,只有五个触摸键,非常简单,老奶奶都能使用。三星的10英寸KIWI迷你笔记本电脑方便、灵活,并且使用一次就能熟悉所有的功能。在2009年的国际杰出设计奖评比中,这些产品为三星赢得了"设计能力最佳公司"的称号。

三星正推动它的大部分产品类别向前发展。例如,随着手机行业从"哑巴手机"发展到智能手机,三星的目标是使它在高端市场上的份额从5%增加一倍至10%。三星发布的最新的高科技通信手机Galaxy S,无疑是热门产品。一位业内分析师称:"因为手机市场急剧转向智能手机,而且Galaxy S的硬件功能在市场上相当有竞争力,所以三星可以很容易地实现其目标。"它运行的是谷歌的新安卓操作系统,并具有四英寸屏幕、电子图书阅览器、500万像素摄像头、高度清晰视频电话功能,以及录音和播放功能。但是,可能最好的事情就是它不像很多顶级智能手机那样只能由一家运营商提供通信网络,世界上有超过100个引动运营商将提供Galaxy S。

马不停蹄

李健熙 2010 年被《财富韩国》评为 10 年内的顶级 CEO。他刚刚宣布"新管理"已成旧闻。在取得骄人成绩后，李健熙称，三星这家世界级的技术公司目前的主要产品有可能在未来 10 年内被淘汰。他再次将这种前瞻性思维应用在改革模式中。他称三星公司的最新战略为"mabuljungje"，即一句中国格言——"马不停蹄"。在给三星员工的备忘录中，李讲道："在过去 17 年的时间里，'新管理'学说帮助公司迅速转型成为世界上最好的电子制造企业之一。现在我们不能自满而是要努力经营。"

与任何具有前瞻性思维和创新性的公司一样，三星并不自认为知道当前的产品被淘汰时将会被什么替代。相反，三星正在大力投资以确保是本公司开发出替代品。三星最近推出了一个 230 亿美元的投资计划——是目前为止它最大的投资。而这个金额是仅仅几个月前放弃的项目的 3 倍。这比英特尔、IBM 和索尼的联合投资预算都要多。财政预算的大部分用于资本支出、新设备和工厂，以确保三星保持领先地位，剩下的则用于科研。在首尔外的一个新的芯片厂奠基仪式上，李宣布，尽管三星过去取得了成功，但是如果不彻底改造其商业模式，公司就有失去市场份额的风险。

据三星电子美国公司总裁蒂莫西·巴克斯特讲，作为"马不停蹄"战略的主要支柱，三星将利用交互性，即移动电话与电视交互、电视与互联网交互。将来，三星会带来更多能彼此交互的产品。在一次展示会上，巴克斯特盯着他的三星 Omnia Ⅱ 手机上的一对 A，按下几个手机按钮之后，在一个三星大屏幕电视上弹出了一张扑克桌，上面是他的对手拿着的一堆扑克牌——他的扑克玩伴在另一个城市。巴克斯特说："手机与电视不能交互是没有道理的。"

但产品交互性的进步不仅仅是向消费者呈现华而不实的硬件功能。这将把三星带向与其他公司争夺消费者眼球的竞争中，如苹果公司。三星知道，它仅仅提供更清晰的色彩或更好的音质是不能长期繁荣的。定价的权力只来自独特的功能或对内容的控制。三星正在大力投资于开发独特的功能。但是它的投资策略也会使三星有点儿像广告客户和承载广告的设备之间的经纪人。尽管现在三星对其计划保密，但是它已经宣布打算推出一款平板电脑和类似于苹果的应用程序商店（app store）来控制内容。三星把应用程序视为未来的广告载体。

三星能解决大屏幕问题，而苹果却不能。因此，由于其小型设备可以与具有网络功能的电视交互，三星就可以从多家公司赚取大量的广告收入，因为这些公司急于在相当于 iPhone 25 倍大的屏幕上推销它们的产品。如果成功的话，三星将不仅对苹果公司而且对有线电视公司构成威胁。这是因为，三星已计划好的网络类型会使自己成为一个数据收集者，掌握并洞悉电视观众喜欢的应用程序类型，因此它可以帮助建议它们应该接受哪些广告。

案例思考

1. 三星是如何从仿制品牌到成为产品领导者的？
2. 根据生命周期理论，三星管理它的高科技产品面临什么样的挑战？
3. 三星为什么致力于新产品开发，有什么意义，并阐述新产品开发的过程。
4. 三星卖的是什么，顾客真正想买的是什么？就产品的五个层次来讨论这些问题。

第九章

价格管理

1. 了解影响价格决策的因素。
2. 比较三种定价方法的优缺点。
3. 掌握新产品定价策略。
4. 了解价格调整策略。

1945年底,第二次世界大战刚刚结束,战后第一个圣诞节来临之际,美国的消费者都热切希望买到一种新颖别致的商品,作为战后第一个圣诞节的礼物送给亲朋。于是雷诺公司看准时机,从阿根廷引进了美国人从未见过的圆珠笔并很快形成规模生产。

当时每支圆珠笔的生产成本只有0.5美元,那么,市场的零售价该定多少呢?如果按照通常的成本导向定价法,定1美元就能赚一倍,1.5美元就是200%的利润。似乎应该满足了。但公司的专家们通过对市场的充分研究后认为:圆珠笔在美国属于首次出现,奇货可居,又值圣诞节,应用高价格引导,刺激消费。于是,公司决定以10美元批给零售商,零售商则以每支20美元卖给消费者。

事情果然如预测的那样,圆珠笔尽管以生产成本40倍的高价上市,却立刻以其新颖、奇特、高贵的魅力风靡全美国。虽然后来跟风者蜂拥而至,生产成本降到了0.1美元,市场价也跌到了0.7美元,但雷诺公司早已狠狠地赚了一大笔。

无论是专事商品生产、商品流通,还是以提供服务为其主要营销活动的企业,无一例外都面临着价格决策。价格的制定和调整不仅直接影响消费者的购买行为,而且直接涉及生产者、中间商和消费者三方面的利益,并对市场竞争的格局产生重大影响。因此,价格策略是一项既关系重大、又具有风险的挑战性决策。

第一节　定价依据

市场营销中的价格决策是最具科学性与策略性的问题。专家指出，市场营销价格的制定既是一门科学，又是一门艺术，这是对市场营销活动中制定价格的生动描述。其科学性，体现在企业的商品或劳务的价格制定要以经济学的价格理论为基础，在了解商品价格的形成及其变化规律的基础上制定；其艺术性，是指企业的商品和劳务价格的制定是在千变万化的市场环境中，在分析各种制约因素的基础上灵活多变地产生的。因此，市场营销理论中关于企业营销价格的研究，既以经济学的价格原理为基础，又不同于经济学的价格理论。

一、价格内涵

（一）价格的定义

从最狭义的角度来说，价格（price）是对一种产品或服务的标价；从广义的角度来看，价格是消费者在交换中所获得的产品或服务的价值。历史上，价格是通过买卖双方的协商来确定的。价格并非是一个数字或一种术语，它可以用许多名目出现。大致可以分为商品的价格和服务的价格两大类。商品价格是各类有形产品和无形产品的价格，货物贸易中的商品价格称为价格；服务价格是各类有偿服务的收费，服务贸易中的商品价格称为费，如运输费或交通费、保险费、利息、学费、服务费、租金、特殊收费、贿赂、薪金、佣金、工资等。

（二）价格的构成

商品价格的形成要素及其组合，亦称价格组成。它反映商品在生产和流通过程中物质耗费的补偿，以及新创造价值的分配，一般包括生产成本、流通费用、税金和利润四个部分。价格＝生产成本＋流通费用＋税金＋利润。

生产成本和流通费用构成商品生产与销售中所耗费用的总和即成本。这是商品价格的最低界限，是商品生产经营活动得以正常进行的必要条件。生产成本是商品价格的主要组成部分。构成商品价格的生产成本，不是个别企业的成本，而是行业（部门）的平均成本，即社会成本。流通费用包括生产单位支出的销售费用和商业部门支出的商业费用。商品价格中的流通费用是以商品在正常经营条件下的平均费用为标准计算的。

税金和利润是构成商品价格中盈利的两个部分。税金是国家通过税法，按照一定标准，强制地向商品的生产经营者征收的预算缴款。按照税金是否计入商品价格，可以分为价内税和价外税。利润是商品价格减去生产成本、流通费用和税金后的余额。按照商品生产经营的流通环节，利润可以分为生产利润和商业利润。

不同类型的价格，其构成的要素及组合状态也不完全相同。例如，工业品出厂价格是由产品的生产成本加利润、税金构成；工业品零售价格由工业品批发价格加零售企业的流通费用、利润、销售税金构成。这两种价格的各个要素所占的比重也略有不同，如工业品出厂价格中利润所占的比重一般要高于工业品零售价格中的利润比重。

二、企业制定价格需考虑因素

价格形成及运动是商品经济中最复杂的现象之一,除了价值这个形成价格的基础因素外,现实中,企业价格的制定和实现还受到多方面因素的影响与制约,因此企业应给予充分的重视和全面的考虑。企业的定价决策受企业内部因素的影响,也受外部环境因素的影响(图 9-1)。随着营销环境的日益复杂,制定价格策略的难度越来越大,不仅要考虑成本补偿问题,还要考虑消费者接受能力和竞争状况。

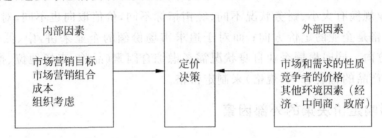

图 9-1　影响定价决策的因素

(一)影响定价决策的内部因素

1. 市场营销目标

定价以前,企业必须考虑它的产品策略。产品的定价要遵循市场规律,讲究定价策略,而定价策略又是以企业的营销目标为转移的,不同的目标决定了不同的策略和不同的定价方法与技巧。同时,价格策略作为企业实现经营目标的手段,直接影响企业的经营成效,具体表现在不同的价格水平会对企业的利润、销售额和市场占有率产生不同的影响,因此,企业在实施定价策略时,要结合企业内部情况、目标市场的经济、人文情况及竞争对手情况,根据对企业的生存和发展影响最大的战略因素来选择定价目标。

2. 营销组合战略

由于价格是市场营销组合的因素之一,产品定价时要注意价格策略与产品的整体设计、分销和促销策略相匹配,形成一个协调的营销组合。如果产品是根据非价格图表来定位的,那么有关质量、促销和销售的决策就会极大地影响价格;如果价格是一个重要的定位因素,那么价格就会极大地影响其他营销组合因素的决策。因此营销人员在定价时必须考虑到整个营销组合,不能脱离其他营销组合而单独决定。

3. 成本

产品从原材料到成品要经过一系列复杂的过程,在这个过程中必定要耗费一定的资金和劳动,这种在产品的生产经营中所产生的实际耗费的货币表现就是成本,它是产品价值的基础,也是制定产品价格的最低经济界限,是维持简单再生产和经营活动的基本前提。产品的价格必须能够补偿产品生产、分销和促销的所有支出,并能补偿企业为产品承担风险所付出的代价。低成本的企业能设定较低的价格,从而取得较高的销售量和利润额。因此,企业想扩大销售或增加利润,就必须降低成本,从而降低价格,提高产品在市场上的竞争力。如果企业生产和销售产品的成本大于竞争对手,那么企业将不得不设定较高的价格或减少利润,从而使自己处于竞争劣势。

4. 组织考虑

每个企业规模有大小、财务状况不同、经销指标不同,价值取向也不同,对于追求利润型企业,高价格是企业的定价方向;而对于追求市场份额的企业来讲,中、低价格定位是企业的定价方向。同时根据企业自身状况需考虑综合因素(品牌、市场地位、推广费用、渠道建设情况、产品的包装、产品规格)来制定价格。

(二)影响定价决策的外部因素

1. 市场和需求的性质

与成本决定价格的下限相反,市场和需求决定价格的上限。在设定价格之前,营销人员必须理解产品价格与产品需求之间的关系。在市场经济条件下,市场结构不同,即企业及其产品在市场上的竞争状况不同,企业的定价策略也不同。企业价格决策面临的竞争主要来自同行业生产者、经营者之间的竞争,尤其是市场处于买方市场的势态下,卖方间的竞争十分激烈,企业价格决策者必须熟悉本企业产品在市场竞争中所处的地位,分析市场中竞争对手的数量,它们的生产、供应能力及市场行为,从而作出相应的价格策略。不同的市场结构采用的定价策略是不同的。根据市场竞争程度的具体因素,我们可以把市场结构划分为完全竞争市场、纯粹垄断市场、不完全竞争市场和寡头竞争市场四种类型。

(1) 完全竞争市场。完全竞争市场指市场上有许多企业从事商品的买与卖,各个企业买卖的数量相差不大,且只占市场商品总量的一部分;它们买卖的商品是相同的;新的售卖企业可随时进入市场;买卖双方的市场信息灵通;生产要素在各行业间可以自由流动,市场上所有卖方企业出售商品的条件也都相同。在完全竞争的条件下,买卖双方都只是"价格的接受者",而不是"价格的决定者",价格完全由供求关系决定,各自的行为只受价格因素的支配,企业无须进行市场分析、营销调研,且所有的促销活动都只会增加商品的成本,也就没必要去专门策划和实施促销活动。完全竞争条件只存在于理论上,在现实市场中是不存在的。

(2) 纯粹垄断市场(或称完全垄断市场)。纯粹垄断市场指某种产品或服务完全被一个企业所独占。在现实中,除某些国家由政府特许的独占企业,诸如公用事业,对某产品有专利权或独家原料开采权的企业以外,这种情形也很少见,即使有,也仅仅局限于某时、某地。从理论上分析,垄断企业有完全自由定价的可能,但在现实中,其价格也受到消费者情绪及政府干预等方面的限制。

(3) 不完全竞争市场(垄断性竞争市场)。不完全竞争市场是一种介于完全竞争和纯粹垄断之间的市场条件,是一种既含有独占倾向、又含有竞争成分的常见状况。不同于完全竞争,不完全竞争市场上众多卖方企业的产品在质量、外观、花色、式样、包装、厂牌等方面存在着差异。某些企业依仗"差异"(包括产品实质的差异和利用促销手段造成的消费者心理上的差异)的优势,由价格的消极"接受者"变为强有力的价格"决定者"。

(4) 寡头竞争市场。寡头竞争市场是竞争和垄断的混合物,也是一种不完全竞争。指一个行业中几家少数的企业生产和销售的产品占此市场销售量的绝大部分,价格实际上由它们共同控制。各个"寡头"之间相互依存、相互影响,一个"寡头"企业调整价格都会引起其他寡头企业的连锁反应,因此,寡头企业之间互相密切注意着对方战略的变化和价格的调整。寡头又可分为完全寡头垄断和不完全寡头垄断两种。两种寡头都不是完全的垄断者,但每个垄断寡头都会对价格产生重要作用。

同时市场需求状况也是企业价格决策的主要依据之一。企业对产品的定价,一方面必须补偿经营所耗费的成本费用并保证一定的利润;另一方面也必须适应市场对该产品的需求变化,能够为消费者所接受。经济学原理告诉我们,如果其他因素保持不变,消费者对某一商品需求量的变化与这一商品价格变化的方向相反,如果商品的价格下跌,需求量就上升,而商品的价格上涨时,需求量就相应下降,这就是所谓的需求规律。需求规律反映了商品需求量变化与商品价格变化之间的一般关系,是企业决定自己的市场行为特别是制定价格时所必须考虑的一个重要因素。所谓的"薄利多销"就体现了这一道理。又如某一时期市场上某商品的需求量增加时,适当地提价可以获得较多的利润;反之,适宜采取降价措施。企业在制定商品价格时,市场需求状况常常是主要参考因素。

2. 竞争者的价格

竞争因素对定价的影响主要表现为竞争价格对产品价格水平的约束。同类产品的竞争最直接表现为价格竞争。如果企业采取高价格、高利润的战略,就会引来竞争;而低价格、低利润的战略可以阻止竞争对手进入市场或者把他们赶出市场。如果企业试图通过适当的价格和及时的价格调整来争取更多顾客,就意味着其他同类企业将失去部分市场,或维持原有市场份额要付出更多的营销努力,因而在竞争激烈的市场上,企业都会认真分析竞争对手的价格策略,密切关注其价格动向并及时作出反应。

3. 其他外部因素(经济、中间商、政府、社会关注问题)

在制定价格时,企业还必须考虑外部环境中的其他因素。经济条件对企业的定价策略有很大影响,如经济增长和衰退、通货膨胀和利率等因素会影响产品的生产成本以及消费者对产品和价值的看法。企业制定价格时应该能够给销售商带去可观的利润,鼓励它们对产品的支持,以及帮助它们有效地销售产品。营销人员需要了解影响价格的法律法规,并确保自己的定价决策具有可辩护性。同时企业在制定价格时,企业的短期销售、市场份额和目标利润将必须服从于整个社会的需要。

第二节 定价方法

一、企业定价方法

迄今为止,企业依据市场竞争和内外部环境的不同,采用过的定价方法各有不同,主要有以下三种。

(一)成本导向定价法

成本导向定价法是一种以成本为中心的定价方法,也是传统的、运用得较普遍的定价方式。具体做法是按照产品成本加一定的利润定价,如生产企业以生产成本为基础、商业零售企业则以进货成本为基础。由于利润一般按成本或售价的一定比例计算,故将一定的期望利润比率(百分比)加在成本上,因此常被称为"成本加成定价法"。此方法的优点在于所定价格如果能被消费者接受,则能保证企业全部成本得到补偿,企业成本材料自己掌握,计算方便,同时在成本没有大的波动的情况下,有利于价格的稳定,并给消费者一种可靠的成本定价、"将本求利"的印象。其缺点在于不能反映市场需求状况和竞争状况。成本加成法包含不同的具体种类,在此介绍其中的两种。

(1)完全成本加成法。完全成本加成法即以企业的完全成本为计算基础,加上一定的利润和税金来制定价格。完全成本在生产企业是单位生产成本与销售费用之和,在商业企业则是进价与流通费用之和,所加利润部分则分别按产品产量(或销量、成本)或销售价格的一定比例计算。常用的有外加法,也叫顺加法。公式如下:

$$商品售价 = \frac{完全成本 \times (1 + 成本利润率)}{1 - 税率}$$

(2)边际成本加成法。在西方企业中,边际成本加成法是短期决策的常用方法,我国许多企业在调整价格时也常用这种方法。在实际运用中,通常用下列公式计算边际成本。

$$边际成本 = \frac{增加1单位产品后的总成本 + 原来的总成本}{增加1单位产品的产量 - 原来的产量} = \frac{总成本增量}{产品增量}$$

进一步计算单位产品定价为

$$单位产品定价 = \frac{(原销价 \times 原销量) + 边际成本}{现定产量}$$

(二)竞争导向定价法

竞争导向定价法是以竞争为中心、以竞争对手的定价为依据的定价方法。现列举常用的四种竞争导向定价法。

(1)随行就市定价法。随行就市定价法即企业根据同行业企业的平均价格水平定价。在竞争激烈的情况下,这是一种与同行和平共处、比较稳妥的定价方法,可以避免风险。

(2)追随定价法。追随定价法即企业以同行业主导企业的价格为标准制定本企业的商品价格,如同行业中实力最强、影响最大的企业的单位商品定价为15元,本企业可根据产品需求的具体情况将本商品的单位定价定在 14～14.9 元。此方法可避免企业之间的正面价格竞争。

(3) 盈亏平衡定价法。盈亏平衡定价法又称收支平衡定价法,是运用损益平衡原理实行的一种保本定价方法。首先计算损益平衡点,其计算公式如下:

$$损益平衡点产量 = \frac{固定成本}{单位产品价格 - 单位可变成本}$$

当企业的产量达到损益平衡点产量时,企业不盈不亏、收支平衡、保本经营。保本定价的计算公式如下:

$$保本定价 = \frac{固定成本}{损益平衡销量} + 单位产品变动成本$$

如果企业把价格定在保本定价点上,则只能收回成本,不能盈利;若高于保本定价便可获利,获利水平取决于高于保本点的距离;如低于保本定价点,企业无疑是亏损的。因此,也可以将盈亏平衡定价法理解为,它规定了在产量一定的情况下,什么价格是保证企业不亏本的下限。

(4) 密封递价法。密封递价法是在建筑包工、大型机械设备购买、安装、社会集团(企业和事业单位)大批量购买时常用的方法,通常运用密封投标的形式。参加投标的企业事先根据招标广告的内容将本企业的价格密封递价给招标单位以参加竞争,争取本企业中标。许多经常参加投标的企业,常采用期望利润作为递价标准。期望利润可以根据估计的中标率和期望利润计算。当有的企业处境不佳,定价目标在于渡过难关时,投标递价应力争低些,以获取低利的机会。在中国一些地区的农副产品的交易中,仍然采用"袖中报价、议价"的密封递价等形式。

(三) 需求导向定价法

需求导向定价法是以消费者的需求为中心的企业定价方法。它不是根据产品的成本,也不是单纯考虑竞争状况的企业定价,而是根据消费者对商品的需求强度和对商品价值的认识程度来制定企业价格。其中主要的方法有以下两种。

(1) 理解价值定价法。企业按照购买者或消费者对商品及其价值的认识程度和感觉定价。企业往往利用市场营销组合中的非价格因素影响消费者,使他们在脑子里形成一种"价值觉察"(或称价值观点),然后据此来制定价格。如常州某电子仪器厂在开发中小学、幼教单位教学用电子琴过程中,了解到这类单位经费不充裕,且单位负责人财务审批权在 200 元以内,加之被替代的老式风琴价格均在 200 元以下,便认定此目标市场的电子琴的理解价值应在 200 元以下。经过反复修改设计,将电子琴的最终零售价定在 199 元以下,获得较好的销售效果。

企业要真正弄清消费者对商品的理解价值并非易事,常常需要采用直接评议、相对评分、诊断评议法进行调查和分析,以准确估计消费者对具体商品的理解价值,制定适当的价格。掌握理解价值定价法的关键在于正确判断购买者对商品的理解程度。

(2) 区分需求定价法。区分需求定价法又叫差别定价法,是在特定条件下,根据需求中的某些差异而使价格有差别的定价方法。具体"差别"有以下几方面。

同一产品,对不同的消费者制定不同的价格和采用不同的价格方式。其中,有的是由于不同消费者对同一商品的需求弹性不同,宜分别针对不同的消费者群制定不同的价格;有的则由于新老客户、购买用途、消费心理、购买习惯等不同而在价格上加以区别。比如,可以根据消费者的购买习惯将一部分售货价格列在价目表上,"言无二价",而对另一些消费者则只规定一个价格幅度,"讨价还价",当面议定价格以促使成交。

同种产品由于不同的外观、款式、花色采用不同的价格。尽管同等质量规格产品的成本及使用价值无大的差异甚至无差异,但其价格上的差别有的很大。如服装,"新潮"与过时之间价格的差别就很大。有的产品式样不同,致使成本有差别,但销售价格之间的差距大大超过其成本的差距。

同种产品或服务在不同的地点和位置采用不同的价格。如影剧院、音乐厅、体育馆等,因位置的不同票价也有差别。有的大饭店,对于同一楼层朝向不同、窗外景观不同的房间制定不同的价格。

在不同的时间提供同种产品或服务,采用不同的价格。时间的不同可体现在季节、日期,甚至一天中的不同时点上。如旅游淡季、旺季,一些旅游景点的宾馆、饭店的客房价格不同,公园、游乐场等娱乐场所节假日与平时的收费标准不同;交通高峰时间内公用交通设施如公共汽车、地铁等收费标准不同于平时。最典型的是电视台的广告收费,平时节目与"黄金时间"收费的差别在数倍、数十倍、数百倍甚至更大。

采用这种定价方法应具备一定的条件:第一,市场应该是可以细分的,而且不同的细分市场能反映出需求方面的差异;第二,企业不致因为细分市场而增加开支;第三,采用差别定价不会招致消费者的误解或反感。

二、企业定价程序

企业商品价格的制定是一个科学的、有序的过程,需要全面考虑。一般企业的定价程序可以分为六个步骤,即确定企业定价目标、测定市场需求、估算商品成本、分析竞争状况、选择定价方法和确定最后价格。

(一)确定企业定价目标

企业价格的制定是一种有计划、有步骤的活动,是实现企业营销目标和总体战略的具体工作。因此,必须首先明确企业的定价目标。现代市场营销理论和实践中,总结了若干种定价目标,在此列举其中的八种。

(1)投资收益率目标。投资收益率目标,也称投资回报目标,即企业定价要以达到其预期的投资收益率为目标。企业在投入一定的资金后,希望得到一定比例的利润。因此,企业在估算费用和期望利润的基础上,计算出毛利(或纯利)标准,加在产品的成本上作为销售价格,企业通过定价,使其投资在一定时期里能够获得一定的投资报酬。各行业中占主导地位的企业具有较高的威信和影响力,它们常采用此种定价目标。

(2)市场占有率目标。市场占有率目标,也称市场份额目标,即把保持和提高企业的市场占有率(或市场份额)作为一定时期的定价目标。在许多情形下市场占有率的高低比投资收益率更能说明企业的营销状况。有时由于市场的不断扩大,一个企业可能获得可观的利润,但相对于整个市场来看,所占比例可能很小,或本企业占有率正在下降。因此无论大、中、小企业,都希望用较长时间的低价策略来扩充目标市场,尽量提高企业的市场占有率。

(3) 稳定价格目标。稳定价格目标指以保持价格相对稳定,避免正面价格竞争(指企业间以竞相削价为压倒对方的手段)为目标的定价。当企业准备在一个行业中长期经营时,或某行业经常发生市场供求变化与价格波动需要有一个稳定的价格来稳定市场时,往往该行业中的大企业或占主导地位的企业率先制定一个较长期的稳定价格,其他企业的价格与之保持一定的比例,这样,对大企业是稳妥的,中小企业也避免遭受由于大企业的随时随意提价而带来的打击。美国的石油、钢铁行业运用此方法。

(4) 防止竞争目标。防止竞争目标即有意识地通过给商品定价主动应付和避免市场竞争。企业价格的制定,主要以对市场价格有影响的竞争者的价格为基础,根据具体商品的情况稍高或稍低于竞争者。竞争者在成本和需求变动下价格不变,实行此目标的企业也维持原价,竞争者的价格或涨或落,此类企业也相应地参照调整价格。一般情况下,中小企业的产品价格定得略低于行业中占主导地位的企业的价格。只有在企业具备特殊优越的条件下,才可能把价格定得高于竞争企业的价格。

(5) 利润最大化目标。利润最大化目标是指以追求企业长期目标的总利润最大化为定价目标。最大利润并不意味着最高价格。事实上即使一个企业拥有专卖权已垄断的市场,也不可能长期维持过高的价格,因为它要遇到替代品的挑战、竞争者的介入、消费者的不满及政府的干预等。利润最大化包含两层含义：一是指追求企业长期总利润的最大化,有时为达到这一目标,在短期企业还可能承受一定的亏损;二是企业整体经营效益最大化。企业生产和经营多种产品时,其中有些品种的价格可能定得很低,亏本出售,以招徕顾客。如美国吉列剃须刀公司曾以低价推销其刀架,目的是吸引更多人购买其互补品——吉列剃须刀片,从大量销售刀片中获取更多的利润。

(6) 渠道关系目标。渠道关系目标是以保持企业与渠道成员之间的良好关系为定价的主要目标。对于那些需要各种中间商推销商品的企业,研究定价对中间商的影响,充分考虑维护中间商的利益,以保证对中间商有吸引力的利润,对调动中间商的推销积极性极其重要。如加大对中间商折扣的方法,允许一定区域的中间商提高商品的售价,等等。表面上看,企业让利于中间商,实质上却对企业产品的销售及企业的发展起着不可估量的作用。

(7) 度过困难目标。度过困难目标,也称生存目标,即企业在面临严峻的局面时,以维持企业的生存为一定时期的定价目标。一般以生存为目标的企业,产品价格定得低,以促进销售,减少商品的积压或资金的占用,以使企业能够继续生存和继续其经营过程。

(8) 塑造形象目标。塑造形象目标,也称社会形象目标,即新企业为塑造一定的市场形象或老企业欲改善自身的市场形象而确定的定价目标。企业的价格或为维护企业重信誉、高质量的形象而定得高,或为树立企业产品物美价廉的形象而定得低。总之,通过定价维护、建立和改善企业的形象。这常常是与商品策略紧密结合的。

（二）测定市场需求

商品价格与市场需求一般情况下是成反比关系的。价格会影响需求，在正常情况下，市场需求会按照和价格相反的方向变动。价格提高，市场需求会减少；价格降低，市场需求就会增加。市场的扩大或缩小取决于单个商品的价格，并与这个价格的涨落成反比。企业商品的价格会影响需求，需求的变化影响企业的产品销售以致企业营销目标的实现。因此，测定市场需求是制定价格的重要工作。

1. 测定需求的价格弹性

在对需求的测定中，首先是了解市场需求对价格变动的反应，即需求的价格弹性。需求的价格弹性可用公式表示为

$$需求价格弹性 = \frac{需求量变动的百分比}{价格变动的百分比}$$

即

$$E_p = \frac{\frac{\Delta Q}{Q}}{\frac{\Delta P}{P}} = -\frac{\Delta Q}{\Delta P} \cdot \frac{P}{Q}$$

式中，E_p 为价格弹性系数；Q 为需求量；P 为商品价格。某商品的价格有变动，但市场需求没什么变化，叫作需求无弹性；商品价格有变动，而需求的变化很大，叫作需求有弹性。不同的产品具有不同的需求价格弹性，从其弹性大小的角度决定企业的定价策略，主要分为以下三种情况。

当 $E_p > 1$ 时，即价格变动率小于需求量变动率时，此产品富于需求弹性，或称为弹性大。

当 $E_p = 1$ 时，即价格变动率同需求量变动率一致，此产品具有一般需求弹性。

当 $E_p < 1$ 时，即价格变动率大于需求量变动率时，此产品缺乏需求弹性或者无弹性需求。

是什么使得一种商品的需求有弹性，而另一种商品的需求缺乏弹性呢？主要有三个因素：商品替代品的数目和相近程度、商品在消费者收入中的重要性以及商品有多少用途。商品替代品的数目和相近程度。如一种商品有许多相近的替代品，它的需求几乎一定是有弹性的，如价格上涨，消费者就少买这种商品而多买其他的替代品；如价格下跌，消费者就会舍弃替代品而买这种商品。把商品限定得越狭窄、越具体，相近的替代品就越多。如果一种商品完全可以被替代品替代，那么这种商品就富有需求弹性。商品在消费者收入中的重要位置也影响它的弹性。如肥皂、盐、火柴、墨水、急救药品等，是人们生活的必需品，因而比较缺乏弹性。商品用途的多少直接关系着需求弹性的大小。一种商品可派的用场越多，需求弹性越大。如果价格很高，消费者只购买少量用在最重要的用途上；如果价格连续下降，则消费者购买较多的商品用在不太重要的用途上。

2. 测定需求弹性的影响

商品需求弹性的不同对企业的定价有着不同的影响，要注意以下几方面。

不同产品的需求弹性不同,企业的定价应该不同。当商品富于需求弹性时,即$E_p>1$时,商品小幅度降价,销售量就会显著增加,企业的总收入也会增加;相反,商品小幅度提价,销售量就会明显下降,企业的总收入也会减少。价格变动方向同总收入的变动方向成反比,对于这类商品,企业采取低价销售有利。

当商品具有一般需求弹性时,即$E_p=1$时,价格变动幅度与销售量变动幅度大小一致,方向相反,总收入不变。对于这类商品,企业不宜采用价格手段进行竞争。

在商品缺乏需求弹性情况下,即$E_p<1$时,即使商品价格下降很多,销售量也只有较少的增加,企业总收入减少;相反,价格提高很多,销售量也只有较小的减少。价格的变动趋势同总收入的变动趋势方向相同。对于这类商品采用低价达不到销售量增加和效益提高的目的,而有限制的较高的定价对企业有利。

同一产品在不同时期内或不同的价格区域需求弹性有所不同。当测出某种商品的需求弹性后,还要分析此商品在不同的销售时期和处于不同的价格区域上的情况。许多商品弹性不是始终如一的,如某商品单价在30~50元这个价格区域内弹性大于1,而在10~15元这个价格区域内弹性小于1,企业要具体测定各区段的需求弹性,以确定正确的方法和找出理想定价点。不同的消费者对同一产品的需求弹性有所不同。有时需求强度不同的消费者对同种产品的需求弹性不一样,要认真加以区别,采用不同的方法。这正是差别定价理论的基础。

(三) 估算商品成本

企业在制定商品价格时,要进行成本估算,这对任何企业都不能例外。企业商品价格的最高限度取决于市场需求及有关限制因素,而最低价格不能低于商品的经营成本费用,这是企业价格的下限(这里不包括短期的、由于某种原因个别品种的价格低于成本费用的例外情况),低于这个限度,企业无法维持再生产和继续经营。如生产某种糖果每斤成本为2元,此糖果的售价必须高于2元。因此,制定价格要在企业目标已定、市场需求已摸清的情况下做产品的成本估算。

企业的成本包括两种:一种是固定成本,是指在一定时期不随企业产量变化而变化的成本费用。例如固定资产(主要指厂房、机器设备等)的折旧费、产品设计费、租金、利息、管理费用等。它不能计入某阶段的某项产品之中,而是以多种费用的方式分别计入各种产品之中。另一种是变动成本,或称可变成本、直接成本,是指随着企业的产品产量和销售收入变化的成本,如原材料、辅助材料、生产用燃料、动力、销售费用、工资等。这部分成本随产品产量的变动成正比例变化,它可以直接计入各种具体的产品之中。

固定成本与变动成本之和,即为某产品的总成本。当企业不开展生产,产量为零时,可变成本就等于零,总成本等于固定成本。

在成本估算中,离不开对"产量-成本-利润"关系的分析,其中一个重要的概念是分析"边际成本"。因为边际成本影响企业的边际收益,所以企业必须对其表示极大的关注。

边际成本在生产的一定阶段(初期)呈下降的趋势,低于产品的平均成本(单位产品的总成本、单位产品的固定成本与单位产品的变动成本之和),在此阶段,产量增加,平均成本递减。而当产量增加超过一定限度时,平均成本由递减转为递增,边际成本高于平均成本,企业平均成本水平会上升。因此,企业为了找到获得最高利润的产量点,要弄清企业产品的边际成本。

(四)分析竞争状况

企业价格的制定除了取决于需求状况、成本状况之外,还受到市场竞争状况的强烈影响。对竞争状况的分析,包括以下三方面的内容。

1. 分析企业的竞争地位

企业及其产品在市场上的竞争地位对最后制定价格有重要的意义,要在企业的主要市场和竞争能力方面作出基本的估计。列出企业目前处于何种状况,并在分析过程中考虑一定的非商品竞争能力,如服务质量、渠道状况、定价方式等。

2. 协调企业的定价方向

企业要通过各种公开发表的财务资料或其他材料,或者从以购物者身份索要的价目表中了解竞争对手的产品价格,以使本企业价格制定更主动。这方面工作要考虑到企业的定价目标及主要策略,如企业为了避免风险,可采用"随行就市"的方法,跟随行业中主导企业的价格或主要竞争对手的价格,也可以在与竞争企业的产品做全面比较后,制定高于或低于竞争企业的价格。但要注意,当企业在一个行业中单独率先制定较高或较低的价格、提价或降价都应意识到风险的存在,应做全面的分析,并配合各项有力措施。

3. 估计竞争企业的反应

企业要把即将可能采用的价格及策略排列出来,进行试分析,估计和预测采用某些具体价格与策略可能引起的主要竞争企业及同行业的反应。企业的营销情报信息系统要提供有关竞争企业的材料,如财务、技术、管理方面的优势和劣势,非价格因素的优点与缺点,现行的营销策略以及对竞争的反应的历史资料,使企业的有关决策人员知己知彼,以制定相应的策略和采用适当的方法。

(五)选择定价方法

企业定价方法的选择是前四个步骤工作的具体体现。常用的定价方法有成本导向、需求导向和竞争导向三种。

(六)确定最后价格

确定最后价格是企业制定价格的最后一个步骤。在最后确定价格时,必须考虑是否遵循以下四项原则。

(1)商品价格的制定与企业预期的定价目标的一致性,有利于企业总的战略目标的实现。

(2)商品价格的制定符合国家政策法令的有关规定。

(3)商品价格的制定符合消费者整体及长远利益。

(4) 商品价格的制定与企业市场营销组合中的非价格因素协调一致、互相配合，为达到企业营销目标服务。

第三节　定价策略

任何企业都处在不断变动的内部、外部环境中，为了实现预期的企业定价目标，就要寻找在一定条件下，针对不同商品、不同目标市场和不同竞争情形下实现企业营销目标的最佳途径，制定相应的定价策略。企业的定价策略是从企业长期营销活动中积累起来的实践经验的总结，是企业营销价格中最具艺术性的方面。企业可采用的定价策略有许多种，在此仅介绍几种常见的定价策略。

一、新产品定价策略

新产品的定价是企业新产品开发中的重要组成部分。定价策略适当与否关系到新产品能否顺利进入市场、打开销路以至于取得较好的经济效益。常见的新产品定价策略有以下两种。

（一）市场撇脂定价策略

市场撇脂定价策略（market-skimming pricing）也称速取策略或高额定价策略，指企业的新产品一上市，把价格定得尽可能高，以期及时获得较高的收益，在商品经济生命周期的初期便收回研制开发新产品的成本及费用，并逐步获得较高的利润。随着商品的进一步成长再逐步降低价格。采用此策略的企业商品一上市便价高利厚，其做法很像从牛奶的表面撇取奶油，故又称"取脂法"。

实行撇脂定价策略只有在一定条件下才有意义。首先，新产品比市场上现有产品有显著的优点，产品的质量和形象必须能支撑它的高价位，并且有足够的购买者愿意在高价位下购买；其次，生产小批量的单位成本不能高到抵消了高价位所带来的利润；最后，短时期内由于仿制等方面的困难，类似仿制产品出现的可能性小，竞争对手不能轻易进入市场和影响高价位。此策略的优点是尽早争取主动，达到短期最大利润目标，有利于企业竞争地位的确定。但缺点也明显，即由于定价过高，有时渠道成员不支持或得不到消费者认可，同时高价厚利会吸引众多的生产者和经营者转向此产品的生产与经营，加速市场竞争的白热化。

（二）渗透定价策略

渗透定价策略（market-penetration pricing）也称低额定价策略。与撇脂定价策略截然相反，此策略在向市场推出新产品时，尽量把价格定得低一些，采取保微利、薄利多销的方法。企业的目标不是争取短期更大利润，它们制定较低的初始价格，目的是迅速和深入地渗透市场，快速吸引大量的购买者，从而尽快争取最大可能的市场占有率。此策略的商品上市后以较低价格在市场上慢取利、广渗透，故又称"渗透法"。例如，戴尔公司使用市场渗透定价策略进入个人电脑市场，通过低成本的直销渠道销售高质量的电脑。由于当时IBM、苹果和其他竞争者通过零售商店销售计算机，无法达到较低的价格，因此它的销售量飞速上升。

采用渗透定价策略需要满足以下几个条件：首先，商品的市场规模较大，存在着强大的竞争潜力；其次，商品的需求价格弹性较大，稍微降低价格就会导致市场份额迅速增长；再次，生产和分销成本必须随着销量的增长而下降，通过大批量生产能降低生产成本；最后，低价格要能阻止竞争，采用渗透定价策略的公司必须能够保证其低价的地位，否则价格优势只能是短暂的。例如，当 IBM 和其他公司建立起自己的直销渠道后，戴尔公司就面临困难了。然而，通过降低生产和分销成本，戴尔公司保持了价格优势，使自己成为美国个人电脑市场上的头号公司。渗透定价策略的优点是可以占有比较大的市场份额，通过提高销售量来获得企业利润，也较容易得到销售渠道成员的支持，同时低价低利对阻止竞争对手进入有很大的屏障作用。其不利之处在于定价过低，一旦市场占有率扩展缓慢，收回成本速度也慢。有时低价还容易使消费者怀疑商品的质量保证。

二、产品组合定价策略

如果某产品是产品组合的一部分，它的定价策略常常就必须改变。在这种情况下，企业将寻求一组价格，使整个产品组合的利润最大。由于各个产品的需求、成本，以及面对的竞争程度各不相同，所以定价的难度较大。常见的产品组合定价策略见表 9-1。

表 9-1　常见的产品组合定价策略

定价策略	描述
产品线定价	对同一产品线内的不同产品差别定价
备选产品定价	对与主体产品同时卖出的备选品或附件定价
附属产品定价	对必须与主体产品一起使用的产品定价
副产品定价	为低价值的副产品定价以抵消处理成本
产品束定价	对共同出售的产品组合定价

（一）产品线定价

产品线（product line）是指同类产品的系列，这类产品可能功能相似，销售给同一顾客群，经过相同的销售途径，或者在同一价格范围内。产品线定价策略（product line pricing）是根据购买者对同样产品线不同档次产品的需求，精选设计几种不同档次的产品和价格点。在许多行业中，销售商依据已经建立好的等级价格法为产品线定价。比如，手机销售商可能会根据手机的配置和特点设置高、中、低三种价位的手机。在产品线定价过程中，管理部门必须决定同一产品线中不同产品的价格差别。根据产品大类中各个相互关联的产品之间的成本差异、顾客对这些产品外观的评价以及竞争者的产品价格，来决定各个相关产品之间的"价格阶梯"。

（二）备选产品定价

备选产品定价（optional-product pricing）又称任选品定价，是指对那些与主产品配套的备选产品或附件的定价策略。顾客去饭店吃饭，除了点饭菜之外，可能还会点酒、饮料、烟等。在这里饭菜是主要商品,商品、烟酒、饮料等就是任选品。企业为备选产品定价有两种策略可供选择:一种是为备选产品定高价,靠备选产品来盈利;另一种是定低价,把备选产品作为招徕顾客的项目之一。为备选产品定价是一个比较棘手的问题。很多年来,通用汽车公司通过宣传价格较低的基础车型把人们吸引到展厅,而在展厅的大部分空间陈列着配置了各种备选产品的价格较高的汽车。后来又模仿日本和德国汽车销售商,把备选产品价格包含在基本价格之中。但是最近的经济低迷使通用汽车公司又把一些零部件重新列入"备选目录",以降低标准车型的价格。

(三) 附属产品定价

附属产品定价(captive-product pricing)是指对必须与主体产品一起使用的产品的定价。如果公司生产的产品必须与一个主体产品同时使用,可以采取此种定价策略。主体产品的生产商常常将主体产品的价格定得较低,但把附属产品的价格定得很高。例如,宝利来公司(Polaroid)照相机的定价很低,主要靠胶片赚钱;吉列公司的剃须刀价格很低,主要靠销售替换使用的刀片赚钱。在服务行业,附属产品定价又叫二分定价。服务的价格由固定费用和变动费用组成。例如娱乐公园收取比较低的入园门票,即固定费用,顾客如果想要参与园内的其他娱乐项目必须另付一笔费用,即变动费用。服务公司必须确保固定费用足够低以吸引人们加入,至于盈利,则主要来自变动使用费的收入。

(四) 副产品定价

副产品定价(by-product pricing)是指为低价值的副产品定价以抵消处理成本的策略。生产肉类、石油产品、化工产品和其他产品时,常常会有副产品,如果这些副产品没有价值,并且处理掉的成本很高,会影响主体产品的定价。使用副产品定价策略时,制造商需要找到这些副产品的市场,价格只要比储存和运输副产品的成本高就可以了。副产品定价策略可以使销售商降低主体产品的定价,从而更具市场竞争力。然而,有时候公司并没有认识到副产品的价值。例如,大部分动物园都没有意识到它们的一项副产品——动物的粪便,是一个可观的收入来源。

(五) 产品束定价

产品束定价(product bundle pricing)是指对共同出售的产品组合定价。销售商一般将几种产品组合成一束,降价销售。例如公园销售的年票,比一次一次单独买要便宜得多;旅馆提供的各类成套服务,房间、用餐、娱乐都包含在一个价格下;计算机制造商将一些有用的软件包与计算机共同销售。产品束定价策略使成套购买的价格低于单独购买其中每一产品的价格总和,可以促使消费者购买一些原来可能不会购买的产品,但产品束的价格必须足够低,以促使消费者购买。

三、价格调整策略

企业通常还需要针对顾客差异及形势变化调整它们的基础价格。表9-2总结了六种价格调整战略:折扣和折让定价、细分市场定价、心理定价、促销定价、地理定价,以及国际定价。

表 9-2　六种价格调整策略

定价策略	描　　述
折扣和折让定价	为回报顾客的某些行为,如提前付款或促销产品等,调整产品基础价格
细分市场定价	调整产品基础价格以适应不同的顾客、产品和销售地点
心理定价	根据心理因素调整定价
促销定价	暂时降低产品价格以促进短期销售
地理定价	针对顾客的地理位置差别调整价格
国际定价	对国际市场调整价格

（一）折扣和折让定价

大多数企业为了鼓励顾客及早付清货款,或鼓励大量购买,或为了增加淡季销售量常常需酌情给顾客一定的优惠,这种价格的调整叫作价格折扣和折让。折扣定价是指对基本价格作出一定的让步,直接或间接降低价格,以争取顾客、扩大销量。折扣的形式多种多样,常见的有数量折扣、现金折扣、功能折扣、季节折扣以及折让。

1．数量折扣

数量折扣(quantity discount)指按购买数量的多少,分别给予不同的折扣,购买数量愈多,折扣愈大。其目的是企业给那些大量购买某种产品的顾客的一种减价,鼓励大量购买或集中向本企业购买。数量折扣包括累计数量折扣和一次性数量折扣两种形式。数量折扣的优点是促销作用非常明显。

2．现金折扣

现金折扣(cash discount)是给予在规定的时间内提前付款或用现金付款者的一种价格折扣,其目的是鼓励顾客尽早付款,加速资金周转,降低销售费用,减少财务风险。采用现金折扣一般要考虑三个因素：折扣比例、给予折扣的时间限制与付清全部货款的期限。例如"$2/10, n/30$",表示付款期是 30 天,但如果在成交后 10 天内付款,给予 2% 的现金折扣。许多行业习惯采用此法以加速资金周转、减少收账费用和坏账。

3．功能折扣

功能折扣(functional discount),也称贸易折扣(trade discount),是指中间商在产品分销过程中所处的环节不同,其所承担的功能、责任和风险也不同,企业据此给予不同的折扣,即制造商给某些批发商或零售商的一种额外折扣,促使它们执行某种市场营销功能如推销、储存、服务等。其目的是：鼓励中间商大批量订货,扩大销售,争取顾客,并与生产企业建立长期、稳定、良好的合作关系；对中间商经营的有关产品的成本和费用进行补偿,并让中间商有一定的盈利。功能折扣的比例,主要考虑中间商在分销渠道中的地位、对生产企业产品销售的重要性、购买批量、完成的促销功能、承担的风险、服务水平、履行的商业责任,以及产品在分销中所经历的层次和在市场上的最终售价等。

4. 季节折扣

季节折扣(seasonal discount)是企业鼓励顾客淡季购买的一种减让,以使企业的生产和销售一年四季能保持相对稳定。有些商品的生产是连续的,而其消费却具有明显的季节性。例如啤酒生产厂家对在冬季进货的商业单位给予大幅度让利,羽绒服生产企业则为夏季购买其产品的客户提供折扣,旅馆和航空公司在它们经营淡季期间也提供优惠。季节折扣比例的确定,应考虑成本、储存费用、基价和资金利息等因素。季节折扣有利于减少库存,加速商品流通,迅速回收资金,促进企业均衡生产,充分发挥生产和销售潜力,避免因季节需求变化所带来的市场风险。

5. 折让

折让(allowance)是对标价的另一种降价形式。例如,以旧换新折让是对在购买新产品时交还一个旧商品的顾客提供的优惠方式。这种折让方式在汽车销售中最为流行,其他耐用消费品销售中也常使用。促销折让是指为答谢参加广告宣传和销售活动的经销商所付的酬金或采取的减价措施。

(二)细分市场定价

由于市场上存在着不同的顾客群体、不同的消费需求和偏好,企业为了适应在顾客、产品、地理等方面的差异,常常采用细分市场定价策略(segmented pricing)。所谓细分市场定价是指企业以两种或两种以上不同反映成本费用的比例差异的价格来销售一种产品或服务,即价格的不同并不是基于成本的不同,而是企业为满足不同消费层次的需求而构建的价格结构。细分市场定价有以下几种形式:以顾客为基础的细分市场定价策略、以产品为基础的细分市场定价策略、以地点为基础的细分市场定价策略和以时间为基础的细分市场定价策略。

1. 顾客细分市场定价

企业把同一种商品或服务按照不同的价格卖给不同的顾客。例如,公园、旅游景点、博物馆将顾客分为学生、老年人和一般顾客,对学生和老年人收取较低的费用;铁路公司对学生、军人售票的价格往往低于一般乘客;自来水公司根据需要把用水分为生活用水、生产用水,并收取不同的费用;电力公司将电分为居民用电、商业用电、工业用电,对不同的用电收取不同的电费。

2. 产品细分市场定价

企业根据产品的不同型号、不同式样,制定不同的价格,但并不与各自的成本成比例。如 33 英寸彩电比 29 英寸彩电的价格高出一大截,可其成本差额远没有这么大;一条裙子 70 元,成本 50 元,可是在裙子上绣一组花,追加成本 5 元,但价格却可定到 100 元。一般来说,新式样产品的价格会高一些。

3. 地点细分市场定价

地点细分市场定价指对处于不同地点或场所的产品或服务制定不同的价格，即使每个地点的产品或服务的成本是相同的。例如影剧院不同座位的成本费用都一样，却按不同的座位收取不同价格，因为公众对不同座位的偏好不同；火车卧铺从上铺到中铺、下铺，价格逐渐增高。

4. 时间细分市场定价

产品或服务的价格因季节、时期或钟点的变化而变化。一些公用事业公司，对于用户按一天的不同时间、周末和平常日子的不同标准来收费。长途电信公司制定的晚上、清晨的电话费用可能只有白天的一半；航空公司或旅游公司在淡季的价格便宜，而旺季一到价格立即上涨。这样可以促使消费需求均匀化，避免企业资源的闲置或超负荷运转。

企业采取细分市场定价策略的前提条件是：①市场必须是可以细分的，而且各个细分市场表现出的需求程度不同；②细分市场间不会因价格差异而发生转手或转销行为，且各销售区域的市场秩序不会受到破坏；③市场细分与控制的费用不应超过价格差别所带来的额外收益；④在以较高价格销售的细分市场中，竞争者不可能低价竞销；⑤推行这种定价法不会招致顾客的反感、不满和抵触。

（三）心理定价

心理定价（psychological pricing）是根据消费者不同的消费心理而制定相应的产品价格，以引导和刺激购买的价格策略。一般在零售企业中对最终消费者应用得比较多。主要有以下六种常用的定价策略。

1. 尾数定价策略

尾数定价策略，又称零数定价、奇数定价、非整数定价，指企业利用消费者求廉的心理，制定非整数价格，而且常常以零数做尾数。例如某种产品价格定价为19.99元而不是20元。使用尾数定价，可以使价格在消费者心中产生三种特殊的效应：便宜、精确、中意，一般适应于日常消费品等价格低廉的产品。

2. 整数定价策略

与尾数定价相反，整数定价针对的是消费者的求名、自豪心理，将产品价格有意定为整数。对于那些无法明确显示其内在质量的商品，消费者往往通过其价格的高低来判断其质量的好坏。但是，在整数定价方法下，价格的高并不是绝对的高，只是凭借整数价格来给消费者造成高价的印象。整数定价常常以偶数，特别是"0"做尾数。整数定价策略适用于需求的价格弹性小、价格高低不会对需求产生较大影响的中高档产品。整数定价的好处是可以满足消费者显示地位、崇尚名牌、炫耀富有、购买精品的虚荣心；利用高价效应，在消费者心目中树立高档、高价、优质的产品形象，进而起到标识和提高消费者身份的作用。如9 950元的皮毛大衣，定价应为10 000元。原因是有购买这种皮毛大衣消费能力的消费者不在意多付50元,而且提高这50元不仅使企业多收入,还能使这件大衣的声望价值由4位数升为5位数,给消费者以心理上的满足。对于一些需求价格弹性不高的商品,如中小学生的课本,采用整数定价可以方便结算和提高工作效率。

3. 愿望数字定价策略

由于民族习惯、社会风俗、文化传统和价值观念的影响,某些数字常常会被赋予一些独特的含义,企业在定价时如能加以巧用,则其产品将因之而得到消费者的偏爱。当然,某些为消费者所忌讳的数字,如西方国家的"13"、日本的"4",企业在定价时则应有意识地避开,以免引起消费者的厌恶和反感。

4. 期望与习惯定价策略

期望与习惯定价策略是指根据消费者的愿望与购买习惯、接受水平来制定价格。日用消费品的价格通常容易在消费者心目中形成一定的习惯性标准。如用作馈赠的礼品,消费者一般要求体面一些,同时价格与自己的习惯预算一致。如某地祝寿时送礼的水平分别为20元、30元、50元三个档次,企业便可将祝寿礼品如生日蛋糕和经常用作寿礼的商品的价格尽可能向这三档靠近。对于有些商品,消费者长期习惯于某种价格,一般应考虑这种习惯,不宜轻易变动,以免造成全面涨价的恐惧心理。

5. 安全定价策略

安全定价策略也叫"一揽子定价"策略。针对消费者在购买大件耐用消费品时担心维修不便等心理,把商品本身的价格与确保消费者安全使用的费用加总计算,并将送货上门、代修代装、免费更换易损件等售中、售后服务的措施广泛宣传,消除消费者的心理障碍,降低消费者的消费风险,增强安全感。

6. 特价品定价策略

特价品定价策略也叫"招徕定价"。企业将商品的价格定得低于市价,并广泛宣传,引起消费者的兴趣,此策略常在经营多品类的超级市场、百货商店使用。许多超级市场常年有特价商品,其特价商品常配有醒目的黄色标签。企业有意将店中几种商品的价格标低,有时甚至低于成本以吸引顾客来店,目的在于召唤顾客,引发连带购买行为。再如节日、纪念日和季节性的优惠、减价让利销售,都是特价品定价策略的做法。

(四) 促销定价

促销定价(promotional pricing)指企业暂时地将其产品价格定得低于目录价格,有时甚至低于成本,从而达到促进销售的目的。促销定价有以下五种形式。

1. 牺牲品定价

一些超市和百货商店会用几个产品作为牺牲品招徕客户,希望他们购买其他有正常加成的产品。超市和百货公司经常对少数产品的定价采取牺牲品定价策略,吸引顾客来到商店，从而增加销售正常价格产品的机会。

2. 特殊事件定价

销售者在某些季节还可以用特殊事件定价来吸引更多的客户。例如企业利用开业庆典或开业纪念日或节假日等时机，降低某些产品的价格，以吸引更多的顾客。

3. 现金回扣

制造商对在特定的时间内购买企业产品的顾客给予现金回扣（cash rebate），以清理存货、减少积压。回扣在汽车制造商、耐用品和小器具生产商中间十分流行。一些制造商提供低息贷款，较长期担保或者免费保养来减让消费者的"价格"。这一做法极受汽车行业的推崇。

4. 心理折扣

企业开始时给产品制定很高的价格，然后大幅度降价出售，刺激消费者购买。企业可以从正常价格中简单地提供折扣，以增加销售量和减少库存。

促销定价在一定条件下是扩大销售的有效方式，但使用过于频繁就会产生不良影响。首先，促销定价容易制造一批有"优惠倾向"的消费者，他们在品牌降价之前是不会购买的。其次，频繁降价会使品牌在消费者心中贬值，不利于品牌建设的长期发展。最后，促销定价还可能导致行业的价格战。这种价格战只对一家或少数竞争者有利。

（五）地理定价

地理定价指由企业承担部分或全部运输费用的定价策略。它包含公司如何针对国内不同地方和各国之间的消费者决定其产品定价。当市场竞争激烈，或企业急于打开新的市场时常采取这种做法。通常一个企业的产品不仅在本地销售，同时还要销往其他地区，而产品从产地运到销地要花费一定的运输、仓储等费用。那么应如何合理分摊这些费用？不同地区的价格应如何制定，就是地理定价策略所要解决的问题。具体有以下五种方法。

1. 产地定价策略

产地定价策略（origin pricing）是指顾客（买方）以产地价格或出厂价格为交货价格，企业（卖方）只负责将这种产品运到产地某种运输工具（如卡车、火车等）上交货，运杂费和运输风险全部由买方承担。这种做法适用于销路好、市场紧俏的商品，但不利于吸引路途较远的顾客。

2. 统一交货价策略

统一交货价策略（uniform-delivered pricing）是指企业对不同地区的顾客实行统一的价格，即按出厂价加平均运费制定统一交货价。这种方法简便易行，但实际上是由近处的顾客承担了部分远方顾客的运费，对近处的顾客不利，而比较受远方顾客的欢迎。

3. 分区定价策略

分区定价策略(zone pricing)介于前二者之间,企业把销售市场划分为远近不同的区域,各区域因运距差异而实行不同的价格,同区域内实行统一价格。分区定价类似于邮政包裹、长途电话的收费。对企业来讲,可以较为简便地协调不同地理位置用户的运费负担问题,但对处于分界线两侧的顾客而言,还会存在一定的矛盾。

4. 基点定价策略

基点定价策略(basing-point pricing)是指企业在产品销售的地理范围内选择某些城市作为定价基点,然后按照出厂价加上基点城市到顾客所在地的运费来定价。这种情况下,运杂费用等是以各基点城市为界由买卖双方分担的。该策略适用于体积大、运费占成本比重较高、销售范围广、需求弹性小的产品。有些公司为了提高灵活性,选定许多个基点城市,按照顾客最近的基点计算运费。

5. 无运费定价策略

无运费定价策略(freight-absorption pricing)又称为减免运费定价,指由企业承担部分或全部运输费用的定价策略。有些企业因为急于和某些地区做生意,负担全部或部分实际运费。这些卖主认为,如果生意扩大,其平均成本就会降低,因此足以抵偿这些费用开支。此种定价方法有利于企业加深市场渗透。当市场竞争激烈,或企业急于打开新的市场时常采取这种定价策略。

（六）国际定价

在国际上经销产品的公司必须确定在有业务的那些国家的价格水平。公司在某个国家制定价格要考虑许多具体因素,包括经济状况、竞争优势、法律法规,以及批发与零售系统的发展状况。各国消费者的看法和偏好不同,要求不同的价格;公司在世界不同地区的营销目标也可能不一样,要求价格策略的调整。例如,索尼公司可能在发达国家成熟的市场推出一种新产品,目的是迅速地扩大市场份额,所以它必须用渗透式定价法。与之相反,它如果进入一个发展中国家,瞄准较小的、对价格不怎么敏感的细分市场,使用撇脂定价法的效果更好。在一些情况下,公司可以在世界范围内制定统一价格。例如,波音公司在世界各地出售飞机的价格基本相同。但是大多数公司会调整价格,以适应当地市场的情况和成本。

四、价格变动

企业在产品价格确定后,由于客观环境和市场情况的变化,往往会对现行价格进行修改和调整。企业产品价格调整的动力既可能来自内部,也可能来自外部。倘若企业利用自身的产品或成本优势,主动地对价格予以调整,将价格作为竞争的利器,称为主动调整价格。有时,价格的调整出于应付竞争的需要,即竞争对手主动调整价格,而企业也相应地被动调整价格。无论是主动调整还是被动调整,其形式不外乎削价和提价两种。

（一）主动改变价格

在一些情况下，公司会发现有必要主动改变价格，或是降低价格，或是提高价格。对于任何一种情况，公司都必须预计购买者和竞争者可能的反应。

1. 主动降低价格

主动降低价格是定价者面临的最严峻且具有持续威胁力量的问题。企业存在以下情况时须考虑降价：①生产能力过剩，产品供过于求。这时企业需要更多的业务，但又无法通过增加销售、改进产品或其他措施来完成。公司可能放弃"追随市场领导者"的定价方法，大幅度降低价格以促进销售。②市场份额下降，通过降价来开拓新市场。③决策者决定排斥现有市场的竞争者。④由于技术的进步而使行业生产成本大大降低、费用减少，使企业降价成为可能，并预期降价会扩大销售。⑤政治、法律环境及经济形势的变化，迫使企业降价。

2. 主动提高价格

成功的提价能大幅度增加利润，在以下情况下企业可能会提价：①产品已经改进。②应付产品成本增加，减少成本压力。③适应通货膨胀，物价普遍上涨，企业生产成本必然增加，为保证利润，减少企业损失，不得不提价。④产品供不应求，遏制过度消费。一方面买方之间展开激烈竞争，争夺货源，为企业提高价格创造有利条件；另一方面也可以抑制需求过快增长，保持供求平衡。⑤利用顾客心理，创造优质高价效应。⑥政府或行业协会的影响。

公司可以通过多种方式来提高价格，以跟上成本的增加。有的提价方式几乎看不出来，如取消折扣，或是在产品线中增加高价产品。也可以公开提高价格。在将价格增加转移给消费者的时候，公司必须避免留下"价格掠夺"的形象。公司还应当考虑到谁会承担提价的后果。消费者的记忆是长久的，他们最终会离开那些他们认为要价过高的公司，甚至是整个产业。企业可以通过采取一些方法避免这个问题：一是对于任何提价活动保持一种公平的态度。提价的做法应该有公司的沟通活动作支持，告诉消费者为什么价格会上升；并且消费者应当被提前告知，使其有时间提前购买或者到别处购买。二是采用低可见度的价格变动方式，如取消折扣、提高最小购买量、减少低利润产品的产量等。当然，公司应该考虑多种方法来解决成本升高和需求过量的问题，而不是靠提价。

（二）价格变动的反应

1. 消费者对价格变动的反应

不同市场的消费者对价格变动的反应是不同的，即使处在同一市场的消费者对价格变动的反应也可能不同。顾客对提价的可能反应：产品很畅销，不赶快买就买不到了；产品很有价值；卖主想赚取更多利润。顾客对降价可能有以下看法：产品样式老了，将被新产品代替;产品有某些缺点,销售不畅;企业财务困难,难以继续经营;价格还要进一步下跌;产品质量下降了。

购买者对价值不同的产品价格的反应也有所不同,对于价值高、经常购买的产品的价格变动较为敏感;而对于价值低、不经常购买的产品,即使单位价格高,购买者也不大在意。此外,购买者通常更关心取得、使用和维修产品的总费用,因此卖方可以把产品的价格定得比竞争者高,取得较多利润。

2. 竞争者对价格变动的反应

虽然透彻地了解竞争者对价格变动的反应几乎不可能,但为了保证调价策略的成功,主动调价的企业又必须考虑竞争者的价格反应。没有估计竞争者反应的调价,往往难以成功,至少不会取得预期效果。

在实践中,为了减少因无法确知竞争者对价格变化的反应而带来的风险,企业在主动调价之前必须明确回答以下问题:本行业产品有何特点?本企业在行业中处于何种地位?主要竞争者是谁?竞争者会怎样理解我方的价格调整?针对本企业的价格调整,竞争者会采取什么对策?这些对策是价格性的还是非价格性的?它们是否会联合作出反应?针对竞争者可能的反应,企业的对策又是什么?有无几种可行的应对方案?在细致分析的基础上,企业方可确定价格调整的幅度和时机。竞争者对调价的反应有以下几种类型。

(1)相向式反应。你提价,他涨价;你降价,他也降价。这样一致的行为,对企业影响不太大,不会导致严重后果。企业坚持合理营销策略,不会失掉市场和减少市场份额。

(2)逆向式反应。你提价,他降价或维持原价不变;你降价,他提价或维持原价不变。这种相互冲突的行为影响很严重,竞争者的目的也十分清楚,就是乘机争夺市场。对此企业要进行调查分析,首先摸清竞争者的具体目的,其次要估计竞争者的实力,最后要了解市场的竞争格局。

(3)交叉式反应。众多竞争者对企业调价的反应不一,有相向的,有逆向的,有不变的,情况错综复杂。企业在不得不进行价格调整时应注意提高产品质量、加强广告宣传、保持分销渠道畅通等。

(三)对价格变动的应对

竞争者在实施价格调整策略之前,一般都要经过长时间的深思熟虑,仔细权衡调价的利害,但是一旦调价成为现实,则这个过程相当迅速,并且在调价之前大多会采取保密措施,以保证发动价格的突然性。企业在作出反应时,先必须分析:竞争者调价的目的是什么?调价是暂时的,还是长期的?能否持久?企业应权衡得失:是否应作出反应?如何反应?另外还必须分析价格的需求弹性,产品成本和销售量之间的关系等复杂问题。企业要作出迅速反应,最好事先制定反应程序,到时按程序处理,提高反应的灵活性和有效性,如图9-2所示。

一般说来,在同质产品市场上,如果竞争者降价,企业必随之降价,否则企业会失去大

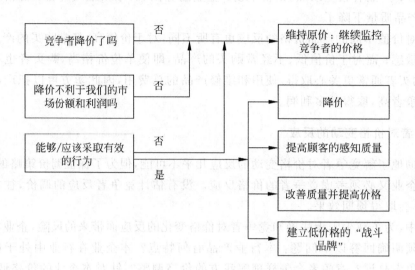

图 9-2　对竞争者价格变动的评估与对策

部分顾客。但面对竞争者的提价,本企业既可跟进,也可暂且观望。如果大多数企业都维持原价,则最终迫使竞争者把价格降低,从而使竞争者涨价失败。

在异质产品市场,由于每个企业的产品质量、品牌、服务和消费者偏好等方面有着明显的不同,因而面对竞争者的调价策略,企业有较大的选择余地:价格不变,任其自然;价格不变,加强非价格竞争:广告、售后服务、销售网点等;部分或完全跟随竞争者的价格变动;以优越于竞争者的价格跟进并结合非价格手段进行反击,如比竞争者更大的幅度降价、更小的幅度提价。

价格　需求价格弹性　撇脂定价　渗透定价　成本导向定价　竞争导向定价　需求导向定价　折扣价格策略　细分市场定价　促销定价　心理定价策略　地理定价策略　产品组合定价　产品束定价

1. 企业制定产品价格需要考虑哪些内外部因素?
2. 企业可以采取的定价方法有哪些?
3. 简述企业定价时应该追寻什么定价程序。
4. 比较撇脂定价策略和渗透定价策略的优缺点。
5. 讨论一个跨国企业应该实行统一定价还是其他定价方法?为什么?
6. 针对不同的消费者差异和变化的形势,企业可以采取哪些价格调整策略?

小米手机的定价策略

一、企业简介

(一)公司简介

小米公司成立于2010年4月,是一家专注于智能产品自主研发的移动互联网公司,首创了用互联网模式开发手机操作系统、发烧友参与开发改进的模式。小米手机、MIUI、米聊是小米公司旗下三大核心业务。"为发烧而生"是小米的产品理念,定位于中低端市场。小米公司首创了利用互联网开发和改进手机操作系统,60万发烧友参与了开发改进。官方已经推出各种附加值产品,官网出售的电视盒子、旅行包、手机膜、耳机、帽子、男装、女装、鞋子等都得到了广大消费者的好评,为小米的成功奠定了很大的基础。

小米的LOGO是一个"MI"形,是mobile Internet的缩写,代表小米是一家移动互联网公司,小米的LOGO倒过来是一个"心"字,少一个点,意味着小米要让小米的用户省一点心。另外,MI是米的汉语拼音,正好对应其名字称号。

(二)管理团队

小米创始人主要由来自微软、谷歌、金山软件、摩托罗拉等国内著名IT公司的资深员工所组成,小米人都喜欢创新、快速的互联网文化。小米拒绝平庸,小米人任何时候都能让你感受到他们的创意。

在小米团队中,没有冗长无聊的会议和流程,每一位小米人都在平等、轻松的伙伴式工作氛围中,享受与技术、产品、设计等各领域顶尖人才共同创业成长的快意。雷军于1992年参与创办金山软件,1998年出任金山软件CEO。1999年创办了卓越网。2007年,金山软件上市后,雷军卸任金山软件总裁兼CEO职务,担任副董事长。之后几年,雷军作为天使投资人,投资了凡客诚品、多玩、优视科技等多家创新型企业。2010年4月6日,雷军选择重新创业,建立了小米公司,并于2011年8月16日正式发布小米手机。2011年7月,雷军重返金山执掌网游与毒霸;2011年7月11日正式担任金山软件董事长。

二、发展历程

2010年4月,雷军的师弟李华兵给雷军发了一封邮件,推荐一个从德信无线出走的无线业务团队,他们希望做一款独立的手机硬件,得到了雷军的支持。随后这个团队被更名为"小米工作室",也就是小米公司最早的前身,而他们的计划目标就是制作一个完全的手机体系——"小米手机",小米手机将尝试在全球复制电商模式。

于是,雷军费尽心思让小米成为一家无限完美的公司,他将小米工作室改名为"小米科技"。他和每个潜在的高管与重要产品经理至少聊了10小时,说服他们加盟。原谷歌中国研究院副院长林斌担任公司总裁,原微软中国工程院开发总监黄江吉、原北京科技大学工业设计系主任刘德担任副总裁。

未来不管是移动互联网、桌面互联网还是墙面互联网设备,手机都将是个人信息处理中心,而电视机则是手机策动的若干屏幕之一。加上雷军想做更多产品的欲望很强,下一步雷军的棋子就是借助小米盒子,进入家庭娱乐、信息中心的电视屏幕,意图建立其更大的设备互联网生态,配合MIUI和多看,助力推进其内容服务生态的拓展与建立(据说,小米盒子已接入包括影视、音乐、应用等类别的互联网产品与服务。如PPTV、搜狐视频等影视内容提供商,以及豆瓣电台、宝开游戏等应用)。

三、小米的营销模式

(一)硬件+软件+服务模式

小米手机是一款搭载MIUI操作系统的高性价比智能手机,由小米自行设计、采购、销售、服务,生产由代加工工厂负责。这种硬件+软件+服务的模式不同于其他互联网公司和终端厂商,而是将二者的特点结合起来,用互联网公司的思维和方式做智能手机,开创了互联网公司智能手机的新模式。

智能手机与功能手机的最大不同在于其不仅仅是一个依靠硬件而存在的产品,而是依托硬件为基础,附加了更多的软件和互联网服务的产品。因此,小米充分抓住这种特点,做出了不同于终端厂商的高性价比的智能手机,受到了市场的欢迎。

(二)电子商务的销售模式

小米的另一重要业务是电子商务,运用互联网的思维和方式销售智能手机,小米手机的销售渠道以电子商务模式为主,其余则是通过与联通、电信运营商合作渠道销售。与传统终端厂商相比减少了更多的流通环节,大大节省了线下的仓储、渠道等成本,使小米轻装上阵,这是其发展成功的重要因素之一。小米手机电子商务的销售模式是互联网公司所具有的鲜明特色,为终端厂商的销售模式带来了一定的借鉴意义,同时由于小米的成功,也促使众多互联网公司纷纷加入智能手机市场,未来通过电子商务渠道销售智能手机将逐渐成为主流的方式。

(三)独特的产品定位和特色营销

小米手机定位于低价格高配置的智能手机,是专门为发烧友研制的高端智能手机,另外小米手机青春版的定位人群是学生群体,其精确的产品定位为其带来了众多的"米粉"。这也是其他智能手机厂商所无法比拟的,一大批忠诚的"米粉"为小米手机带来了良好的口碑和品牌。同时,小米手机特色的营销方式使其品牌广泛传播,利用论坛、微博等营销渠道,小米受到了广泛关注。

四、小米手机定价决策过程分析

定价策略常常因为没有考虑到所有关键因素而失败。由于市场人员忽视成本,其定价决策仅仅是市场份额最大化,而不是利润最大化;由于财务人员忽视消费者价值和购买动机,其定价忽略了分摊固定成本。没有收集到足够的有关竞争者的信息而作出的定价决策,短期看起来不错,一旦竞争者采取出乎意料的行动就不行了。好的定价决策需要成本、消费者和竞争者三方面的信息——这是定价成功与否的决定信息。因此,小米手机的定价分析是从下面开始的。

(一)成本核算

小米手机的成本分为几个部分,首先是元器件成本。目前小米手机配置高通Qualcomm MSM8260双核1.5GHz手机处理器,芯片集成64MB独立显存的Adreno 220图形芯片,并且配置1GB内存,自带4GB ROM,支持最大可扩展至32GBMicroSD卡。

这些硬件材料加在一起价格也不低于1 200元,加上关税、增值税、3G专利费。此外,还有小米手机的良品率,即手机拿起来能用。良品率达到99%,相当于是极致,但还是意味着1%的材料浪费。加上售后服务和返修率,也是成本的一个重要变量。

另外,小米手机采用网上售卖的方式,直接面对最终消费者,从物流到库存节约了巨大的成本,使得小米手机敢卖1999元。

(二) 确认消费者

目前,小米手机针对的消费群体主要来自互联网中追求时尚、潮流、性价比等的智能手机消费者,包括大学生、白领等中低收入人群。另外,因为仅限于网上出售,目标消费群体可谓很明确,根据这一消费人群的共性,高性价比更能受到青睐。

(1) 年龄分析:一般都是经常购物的网民(18~30岁)、手机发烧友。

(2) 收入分析:网络购物用户中月收入≥2000元的比例较大,采用线上销售模式。

(3) 消费习惯分析:乐于接受新鲜事物、价值观强等。

(4) 苹果影响:很多人想吃苹果却吃不起,小米则在营销策略上模仿苹果。

(三) 确认竞争对手

智能手机市场对价格高度敏感,低价能刺激需求迅速增长,生产与分销的单位成本会随生产经验的积累而下降,低价能吓退现有的和潜在的竞争者。目前国内市场上基本所有的中高端智能手机都可以看作小米手机的竞争对手,如iPhone、三星、诺基亚、HTC、黑莓等。目前一些类似小米手机的机型售价在3000元甚至更高,主要是计入了很大一部分销售成本。相比较来看,小米手机在性价比上要优于其他中高端智能手机。

五、最终的定价策略

2011年8月16日,200余家媒体以及400位粉丝齐聚北京798D-PARK艺术区,共同见证发烧友级重量手机小米手机的发布。雷军先极其详细地介绍了小米手机的各种参数,展示了其优点。在勾起人们兴趣之后,临近结束之时,他用一张极其庞大醒目的页面公布了它的价格:1999元。

从小米1到后面的各款小米手机,它们的价格在当时的智能手机市场是属于中低价的。低价高配对消费者来讲是一种很大的诱惑,小米手机第一次网上销售被一抢而空更能说明高性价比对消费者的诱惑。小米2S、小米2A的价格分别是1999元和1499元,与同等配置的手机相比的确是吸引人的价位,这是小米能够在短时间内积聚大量人气、提高销量的一大重要法宝。

作为首款全球1.5G双核处理器,搭配1G内存,以及板载4G存储空间,最高支持32G存储卡的扩展,超强的配置,却仅售1999元,让广大消费者为之一震。

新产品定价的难点在于无法确定消费者对于新产品的理解价值。如果价格定高了,难以被消费者接受,影响新产品顺利进入市场;如果定价低了,则会影响企业效益。小米手机的定位人群与其产品配置、价格做到了精确的匹配,在智能手机还未普及的2011年,凭借1999元的低价格,小米拥有了众多的用户群体。小米官网每期一款限量秒杀,周一至周五10:00准时开始,每个账号限购一件,一般都是手机配件,以半价或低价引人注目。小米官网上出售的配件专区,往往以保护套装、电池套装进行搭配销售,如3100mAh电池+专用后盖+座充,原价247元,现价129元,立省118元。而且细心的消费者可以发现小米官网的手机价格几乎都以"9"结尾。随后,虽然也有众多互联网公司推出价格更低的智能手机,但是小米获得了进入智能手机市场的最佳时机。

六、效果评估

小米手机能在短时间内迅速占领市场必然有其成功之处。但是从目前的智能手机市场来看,在中低端市场小米显然落后于华为等国产手机,在高端市场,小米也无法与苹果、三星抗衡。虽然 2015 年 1 月 15 日发布了定价 3 299 元的小米 note 顶配版,但总体而言,小米的高端产品还是缺乏的,特别是价格在 2 500～3 500 元和 3 500 元以上的产品,小米是缺少的,它缺少一款像华为 Mate 7/P7、OPPO R5/R1C、VIVO X5/X play、MOTO X 这样的产品,而 3 500 元以上的价格区间仍然由苹果和三星牢牢控制。这种情况可能会将小米置于一个比较危险的境地。

资料来源:

http://wenku.baidu.com/view/6715077f284ac850ac0242b5.html?from=search

http://wenku.baidu.com/view/b0990f1add88d0d232d46a05.html?from=search

案例思考

1. 小米公司 2011 年发布第一款手机时使用了什么定价策略?为什么会使用该定价策略?
2. 案例中小米公司使用了哪些定价策略?这些定价策略有什么好处?
3. 小米手机的定价策略有什么风险?
4. 针对目前的市场状况,你认为小米手机应该调整产品价格吗?

第十章

渠道管理

1. 了解分销渠道的概念和职能。
2. 从长度和宽度分析渠道的结构、类型与特点。
3. 掌握生产企业在作出渠道决策时应考虑的因素。
4. 知道渠道决策的经济性标准、控制性标准和适应性标准。
5. 知道渠道冲突的表现、成因及管理策略。
6. 知道中间商的选择、激励和控制。
7. 知道中间商的类型、特征和功能。
8. 了解物流系统的管理内容。

新能源汽车渠道变革：吉利联手富电科技抢滩北京新能源汽车市场

2016年4月8日，吉利旗下的新能源汽车帝豪 EV 正式登陆北京市场（国内最大新能源汽车市场之一）。在产品上市发布会上，吉利高层特别宣布，北京富电绿能科技股份有限公司（以下简称"富电科技"）将成为帝豪 EV 在北京的独家总经销商，即吉利新能源汽车进入北京市场的唯一通道。富电科技则宣布，帝豪 EV 2016年2万辆的销量目标中，争取有一半在北京市场完成。

富电科技是一家专注于新能源汽车充电基础设施研发、设计、建设和运营的公司，但它没有任何经销汽车的经验和门店资源。那么，吉利为何选择富电科技作为其新能源汽车的区域总经销商呢？吉利的回答是，为了化解"充电难"这一新能源汽车消费者使用过程中的首要痛点。众所周知，新能源汽车符合市场发展趋势，但"充电难"的问题让多数潜在消费者望而止步；而且，目前传统的经销商解决不了充电的问题。因此，为了加快进入新能源汽车市场的步伐，吉利启动了以"车桩合作"为核心的分销渠道变革措施，即吉利新能源汽车在全国各地区的销售都将采用和当地充电桩企业合作的方式展开。事实上，在汽车制造商与充电桩企业合作推广新能源汽车的模式上，吉利和富电科技的合作并不是个例，与北汽合作的充电桩企业特锐德同样是北汽新能源汽车在多个地区的经销商。

为了保证合作成功，富电科技拿出了较为周密的实施计划。为了做好独家经销商，富电科技专门成立了全资子公司——北京富电新能源汽车销售有限公司，并承诺短期内不会与其他汽车品牌合作。帝豪EV新能源汽车4S店的开发都会和充电站桩建设结合在一起。富电科技也会与传统4S店合作，吉利在北京的经销商都可以申请成为帝豪EV的二级经销商，富电科技将会为它们提供包括充电设施、增值服务等一系列支持。富电科技还表示，帝豪EV的购车车主不但可以获得企业免费提供的充电桩，公司销售的前1万名帝豪EV车主还可在富电旗下的小易充电站内享受充电时免费停车的优惠。

作为最早在北京布局充电站桩的企业，截至2016年4月，富电科技在北京已经拥有充电站12座，充电桩共计1 318台。其中，包括北京目前使用效率最高的华贸超级充电站、北京西客站超级充电站、石景山大型光伏充电站等。此外，以民营资本的投资身份，富电科技在北京拥有良好的政府合作关系。石景山大型光伏充电站就是在政策指导下成功实施的PPP模式（公私合营模式）范例。

分销渠道是营销组合的一个重要因素。分销渠道体系建设和渠道管理，不仅关系着产品能否从生产者手中快速、顺利地流转到各个目标市场的消费者手中，进而满足消费者需要，而且关系着品牌商能否及时、准确地把握市场需求及其变化趋势。近年来，随着互联网时代的来临，尽管存在"去中间化"的趋势，但中间商在拓展市场、服务顾客等方面仍然发挥重要的作用，中间商的选择、激励和控制仍然是渠道管理的重要内容，正如本章引导案例中提到的，吉利选择富电科技作为独家经销商，就是为了借助其充电桩资源，加快进入北京新能源汽车市场。

本章将围绕分销渠道的设计和管理问题展开讨论，内容主要包括渠道职能与结构、渠道设计、渠道管理、批发、零售与物流管理。

第一节 渠道职能与结构

一、分销渠道概述

（一）分销渠道的概念

分销渠道（marketing channel），是指营销者在目标市场建立的，连接生产领域与消费领域的通路。通过该通路，产品或服务从生产者那里快速流转到目标市场的消费者或用户手中。由于产品的流通过程是由一系列执行中介职能的组织或个人完成的，所以分销渠道实质上是指参与产品从生产者到消费者或用户的流通过程的相互依赖的所有组织和个人。这一定义包括以下三层含义。

（1）分销渠道是由生产者、批发商、零售商等企业或个人组成的一个系统，系统中的成员都被称为渠道成员。

（2）分销渠道是一种产品的流通过程，起点是该产品的生产者，终点是该产品的消费者或用户，而处于中间环节的组织或个人都被称为"中间商"(intermediary)。中间商的加入，大大减少了交易次数、降低了交易成本。

（3）分销渠道成员相互依赖、相互制约，各自承担着相应的营销职能，起着便利交换、提高营销效率的作用。

（二）分销渠道的职能与流程

1. 分销渠道的职能

渠道成员执行的职能包括如下几个方面。

（1）信息传递。一方面，关于企业和产品的信息，沿着渠道自上而下传递，并最终传达到消费者那里，成为消费者购买决策时的重要依据；另一方面，关于市场需求及竞争状况的信息，沿着渠道自下而上传递，并最终传递到生产者那里，成为生产者营销组合决策的重要依据。

（2）促进销售。在生产者的引导和支持下，渠道成员通过采取多种形式的促销活动和连续的沟通协商，促进信息传递，激发渠道下游成员销售产品的积极性，促使消费者更多、更快地购买产品。

（3）产品的仓储、运输和配送。随着分工的深入，渠道中间环节承担的货物存储、运输和配送职能越来越多，物流的速度越来越快，物流总成本也随之降低。

（4）付款和所有权转移。消费者通过商场或银行或其他金融机构向销售者支付货款，并最终汇集到生产者手中；资金的回笼使生产者的再生产及新产品开发得以继续。伴随货款的支付，商品所有权也转移到消费者手中。如果没有所有权的转移，消费者使用或处置商品的行为就是非法的。

（5）融资。融资即通过赊销、预收账款等形式，发生在渠道成员之间的商业信用。

（6）风险承担。在职能分工的基础上，渠道成员共同分担与产品分销有关的风险。

以上职能由渠道成员共同来完成，但问题的关键在于，某项职能应由哪个渠道成员来执行。渠道职能的分配应遵循三个方面的原则：一是有助于利用不同渠道成员各自拥有的稀缺资源，如仓库、物流服务、货架或展示空间、客户关系等；二是通过专业化提高执行的效率，降低渠道总成本；三是根据条件的变化，渠道职能可以在渠道成员之间进行转移。当生产者将更多的职能转移给中间商时，自身的运营成本会降低，进而供货价格也会降低；同时，中间商承担了这些职能，它可以要求更多的价差或返利，或销售费用补贴（当零售价由生产者控制时）。如果零售商为消费者提供了快捷的送货上门服务，那么，它可以要求消费者支付一定的快递运费。

2. 分销渠道流程

在渠道体系中,伴随渠道职能的执行,会产生信息流、物流、资金流、所有权流和促销流,如图10-1所示。其中,信息流是双向的,其他四个流程则是单向的。这些流程必须同时顺利进行,如果有一个流程不能顺利进行,企业的营销目标就难以达成。所以,分销渠道管理的一个重要目标,就是要保证这些流程同时顺利地实现。

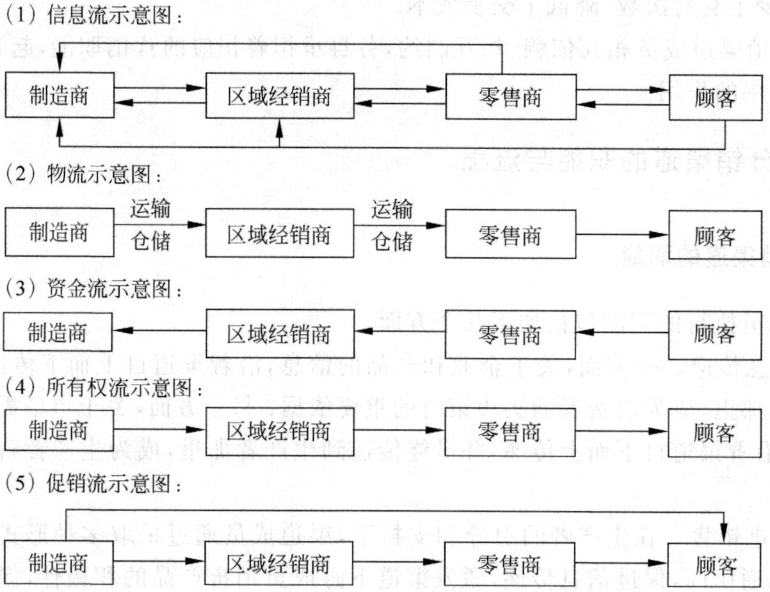

(1) 信息流示意图:

制造商 ⇄ 区域经销商 ⇄ 零售商 ⇄ 顾客

(2) 物流示意图:

制造商 →[运输 仓储]→ 区域经销商 →[运输 仓储]→ 零售商 → 顾客

(3) 资金流示意图:

制造商 ← 区域经销商 ← 零售商 ← 顾客

(4) 所有权流示意图:

制造商 → 区域经销商 → 零售商 → 顾客

(5) 促销流示意图:

制造商 → 区域经销商 → 零售商 → 顾客

图 10-1 分销渠道流程

二、分销渠道结构

从不同的角度观察分销渠道,我们能够看到不同的渠道结构。

(一) 长度不同的分销渠道结构

产品从生产者流转到消费者或用户的过程中,往往要经过一定的中间环节。经过的中间环节越多,意味着渠道越长;反之,经过的中间环节越少,表明渠道越短。

图10-2和图10-3从长度(渠道中间环节多少)视角,分别描述了消费品分销渠道结构和工业品分销渠道结构的类型与结构。

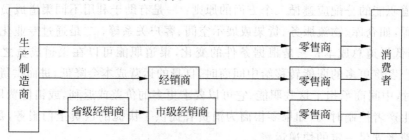

图 10-2 消费品分销渠道类型与结构

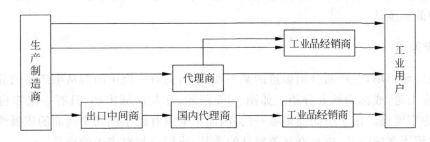

图 10-3　工业品分销渠道类型与结构

1. 消费品分销渠道类型与结构

如图 10-2 所示,从生产者到消费者之间没有任何中间环节的渠道类型被称为零级渠道,也叫作直接销售渠道。

从生产者到消费者之间,有一个中间环节如零售商的渠道,被称为一级渠道。

从生产者到消费者之间,有两个中间环节如经销商、零售商的渠道,被称为二级渠道。

从生产者到消费者之间,有三个中间环节如省级经销商、市级经销商、零售商的渠道,被称为三级渠道。

一般而言,零级渠道和一级渠道为短渠道,二级以上则为长渠道。对于某个企业来说,其渠道体系往往包括多个渠道类型,不同渠道面向不同的目标市场。

2. 工业品分销渠道类型与结构

常见的工业品分销渠道也可以分为零级渠道(直接渠道)、一级渠道、二级渠道和三级渠道等,如图 10-3 所示。但相比消费品分销渠道,工业品分销渠道一般要短一些,即经过的中间环节要少一些,这与工业品用户少而集中的特点有关。

（二）宽度不同的渠道结构

渠道宽度指渠道的某一个环节上参与产品分销或销售的中间商的数量。产品通过同一环节的中间商数量不同,就形成了不同宽度的分销渠道。一般而言,中间商数量越多,越有利于产品尽快进入目标市场,或有利于提高市场占有率。根据宽度不同,可以将分销渠道分为三种类型：宽渠道、窄渠道和适中渠道。

1. 宽渠道

生产者在同一流通环节上利用中间商的数量较多,即为宽渠道,如图 10-4 所示。宽渠道既可能体现在经销商环节,也可能体现在零售商环节。宽渠道可以使众多的消费者随时随地购买到该产品。例如,在其城市市场,康师傅品牌的方便面同时在多个零售商的连锁门店

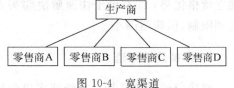

图 10-4　宽渠道

进行销售，这使得消费者可以方便地购买到康师傅方便面。宽渠道适用于日用消费品和工业品中的标准件。

2. 窄渠道

在某区域市场，在产品分销渠道的某一环节上，只有一家中间商从事产品的分销或销售，即为窄渠道，或称为独家分销。如图10-5所示，在某区域市场，只有一家零售商销售产品，即为窄渠道。由于中间商是唯一的，因而窄渠道有助于调动中间商的积极性。窄渠道主要适用于名牌商品，或具有显著特性的产品，或用户相对集中的产品。

3. 适中渠道

生产者在某一渠道环节上有选择地挑选少数几个中间商同时分销或销售产品，渠道的宽度介于宽渠道和窄渠道之间，因而被称为适中渠道，如图10-6所示。一般而言，消费品中的选购品适合于这类渠道。

图 10-5　窄渠道　　　　图 10-6　适中渠道

（三）直接分销渠道和间接分销渠道

1. 直接分销渠道

直接分销渠道，也称为直接销售，指没有中间商参与，产品由生产企业直接销售给消费者或用户的渠道类型。直销渠道是工业品分销的主要形式。这主要是由于大型设备、专用工具、专用部件、原材料等工业品的购买者少而集中，不需要中间商的介入；而且，在这类产品的销售过程中，生产商还需要提供专业的安装、维修、技术培训等服务，因此也适合直接销售。

直接销售在一些消费品分销中也被采用，如鲜活商品、手工艺制品等。近年来，随着互联网技术的发展，越来越多的企业，如海尔、格力、TCL、茅台等，通过自建网上商城，实现了针对广大消费者的直接销售，提升了消费者的购物体验。

直销渠道的好处有以下方面：①生产者直接面对消费者或用户，这有助于生产者准确、快速掌握市场需求信息；②没有中间环节，也就避免了层层加价的现象，因而有助于建立价格优势；③有助于快速解决购买者提出的问题。此类渠道的弊端是，市场覆盖面受到限制、销售范围小。

2. 间接分销渠道

间接分销渠道是指有一级或多级中间商参与的分销渠道类型，包括一级渠道、二级渠道、三级渠道等。此类渠道是消费品分销的主要形式。由于生产商所提供的产品与消费者需求存在着时间、空间、单一化与综合性等方面的矛盾,这些矛盾依靠生产商自身往往难以解决,因而需要中间商介入予以调节。

在间接分销渠道模式下,生产商在一定程度上放弃了对如何销售产品、销售给谁等方面的控制,增大了营销风险。但引入中间商,至少可以给生产商带来两方面的好处:一是有助于加快进入目标市场,并提高市场占有率;二是减少企业在销售人员配备、仓储运输、物流配送等方面的投入,促使企业专注于产品开发、生产等职能。

第二节 渠道设计

生产者对分销渠道的设计,需要经过以下步骤:确定渠道目标和制约因素、设计渠道方案和评估渠道方案。

一、确定渠道目标和制约因素

(一)渠道目标

在进行渠道方案设计前,营销者必须了解目标顾客期望的服务水平,进而明确渠道目标。换言之,渠道目标就是营销者确定的为目标顾客提供的服务水平。营销者提供的服务产出越多,往往意味着渠道成本和销售报价就会越高。

营销者为目标顾客提供的服务涉及以下方面:①允许目标顾客单次购买产品的数量。②顾客在收到商品前需要等待的时间。③空间便利,即为顾客购买产品提供的地点便利程度。④产品多样性,即顾客挑选产品的范围大小。⑤渠道为顾客提供的信贷、配送、安装调试、培训等附加服务。

(二)制约因素

渠道目标的制订,需要综合考虑以下六方面的制约因素:顾客特性、产品特性、中间商特性、竞争特性、企业特性和环境特性。

1. 顾客特性

渠道设计必须考虑顾客数量、地理分布、购买频率、每次购买量等因素。如果顾客数量众多,且分布广泛,则适合建立长且宽的密集分销渠道,保证顾客能够方便地购买到产品。如果顾客多,但集中于某一个区域,那么,生产者适合采用短渠道甚至直接分销渠道。如果顾客购买量大而次数少,则适合采用短渠道;如果顾客少量、高频购买,则适合采用较长的分销渠道。

2. 产品特性

(1)对于易腐易损商品、危险品,应尽量避免因多次转手和反复搬运,或长时间滞留在渠道中而产生的损失,因而适合建立短渠道,甚至直销渠道。对于一些体积大且笨重的产品,如大型设备、建筑材料、钢琴、家具等,也应减少中间环节,尽量采取短渠道,甚至采用直接销售。

(2) 产品单价。一般而言,对于价格昂贵的工业品(如成套加工设备、飞机等)和耐用消费品、奢侈品,适合采用短渠道,甚至是通过企业的销售队伍进行直接销售。对于单价较低的日用品、一般选购品,则可以采用较长较宽的渠道。

(3) 产品技术含量。产品技术越复杂,用户对其安装、调试、维修等方面的要求也越高,适合采用短渠道甚至直接销售。

(4) 产品的季节性。季节性较强的产品的分销,应充分发挥中间商的调节作用,因而适合采用较长的分销渠道。

3. 中间商特性

通过中间商分销、销售产品,有助于扩大销售范围和提高市场占有率。但中间商在分销网络、仓储和配送、促销、售后服务等方面的资源能力往往存在差异,这会影响到渠道方案设计。例如,在某区域市场,有一家零售商的门店数量很多且分布均衡,那么,生产商只和这家零售商合作,就能保证市场覆盖率,即窄渠道是可行的;但如果当地任何一家零售商的门店都不能全面覆盖市场,那么生产商就需要与当地的多家零售商进行合作,即建立宽渠道是必要的。

4. 竞争特性

渠道资源,特别是优秀中间商资源是稀缺的。因而,一般而言,竞争者使用的渠道是其他生产者尽量避免使用的渠道。例如,小米科技为了避免与其他手机供应商争夺拥堵的分销渠道,从一开始就采取了线上直销的渠道模式,并且很快就打开了市场。但是,也有一些企业希望它们的产品能够摆在销售竞争者产品的商店或附近的商店里,进而与竞争者展开抗衡。例如,康师傅方便面与统一方便面互为竞争对手,它们的方便面产品在零售商门店里总是相邻陈列、销售。

5. 企业特性

企业的营销目标、产品组合特征、现行的营销策略、资金实力、渠道管理能力和控制权要求等因素都会影响企业的渠道方案设计与决策。

渠道目标应符合企业的长期营销目标。如果企业想加快树立知名品牌并赢得顾客忠诚,应选择短渠道甚至直接销售,便于为顾客提供更好的服务。如果企业想加快提高市场占有率,则可以选择长且宽的密集分销渠道。

企业的财力状况在一定程度上影响着渠道职能在渠道成员之间的分配。如果企业财力雄厚,可以选择自建渠道,承担较多的渠道职能,进而控制渠道产出的服务水平。如果企业财力薄弱,就需要更多地依赖中间商,但同时企业对渠道服务水平的控制力也就差了。

企业的产品组合特征也影响着渠道目标和渠道方案的设计。如果企业产品组合的宽度大且关联性强,则不同的产品线可以共享渠道资源;反之,如果关联性差,则需要企业为不同产品线建立差异性的分销渠道。如果产品组合的深度越大,则选择独家分销或选择性分销对企业越有利。

6. 环境特性

(1) 经济形势。在经济景气时,市场需求旺盛,企业可选择长且宽的渠道,以扩大市场覆盖面或提高市场占有率;当经济不景气时,市场需求下降,企业往往会减少渠道环节,即使用短渠道,进而以较低价格、更快地将产品送达目标市场。

(2) 政策法规。例如,在美国,如果独家分销倾向于减少竞争或产生垄断,那么它就是违法的。

二、设计渠道方案

渠道类型很多,包括生产企业自建渠道和利用中间商的间接渠道。

所谓自建渠道,是指生产企业建立自己的销售团队,并通过该销售团队将产品直接销售到消费者手中。相比利用中间商的渠道,自建渠道有助于生产企业控制渠道产出的服务水平,但不一定能产生较高的分销效率。

对于消费品来说,大多数企业选择利用中间商来分销、销售产品,即建立间接渠道。在选择间接渠道的情况下,生产企业不仅要考虑中间商类型,还要考虑中间商数量,以及渠道成员的权利和责任。

(一) 选择中间商类型

可供生产企业选择的中间商类型有如下四种。

(1) 生产者代理商。在特定区域市场或最终用户行业,雇用代理商,代表企业分销、销售产品,并获得佣金。

(2) 特约经销商。在特定区域市场或最终用户行业,寻找愿意购买并经营此项产品的经销商,授予其独家经销权,使其获得适合的价差收益。

(3) 普通经销商。以获得价差为收入来源,往往只销售自己愿意销售的产品,而不是生产企业提供的所有产品。对于普通经销商,生产企业并没有特别的规定、限制和优惠。

(4) 零售商。生产企业可以直接把产品卖给零售商,再通过零售商卖给消费者。零售商的种类很多,包括百货店、超市、专营店、专卖店、便利店等。

(二) 确定中间商数量

生产企业必须决定渠道每一层级上使用中间商的数量,有三种可供选择的策略:密集分销、选择性分销和独家分销。

1. 密集分销

密集分销(intensive distribution)是指生产企业通过尽可能多的中间商,或者经销商,或者零售商,来分销、销售企业的产品,以求快速进入目标市场或提高市场占有率。该策略适用于消费者希望能够非常便利地购买到的生活日用品和工业品中的标准件等产品。当企业采用该策略时,由于中间商数量众多,企业想有效控制中间商的行为会非常不容易;而且,中间商之间可能发生过度竞争,引发价格战,进而损害生产企业的品牌形象。

2. 选择性分销

选择性分销(selective distribution)是指生产企业在一定区域市场内,从全部有意经营本企业产品的中间商中挑选部分适合的中间商来分销、销售该产品。生产企业在挑选中间商时,会主要考察中间商的行业经验、专注度、市场覆盖面、综合服务能力、长期合作意向等。该策略较为适合消费品中的选购品、特殊品,以及工业品中专用性强、技术服务要求高的产品。

当企业采用选择性分销策略时,企业不仅可以获得期望的市场覆盖面,而且由于中间商的数量减少,中间商的积极性会得到提高,其在产品经销中的投入也会增加,进而降低生产企业的渠道投入。此外,中间商数量较少,有助于生产企业控制中间商的行为,维护企业品牌形象。例如,近年来,随着国内轿车市场的日渐成熟和消费者购车行为越来越理性,奇瑞、比亚迪、吉利等汽车厂商纷纷对销售渠道体系进行了大刀阔斧的改革,而其改革主线就是结束分网销售模式,精简经销商队伍,提升经销商的营销能力、服务能力和盈利能力,进而更好地满足用户需求。

3. 独家分销

独家分销(exclusive distribution)是指生产企业在一定区域市场,只选择一家中间商分销、销售本企业的产品。生产企业和中间商往往签订排他性协议,即在特定区域内,中间商享有独家经销权,但它必须更为专注,即不能再经营其他竞争者的产品。独家分销策略主要适用于名牌产品、新产品、专利技术产品等,而不太适用于那些竞争激烈的产品。

选择独家分销策略,至少可以给企业带来两方面的好处:一是中间商积极性高,有助于快速打开新的市场;二是有利于生产企业在促销、服务等方面对中间商实施控制,有利于提升品牌形象。但该策略也有不足:一是选错了中间商,必然会影响市场进入或市场拓展;二是生产企业往往会形成对独家经销商的过度依赖,出现"店大欺客"现象,即中间商可能会倚仗其贡献大而向生产企业提出更多或更高要求。

(三)渠道成员的权利和责任

生产企业须规定渠道成员的权利和责任,并保证每一个渠道成员都能够获得一定的盈利机会。由此,生产企业和中间商之间会形成一定的贸易关系,这种关系主要涉及以下四个方面:价格政策、销售条件、区域权利、相互服务和责任。

1. 价格政策

价格涉及每个渠道成员的经济利益,因此,每个渠道成员都会对此保持高度敏感性。生产企业需制定明确的价目表和针对不同中间商的折扣或补贴政策。折扣或补贴政策要力求使中间商感到公平合理。制定价格折扣政策,不仅要考虑中间商类型,还应考虑中间商的采购批量、付款方式等。

2. 销售条件

销售条件主要指付款条件和生产企业对产品的保证。大部分生产企业会为及早付款的中间商提供现金折扣。生产企业还需向中间商保证产品无缺陷,且不会随意降价。如果产品有问题,应允许中间商无条件退货;如果零售价格有下调,生产企业应向中间商提供一定的降价损失补助。

3. 区域权利

中间商往往希望获得一定区域内全部的销售权利,即独家经销权,或称为总经销权。生产企业可以授予中间商在一定区域内的独家经销权,但需规定期限。到期之后,生产企业可以调换授权中间商。许多企业的实践经验表明,生产企业最好不要轻易承诺独家经销权,因为很少有经销商能够覆盖区域内所有的二级批发商和零售商,承诺总经销权则意味着放弃了该经销商无法覆盖的销售网点。

4. 相互服务和责任

相互服务和责任是生产企业与中间商相互为对方提供服务的约定。相互服务的项目一般是在对等的基础上制定和履行的。例如,一个零售商为某个企业的产品提供了更多或更佳的门店展示空间,而生产企业会为该零售商提供更多的价格折扣。

三、评估渠道方案

企业需要从经济性、控制性和适应性方面,对每一种可供选择的渠道方案进行评估,进而选出适合的渠道方案。

1. 经济性标准

经济性标准要求企业对每个渠道方案可能达到的销售额及销售成本进行综合比较,进而确定效益最佳的渠道。

评价渠道经济性,首先要考察哪一种渠道会带来较高的销售额;其次,考察每一种渠道在不同销售额水平时的销售成本。不同类型的渠道会产生不同的销售额和销售成本;而且对于不同类型的渠道,随着销售额的增加,其销售成本的增长速度也存在差异。例如,利用销售代理商渠道和自建销售团队的直销渠道,它们销售成本的增长速度就存在差异。

如图 10-7 所示,销售代理商渠道一开始的成本低于企业销售人员,但随着销售额的增加,其成本增长速度要快于后者,因为代理商要求的佣金高于企业销售人员的薪酬。因此,在销售目标低于 S_0 时,企业可以选择代理商渠道;当销售额已经高于 S_0 时,企业设立销售团队进行直接销售的方案可能是更佳方案。

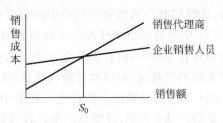

图 10-7 两种渠道的销售额和销售成本比较

2. 控制性标准

中间商是独立的利益主体，中间商的行为需要得到控制，以实现生产企业在抑制渠道冲突、提升渠道信任、树立顾客忠诚、提升品牌形象等方面的目标。中间商的可控性，与中间商自身有关，也与渠道的长度、宽度有关。有的中间商资金实力雄厚、网点资源丰富、促销能力强，这样的中间商往往具有强大的讨价还价能力，其行为很难被控制。另外，当企业选择长渠道和宽渠道时，随着中间商数量的增加，渠道控制问题会变得越来越突出。

3. 适应性标准

企业在作出渠道方案决策时，还要评估每一种方案对环境变化的适应性。在快速变化的、不确定性显著的产品市场中，生产企业应尽可能地选择那些适应性高的渠道类型和渠道政策。例如，企业应尽可能控制独家经销商的特许期限。因为期限太长，可能会使企业失去选择更有实力的中间商，或更先进渠道类型的有利机会。

第三节 渠道管理

在选定渠道方案后，接下来，生产企业需要对中间商进行选择、培训、激励和控制，保证渠道目标的顺利实现。在环境发生变化时，企业还需要适时地作出渠道调整。

一、中间商选择

生产企业选择中间商非常重要，因为这不仅仅是为了一笔生意，而是为了长期合作和发展。生产企业在选择中间商时，需要考虑以下因素。

(1) 中间商的行业经验。中间商需要深入了解产品知识和市场知识，进而才能开展有效的营销活动。

(2) 中间商的市场覆盖范围。中间商的市场覆盖范围要符合企业市场拓展的要求，而且其销售对象要与企业的目标顾客群相吻合。例如，生产企业想要打入东北市场，那么中间商的经营范围必须能够覆盖东北市场；如果生产企业想把产品卖给高收入人群，那么中间商应拥有覆盖高收入人群聚集区的销售网点。

(3) 中间商的产品组合政策。一要看中间商有多少不同的产品供应源；二要看其所经销产品的组合关系，是竞争关系还是互补关系。一般来讲，生产企业都希望中间商只经营本企业所提供的产品，而不经营竞争者的产品。当然，如果本企业产品拥有明显的竞争优势，选择同时经销竞争产品的中间商也不会有太大问题。

(4) 中间商的财务状况。中间商拥有较好的财务状况，不仅在一定程度上反映其较高的经营管理水平，而且为其有效承担渠道功能奠定了基础。例如，有些生产企业实行预付货款的销售政策，但该政策能否落实，主要取决于中间商的财务状况。

(5) 中间商的预期合作程度。如果中间商与生产企业合作愉快，就会积极主动地推销企业的产品；否则，可能会产生各种各样的矛盾，甚至爆发激烈的冲突。预期的合作程度，不仅与双方相互依赖的程度有关，还与双方在营销目标、经营理念、角色认知和组织文化等方面的吻合程度有关。

(6) 中间商的综合服务能力。有些产品需要由中间商向购买者提供售后服务,有些产品需要中间商拥有专门的运输存储设备,有些产品还需要中间商向购买者提供消费信贷支持,等等。因此,在选择中间商时,需要评价其综合服务能力与本企业产品分销所需要的服务要求是否一致。例如,在本章开篇引导案例中提到的,吉利选择富电科技作为其旗下新能源汽车在北京市场的独家总经销商,正是看中了后者拥有的充电服务能力。

二、渠道激励和控制

(一) 渠道激励

为了高效地实现渠道目标,生产企业需要对渠道成员进行激励,促使渠道成员积极地与企业合作,并按照企业指引的方向努力开展工作。

根据现代激励理论,要想让中间商更积极地经营本企业提供的产品,应尽可能满足其物质的、精神的、经营管理的、追求成长等方面的需要。生产企业应根据中间商的实际需要,设计激励措施并组织实施。

以下是一些基本的激励中间商的措施。

(1) 向中间商提供适销对路的产品。这是对中间商最好的鼓励。

(2) 提高物质回报,如提高价差、佣金或增加利润返还。

(3) 给予精神激励,如给予"优秀代理商"称号。不要轻视这个称号,它有助于中间商良好声誉的培育。

(4) 经常性沟通,帮助对方发现并解决经营中的问题,提高其经营管理水平。

(5) 业务支持,包括提供广告支持和营销技能培训等,在降低中间商经营风险的同时,提高其分销能力。

(6) 降低中间商经营风险的措施,如提供有利的付款条件、允许有条件的退货等。

(7) 授予特定区域内独家经销的权利等。

(二) 渠道控制

1. 渠道控制的概念和特点

渠道控制作为渠道管理的重要职能,是指一个渠道成员通过采取一定措施,影响了其他渠道成员的决策和行为。渠道控制的目的是加强渠道合作,减少投机行为或渠道冲突,提高渠道体系的运行效率,进而保证渠道目标的实现。

由于渠道结构不同,因而针对不同结构渠道的控制,其内涵和方法存在一定的区别。比如,企业对直销渠道的控制,实际上就是企业组织内部控制,所采取的是基于企业层级组织系统的控制方法和手段;企业对间接分销渠道的控制,则属于跨组织的渠道控制。

在间接分销渠道中,虽然渠道成员各自独立,但它们又相互依赖、互惠互利,而且渠道成员之间常常互为施控者和受控者。因此,在跨组织的渠道控制中,施控者和受控者的关系在本质上是平等的,基于企业层级组织关系的控制方法和手段往往很难奏效;而且,渠道控制的效果也不仅仅取决于某一方的努力,还需要双方或多方的协作努力。

2. 渠道控制的方式

渠道控制的方式主要有权威、合约和规范三种机制。

(1) 权威机制。企业可以通过渠道权力的使用来影响或控制其他渠道成员。渠道权力主要有以下类型。

① 强制权力。强制权力即一个渠道成员惩罚另一渠道成员的能力。例如,如果中间商不合作,生产企业可以停止供货、停止优惠措施甚至终止合作关系等相威胁。该权力往往很有效,但它的实施可能引发中间商的不满,甚至抵抗报复。

② 奖励权力。奖励权力即一个渠道成员通过提供额外奖励,激发其他渠道成员履行职能或采取某种行动的积极性。比如,一个零售商积极承担仓储和运输配送等职能,生产企业则为该零售商提供更大的批量折扣和优先供货等奖励。

③ 法定权力。法定权力即一个渠道成员要求其他成员履行合同规定的行为,或者按不成文规则(norms)采取行动。

④ 认同权力。认同权力主要来源于一个渠道成员的声望和市场形象,使其他成员感到与其合作是很自豪的事。一般名牌产品、名店具有这种权力。

⑤ 专家权力。专家权力来源于一个渠道成员拥有的某一方面的专有知识。如果该专有知识传授给了其他成员,其他成员会从中受益。专家权力与奖励权力的区别在于:专有知识一旦提供给了别人,就不能再撤回,而奖励政策是可以撤回的。

(2) 合约机制。企业可以通过签订合同并对合同的执行情况进行监督,来影响和控制其他成员的行为。通过签订合同,签约各方实际上都获得了法定权力,如果某一方违反了合同,其他方均可以通过法律途径来维护自身利益,并使违约方受到惩罚。

(3) 规范机制。在企业内部使用规范机制,管理者主要是通过组织文化建设对员工行为进行控制。但在跨组织的渠道控制中,渠道成员往往是通过互信、承诺、合作等关系规范(relational norms)来实现相互影响或控制。

3. 窜货行为及其控制

窜货,是指渠道成员为了自己的利益,违反合同约定的区域范围而进行的越界经营行为。窜货行为是一种典型的渠道投机行为。导致窜货行为发生的主要原因是,不同区域市场存在明显的价格差异,或者同种商品在不同区域市场的畅销程度不同,使跨区域销售有利可图。

窜货不仅会扰乱价格体系,导致渠道冲突,而且在严重时,还会损害品牌形象。特别是快消品企业,对于经销商的窜货行为深恶痛绝,总是想方设法避免其发生。

控制窜货行为发生的对策措施如下。

(1) 尽可能全国统一零售价。

(2) 在签订协议时,明确规定对窜货行为的惩罚措施。一旦查实,按协议规定,对违规企业进行严厉处罚。

（3）合理划分经销区域。一是按商圈而非行政区域划分；二是尽可能考虑经销商的实力和势力范围。

（4）采取合理的考核体系和激励措施。尽可能少用货物奖励措施，避免因货物积压而引发经销商的窜货行为。在考评经销商绩效时，不能仅考察销售量，还应考核铺货率、安全库存、售后服务、诚信经营等方面的表现。

（5）制订合理的销售目标。

（6）实行窜货保证金制度等。

三、渠道冲突

（一）渠道冲突及类型

渠道冲突是指某一渠道成员的行为造成了渠道目标无法顺利实现。渠道冲突伴随渠道合作而生，没有渠道成员之间的合作，也就不会出现渠道成员之间的冲突。

渠道冲突主要发生在同一渠道中的不同环节之间或同一环节中的不同渠道成员之间。其中，同一渠道中不同环节之间发生的冲突称为纵向渠道冲突，如经销商抱怨生产者在价格方面控制得太严，而提供的服务太少。

渠道中同一层次上不同成员之间的冲突称为横向渠道冲突。如在渠道终端，即零售环节，不同业态的零售商之间为了争夺顾客大打价格战；再如，区域经销商跨区域进行销售，即窜货行为，影响了其他经销商的利益。

多渠道冲突，即生产企业针对同一市场建立的两个以上的渠道之间所发生的冲突。例如，随着互联网技术的发展，消费者越来越习惯于网上购物，于是有越来越多的企业建立了自己的线上销售平台并直接向消费者销售产品；这时，如果线上销售的产品与传统渠道一样，但价格低，那么传统渠道的中间商的利益势必会受到冲击。

（二）渠道冲突成因

引发渠道冲突的原因有以下几种。

1. 目标不一致

当渠道成员都力求自身利益最大化时，就可能会损害其他成员的利益，进而引发渠道冲突。例如，生产企业希望通过低价格来提高市场占有率，而经销商则希望提高价格来追求更高盈利。中间商希望经营多个品牌，以降低经营风险；而生产企业则希望中间商保持对本企业的专注和忠诚。

2. 角色和权利界定不清晰

角色是对渠道成员应发挥功能和活动范围的界定，涉及"应该做什么"和"应该怎么做"的问题。如果角色界定不清，或者渠道成员管辖的地理范围不明确，必然会引发渠道冲突。现实工作中，因角色界定不清而引发的渠道冲突十分常见。例如，在许多渠道中，大多数渠道成员把市场调研工作视为别人应该做的事情。对于售前和售后服务活动，生产企业和经销商之间经常会发生扯皮现象,双方在由谁负责、怎么做和怎么补偿等问题上难以达成一致。

3. 感知不一致

在渠道运行中,针对同一种刺激,不同渠道成员可能会产生不同的感知或者对感知形成不同的解释。在实际工作中,渠道成员之间的感知不一致的情形比比皆是。例如,对于经济形势发展方向,生产企业认为形势在变好,因而希望中间商多进货,而中间商则认为经济形势仍不景气,因而希望维持进货水平。再如,中间商经常会认为生产者会取而代之,而实际情况却并非如此。

4. 渠道结构调整或销售政策变化

由生产企业发起的渠道结构调整或销售政策变化,有时会触动原有中间商的利益,进而引发生产企业和中间商之间的冲突。例如,一些生产企业为了摆脱对越来越强硬的经销商的依赖,积极发展电子商务这种新型渠道模式。但正是这种渠道多元化的做法大大破坏了渠道利益分配的均衡,进而引发传统渠道成员的不满。再如,一些企业采用奖励货物而非奖金的方式来奖励销售业绩突出的经销商,而区域市场已经饱和,经销商为了变现,不得不采取窜货行为。这种窜货行为必然会影响到其他区域经销商的利益。

(三)渠道冲突管理策略

1. 树立更高目标

树立更高目标,即努力使渠道成员就共同追求的更高目标达到协议,如扩大市场份额、提高用户满意度、提升品牌影响力等。当渠道面临更高效的竞争渠道或消费者需求转变等外部威胁时,该策略较为适宜。

2. 互派人员

互派人员,即不同层级的渠道成员之间互派工作人员。例如,宝洁、丰田等企业的销售部门会选派销售经理到区域经销商处上班,为经销商提供销售目标制订、促销活动策划等方面的工作指导;而区域经销商则可能派遣管理人员到前者的销售部门工作一段时间,了解前者的销售政策和流程等。互派员工有助于渠道成员相互理解对方的想法或要求。

3. 加强沟通与合作

通过定期举行经销商大会,或经常邀请一些重要的渠道成员参加企业的销售工作会议或专题讨论会等共商共议机制,加强渠道成员之间的沟通协商,充分听取渠道成员的意见或建议,进而确立共同目标,并让每个渠道成员明确自己的权利、义务和责任,这是加强渠道合作和避免渠道冲突的基本对策。

4. 加强协商

当冲突发生时,渠道成员应努力进行面对面、开诚布公的交流,寻求解决冲突的办法。在协商过程中,冲突各方应本着求大同存小异的原则,相互理解,相互让步,最后消除分歧,达成共识和谅解。

5. 仲裁

当冲突持续时间久或很激烈时,渠道成员可以诉诸调解、仲裁等有第三参与的途径来解决冲突。其中,仲裁是指渠道冲突各方同意将争议交与仲裁,并接受仲裁判决。

四、渠道调整

由于外部环境和企业内部条件是动态变化的,因此营销者要保持渠道的高效性,必须适时地调整分销渠道策略类型,以适应内外部环境的变化。

生产企业调整分销渠道主要有以下三种方式。

1. 增减渠道成员

增减渠道成员是指在某个分销渠道中增加或减少个别中间商,而不是增减渠道通路。制造商决定增减渠道成员时,需要进行经济效果分析。要考虑增减中间商对产品销售和盈利可能产生什么样的影响,其他渠道成员会产生什么样的反应等。

2. 增减渠道

增减渠道是指在原有渠道体系中增加或减少产品分销通道。为了提高分销效率,或为了减轻对中间商的依赖,许多企业建立了多元化的产品分销网络,在该网络中包括多条产品分销渠道。当企业发现某条渠道效果不理想,或者市场需求扩大而原有的渠道已不能满足需求时,企业就要考虑在原有分销网络中增加或减少渠道,或者在剔除某渠道的同时增加另外的渠道。增加或减少渠道时,企业都应分析其经济效果,以及其他渠道的反应,并估计被裁减的渠道日后成为竞争者渠道的可能性。对于后者,营销者应制订出预防措施。

3. 调整全部渠道

调整全部渠道是指制造商对目前所使用的全部渠道进行调整,如将长渠道调整为短渠道、将直接渠道改为间接渠道等。这种调整往往是比较困难的,它不仅使全部渠道结构改观,而且还会涉及营销组合中其他要素的调整及整体营销策略的改变。作为生产企业,对渠道整体进行调整要特别慎重,要进行系统分析,以防因考虑不周而影响整体营销计划的实施。

第四节 批发、零售与物流

生产企业要成功地利用中间商向消费者或用户分销、销售产品或服务,应了解、分析和研究中间商的类型、特点和功能,进而选择适合的中间商,并与中间商有效合作。为了最大限度地满足市场需求并控制物流成本,企业还需要对物流活动与过程进行有效组织与管理。

一、批发

(一)批发和批发商职能

批发(wholesaling)是指将商品批量销售给为转售、进一步生产加工或其他商业用途而购买的机构或个人的活动。批发是随着商业内部分工的发展而产生的一类市场交易活动,其基本特点是批量购进、批量销售。

以经营批发业务为主的中间商即为批发商。批发商一头连着生产企业,另一头连着零售商、生产用户或其他机构,并以批发价格销售大宗商品。

批发商执行以下渠道功能。

(1)市场开拓。生产企业借助批发商的力量,能够更有效率地开发并占领市场,尤其是当顾客或用户在地理上分布广泛时,或者是当生产企业对区域市场不太了解时。

(2)商品集采、编配和分装。批发商能够按下游客户订单需要,集中采购来自不同生产企业的商品,再按每个客户的要求重新归类、分配,并将大包拆开分装,进而简化了下游客户的采购过程并满足其需要。特别是,一些生产企业设置了最小订购量,把那些小量订购者拒之门外。而批发商将这些小的订单汇集起来形成大订单,再向生产企业进行集中采购,有助于降低中小商户的采购成本。

(3)储运服务。批发商通常拥有较为完善的仓储设施和运输设备,可以为生产商、零售商适时、适地、适量购销提供最佳产品仓储、运输服务。批发商承担仓储运输功能,一方面与其集散、中转业务相适应;另一方面为生产商和零售商解决了库存、运输配送难题。

(4)提供市场信息。批发商掌握大量市场供求信息和有关竞争者的营销策略与行为等方面的信息,把这些信息反馈给生产企业,有助于生产企业制定合理的产品开发策略、定价策略和生产计划。

(5)融资。批发商通过赊销或分期付款,向零售商或生产用户提供资金支持;通过预付货款,为上游生产企业提供资金支持。

(6)提供服务支持。根据上游企业的安排或下游企业的需要,提供商品运输配送、维修、商品陈列、人员培训、担保等服务。

(7)承担风险。批发商持有商品所有权,承担商品储运过程中的破损、丢失以及过时降价、滞销等市场销售风险。

（二）批发商类型

批发商有许多类型，不同类型的批发商，其发挥功能的形式和程度存在一定的差别。

批发商可以按多个标准进行分类。例如，按经销的商品种类范围，可以分为综合批发商和专业批发商；按服务地理范围，可以分为地方性批发商、区域性批发商和全国性批发商；按是否拥有商品所有权，可以分为经销批发商和代理批发商；按所处流通环节，可以分为一级批发商和中转批发商等。下面主要介绍三类批发商。

1. 商业批发商

商业批发商，亦称独立批发商或经销商。这类批发商对其经营的商品拥有所有权，即买下所经营的商品，然后再卖出去，因而价差是他们的主要盈利来源。商业批发商依据其所发挥的功能及专业化程度，可以分为全面服务批发商和有限服务批发商。

（1）全面服务批发商。全面服务批发商承担几乎所有的批发服务功能，但依据其经营产品线的宽窄，又可以分为以下几种。

① 综合批发商。其经销的商品范围较为广泛，涉及不同行业互不相关的产品。

② 专业批发商。其经销的商品是专业化的，属于一个行业大类，如五金电器批发商。

③ 专用品批发商。深度经销某一条产品线上的产品，如冷冻食品批发商、钢材批发商等。

④ 工业配销商。专门为生产用户服务的批发商，如建筑材料供应公司等。

（2）有限服务批发商。有限服务批发商向上下游客户提供较少的渠道服务功能，主要分为以下几种。

① 现购自运批发商。此类批发商往往经销有限的且周转快的商品，主要为中小零售商服务，收现款，不负责送货。

② 承销批发商。此类批发商主要经销煤炭、木材、建材等大宗商品，不持有存货，不负责运输。他们仅负责接单并联系生产企业，并由后者将货物直接发送给用户。

③ 寄售批发商。这是一种专门为杂货店和药品零售商服务的批发商类型，主要经营零售商不愿意订购的玩具、书报、保健品等非食品类商品。他们将这些商品送到零售商店，待商品售出后才向零售商收款。

④ 邮购批发商。其经营方式是将产品目录寄给零售商或机关团体，等接到订单后，再通过邮局或快递公司将产品交付客户。它们主要经营化妆品、汽车配饰、专用食品等。

2. 居间商

与商业批发商不同，居间商对经营的商品没有所有权，只为买卖双方提供牵线搭桥、促成交易的服务，并根据交易额收取一定佣金。它们没有存货，也不参与融资或承担风险。其类型主要有如下几种。

（1）生产者代理商。这种代理商为一个生产企业或几个互不竞争的生产企业销售产品，并从中获取佣金。它们扮演的角色类似企业销售人员，但它们却是独立的商人。它们会与委托人签订有关价格政策、销售区域、送货等方面的正式合同。

（2）销售代理商。这种代理商依据合同全权代理销售某生产者的所有商品。它们有权决定销售价格及销售方式，起到生产者的销售部门的作用。

（3）经纪人。其主要作用是为买卖双方牵线搭桥，协助谈判。经纪人多活跃在食品、不动产、保险和证券等领域。

（4）采购代理商。它们接受购买方的委托，代表买方进行采购，负责为买方收货、验货、储运等。

3. 自营批发机构

自营批发机构是由生产企业或零售商自设机构开展批发业务的批发商，主要有以下四种类型。

（1）制造商销售机构，即制造商为改进其存货控制、销售和促销业务而设立的销售分支机构或办事处。销售分支机构，如制造商销售公司，持有存货，较全面地履行批发业务；而办事处则不持有存货，提供较少的服务。

（2）采购办事处。这是零售商在一些批发交易市场设立的采购业务机构。

（3）零售商合作社。由几家零售商发起并组建的从事批发业务的商业组织。零售商通过合作社实现集中采购，扩大采购批量，降低采购成本。合作社实现的盈利可以按成员各自的采购比例返还给零售商。

（4）电商平台企业自营批发机构，如京东新通路。京东新通路业务，是京东2016年启动的一项战略新业务，并为此成立了新的事业部——新通路事业部。京东新通路，顾名思义，就是要构建一个新的渠道通路，主要面向三线到六线（县城、乡镇、农村）千万中小零售门店，成为这些中小零售门店的供货商，成为它们的合作伙伴。

在传统的分销渠道模式下，品牌商品要卖到三线到六线地区，需要经过4～5个层级的经销商、分销商，才能到达终端的中小门店那里。这样的模式造成的问题：一是历经重重渠道之后，商品的流通成本高昂，最终导致中小门店赚不到钱，消费者买到的商品价格也非常高；二是渠道环节多带来的是效率低下，商品周转速度慢；三是渠道的复杂性会导致假货横行，最终受害的是品牌商和消费者。

京东新通路，解决的就是这样的问题，品牌商品要铺到三线到六线地区，不用再历经4～5个层级渠道，而是直接和京东合作就可以了。对于三线到六线地区的中小门店来说，只需要通过京东的APP就可以轻松订货，并且通过京东高效的物流体系，很快就可以收到货物并上架销售。京东新通路，等于把成千上万中小零售门店的小批量采购需求汇集成了大批量采购需求，京东再向品牌商集中采购。

京东新通路业务的发展，可能促成分销渠道的变革。

二、零售

零售（retailing）是指将商品或服务直接销售给最终顾客的行为。零售商（retailer）指那些主要从事零售业务的企业或个人。

在消费品流通体系中,零售是必要且非常重要的一个环节。由于零售商直接面对数量众多且分布广泛的最终顾客,因而其承担的渠道职能往往是其他渠道成员难以替代的。零售商类型众多,而且随着时代变迁,新型零售商不断涌现。

(一)零售商职能

作为商品流通体系中的重要成员,零售商承担以下职能。

(1)商品分类、组合、配售。零售商把购进的各类商品按照消费者的需要进行分类、组合和搭配,使消费者便于购买,满足消费者的综合需求,并弥合了生产企业提供商品的单一化与消费者综合化需求的差距。换言之,零售商扮演了消费者采购代理人的角色。

(2)提供服务。零售商在销售商品的过程中,向顾客提供多样性服务,这些服务不仅方便顾客购买商品,而且有助于满足顾客多样化的消费需求。当然,不同类型零售商提供的服务数量和水平存在差异。例如,相对于超市,百货店提供的服务明显要多且水平要高,包括舒适的购物氛围、销售人员更为专业的产品介绍、餐饮服务、娱乐服务等。

(3)商品存储。零售商储存一定量的商品,保证顾客的随时购买,满足顾客不同时间的需求。

(4)融资。零售商通过赊销、分期付款等方式,为消费者提供资金支持。例如,"京东白条"是京东推出的一种"先消费、后付款"的支付方式,消费者使用京东白条进行支付,可以享受最长 30 天的延后付款期或最多 24 期的分期付款方式。京东白条还分为校园白条、旅游白条、乡村白条等类型。

(5)承担风险。零售商不仅承担商品滞销的风险,还要承担商品在储存中发生的丢失、残损等风险。

(6)信息传递。零售商不仅向顾客传递商品信息,而且还向上游的生产者或批发商传递有关市场需求及其变化的信息。通过信息传递,零售商起到促进生产、引导消费的作用。

(二)零售商类型

零售商类型繁多,且新类型不断涌现,如近年来迅猛发展的自营 B2C 网络零售和平台型 B2C 网络零售等。我国目前按零售业态对零售商进行分类。所谓零售业态,是指为满足不同的市场需求,进行相应的要素组合而形成的不同经营形态。划分零售业态的标准,包括目标顾客、选址、经营规模、商品组合、服务功能、有无实体店铺等。

1. 有店铺零售业态

按有无实体店铺,可以将零售业态分为有店铺零售和无店铺零售两大类。其中,有店铺零售业态又可以分为食杂店、便利店、折扣店、超市、仓储会员店、百货店、专业店、专卖店、购物中心和厂家直销中心。有店铺零售业态的分类和基本特征,如表10-1所示。

表 10-1 有店铺零售业态的分类和基本特征

零售业态		基本特征					
		选址	商圈与目标顾客	规模	商品结构	商品售卖方式	服务功能
1. 食杂店		位于居民区内或传统商业区内	辐射半径0.3千米，目标顾客以相对固定的居民为主	经营面积一般在100平方米以内	以香烟、饮料、酒、休闲食品为主	柜台式和自选式相结合	营业时间12小时以上
2. 便利店		商业中心区、交通要道以及车站、医院、学校、娱乐场所、办公楼、加油站等公共活动区	商圈范围小，顾客步行5分钟内到达，目标顾客主要为居民、单身者、年轻人。顾客多为目的性购买	经营面积一般在200平方米以下，利用率高	以即时食品、日用小百货为主，有即时消费性、小容量、应急性等特点，商品品种在3 000种左右，售价高于市场平均水平	以开架自选为主，结算在收银台统一进行	营业时间16小时以上，提供即时性食品的辅助设施，开设多项服务项目
3. 折扣店		居民区、交通要道等租金相对便宜的地区	辐射半径2千米左右，目标顾客主要为商圈内的居民	经营面积一般在300～500平方米	商品价格低于市场平均水平，自有品牌占有较大的比例	开架自选，统一结算	用工精简，为顾客提供有限的服务
4. 超市	便利超市	商业中心区、交通要道以及车站、医院、学校、娱乐场所、办公楼、加油站等公共活动区	商圈范围小，顾客步行5分钟内到达，目标顾客主要为居民、单身者、年轻人。顾客多为目的性购买	经营面积一般在200～500平方米，利用率高	以即时食品、日用小百货为主，有即时消费性、小容量、应急性等特点，商品品种在3 000种左右，售价高于市场平均水平	以开架自选为主，结算在收银处统一进行	营业时间16小时以上，提供即时性食品的辅助设施，开设多项服务项目
	社区超市	市、区商业中心、居住区	目标顾客以居民为主	经营面积一般在500～2 000平方米	以经营食品（包括生鲜和包装食品）为主	自选销售，出入口分设，在收银台统一结算	营业时间12小时以上
	综合超市	市、区商业中心、居住区	目标顾客以居民为主	经营面积一般在2 000～6 000平方米	经营日常生活必需品	自选销售，出入口分设，在收银台统一结算	营业时间12小时以上
	大型超市	市、区商业中心、城乡接合部、交通要道及大型居住区	辐射半径2千米以上，目标顾客以居民、流动顾客为主	经营面积一般6 000平方米以上	大众化衣、食、日用品齐全，一次性购齐，注重自有品牌开发	自选销售，出入口分设，在收银台统一结算	设不低于经营面积40%的停车场

续表

零售业态		基本特征					
		选址	商圈与目标顾客	规模	商品结构	商品售卖方式	服务功能
5. 仓储会员店		城乡接合部的交通要道	辐射半径5千米以上,目标顾客以中小零售店、餐饮店、集团购买和流动顾客为主	经营面积一般6 000平方米以上	以大众化衣、食、用品为主,自有品牌占相当部分,商品在4 000种左右,实行低价、批量销售	自选销售,出入口分设,在收银台统一结算	设相当于经营面积的停车场
6. 百货店	高档百货店	市、区级商业中心、历史形成的商业集聚地	目标顾客以追求高档商品和品位的顾客为主	经营面积一般在6 000～20 000平方米	高档百货商品	采取柜台销售和开架面售相结合方式	注重服务,设餐饮、娱乐等服务项目和设施
	时尚百货店	市、区级商业中心、历史形成的商业集聚地	目标顾客以追求时尚商品和品位的流动顾客为主	经营面积一般在6 000～20 000平方米	时尚百货商品	采取柜台销售和开架面售相结合方式	注重服务,设餐饮、娱乐等服务项目和设施
	大众百货店	市、区级商业中心、历史形成的商业集聚地	目标顾客以追求大众商品的顾客为主	经营面积一般在6 000～20 000平方米	大众百货商品	采取柜台销售和开架面售相结合方式	注重服务,设餐饮、娱乐等服务项目和设施
7. 专业店	专业市场		目标顾客以有目的选购某类商品的流动顾客为主	根据商品特点而定	以经营某一类别商品为主	采用摊位制管理方式	从业人员具有丰富的专业知识
	专业超市		目标顾客以有目的选购某类商品的流动顾客为主	根据商品特点而定	以经营某一类别商品为主	采用开架售货,集中收款方式	从业人员具有丰富的专业知识
8. 专卖店		市、区级商业中心、专业街以及百货店、购物中心内	目标顾客以中高档消费者和追求时尚的年轻人为主	根据商品特点而定	以销售某一品牌系列商品为主,销售量少、质优、高毛利	采取柜台销售或开架面售方式,商店陈列、照明、包装、广告讲究	注重品牌声誉,从业人员具备丰富的专业知识,提供专业性服务

续表

零售业态	基本特征					
	选址	商圈与目标顾客	规模	商品结构	商品售卖方式	服务功能
9.购物中心	社区购物中心	市、区级商业中心	商圈半径为5～10千米	建筑面积为50 000平方米以内	20～40个租赁店,包括大型综合超市、专业店、专卖店、饮食服务及其他店铺	各个租赁店独立开展经营活动	停车位有300～500个
	市区购物中心	市级商业中心	商圈半径为10～20千米	建筑面积10万平方米以内	40～100个租赁店,包括百货店、大型综合超市、各种专业店、专卖店、饮食店、杂品店以及娱乐服务设施等	各个租赁店独立开展经营活动	停车位500个以上
	城郊购物中心	城乡接合部的交通要道	商圈半径为30～50千米	建筑面积10万平方米以上	200个以上租赁店,包括百货店、大型综合超市、各种专业店、专卖店、饮食店、杂品店及娱乐服务设施	各个租赁店独立开展经营活动	停车位1 000个以上
10.厂家直销中心		一般远离市区	目标顾客多为重视品牌的、有目的购买	单个建筑面积100～200平方米	为品牌商品生产商直接设立,商品均为本企业的品牌	采用自选式售货方式	多家店共有500个以上停车位

2.无店铺零售业态

无店铺零售业态,指不通过实体店铺销售,而是通过互联网、电话、电视、自动售货亭、邮寄商品目录等完成商品展示、售卖活动,所销售的商品通过自有物流体系或第三方物流送到消费者手中的零售业态。无店铺零售业态包括电视购物、电话购物、厂家直销、邮寄、自动售货亭和网络零售等。

(1)电视购物。以电视观众为主,通过电视向消费者进行商品宣传展示和销售;所销售商品具有某种特点,与市场上同类商品相比,同质性不强。

(2)电话购物。根据不同的产品特点,目标顾客不同;商品单一,以某类品种为主;主要通过电话完成销售或购买活动。

(3)厂家直销。根据不同的产品特点,目标顾客不同;商品单一,以某类品种为主;通过自己的销售人员直接与消费者接触进行商品推介,以达到销售其产品或服务的目的。

(4)邮寄。以地理上相隔较远的消费者为主;商品包装具有规则性,适宜储存和运输;以邮寄商品目录为主向消费者进行商品宣传展示,并取得订单。

(5) 自动售货亭。以流动顾客为主,以香烟和碳酸饮料为主,通过自动售货机器完成售卖活动。商家不提供其他任何服务。

(6) 网络零售(online retailing)。通过互联网(PC端和移动端)完成商品展示、挑选、交易、支付和顾客沟通的零售业态。网络零售突破了时间和空间限制,可以使消费者更方便快捷地完成消费行为,这也使得网络零售商往往可以拥有数量众多的消费者。例如,京东截至2015年末的活跃用户数已超过1.5亿。

网络零售又可以分为以下类型。

① 自营式B2C。如京东商城、当当网、聚美优品、中粮我买网等。这类电商主要开展自营业务,即先向供应商采购商品,然后通过自建互联网平台(网店)将商品销售给消费者;价差是它们的主要盈利来源。

根据所经营产品线的宽窄,自营式B2C又可以分为垂直类B2C和综合性B2C;其中,垂直类B2C电商主要经营某一大类商品,如主要经营食品的中粮我买网和主要经营美妆的聚美优品。综合性B2C电商的经营范围就非常广泛了,如京东商城。

② 平台式B2C。如阿里巴巴集团旗下的天猫平台。天猫只是提供了一个线上交易平台,通过吸引品牌商或其特许经销商进驻平台,并由入驻平台的商户面向广大消费者自主开展商品销售活动。天猫平台为入驻商户提供技术、数据、支付等方面的服务,并向入驻商户收取平台服务费。

③ C2C网络零售平台。如阿里巴巴集团旗下的淘宝平台。淘宝提供的也是一个线上交易平台,同样由入驻平台的商户自主开展商品销售活动,但其入驻商户以个人或中小企业为主。

④ 生产企业直销B2C。生产企业直销B2C即由生产企业自主开发并自主经营的网络零售平台,如格力官方商城(mall.gree.com)、海尔商城(ehaier.com)等。直销B2C是生产企业开发的一种直销渠道,直接面向广大消费者销售企业生产的各种产品。

⑤ 微商。微商即企业或者个人基于社会化媒体开设网店的新型电商模式,主要分为两种:一种是基于微信公众号的微商,也称为B2C微商,如王府井集团开设的微信商城;一种是基于朋友圈开店的C2C微商。与传统电商不同的是,微商基于微信连接一切的能力,实现了商品的社交分享、熟人推荐与朋友圈展示。

三、物流

物流(logistics)是指将产品实体从生产者送达消费者的过程,该过程包括如下的多项活动:预测销售量—制订生产计划—采购原材料—原材料运送和入库—加工制造—制成品包装—企业内部仓库—运输—批发商或零售商仓库—运输—门店存货—配送给消费者等。物流系统的组织与管理,不仅关系着商品价值能否顺利实现,而且对渠道效率、顾客满意度和企业经营目标的实现都具有重要的意义。物流成本在产品的销售成本中,平均占到30%~40%。因而,在满足顾客需要的同时,如何降低物流成本,成为企业面临的重要任务。

（一）物流活动

物流由许多活动构成，其中，商品运输和存储是核心活动，其他则是辅助活动。

1. 商品运输

商品运输是指产品实体跨越空间的流动、位移过程，是物流的核心活动之一。商品运输解决了商品在生产地和消费地之间的差异问题，满足消费需要。实现商品实体转移的运输方式有多种，如公路、水路、铁路、航空、管道等，不同运输方式的运送速度和运输成本存在差异。一般而言，运送速度快的运输方式，其运输成本也高。

2. 商品存储

商品存储是物流过程中的静态环节，它不仅可以解决商品运输过程中的矛盾，而且能够调解供求之间在时间上的矛盾，创造出时间效用。不过，商品存储毕竟是商品在生产和消费之外的停滞，有时虽然十分必要，但过多的商品存储会引发资金占用、成本增加和商品贬值等负面效果。

3. 商品包装

商品包装是对有形商品的包裹、捆扎与美化，其主要作用是保护商品，使商品在运输、储存和配送中质量不受损害。另外，包装还有美化商品和促销作用。商品包装分为运输包装和销售包装两种。

4. 商品保管

商品保管是物流的一个重要环节，包括在商品运输、储存和流通加工过程中的放置、编号、记录、保养、维护等活动。它的主要作用是维护商品品质，防止商品损坏或丢失。例如，水果、蔬菜、海鲜、肉禽蛋等生鲜食品的运输、仓储和销售过程必须处于规定的低温环境中，以维护商品品质。为此，相关企业需要在高度协调的基础上，建立适合的冷链物流系统；但该系统不仅复杂，而且投入也大。

5. 装卸搬运

装卸搬运是对商品运输、保管、包装、流通加工等物流活动进行衔接的中间环节，包括装卸、堆砌、入库、出库以及连接以上动作的商品的短程位移等。

6. 流通加工

流通加工是发生在流通领域的生产过程，是生产过程在流通领域的延伸。流通加工的主要作用就是直接为流通，特别是销售服务。流通加工的方式有：零部件的组合、商品形体上的分割、产品重新包装、商品各种标识的制作等。流通加工增加了商品的附加价值。

7. 物流信息

物流信息包括发货信息、在途运输信息、库存信息、包装和加工信息等。物流信息的收集、加工和传递的现代化，是物流现代化的重要基础。卫星跟踪、条形码、电子数据交换等现代信息技术的应用，使得物流信息系统的现代化程度不断得到提高。

（二）物流系统的管理

物流系统的管理，是为了满足消费者需求而对商品实体从生产地向消费地的转移过程所进行的计划、组织、实施和控制活动。物流的活动内容复杂，不仅需要企业内部相关部门之间密切配合，而且需要企业外部很多机构，如中间商、物流商、运输公司、仓储公司、保险公司等的合作。因此，为了高效、经济地完成物流任务，传递顾客价值，需要企业物流管理部门把各方面的力量组织和协调起来，进而形成整合的物流系统（integrated logistics system）。

1. 物流目标

企业要实施有效的物流管理，首先要确定物流目标。物流目标不同，往往会形成不同的物流系统设计。物流管理者在确定物流目标时，经常需要在顾客满意度和物流成本之间进行权衡；因为企业很难同时达到顾客服务最大化和物流成本最小化。例如，货运部门可能喜欢铁路运输胜过航空运输，因为前者成本较低，但由于运输速度较慢，可能导致交付顾客时间的延迟，进而降低顾客满意度。

鉴于物流系统涉及重要的取舍决策，因此物流管理者需要在统筹兼顾、权衡利弊得失的基础上确定物流目标。但物流管理者首先应明确：顾客需要什么，以及竞争对手能够提供什么。通常，顾客满意度与以下方面密切相关：准时交货，满足其紧急需要；门店货物充足，从不发生缺货现象；货物品相完好；快递人员工作态度好；退货程序简单、易行等。

2. 订单处理

物流过程一般从接受顾客订单开始，直至收到顾客的付款结束。这种周期性的过程涉及诸多环节，包括订单接受、订单录入、顾客信用审核、清点库存、按订单装运货物并出具发货清单、接受顾客付款等。该周期越长，顾客满意度越低，企业盈利也越少。因此，企业必须做好协调管理工作，以迅速、准确地完成整个订单处理流程，缩短从接受订单至收到货款所花费的时间。为了缩短订单处理的周期，企业已普遍采用计算机系统来处理订单接受、录入、分发及顾客信用审核等工作。

3. 仓储地点管理

由于生产和需求往往是不同步的，因此企业需要存储商品以供出售。在仓储决策中，物流管理者需要根据顾客数量及地理分布、运输条件、订单数量和服务要求等，决定其仓储地点、存储数量等。一般而言，更多的仓储地点意味着可以更快地将产品配送给顾客，但同时也意味着更高的仓储和库存成本。

例如,京东为了提高商品配送效率,自 2007 年开始,投入大量资金,在全国范围内建设多层次的、仓配一体化的仓储配送体系,包括中心仓、前置仓、分拨中心、配送站等。截至 2015 年底,京东在全国 50 个城市运营着 213 个大型仓库和 5 367 个配送站。近年来,京东还大力推动自有仓储与供应商仓储的资源整合,进而实现部分商品无须进入京东仓库,也能快速送达消费者。此外,京东仓储物流服务也向第三方供应商开放。

管理者还需要决定使用仓库的规模和类型。仓库的规模与库存商品的品种数、商品类别、商品周转速度、仓库功能等因素有关。仓库类型有自有仓库或租用仓库、分销仓库和储备仓库、一般仓库或自动化仓库等。

4. 存货管理

存货管理的核心任务是确定存货水平。存货水平不仅影响企业的存货成本,而且影响顾客满意度。一般来讲,销售部门希望存货充足,以便在接到订单时能够立刻为顾客供货。但是,随着存货量的增加,企业存货成本和资金占用也会随之增大。因此,管理者需要在存货量和存货成本之间进行权衡,既不要出现断货,也不能存货太多,占用太多资金。存货决策包括确定存货水平、订货点和经济订货批量等任务。

(1) 确定存货水平。要确定存货水平,首先要确定计划销售额,然后再根据存货周转速度,确定一定时期内的存货定额。月度的存货定额可以按如下公式测算:月存货定额＝月计划销售额×(12÷存货周转率)。

(2) 确定订货点。存货量随着不断的销售而下降;当存货降至一定数量时,就需要进货了。如果订货点是 100 个单位,这意味着,当库存数量降至 100 时就需要再次订货。订货点其实是企业在缺货风险和存货过多所产生的成本之间找到一个平衡点。

(3) 确定经济订货批量。经济订货批量的决策,就是要在订货成本和存货成本之间寻找平衡点。对于零售企业来说,订货成本包括订货手续费、谈判与签约费用、收货验货费用、付款手续费等,这些费用与订货量成反比,与采购次数成正比,即一次采购量越大,或者采购次数越少,订货成本越低。

存货成本包括仓储费用、资金占用成本、税金、折旧、货损成本、保险费等。一般来说,存货成本与商品采购量、商品存储时间成正比,即商品采购量越大、存储时间越长,存货成本就越高。

经济订货批量是指在满足市场需求的条件下,使存货成本最低的每次订货批量。如图 10-8 所示,单位订货成本随货批量的增加而降低,单位存货成本随订货批量的增加而增加。将两条曲线垂直相加,即得到总成本线。总成本线的最低点对应的订货批量 Q_0 就是经济订货批量。

5. 运输管理

运输管理是对商品运输工作进行计划、组织、协调与控制,内容包括确定运输方式、运输路线、商品品种和数量、装运时间、起运地、目的地、所需费用等。

运输方式选择是运输管理的重要内容,因为它会影响物流成本、交货时间和货物到达

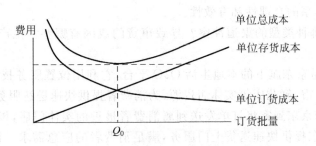

图 10-8　经济订货批量的确定

交货地点的状况等。可供企业选择的运输方式包括铁路、公路、航空、水运和管道等。企业在选择运输方式时应综合考虑运输速度、成本、可靠性、运载能力、可获得性等因素。

物流配送"最后一公里"问题

值得关注的是,自 2010 年以来,随着网络零售迅猛发展,国内消费者越来越习惯送货上门的消费方式,这使得"最后一公里"的末梢物流成为各界普遍关注的问题。数量众多的"快递哥"开着标志性的小型电动车穿梭于大街小巷,或不断地从社区、学校和写字楼进进出出,成为一道社会"风景"。许多年轻男性从事快递员职业。

以前,消费者需要到零售商门店购物并主要通过自提回家方式解决最后的物流问题。现在,消费者要求送货上门,大大提高了零售商的服务成本。这个"最后一公里"的末梢物流非常复杂,涉及配送人员招聘、运输工具选择、时间差异协调、社区管理、人身安全等问题。例如,京东为了向消费者提供送货上门服务,自建了一支由数万名快递员构成的配送服务体系。有的企业则选择与各类社区便利店合作,把便利店变成自提点。还有的企业选择与第三方快递服务提供商合作,由后者提供送货上门服务。为了解决进门难或送货与收货时间差的问题,一些企业开始在居民社区投放自提柜。

在零售企业或快递公司纷纷把送货上门服务作为一种获取竞争优势的来源时,有些人则关注,送货上门是否导致社会资源浪费?这种服务是不是让人变得懒惰了?

关键概念

分销渠道　中间商　长渠道　短渠道　宽渠道　窄渠道　适中渠道　密集分销　选择性分销　独家分销　渠道权力　渠道冲突　批发商　零售商　网络零售　物流　经济订货批量

复习与思考

1. 什么样的企业,或企业在什么样的情况下,可以选择独家分销策略?

2. 什么样的企业可以自建网上商城,直接销售企业生产的产品?这样的渠道能成为企业的主渠道吗?

3. 请选择一个你熟悉的企业,描述其渠道体系,并根据经济性、控制性、适应性三个标准分析其渠道体系的合理性和有效性。

4. 窜货属于哪种类型的渠道冲突？导致窜货的成因有哪些？生产企业如何控制窜货行为的发生？

5. 京东到家是京东旗下的本地生活 O2O 平台，它利用位置服务技术（LBS），整合线下3千米范围的超市、鲜花店等实体店资源，为消费者提供快速送达服务。消费者在京东到家 APP 下单后，京东到家将订单发送到离消费者最近的实体门店，该门店根据订单组配商品，然后由京东提供快速送货上门服务，满足消费者的应急需求。请你从京东到家、入驻平台的零售商户、消费者三个视角，分析这种 O2O 模式的发展前景，以及京东和入驻平台的商户在合作中会遇到什么问题。

案例分析

经济科学出版社的渠道变革

自 2003 年全国推行文化体制改革以来，580 家传统出版社转企改制工作不断推进和深化，图书出版产业的市场化程度不断提高，行业市场的竞争激烈程度也在不断加强。近年来，数字出版的快速发展也在一定程度上加剧了出版业的市场竞争。与此同时，随着电子商务的快速发展和居民网络购买习惯的加快形成，我国图书流通体系也在发生着快速、深刻的变革，特别是网络渠道及网络零售商在出版社图书发行渠道体系中的地位快速上升。

正是在这样的背景下，作为国家一级出版社的经济科学出版社（以下简称"经科出版社"）提出，要通过深化市场化改制，进一步提升出版社的竞争力和持续发展能力。为了应对日益激烈的市场竞争，经科出版社高度重视图书产品开发能力及网络渠道体系的建设。为满足读者的网络购买需要，经科出版社在 2012 年建立了自营的网络渠道——天猫官方旗舰店，而且还加强了与当当、京东、亚马逊等电商渠道的合作。天猫旗舰店的开通，为出版社实现线上线下协同运作提供了条件，但目前天猫旗舰店仅仅发挥了宣传窗口的作用。问题是，出版社应制定什么样的线上线下协同运作思路？如何加强对电商渠道的控制？出版社的天猫旗舰店是否要做大做强？这些问题同样值得其他出版社深入思考。

一、经科出版社简介

经济科学出版社创建于 1983 年，是国家财政部主办主管的国家一级出版社和"全国百佳图书出版单位"，是全国哲学社会科学规划办公室指定的"国家社科基金资助项目推荐申报单位"。其出版图书的品种及影响力，在全国经济学类出版社中排名第三、管理类出版社中排名第五，并且以"典、史、论"为核心的经济理论出版物已经成为国内高端理论著作的知名品牌。2010 年经科出版社按期完成转企工作，领导班子和组织结构进行了相应的调整。

经科出版社现有职工 300 余名，其中，专业编辑 150 余名。除功能完备、编制精简的管理和服务部门外，经济科学出版社下设财会、财经、财税以及理论、教材、经贸、商业教育等出版分社，金融、经管、对外合作等编辑中心和数字网络出版中心。

改革开放 40 年来，经科出版社始终致力于传播中国改革开放的最新进展和中国特色社会主义市场经济理论的最新成果，形成了以经济、管理类图书为主的产品结构。从性质看，该出版社出版的图书又可以分为教材教辅、理论著作、政策法规、辞典及工具书、经济类年鉴和经济通俗读物等类别。近年来，经科出版社每年出版图书品种1 300～1 500个，从图书品种结构看，教材教辅和理论著作两类图书的占比分别为30%和35%，合计占比为65%左右。但从销售收入看，教材教辅类图书的占比高达80%。此外，近30年来，出版社一直坚持引进并组织翻译出版海外经济学、财政学、金融学、管理学的经典名作，进一步加强了出版社在财政、会计、金融等方面的特色。

20世纪90年代以来，由于注册会计师、会计从业资格、资产评估师等职业（职称）资格考试的持续火热，使得经科出版社出版发行的与会计考试有关的教材教辅图书，成为经科出版社主要的收入来源，此类图书的销售收入占比在20%左右。由于出版社隶属国家财政部，因此其出版的此类图书被购买者认为更具权威性。近年来，每年全国参加注册会计师考试的考生约60万，而出版社每年售出的有关考试用书30万套左右。

二、出版社图书发行渠道体系

长期以来，经科出版社秉承"读者至上"的经营理念，以提高渠道的覆盖面和渗透能力为基本目标，加强图书发行渠道建设和运营管理，尽力满足广大社会读者对于便利购书的需求，并为财经系统用户、图书馆和各类院校提供及时、准确的配送服务。目前，经科出版社的图书发行渠道体系由线上、线下两部分构成，如图10-9所示。

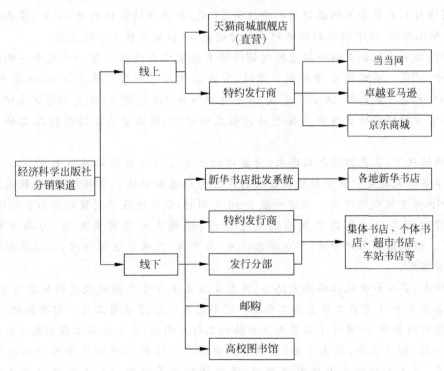

图10-9　经科出版社图书发行渠道体系

从传统的线下渠道看，经科出版社通过新华书店批发零售体系以及400余家特约区域发行商和一万多家的图书销售终端，形成了覆盖全国的渠道体系。如图10-9所示，新华书店凭借其覆盖全国的购销网络、仓储配送网络和集约化、规模化的运营能力,在经科出版社的图书发行渠道体系仍占有十分重要的位置。特约发行商属于区域性的图书经销商,它们不仅从事图书批发业务,而且大都还从事零售业务,即自主经营实体书店。

除了传统渠道外,经济科学出版社已经建立了自营的网上书店——经科出版社天猫旗舰店(http://jjkxcbs.tmall.com),并开通了当当网、京东商城、卓越亚马逊等线上渠道,以迎合快速增长的线上图书消费趋势。自2010年以来,随着读者越来越多地从线上购买图书,经科出版社线上渠道实现的销售额快速增长,2014年末其占比超过40%;而传统渠道占比已不足60%。

此外,一些区域性的特约发行商在从事线下批发零售业务的同时,也在淘宝、京东商城等电商平台开办了自己的网络书店。据经科出版社有关负责人介绍,这些网络书店为了提高排名,正在掀起新一轮的网络图书销售价格战。

三、线上渠道运营

1. 直营天猫旗舰店

经科出版社天猫旗舰店在2012年8月正式上线,2013年实现销售额120万元,2014年销售额在150万元左右,呈现缓慢的增长趋势。目前,出版社所拥有的图书品类中只有较少一部分在其天猫旗舰店上架,主要集中在会计专业书籍、考试用书以及教材等核心品类。

在价格方面,其他线上渠道所售图书还是具有优势的。同样一本书,如注册会计师考试用书《审计》,在自营天猫旗舰店的价格为51元,当当网的价格则是45元,京东商城为48元。相比而言,线下购书的价格则要相对固定,折扣大多在8.5折左右。

目前,经科出版社天猫旗舰店的促销活动主要集中在活动旺季,如"双十一购物狂欢节""双十二"等一些特殊促销时间。同时,官方旗舰店也有店铺优惠活动,如满68元包邮、满100元减8元包邮、满200元减18元包邮和满300元减30元包邮等优惠活动。除此之外,官方旗舰店所有图书不接受任何形式的议价,团购等其他特殊情况需要与掌柜联系。

一般情况下,在天猫旗舰店购书,付款时间在15:00之前的订单当天发货,15:00之后的订单第二天发货。官方旗舰店合作的快递为中通和韵达。有些地方,需联系客服备注发EMS并支付相应运费。快递一般2~6天到货,偏远地区的到货时间为6~10天,按实际到货时间为准。天猫旗舰店的发货速度,根据其网店首页显示,为高于同行业21.28%。但根据顾客评价看,不少顾客认为,与当当、京东等电商相比,天猫旗舰店的发货速度有些慢。

实际上,在经科出版社的北京总部,只有4名员工负责天猫旗舰店的日常运营业务。在这4名员工中,1名员工负责加工和上传图书信息工作,2名员工负责订单处理、包裹和在线回答问题等事务,另外1名员工负责协调工作。而且,这4名员工跟出版社其他部门的员工一样,按点上班,按点下班,节假日还要休息。这种工作制度必然影响旗舰店的服务能力,并不可避免地出现发货滞后、退换货缓慢等问题。而当当网的用户可以通过实时在线聊天工具、客服电子邮件、24小时热线电话与客服中心联系,当当网的客服中心位于北京,有400多名受过专业训练的员工负责解答顾客的疑问、处理投诉及退换货等事宜。

2. 三大电商渠道

目前,经科出版社主要与当当网、京东商城、卓越亚马逊三大电商合作,而且采用的是经销的合作方式。出版社对三大电商实行全品种供货,而三大电商会根据销售情况,确定实际的采购品种。跟整个行业普遍采取的做法一样,经科出版社对三大电商也实行赊销和包退的销售政策。在赊销的情况下,账期一般设定为6个月。经过几年的快速增长后,2014年经科出版社通过这三大电商实现的销量增速有所放缓。2014年,出版社通过三大电商实现的总销售额为5 000万元左右。

众所周知,因电商渠道销售价格明显要低,其对传统销售渠道的冲击还是非常明显的。目前,出版社对线上线下渠道的批发价格是统一的,大多数图书为建议零售价(标价)的7折。但为吸引流量或促进销售,电商经常大打价格战,甚至以低于批发价的零售价格进行销售,结果对销售秩序造成破坏。例如,当电商的零售价比批发价明显要低时,就会出现以下的现象:有中间商会从网上大量购买图书,然后以批发价要求出版社退货并获得差价。为了控制电商这种低价倾销行为,出版社已与三大电商签订了限价协议。

其实,除了低价销售外,电商渠道还经常开展其他形式多样的促销活动。但为了保证自身的收益,电商经常会向出版社索要促销费,促销费会从对出版社的应付账款中扣除。对于这样的做法,出版社往往只能被动接受,因为如果出版社不接受的话,电商会以推迟结算货款进行要挟。

出版社营销中心负责人认为,尽管出版社可以通过调控供货品种来达到增强对三大电商控制力的目的,但出版社短期内很难这样做。一方面,出版社仍需要依赖三大电商扩大图书的销量;另一方面,目前拥有的资源条件决定了出版社很难在其他渠道上有更多的投入。

四、线上线下协同

从目前情况看,出版社线上渠道和线下渠道存在一定的区隔,特别是线上渠道和线下渠道在销售图书类别和定价方面存在一定的差异。传统的线下渠道仍然是全品类销售,线上各渠道销售的品类和书目相对较少。其中,天猫旗舰店主要销售与会计考试有关的图书及教材类图书,且书目数量相对较少,但价格与实体店较为接近。当当网、京东商城、卓越亚马逊三大电商所销售图书主要以畅销书为主,并且品类变化较快,销售不畅的图书往往下架也较快。电商渠道销售价格往往比其他渠道明显要低,这对其他渠道的不利影响较大。

此外,从营销活动方面看,线上线下渠道的协同难度较大。当当网、京东商城、卓越亚马逊等电商渠道的促销活动完全由电商控制,出版社很难干预。出版社的天猫旗舰店促销活动相对较少,但出版社有较大自主权。传统渠道在促销活动方面较少,与出版社的沟通也不多。

五、渠道组织管理

经科出版社图书发行渠道体系的建设与运营管理由出版社的营销中心负责。出版社营销中心设有批销部、直营部、团购部、市场开发部、宣传策划部、服务部等部门(图10-10)。其中,批销部负责全国各地线下渠道的建设和运营维护,批销部按区域又分为四个业务部;直营部负责出版社天猫旗舰店及当当网、京东商城、卓越亚马逊等电商渠道的建设与运营维护;团购部负责政府财政系统内部的发行及作者包销业务。

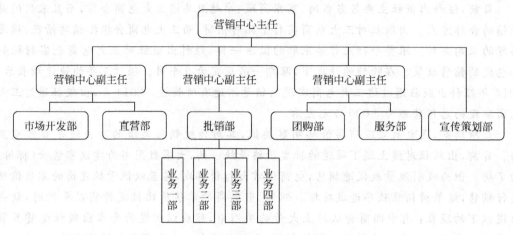

图 10-10 经科出版社营销中心组织结构

1. 经科出版社如何加强对电商渠道的控制?
2. 经科出版社是否要把天猫旗舰店做大做强?如果需要,如何做大做强?
3. 经科出版社线上线下渠道之间如何实现协同发展?

第十一章

促销管理

1. 理解促销组合的定义和促销组合的构成。
2. 掌握制定促销策略的基本过程。
3. 了解广告决策的主要内容。
4. 理解并掌握组织开展营销推广管理的主要过程。
5. 理解人员推销管理的关键内容。

 引导案例

中国的第三方支付是一个年营业额高达 100 万亿元的市场,支付宝和微信是这个市场上的主要竞争者,据称市场份额合计超过 90%。其盈利模式主要是:商户端向支付公司缴纳的服务费,行业标准费率是 0.6%;用户端向支付公司缴纳的服务费如提现费、转账费等,这部分收入在稳步提升;备付金利息,即支付机构将用户存放在支付账户里的零钱存到银行并享受利息,这部分收入因政策限制在逐步缩减。

支付宝 2005 年开始耕耘这个市场。为了扩大用户使用范围,支付宝先后采用的促销措施包括:推出"全赔"制度,对于因使用支付宝而受骗的用户赔偿其全部损失。陆续与中国工商银行、农业银行等银行展开合作。说服网游、航空、B2C 等网络化程度较高的公司接入支付宝;陆续进入水、电、煤以及通信费等日常费用场景引导用户使用支付宝。

2010 年,支付宝开通了快捷支付,首次实现了第三方支付公司与银行的直联,大大促进了用户对支付宝的使用,到当年 12 月,支付宝用户突破 5.5 亿。

2011 年,支付宝推出针对二维码应用的支付方案,消费者和商家间通过支付宝条码进行交易,无须银行卡,线上移动支付开始向线下转移。

2013 年 6 月,支付宝推出"理财神器"余额宝,转账工具变成了"管钱工具",结果是几个月的时间内支付宝就新增用户过亿。与此同时,扫码支付在线上的拓展随之铺开。其扫码支付的领域遍布航空、旅游、游戏、团购、B2C 行业等各个行业。

2014 年,微信支付开始与支付宝争夺市场。1 月 26 日,微信推出了"新年红包"活动,以吸引顾客使用微信支付。活动一经推出就病毒式传播,除夕到初一有超过 500 万用户参与,收发红包数量达 1 600 万个。

2015 年春节,微信支付有备而来,利用央视春晚推荐使用微信红包,造成了极大的轰动效应。除夕当晚有 2 000 万用户收发超过 10 亿个红包。春节后,依托微信社交关系链让客户自发学习、传播的方式以及微信红包这种创新支付形式的普及,微信绑卡量呈指数级增长。有人评价"微信红包一夜之间完成了支付宝花了 10 年才完成的事情"。

此后,双方在打车、团购外卖、旅游、生活服务、交通出行等各个领域展开了线下场景支付用户的争夺战。直到今天,竞争依然在持续。

网络以及移动网络,正在改变促销的面貌,全新的促销工具,全新的促销方法,不同以往的促销组织与管理,而且,这种变化似乎远未看到尽头。

一个企业在开发适销对路的产品、制定有吸引力的价格和开辟顺畅有效的分销渠道之后,产品仍然不能自动地被潜在顾客所购买,即使有主动寻找产品的顾客会购买一部分产品,但如果没有促销,其销售量、销售速度、销售价格不大可能达到企业预期的水平。因此,企业还必须组织实施一系列以说服顾客采取购买行动为最终目的的活动。通过这些活动,使潜在顾客了解产品,产生购买欲望,采取购买行动,从而达到扩大销售的目的。对于大多数公司来说,问题不在于是否应该进行促销,而是该花多少钱促销和用什么手段促销。这就是促销管理问题。

第一节 促销组合决策

促销(promotion mix)也称营销沟通(marketing communications),是市场营销组合的四大策略之一,是其中最富变化、最具活力的部分。

一、促销组合

1. 促销组合的概念

所谓促销组合,是对企业用以达成营销目标的五种促销手段的总称,这五种手段是:广告、人员推销、营业推广(也称销售促进)、公共关系以及网络营销。

广义上,促销组合被看作一种组织促销活动的策略思路,它主张企业应把广告、人员推销、营业推广、公共关系及网络营销五种基本促销手段组合为一个策略系统,使企业的各种促销活动互相配合、协调一致,最大限度地发挥整体效果,从而顺利实现促销目标。按照这种思路,促销策略被视为一个系统化的整体策略,五种基本促销手段则构成这一整体策略的五个子系统;每一个子系统都包含一些可变因素即具体的促销工具,某一因素的改变意味着组合关系的变化,也就意味着产生了一个新的促销策略。

促销组合是一个重要概念。它体现了现代市场营销理论的核心思想——整体营销。

这一概念的提出，反映了促销实践对整体营销思想的需要。也是近年来广泛流行的"整合营销传播"(integrated marketing communications)这个概念的思想来源。

2. 促销组合的组成

促销策略的五种基本促销方式中，广告、公共关系、营业推广三种方式并不需要通过人员的直接接触向顾客传递信息，因而称为非人员促销方式；推销则相应称为人员促销方式。每种促销方式都有其特定的性质和内容。

广告(advertising)是一种以付费形式通过一定媒体对产品或企业进行宣传的促销方式，其具体手段种类繁多，常见的有电视广告、广播广告、报纸广告、杂志广告、产品包装、产品说明书、户外广告、海报招贴和传单、售货现场陈列、视听资料、邮寄广告、产品目录，等等。

公共关系(public relations)是以非付费方式借助大众传播媒体的新闻报道间接宣传企业及其产品的一种促销方式，其常见的具体手段或工具包括新闻发布会、公益服务活动、经过策划的公关事件或专题活动、演讲、研讨，等等。

营业推广(sales promotion)是通过各种具有短期刺激作用的特定活动促使潜在购买者更快地或更多地购买某一产品的一种促销方式，其具体手段中比较常见的有赠送样品、优惠券、价格折扣、有奖销售、对经销商的各种折扣或奖励，等等。

人员推销(personal selling)是以销售人员直接说服顾客购买产品为基本内容的一种促销方式，其具体促销手段包括上门推销、电话推销、展销会或交易会推销、零售现场推销，等等。

线上促销(on-line promotion)是指以互联网或移动互联为主要平台开展的各种促销活动。由于互联网的快速发展，网络促销的工具和手段种类繁多且不断出新。

上述所列举的仅仅是五种基本促销方式的一部分具体手段或工具。随着经济的发展和竞争的加剧，新的促销手段和工具层出不穷，使促销方式的内容不断扩充、日益丰富。

3. 促销组合策略

五种基本促销方式各具特点，又都包括丰富的具体手段或工具，一方面意味着企业在制订促销方案时可以有多种选择和多种搭配方式；而另一方面则意味着可能由此产生一些问题。首先，通过不同促销手段或工具向顾客传递的信息可能缺乏一致性，从而使不同促销活动的作用互相抵消；其次，各种促销活动可能互相重复，或者缺乏连续性，从而浪费企业的资源。按照促销组合策略的基本思想，营销管理部门可以有效地避免上述问题的出现。

作为组织和管理促销活动的重要策略，促销组合包含以下五个基本的原则。

(1) 企业不应单纯依赖和使用某一种促销方式，而应综合运用各种促销方式，因为没有一种促销方式能够完成所有类别的促销任务。

(2) 企业应充分了解各种促销方式及其具体手段的性质、内容、作用和特点，以发挥它们各自的长处，并寻求它们之间的最佳组合。

(3) 促销组合策略不应是一成不变的，而应随市场状况等因素的改变而改变；即使今天再有效的策略组合,明天也可能因竞争、需求等因素的变动而失效。

(4) 企业在选择促销方式、制定促销组合策略时,还应综合考虑促销目标、产品性质、市场特点等多种因素。

(5) 促销策略是市场营销组合的一个组成部分,因此,它还必须与企业的产品策略、价格策略、渠道策略互相配合、协调一致。

二、促销策略的制订

企业在实际贯彻促销组合这一策略思想时,通常需要做好以下三项工作:确定促销目标、制订促销预算、进行促销组合决策。下面我们将依序讨论这三项工作。

(一) 确定促销目标

1. 促销的整体目标与具体目标

贯彻促销组合策略思想的首要任务是明确企业在一定时期内的促销目标,因为促销目标是制订促销预算、选择促销方式及设计促销组合的重要前提。

通常,企业的各种促销活动都是围绕促使顾客采取购买行动这一基本目标展开的。但是,顾客采取购买行动,只是顾客整个购买决策过程的最终环节。如果从消费心理学的角度来分析,潜在购买者只有在经历了知晓、认识、喜欢、偏爱、确信等一系列心理活动过程而累积了较高水平的需求状态之后,才会转而购买某种产品。因此,企业应该制订更有针对性的具体促销目标,否则,就会使促销活动失去针对性。

由此可见,企业在制订一定时期促销活动的具体目标时,可能有多种选择。例如,可以是唤起顾客对某一产品的需求,可以是提高本企业产品的知名度,可以是提高本企业产品的美誉度、进而增强品牌忠诚度,还可以是直接诱发顾客的购买行动,等等。

2. 确定促销目标的方法

企业如何确定在某一特定阶段的促销目标主要取决于促销对象即目标顾客的状况,如目标顾客对企业及其产品持有怎样的评价和印象,目标顾客处于其购买前心理活动过程的哪个阶段,等等。有许多方法可以用来帮助营销管理者分析现存促销问题、导出促销目标,如企业形象分析法,通过分析目标顾客对企业及其产品的评价和印象,导出广告宣传的基本目标,或者说是根据企业及其产品在目标顾客中的实际形象确定促销目标。

购买过程分析法则可以帮助营销团队更全面地分析促销存在的问题、确认促销目标。购买过程分析法即根据潜在购买者在其购买过程中所处的阶段制订促销目标。如前所述,购买行为是顾客经历知晓、了解、喜欢、偏爱、信任等一系列心理活动后的最终结果。伴随这一过程,顾客的需求状态也循序渐进,由没有需求到产生较低水平的需求,由较低水平的需求逐步发展为较高水平的需求,直到产生强烈的需求,从而完成购买前的心理准备。但是,这一过程随时都可能中断。企业促销活动的任务就是推动这个过程的发展,使顾客的需求状况由低到高,直至转向采取购买行动。而在这个过程的不同阶段,由于顾客的需求状态高低不同,因此,促销活动的具体目标也就有所不同。

(1) 知晓阶段。当一种产品刚刚推入市场,绝大多数目标顾客对该产品一无所知时,企业促销活动的主要目标就是让目标顾客知道这种产品的存在。建立产品品牌的知名度,通常只需向顾客传递简单的信息如产品和品牌名称,但即使如此,由于必须大量重复有关信息,完成这一目标也需要时间和资金投入。

(2) 了解阶段。当目标顾客已经知道某种产品的存在但却对该产品的性能、特点等缺乏了解时,企业促销活动的目标就是使潜在购买者更多地了解产品的各个方面,此时所需传递的信息数量开始增加,传递信息的方式也应不断变化。企业应随时掌握目标顾客对产品了解的程度,以便决定发布信息的方式和频率。

(3) 喜欢阶段,当大部分目标顾客对产品的特征已经有了一定程度的了解时,那么这种产品在顾客心目中的印象就应成为企业下一步关注的焦点。如果顾客对该产品印象不佳,大部分顾客表示不喜欢该产品,促销人员要分析其原因。一种可能的原因是,促销活动的方法不当,没有产生预期的后果,甚至相反。此时,改进促销策略是当务之急。另一种可能的原因是,产品本身存在某些问题,此时,则必须改变产品策略。

(4) 偏爱阶段。如果顾客喜欢某种产品,企业应继续推动其建立对该产品的偏爱心理,使顾客逐渐从心里排斥其他品牌。此时,促销活动的主要任务就是对本企业产品的质量、性能、价格等属性进行更有深度、更有针对性的宣传。

(5) 信念阶段。偏爱可能仍不足以使顾客产生购买行动,促销人员还必须努力使潜在顾客产生应该拥有和使用该产品的信念。

(6) 购买阶段。有些目标顾客在产生了购买想法后不一定马上付诸行动。他们可能想收集更多有关产品的信息,或者仅仅是没有闲暇去购买。促销人员应诱使这些潜在顾客尽快采取购买行动。营业推广往往被用于这个阶段。

3. 常见促销目标示例

在实践中,不论采用何种方法或思路,促销目标总要落实为数量指标。这些数量指标可以是:一定时期内产品的知名度增长百分比、美誉度提高百分比、销售量增长百分比、市场占有率增长百分比,等等。

示例一　销售部门促销指标

销售目标完成率,指年度销售目标经分解后形成季度销售目标的实际达成比例。计算公式:销售目标完成率=实际销售发货额÷目标销售额×100%。

销售费用率,指某一时期为市场拓展发生的销售费用支出占销售额的比例。计算公式:销售费用率=市场拓展销售费用÷销售额×100%。

货款回收计划完成率,指在一定时期内货款回收金额与销售收入金额之比。计算公式:货款回收计划完成率=货款回款金额÷计划回款金额×100%。

市场占有率,某一时期内产品在一定地理区域(根据市场分割)的占有比例,是针对竞争对手而言的。计算公式:市场占有率=年度产品销售量(额)÷国内年度同类产品销售量(额)×100%。

示例二　评价广告效果的指标

到达率(reach rate),即所有消费者中看到了所投放广告的人群比例。到达率是第一重要的指标,因为看到广告的消费者越多,消费者受到广告的影响而购买产品的人数就可能越多。影响到达率的主要是媒体、投放时间、投放频次等。因此,到达率经常被用于评价广告投放效果。测量到达率的最简单方法就是让消费者再次看到广告,并询问消费者是否曾经在某媒体上看到过这支广告。到达率又被称为广告总认知度,它告诉我们有多少人看到过广告。

记忆率(unaided ad awareness),即所有消费者中在没有任何提示的情况下就能够回忆起某支广告的比例。广告只有被记住了才有可能达到最大限度地影响消费者购买。在现代社会,消费者每天看到过的广告无以计数,很多广告看过后转瞬即逝,消费者忘得一干二净,看过了也没有用。影响广告记忆率的是广告创意水平的问题。广告创意越好,消费者看过广告后就越是有可能记住广告的内容与宣传的品牌。记忆率又称无提示广告认知度,它告诉我们有多少人记住了广告。

喜欢程度(likeability),即看过该广告的消费者表示喜欢这支广告的人群比例与喜欢水平。研究表明,喜欢程度越高,影响消费者购买产品的可能性就越高。一般情况下,企业应该尽量投放那些制作精美的广告,应该尽可能地让消费者喜欢自己的广告,因为这样会带来积极的购买决策;但如果企业做不到让消费者喜欢自己广告的程度,那么企业主一定要注意,千万不要投放那些让消费者讨厌的广告,因为消费者一旦对广告表现出不喜欢的情绪,将会有许多消费者(近20%)拒绝购买该产品。广告喜欢程度又称对广告的接受度,它告诉我们有多少人喜欢看到的这支广告。

影响购买意愿程度(purchase intention),即广告能够吸引所有消费者中多少人尝试所宣传的产品。广告的作用就是吸引消费者偶尔尝试购买所宣传的产品,那么现在有多少广告能够做到这一点呢?可能并不多。影响购买意愿程度又称购买意向,它告诉我们有多少人看到广告以后会去购买宣传的产品。

(二)制订促销预算

确定促销目标后,企业还应确定目标期内本企业用于全部促销活动的资金投入总水平。下面介绍的是四种常见的确定促销预算的方法。

1. 财力承受法

财力承受法即根据企业财力所能承受的水平确定促销预算,实践中往往具有这样的含义:企业在用于购买设备和原料、支付工资等所有"必要"支出之外,还剩下多少资金可用于促销。

这种确定促销预算水平的方法,忽视了促销费用作为一种投资可能带来的效益,忽视了促销活动对企业竞争地位的直接影响。按这种方法确定的促销预算,很难满足促销活动的实际需要,并可能导致企业丧失某些市场机会。

此外,由于促销预算水平不稳定,促销人员也无法制订较长期的促销规划,这就大大降低了促销策略在企业市场营销组合中的地位。对于生产资料行业的某些企业,或者对于那些处于竞争不十分激烈、目标顾客较为集中的市场及属于垄断经营的企业,这种方法可能是适用的。

2．销售额百分比法

销售额百分比法即以销售额或售价(目前的或预计的)的一定百分比作为促销费用；企业在确定具体比例时，通常要参考竞争企业的做法或本企业过去的习惯。

企业采用这种方法，通常是出于如下理由：①这种方法把促销预算与销售成果联系起来，既有助于提高促销活动的实际效果，又能使促销预算保持一个相对合理的水平；②这种方法促使促销部门重视促销成本、销售价格、单位产品利润之间的关系，有助于降低成本；③如果几个互相竞争的企业都使用这种方法，且促销费用占销售额的百分比大致相等，则可以使竞争格局保持稳定。

但是，这种方法实际上仍然把促销视为销售额的结果而不是原因，仍然因循于可使用资金的多少。忽略了促销活动的实际需要。

3．竞争均势法

竞争均势法即根据竞争对手的促销费用水平确定本企业的促销预算。这种制订预算方法的基本出发点是使企业保持与对手同等的竞争地位。企业大多出于以下考虑：①竞争者的促销费用水平可能反映了促销活动的实际需要，或者代表着本行业的集体智慧，具有某种合理性；②促销费用方面的均势，有助于维持已有的竞争地位。

但这种方法忽略了一个重要的事实：各个企业的市场形象、资源状况、营销机会和营销目标是有很大差别的，因而对促销费用的需要也是不同的，而一个企业应该比竞争对手更了解本企业的这种需要。

4．目标任务法

目标任务法即根据企业的促销目标及完成促销目标所需成本，制订其促销预算。首先企业制订出目标，根据目标制订出具体促销方案。根据这些方案，就可以确定总体年度的促销预算。

目标任务法的优点在于：①它能较好地反映企业促销活动的实际需要，有助于实现企业的营销目标；②它以促销目标决定促销预算，具有更充分的合理性，有助于企业抓住某种市场机会；③它能在某种程度上保证中长期促销计划的顺利执行。

当然，这种方法也有其不足：它有可能使企业为一个不切实际的促销目标而耗费过多。

（三）进行促销组合决策

当促销目标和促销预算均已确定之后，企业就要决定：选择哪些促销方式以便圆满完成促销目标以及怎样组合这些促销方式以使促销预算得到最有效的使用，即促销组合决策。

通常，企业在选择促销方式和设计促销组合时，必须综合考虑以下诸因素。

（1）促销方式的特点。各种促销方式都有其特定的性质和特征，促销方式的特点是企业选择促销方式、设计促销组合的主要依据。

广告的主要特点是：借助于大众传媒发布信息，因此传递信息的速度较快、传播面广；具有渗透性，即可以使信息反复多次地传递到目标市场并使其对竞争者的信息进行比较；可以使信息以更生动的形式传达到目标市场，具有放大的表现力；信息的单向传递使企业无法立即获得顾客的反应；同时也使顾客感到没有购买压力；企业必须支付一定的费用。

公共关系的主要特点是：以新闻报道等形式传递信息，因此比广告更具可信性；可以解除顾客的戒备心理，使其在不知不觉中接受信息；具有与广告相似的信息传播速度及传播面，却不一定支付费用；更易于在目标市场上建立美誉度；无法像广告那样大量重复信息。

营业推广的主要特点是：能够更快地诱发顾客的购买行动；为顾客提供额外利益；只具有短期效果，在建立品牌形象及品牌忠诚度方面无明显效果；所需费用较小。

人员推销的主要特点是：可根据推销对象的反应立即调整信息的内容与传递方式；推销对象能够立即做出某种反应；可以建立业务关系之外的人际关系，从而可能使顾客长期反复购买；传递信息的速度慢、传播面窄。

直复营销的特点是：多数直复营销手段（如网上销售、电视销售、电话推销等）都具有非公众性，即其目标受众限定于经过选择的特定人群，因此，针对性强，且费用通常较低。

(2) 产品的性质。产品的性质在这里主要是指产品属于个人消费品还是属于产业用品。产品性质的差异，对促销方式选择和促销组合设计具有重大影响。

(3) 潜在购买者在购买过程中所处的阶段。潜在购买者处于其购买过程的哪一个阶段也是影响促销组合决策的一个重要因素。各种促销方式在顾客购买过程的不同阶段具有不同的成本效应（图 11-1），成本效应在这里可理解为：投入一定成本于某一促销方式后，该促销方式对实现促销目标所起的效果。广告与公共关系在认知阶段所起的重要作用要明显大于人员推销和营业推广；让顾客了解产品各方面的特征则主要是通过广告、公共关系及人员推销；顾客产生要拥有某种产品的念头主要受推销人员的影响，广告对此作用较小；而能够促使顾客最终采取购买行动的主要是人员推销和营业推广；顾客再次购买也大都受人员推销和营业推广的影响。

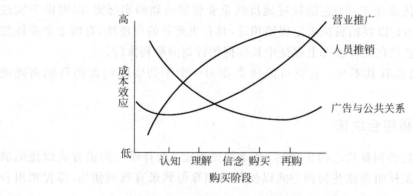

图 11-1　各种促销方式在不同购买阶段的成本效应

(4) 产品生命周期阶段。各种促销方式在产品生命周期的不同阶段也具有不同的成本效应，因此，企业可以依据其产品所处的生命周期制定营销组合策略。图 11-2 说明了各种促销方式在产品生命周期不同阶段成本效应的差异。

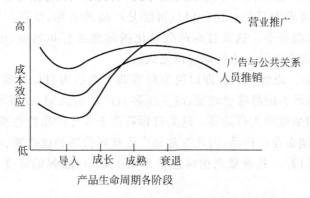

图 11-2　各种促销方式在产品生命周期不同阶段的成本效应

(5) "推动"策略与"拉引"策略。企业采用"推动"导向的策略还是"拉引"导向的策略开展促销活动,对促销方式的选择与促销组合的设计也有很大影响。实行"推动"策略的企业,较多地依赖人员推销和营业推广两种促销方式,"推动"产品沿着一定的分销渠道到达消费者手中。由生产企业推向批发商,由批发商推向零售商,由零售商推向最终顾客。而采用"拉引"策略的企业,则需要以广告为主要促销方式,开展以消费者为对象的、较大规模的广告宣传,以便吸引消费者到商店购买产品,零售商则向批发商订货,批发商再向厂家进货。因而,采用"拉引"策略的企业一般会把促销预算的绝大部分用于广告。

上述因素为企业如何选择与搭配各种促销工具提供了基本的决策框架。除此之外,企业还必须使促销组合与产品、价格、分销渠道策略协调一致。

第二节　广告与公共关系

一、广告策略

广告是促销组合最重要的组成部分。广告不仅是受到企业普遍重视和广泛应用的一种促销形式,也是顾客接触最多、对社会生活影响最大的促销方式。

从营销管理者的角度看,制订一项完整的广告促销方案,需要就五个问题依序进行决策:广告的目标是什么、有多少资金可以使用、应传递何种信息、应选择何种媒体、如何测定与评估是否达到既定目标。

(一) 明确广告目标

目标明确,才能确定其他决策,解决如何做广告的问题,回答为什么做广告的问题。广告目标的选择应建立在透彻了解企业自身情况和市场状况的基础之上。

营销人员在确定某一广告方案的目标时,可以先明确某一目标的主要内容,然后尽量使之数量化。

通常,广告的目标可以分为三类:信息性目标、说服性目标和提醒性目标。

(1) 信息性目标。信息性目标即以向顾客提供有关产品的各种信息，以便使顾客对该产品产生初步的需求为目标。这些信息可能是产品的名称、生产厂家、性能、用途、技术、质量特征、价格、服务等。这类目标的数量化指标通常有知名度、记忆率、理解度等。这类目标通常是广告在产品上市初期应该完成的。

(2) 说服性目标。说服性目标即以说服顾客购买产品为目标。其具体内容可能是：培养品牌偏好、提高顾客的品牌忠诚度、改变顾客对产品的认识、说服顾客改用本企业的产品、说服顾客立即采取购买行动等。这类目标着重于宣传产品特色或优点，使顾客相信本企业产品好于其他企业的产品，因此常常是广告在成长期和成熟期、市场竞争比较激烈的时期应该追求的目标。其数量化指标包括市场占有率、品牌偏好度、广告前后的销售量等。

(3) 提醒性目标。提醒性目标即以提醒老顾客继续购买产品或使之确信自己的选择十分正确为目标。其具体内容包括维持较高知名度、再次唤起顾客的需求、强化满意度等。当一个企业的产品已经在市场上建立了良好的声誉或者产品处于成熟阶段时，大多数企业的广告往往追求提醒性目标。

（二）制订广告预算

在实践中，制订广告预算是一件十分棘手的工作。造成这种困难的原因：一是广告促销效果的不确定性；二是选择预算制订方法比较困难；三是影响预算制订的因素比较复杂。

关于制订预算的方法，本章第一节介绍的四种制订促销预算的方法也适用于制订广告预算。这里着重说明制订广告预算时应考虑的一些因素。

(1) 产品在其市场生命周期中所处的阶段。处于试销期的新产品，一般需大量重复的广告才能建立知名度和争取潜在顾客试用，因此，广告投入水平相对较高。

(2) 产品市场占有率的高低。对于已获得较高市场占有率的产品，广告的目标是维持其现有的占有率。因此，广告费用在销售额中所占的百分比通常可以低一些；而市场占有率不高的产品，要通过广告大幅度提高市场占有率，所需广告费用相应增加。此外，广告对于高占有率产品的促销成本效应，往往低于低占有率产品。

(3) 产品替代性的强弱。替代性强的产品，通常需要大量的广告宣传，以便使之区别于其他产品，而替代性不强的产品，由于产品本身已经具有独特的性质。企业为树立品牌形象而进行广告宣传的需要并不迫切，广告费用可相对较低。

(4) 某一行业对广告促销方式的依赖程度也影响广告预算。在某些行业，如化妆品、软饮料等行业，企业大都以广告为主要促销手段，同类产品的广告既多且密；而在另外一些行业，如化工、机械行业，做广告的企业则较少。

（三）广告信息决策

广告信息决策，就是决定通过广告应向目标顾客传达什么信息以及以怎样的形式表达这些信息。这项决策可以具体化为三个步骤：信息的发掘、信息的选择和信息的表达。

1. 信息的发掘

广告信息的内容直接影响广告的促销效果。营销人员必须首先发现各种可供传达的信息,才可能最后找出最应该传递的信息即广告主题或广告诉求。发掘广告信息的方法和渠道多种多样,其中以向销售人员、生产人员、消费者、经销商、竞争企业收集信息的方法最受专家推崇。营销人员可以通过营销调研方法寻找、归纳、分析、推理,以获得有价值的广告信息。

对企业、产品与服务、顾客的深刻理解,是发掘出广告信息的重要基础。

2. 信息的选择

信息的选择就是从各种备选的广告信息中,找到最能引发大多数顾客需求的信息作为广告主题。广告信息一旦被选作广告的主题,则要进行较长时间的重复发布,改变信息的内容和表达方式需要相当高的成本。因此,必须对广告所要表达的信息进行审慎的选择。

通常,同一广告不宜表达太多的信息,好的广告往往集中表达某一主题。

选择广告主题可以用以下三个标准:①满意性,即广告的主要信息能否表现产品诸多特征中最令消费者满意或感兴趣的特征;②独特性,即广告的主要信息是否表现了某些与众不同的产品特征;③可信性,即广告信息是否令人感到可信或可以证实。

3. 信息的表达

信息的效果不仅取决于内容,而且取决于表达形式。广告信息表达形式是一个具有高度专业性的技术性问题,它常常涉及美术、文学、心理学、摄影等专业领域。而且,不同媒体的广告,其表达形式的侧重点也有很大差别。

(四)选择广告媒体

选择广告媒体的主要内容是:选择媒体的依据和决定媒体的使用时机。

1. 选择媒体的依据

通常,广告媒体可以区分为电视、报纸、广播、户外广告及杂志、邮寄广告等类型。每种媒体都有其优点和局限性,企业在选择媒体类型时必须综合考虑多种因素。

(1)目标顾客接触媒体的习惯。不同的人群往往具有不同的接触媒体的习惯,因而使某些媒体特别适合于向特定人群传递广告信息。

(2)产品的性质与特征。不同产品需要向目标顾客传递的信息是不同的,而不同媒体在表现商品特征的能力上也是有所差异的。由于电视广告综合使用声音、图像、文字等表现手段,因而几乎适合于所有产品;而其他媒体则各有长处:染料的色彩能在彩色杂志上得到更准确的表现,音乐磁带广告则最好以广播为媒体。

(3)信息的性质与特征。信息的时效性要求、信息量及信息的复杂程度等因素往往决定着媒体的选择。

（4）媒体成本。这是企业选择媒体类型时优先考虑的因素，如电视广告的巨大费用成为许多企业望而却步的唯一理由。企业在考虑媒体成本因素时，不仅要分析绝对成本，还要分析相对成本即把成本与效果加以比较。

在确定媒体类型之后，企业还要选择具体的载体。企业在确定具体的载体时，要以一定的标准对各种可供选择的媒体进行比较。以报纸为例，通用的比较标准有：发行量，读者人数（读者人数总是大于发行量），发行范围，有效读者数量（目标顾客在全部读者中所占的比例），千人广告成本等。

2．决定媒体的使用时机

有关媒体的使用时机，需要决策的问题可分为两种情况：长期安排问题和短期安排问题。

（1）长期安排问题。长期安排问题就是在一个较长的时期内（通常是一年）如何分配广告力量。广告的促销效果通常具有滞后性，因而要求在销售时间前发布。广告高峰应先于销售高峰。

（2）短期安排问题。短期安排问题即在一个较短的时期内（通常是一个月）如何分配广告力量，以便取得最佳广告效果。短期安排通常有多种形式：①集中式。适用于销售时间特别集中的产品。企业把全部广告费用集中于一个月的某几天，在这期间，广告在某一媒体中高频率发布，或在多个媒体中发布，形成"广告轰炸"。②连续式。适用于市场占有率很高的产品。企业平均使用广告费用，每月在固定的媒体上发布固定次数的广告。③间歇式。适用于经费有限或销售高度集中的产品如某些休闲场所。企业采用这种广告发布方式时，往往是连续播出几天后停止播出几天，然后再播出，哪种形式最有效，取决于产品性质、目标市场的特点等因素。

（五）评估广告效果

广告效果的评估可分为沟通效果评估与销售效果评估。沟通效果评估就是分析广告能否将所要传达的信息传达给目标人群，它可以在广告发布之前进行；销售效果评估就是衡量广告对产品销售量增长有多大作用。由于销售量的增长是多种因素作用的结果，销售效果更难评估。

评估沟通效果的常见方法有：①直接测试法，即请一组目标顾客对准备好的几种广告方案直接进行评比。这种方法主要用来选择最佳广告方案；②组群测试法，即请一名消费者接触一组广告，然后请其回忆广告的内容。这种方法可以用来检验广告信息被了解与记忆的程度，及广告信息表达方式的优劣；③试验室测试法，即使用各种机械设备测试接触广告者的各种生理反应，并以此判断广告在某些方面的效果。

评估销售效果常见的方法有：①销售实绩法，即以广告播出前后产品销售量的变化情况判断广告的效果；②询问调查法，即在广告发布后派人向消费者调查了解广告的接触率、理解度、记忆度等情况。

二、公共关系策略

(一) 公共关系的特征

公共关系是企业促销策略组合中的一项重要措施。所谓公共关系,就是企业利用各种传播手段,沟通内外部关系,塑造自身良好形象,为企业的生存和发展创造良好环境的经营管理艺术。

公共关系作为四大促销手段之一,与其他促销手段,如商品推销、商业广告等有所不同,其基本特征是:①公共关系涉及的不是一种产品或一个时期的销售额,而是有关企业形象的长远发展战略。②公共关系的作用面相当广泛,其作用对象包括顾客、厂商、经销商、新闻媒介、政府机构、内部员工以及各方面的社会公众。③公共关系采用的传播手段也很多,既可以通过新闻宣传等传播媒介间接传播,也可以通过人际交往形式直接传播。而商业广告的传播手段则以广播、电视、报纸、杂志四大新闻媒体为主。

公共关系之所以成为企业促销策略的重要手段,是有其背景条件的。

首先,商品经济的繁荣促进了消费者需求层次的提高,面对琳琅满目的商品,消费者的品牌偏好和需求差异增强,越来越倾向于认牌购货。而消费者对品牌的信赖程度则取决于企业和产品的市场形象。市场形象对产品促销影响力的增大,就使得现代企业由单纯的产品推销转为全面宣传产品形象和企业形象。

其次,物质生活水平的提高加强了消费者对精神生活的追求。越来越多的消费者把购物当作一种消遣和享受,讲究在购买商品过程中的精神满足。因此,现代企业把同消费者的情感沟通看作促销活动中不可缺少的一个重要方面。

最后,现代化社会系统的发展使社会活动的关联性增强,各方面的相互影响作用越来越大。企业营销活动面临的制约因素也增多,如对消费者权益的保护、环境保护、反不正当竞争、反腐败等。企业只有与外部环境相适应,处理好同社会各界的关系,取得社会大众的认同,才有可能维持生存、获得发展。

正因如此,现代企业的营销活动把公共关系活动作为必不可少的促销措施。

(二) 公共关系的职能

从企业经营管理的各个环节来看,公共关系所发挥的作用和职能是多方面的,主要有搜索信息、传播沟通、协调关系、处理纠纷、参与决策、改善环境、增进社会效益、树立企业形象等。

公共关系的全部活动和职能,最终都是为了塑造企业的良好形象。企业之所以设立公共关系部,聘请公关顾问,开展多种多样的公关活动,目的在于使企业各方面的工作通过公共关系协调起来,形成以树立企业形象为中心的整体行动。因此,公共关系工作的范围和职能虽然广泛,但目标只有一个——树立形象。所以说,树立企业形象是公共关系的基本职能。

企业形象是企业在社会公众心目中的整体特征和综合印象,是公众对企业的总体看法、评价和要求。企业形象的评估指标有两个:知名度和美誉度。知名度高,说明企业的社会影响面大；美誉度高，说明企业的社会声誉好。企业形象通常由两方面的要素构成：一是形象素质，包括企业的产品、服务、历史、规模、管理、效率以及道德、精神等方面的内容，它们是构成企业形象的内在要素。二是形象标识。如企业的名称、商标、徽记、建筑、包装装潢、广告风格以及代表色等，这些是形成企业形象的外在要素。形象素质决定了企业总体形象的本质特征，形象标识则成为大众对企业形象进行识别、记忆和传播的必要条件。

如果从市场营销的角度来认识，企业形象的塑造就像产品形象的创立一样，有一个"市场定位"的问题。企业应当选择自身特征和优势最突出的方面来确定企业的形象位势，形象定位应当与本企业营销目标和产品的市场地位相适应，还应尽量避免同其他企业，特别是竞争对手的形象位势重叠，以防企业形象在公众印象中淡化或混淆。企业形象的树立是企业营销环境改善的前提条件。因为只有当社会公众，包括目标市场的消费者对企业有比较深刻的印象和比较强烈的好感时，才有可能成为企业的顾客和品牌的偏好者，才能对企业作出有利的宣传和行动，从而对企业的营销活动给予理解和支持。

（三）公共关系策略

企业的公共关系策略分三个层次：一是公共关系宣传，即通过各种传播手段向社会公众进行宣传，以扩大影响、提高企业的知名度；二是公共关系活动，即通过举办各种类型的公关专题活动来赢得公众的好感，提高企业的美誉度；三是公共关系意识，即企业员工在日常的生产经营活动中所具有的树立和维护企业整体形象的思想意识。在企业的市场营销活动中，公共关系策略经常是与其他营销策略配合使用，以便充分发挥各项策略的整体效应，使公共关系策略的实施效果更好。例如，公共关系策略可融于产品、商标和包装的设计以及价格的制定工作之中，通过产品形象的塑造达到树立企业形象的目的。再如，公共关系策略与推销、广告、营业推广等手段结合起来，从而增强促销的综合效果。

企业营销活动中的公共关系通常采用以下手段。

1. 新闻宣传

企业可通过新闻报道、人物专访、报告文学、记事、特写等形式，利用各种新闻媒介对企业进行宣传。新闻宣传无须付费，而且具有客观性，能取得比广告更好的宣传效果。然而，新闻宣传的机会往往来之不易，机会的获得需要企业有关人员具备信息灵通、反应灵敏、思维活跃等素质和条件，以便善于发现事件的报道价值，及时抓住每一个可能的新闻宣传机会。企业也可以通过召开新闻发布会、记者招待会等途径，随时将企业新产品、新动向通过新闻界及时传达给社会大众。此外，还可以"制造新闻"，吸引新闻媒介关注，以求社会轰动效应。制造新闻并不是捏造事实、欺骗公众，而是对事件的发生事先计划，如利用一些新闻人物的参与、创造一些引人注目的活动形式、在社会热点问题上表态亮相等，都可能增强事件的新闻色彩，引起新闻界的注意，进而予以报道。

公共关系的新闻宣传活动还包括对不良舆论的处理。如果在新闻媒介上出现了对企业不利的报道，或是在社会上流行起对企业有害的传言，企业须迅速采取措施，及时通过新闻媒介予以纠正或澄清，以防止不利影响的进一步扩大给企业造成更大的损失。当然，若确因企业经营失误导致的不良舆论,则应通过新闻界向公众表示歉意,并主动提出改进措施,这样才能缓解矛盾,获得公众的谅解。

2. 公共关系广告

企业的公共关系活动也包括利用广告进行宣传,这就是公共关系广告。公共关系广告与商业性广告的区别在于:它是以宣传介绍企业的整体形象为内容,而不仅仅是宣传介绍企业的产品或劳务;它是以提高企业的知名度和美誉度为目的,而不仅仅是为了扩大销售;它是追求一种久远的、战略性的宣传效应,而不是像一般商业广告那样要求取得直接的、可度量的传播效果。

企业利用公共关系广告可以向社会公众介绍自己的业务范围和经营方针,宣传本企业的价值观念,展示企业在生产、技术和人才等方面的规模与实力;率先发起某种社会活动、提倡某种新观念,表明企业的社会责任感。此外,企业借征集名称、徽标、广告语、答案、意见之机,也能够达到吸引公众对企业的注意力,提高企业知名度的目的。

3. 企业自制宣传品

企业自制宣传品是企业运用所有自己能够控制的传播媒介进行宣传的形式。例如,企业通过各种印刷品对企业概况、产品目录作出宣传介绍;企业创办内部刊物,以增进员工和外部公众对企业的了解;企业举办展览会,用实物、图片、录像等向公众介绍企业的发展历程,展示企业的经营成果,以此扩大企业的影响;企业精心设计或选择一些有象征意义、有收藏价值的公关纪念品借会议、展览等各种活动之机散发给公众,从而加深公众对企业的记忆,巩固公众对企业的感情。

4. 人际交往

人际交往指的是不借助传播媒介,在人与人之间直接进行交流和沟通的公共关系传播形式。在公共关系活动中,它是一种应用最广泛、最常见的传播手段。通过人际交往,企业可以同社会各界广泛接触、加强合作、改善企业的营销环境。如定期走访、经常性的情况通报、演讲、咨询、调查、游说、各种联谊会甚至可以组建或参与一些社团组织。

第三节 营业推广与人员推销

一、营业推广

营业推广是构成促销组合的五种方式之一,属于非人员促销。它由一系列具有短期刺激购买作用的促销工具所组成,主要用来促使消费者和中间商较快地与更多地购买某一特定产品。

(一)营业推广的适用性

营业推广既有独特的优点,也有局限性,因此必须特别重视其适用性。营业推广适用于对消费者和中间商开展促销工作,一般不适用于工业用户。对于个人消费者,营业推广主要吸引其中三种人群:一是已使用本企业产品的人,可以使其更多地购买;二是已使用其他品牌产品的人,目的在于吸引其转向使用本企业产品;三是未使用过产品的人,目的是争取他们试用本企业产品。对于中间商,营业推广可以起到以下作用:诱导零售商更多地进货和配销新产品;增强零售商的品牌忠诚度;争取新的零售商。

营业推广适用于品牌忠诚性较弱的消费者,此类消费者追求低廉的价格以及额外利益,因而营业推广容易对其产生效果。

营业推广更多地为市场占有率较低、实力较弱的中小企业采用。这样的企业急于开拓市场,又无力负担大笔的广告费用。而营业推广具有的迅速增加销量、所需费用较少的特点恰好适应中小企业的要求。但是,通常认为,长期使用营业推广对品牌形象会造成损害。

当某一行业的产品生命周期处于投入阶段和成长阶段时,企业使用营业推广手段效果较好;而当该行业的产品进入成熟期后,营业推广的作用明显减弱。这是因为顾客对某一品牌的忠诚性,在导入期尚未建立,在成长期尚不稳定,而到了成熟期则相对固定下来。

在产品高度标准化、各企业产品十分相似的市场上,营业推广可以在短期内大幅度提高销售量,但很难使之维持长久,而在产品高度差异化的市场上,营业推广对提高销售量的作用相应降低,但一旦吸引来一部分顾客,就可能较长时期地维持住这部分市场份额。其原因在于,在产品标准化的行业里,各个企业提供给顾客的是相似的产品,某一企业通过营业推广,提供额外利益,就等于打破了相似性,因而可以吸引来顾客。然而,一旦企业不再提供额外利益,大部分被吸引来的顾客就会重新作出选择。

营业推广一般适用于打破顾客对竞争产品的长期偏好。一般认为,广告更适合建立顾客的长期偏好。在竞争中,企业可以把营业推广与广告结合起来,以营业推广吸引来竞争者的顾客,再以广告使之产生长期偏好。

在较少出现营业推广促销手段的地区市场上,使用营业推广的效果更好一些;而当众多企业频繁使用营业推广时,其成本效应会相应降低,获得同样比率的销售增长将需要更高的成本。

(二)营业推广的方式

营业推广的具体方式多种多样,其中较为常见的包括如下十种。

(1)赠送样品。免费向顾客发送样品供其试用,是效果最好而成本最高的一种营业推广方式,一般主要用于新产品推广阶段。发送样品的方式有挨家派送、邮寄发送、店内发送、随其他商品的销售配送、随广告分发等。

(2)优惠券。优惠券是一纸证明,持有者在购买某种特定商品时可凭其少付一部分价款。在美国,95%以上的小商店使用过这种促销方法,2/3的消费者曾使用过优惠券。优惠券的使用率因分送方式不同而有较大差别:报纸附送为2%、直接邮寄为8%、随商品附送为17%,专家认为,优惠率达15%~20%效果较好。

(3)退款。退款即在消费者购买产品后向其退部分货款。与优惠券相似,它也是向消费者减收一部分价款。不同的是：消费者购物之后需将某种购物证明寄给厂家，厂家以邮寄方式退回部分货款。这种方法通常用于汽车等单价较高的商品。

（4）特价包装（亦称小额折让交易）。特价包装即以低于正常水平的价格和特别的包装方式向消费者销售产品。其形式有：减价包装，即减价供应的拆零包装（如买一送一）；组合包装，即把两种相关的产品包装在一起（如牙膏和牙刷）。特价包装的短期刺激效果有时甚至超过了优惠券。

（5）赠送礼品。赠送礼品即免费或低价向消费者提供某种物品，以刺激消费者购买特定产品。一种形式是把礼品附于产品上，另一种形式是免费邮寄赠品，一般需消费者交还诸如瓶盖之类的购物证据。还有一种形式是以低廉的价格把礼品卖给购买某一商品的消费者。

（6）奖励。奖励即在消费者购买某种产品后向其提供获得某种奖励的机会。奖励与赠送礼品不同的是：每个购物者都有得到奖励的机会，但最终得奖的只是极个别的购物者。奖励的具体方式非常多，奖品通常价值较大或金额较高，往往可以刺激消费者购买其并不需要的商品。

（7）累积购买奖励。累积购买奖励即在消费者购买某种产品或光顾某一场所达一定次数后，凭某种证明可获得奖励。奖励可能是免费或低价提供商品或服务。这种办法特别有助于在一个相对较长的时期获得稳定的销售额。

（8）免费试用。免费试用通常是指在销售现场请顾客试用产品，或者把样品送给顾客试用一段时间后收回。它与赠送样品的区别在于：免费试用者并不取得商品所有权，而赠送的样品则归顾客所有。

（9）产品保证。产品保证是指对产品的质量作出某种保证或者对购买后的使用、维修作出某种承诺。企业向顾客作出的保证有各种各样的内容，如保修、保退、保换、无效退款等。但其可信性因各国有关法律的不同而异。在某些国家，企业的这种保证并不能得到履行。

（10）联合推广。联合推广指两个或两个以上的企业进行营业推广方面的合作，以扩大各自产品的销售额或知名度。如某饮料厂和某快餐店联合开展"光顾快餐店有机会获得免费饮料"或"喝饮料有机会免费到快餐店就餐"等活动。

上述营业推广方式主要是针对个人消费者的，其中大部分也适用于零售商或批发商。有些营业推广是专门用来对中间商使用的，其中常见的有如下三种。

（1）价格折扣。价格折扣即在某个特定时期，生产厂家对中间商所采购的商品给予一定比例的折扣。目的是鼓励中间商更多地进货或者配销新产品。

（2）免费产品。免费产品即在中间商购货时额外赠送一定数量的同种产品，其目的与价格折扣相似。

（3）促销资金。促销资金即生产商向中间商提供资金以供其进行广告宣传等促销活动。

由于中间商尤其是较大的零售商和批发商在与生产商的关系中处于某种优越地位，生产商对中间商存有某种依赖，中间商越来越多地要求生产商提供各种促销支持，生产商用于对中间商促销的成本也越来越高。中间商与生产商容易产生下列矛盾：中间商认为生产商的某些促销活动使消费者获得好处,却不能为其带来利润,常常不予协助;生产商也常常对中间商获得许多优惠后仍不努力帮助推销产品而不满。

(三)营业推广的实践要点

企业在组织实施营业推广促销活动的过程中,应着重做好下述各项工作。

1. 确定目标

每一项特定的营业推广方案都应有明确的目标,同时,还应制订一定时期内营业推广活动的目标。营业推广的目标应该具体、尽可能数量化。应注意的问题是:首先,营业推广的目标必须与一定时期的促销组合目标相适应;其次,某项营业推广方案的具体目标应该在深入了解当前市场状况尤其是潜在购买者状况的基础上制订。

2. 选择营业推广方式

营销人员在选择推广方式时应综合考虑以下诸因素:市场的类型、营业推广目标、竞争状况和每种推广方式的成本效应。市场环境状况和促销目标不同,营业推广方式的选择也应有所差别。

3. 制订详细的实施方案

一份详细的营业推广实施方案至少应包括下述基本内容。

(1)额外利益的大小。若要取得促销效果,提供一定水平的额外利益是必不可少的。额外利益太小,不足以刺激顾客购买;额外利益太高,企业难以承受。

(2)促销对象的范围。通常企业需对参加促销活动者的资格作出某些规定。

(3)告示顾客。如何使更多的顾客知道及参加促销活动是设计营业推广方案的一个重要环节。它包括两类情况:有些营业推广活动需在特定销售现场进行,主要的问题是如何利用广告吸引顾客到现场;另一些营业推广活动则需由主办者把营业推广用品如样品、礼品、优惠券等直接送给顾客,因此主办者需研究分发营业推广用品的方式。

(4)持续时间。如果时间太短,许多顾客可能来不及参加;如果时间太长,营业推广也就失去魅力,而且企业可能花费过高成本。

(5)制定预算。计算一项营业推广活动的所需费用,可使用下例中所示方法:假设某种品牌的洗发香波正常零售价为每瓶10.90元,其中生产厂家毛利为4.00元;该企业准备在某一段时期实行优惠券促销,凭券购买可获0.90元的优惠;企业希望在此期间售出10万瓶洗发香波。那么,此项营业推广活动所需费用的计算方法是:保本销量=总费用÷单位毛利。

4. 预试营业推广方案

推广方案要经过测试,才能确定推广方式选择得是否恰当、额外利益大小是否恰当、顾客是否能产生预期反应等,以便作出改进。对于那些将在大范围内实行的推广方案,尤其有必要进行预试。

二、人员推销

人员推销与促销组合中其他四种非人员促销方式最大的不同点是：推销人员与潜在顾客直接接触,因而信息沟通过程是双向性的,推销人员可以立即获得信息反馈并据此对信息的内容及信息的表达方式作出相应的调整。因此,人员推销具有其他四种非人员促销方式不可替代的作用,它常常用来解决广告、公共关系和营业推广力所不及的促销难题。另外,人员推销的有效开展也有赖于其他促销方式的配合,良好的广告宣传与公共关系可以大大提高人员推销的成功率,恰当的营业推广则常常成为推销员说服顾客最终采取购买行动的有效手段。

（一）推销队伍的任务

企业推销队伍的基本任务是销售产品,但仅仅明确这一点是不够的。因为,销售产品仅仅是推销活动过程众多环节之一,单纯强调销售产品的目标,既不利于推销员提高推销的成功率,也不利在目标市场上树立企业形象,同时还是对推销资源的一种浪费。

根据推销活动的特点及推销人员的特殊位置,推销人员能够承担的任务可以概括为：寻找客户、传递信息、销售产品、提供服务、收集信息、分配货源。可以从中选择一项或多项任务,形成推销队伍的任务组合,不同企业为其推销队伍设计不同的任务组合,如国际商用机器公司的推销人员主要负责三项任务即推销、安装(服务)计算机设备和改进用户的使用能力(传递信息),美国电话与电报公司的推销人员则承担发现客户、推销产品及维持老客户等任务。

推销队伍任务组合的确定须综合考虑营销目标、目标市场特点、企业的促销策略及供求关系等因素。企业的营销目标如果是扩大市场占有率、提高销售量,推销队伍的任务组合应以开拓新市场、寻找新客户为主；如果是维持既定的市场占有率、树立市场形象,则推销队伍的任务组合则应以提供服务为主。目标市场上的顾客在需求状况、购买行为等方面的特点具有直接的影响,当大部分目标顾客需求水平不高时,推销员必须向顾客传递大量有关产品的信息,以刺激其需求水平向更高阶段发展；而当大部分目标顾客已具有较高的需求水平时,推销人员的工作重点则应转向说服其采取购买行动。企业的促销策略如果是"拉引"导向的,推销人员的主要任务是注意经销商是否有充足的存货,并合理分配货源；如是企业的促销策略是"推动"导向的,推销人员则需要开展更具创造性的说服工作,促使批发商和零售商经销企业的产品。供求关系呈现供过于求的特点时,推销员的工作以寻找客户、销售产品为主；供求关系呈现供不应求的特点时,推销的主要任务则是调剂余缺、合理分配货源。

（二）推销队伍的结构

企业如何设计推销队伍的结构,或者说,企业是按地理区域还是按产品类别抑或按用户类别来分配推销力量,直接影响推销资源的整体使用效果。常见的推销队伍结构模式有以下四种。

（1）按地区划分的结构。按地区划分的结构即按照地理区域配备推销人员、设置推销机构,推销人员在规定的区域负责销售企业的各种产品。这种结构具有若干优点:第一,责任明确,能鼓励推销人员努力工作;第二,推销人员相对较长时间地在某一地区工作,有助于与顾客建立稳固的关系;第三,可以节省推销费用(主要是差旅费)。企业在划定销售区域时应注意的问题是:各区域具有大致相等的销售潜力和工作量,否则可能影响部分推销人员的积极性;此外,推销人员的业务旅行时间应能够减少。这种结构方式比较适用于产品品种简单的企业。

(2)按产品划分的结构。按产品划分的结构即按产品线配备推销人员、设置推销机构,每组推销人员负责一条产品线在所有地区市场的销售。使用这种结构方式的理想条件是:①产品技术性强,需拥有专业知识的推销人员向顾客推销产品、提供服务。②企业产品种类较多且相关性不强。如果企业各产品线相关较强,就有可能出现这样的情况:一个顾客同一天可能要接待来自同一企业的好几个推销员。

(3)按用户类别划分的结构。按用户类别划分的结构即按照某种标准(如行业、规模等)把用户分类,再据此配备推销人员、设置推销机构。如生产电机的企业把用户分为汽车业用户、空调业用户等。生产计算机的企业把用户分为工业用户、金融业用户、机关学校用户等,一组推销人员或一个销售部只负责一类用户。此种结构的最大优点是推销员有可能深入了解特定用户的需求、提高推销的成功概率。但当用户分散在全国各地时,推销费用会大大增加,推销员也会感到不便。

(4)复合式的结构。即将上述三种结构方式结合起来,或按区域—产品,或按区域—用户,或按产品—用户,甚至按区域—产品—用户来组建推销机构或分配推销人员。例如,某电器公司在北京、上海、广州、成都等地分设销售办事处,每个办事处又根据情况分别设有负责电视机、音响器材、摄像机等产品的销售人员,即是按区域—产品来配备推销机构和人员。通常当一个大企业拥有多种产品且销售地区相当广泛时往往采取复合式的推销队伍结构。

(三)推销队伍的规模

推销队伍规模,即企业怎样确定其所需推销人员的数量,也是企业推销队伍设计的一项重要内容。人员推销的成本与企业推销工作的负荷量是考虑这一问题的两个基本依据。在我国,由于劳动力成本较低,使得人员推销的总成本相对较低,但也有上升的趋势。而在劳动力成本较高的国家,企业人员推销的费用往往大于广告。

以工作负荷确定推销队伍规模可采用如下步骤。

(1)根据年度销量,将顾客分为若干级别。

(2)确定对各级别顾客的年度访问次数。

(3)确定年度总工作负荷。年度销售访问总次数=(一级客户总数×平均访问次数)+(二级客户总数×平均访问次数)+…+(n级客户总数×平均访问次数)。

(4)确定每个推销员平均每年可进行的访问次数。

(5)确定企业所需推销员数量。企业所需推销员数量=企业全年需访问顾客总次数÷每个推销员年均访问顾客次数。

上述这种方法在实际使用过程中可适当调整。

（四）推销队伍的管理

企业推销队伍管理的任务是努力保持推销队伍的高素质和高效率,以便实现企业为人员推销工作所确立的目标。推销队伍的管理包括挑选、培训、指导、激励等众多环节,这说明保持推销队伍的高素质和高效率并非易事。

1．推销员的挑选

招聘和挑选到具有良好素质的推销员是降低人员推销成本、提高人员推销效率的基础。很难确定具有哪些个性特征更适应于从事推销员的工作,不同的企业选拔推销员的标准也各有差异。有的企业认为面谈一次即足以判断一个应聘者是否合乎条件,也有的企业使用一整套心理测验方法试图寻找具有最佳潜质的推销员。一般而言,企业应根据其推销工作的特点来确定选拔标准。

2．推销员的培训

企业一般不应未经培训即把新推销员分派到实际工作岗位,而应先进行培训。一家世界著名的快餐企业在第一个中国分店开业之前用了半年时间、200万元人民币对其员工进行培训。美国企业对新推销员的平均培训时间为:工业用品企业平均28周,服务性企业12周,消费品企业4周。推销员培训的一般内容包括:本企业的历史、现状、发展目标、人员、机构;产品的生产过程、各项特征、销售状况;顾客状况、竞争状况;企业的销售政策和制度;推销技术、推销员的任务与职责等。

3．推销员的督导

对推销员的工作进行必要的指导与监督,主要目的在于提高其工作效率。企业对推销员进行督导的严格程度,取决于报酬方式。通常企业对于以固定工资为主的推销员会给予更多的日常指导与监督。督导的主要方式有:①规定某一时期推销员应访问老客户的次数和应达到的目标;②规定某一时期推销员应发展新客户的数量、质量;③规定销售定额;④给予推销技术方面的指导;⑤要求推销员定期报告业务进展、市场状况等。

4．推销员的激励

推销工作被公认具有挑战性和相当的难度,如果企业能够经常提供一些激励因素,推销员就有可能更有效地完成推销任务。企业通常用于激励推销员的手段有:工资或奖金的增加、物质奖励、职位提升、休假等休息机会,以及表扬、关心等辅助手段。

5．推销员的评价

对推销员的工作绩效进行评估,既有助于督导、激励、再培训等项管理工作的开展,也有助于合理确定推销员的报酬。绩效评估必须以准确的信息和翔实的数据为基础,因此管理部门应建立一套评估指标体系,随时注意收集有关信息和资料、数据。除了要对推销员的业务绩效进行评估外,还应对其进行素质评估。

6. 推销员的报酬

推销员的报酬,确定推销员的报酬应以推销绩效为主要依据,同时考虑本企业其他部门和其他企业推销员的报酬水平。推销员的报酬制度一般有以下几种形式:固定工资制、佣金制、固定工资和佣金复合制。通常推销员所获得的报酬除固定工资、佣金外,还包括非契约性奖金(对推销员额外的工作成绩进行的奖励,工作合同中并无约定)及各种补贴。

促销组合　广告　公共关系　营业推广　人员推销

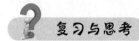

1. 解释促销组合的含义。
2. 描述制定促销决策的过程及关键步骤。
3. 选择一个熟悉的公司,为其制定一份促销建议。
4. 选择一个品牌,分析其促销活动的特点。
5. 访问零售网点,观察比较同类产品如洗面奶的不同厂家所进行的促销活动,描述活动的内容和促销原理。

"双十一狂欢节"促销

所谓"双十一狂欢节"并不是一个传统意义上的真正节日,而是电商企业为了吸引消费者关注进而进行消费,人为制造出来的一个虚拟"网络狂欢节"。如今电商造节数不胜数,如淘宝的"三八女神节"、京东的"6·18"购物节、聚美优品的周年庆购物节……

但这其中最为成功的案例还是淘宝的"双十一狂欢节"。"双十一"源于淘宝2009年11月11日举办的促销活动,如今的天猫也就是当时的淘宝商城,以试水的心态第一次在"双十一"这天进行促销活动,参与的商家仅有27家,如服装品牌杰克·琼斯、茵曼等。这其中有半数以上商家都是抱着清理库存的心理加入的,该活动也并没有进行大量宣传,只是在淘宝网与淘宝商城网页上进行推广,以主打口号"全场五折"来进行活动宣传。然而令人出乎意料的是,2009年第一次的"双十一",最终当天取得了5 200万元的销售业绩。也许这个数字让阿里巴巴和各个商家看到了商机。第二年阿里集团就狠砸3个亿提前3个月进行当年的"双十一"营销宣传,之后每年的11月11日,淘宝都会进行相应打折促销活动,活动规模与影响也不断扩大。淘宝"双十一狂欢节"这一名词则是2011年淘宝在进行"双十一"活动营销时打出的宣传标语,又称"双十一网购狂欢节"。当年同样取得不俗的销售成果,这一原创称号也一直沿用至今。表11-1所示为"双十一"主要发展历程。

表 11-1 "双十一"主要发展历程

时间	销售额	事件
2009 年	0.5 亿元	27 个品牌参与,但是销售额超过了 5 000 万元(单店最高日创下的销售额达到 500 万元,让许多商家震惊不已)
2010 年	9 亿元	单日销售额高达 9.36 亿元,每秒交易额超过 2 万元;11 家店铺超千万;181 家店铺过百万
2011 年	34 亿元	天猫商城与淘宝开始联合促销一举创下了 52 亿元销售额的纪录,其中过百万的商家有 497 家,过千万的商家有 38 家
2012 年	191 亿元	淘宝和天猫商城的总销售额达 191 亿元,分别为天猫 132 亿元、淘宝 59 亿元,当天总共有 3 家店铺销售额超过 1 亿元
2013 年	350 亿元	零点开抢之后,仅 10 分钟,总成交额迅速达到 15 亿元,38 分钟内即达到 50 亿元,6 小时不到,天猫总成交额突破 100 亿元
2014 年	571 亿元	本年度移动端消费占比 42.6%,超过 240 个国家和地区参与交易(这是阿里集团在美上市后打响的漂亮的一役,毫无悬念又一次刷新了单一电商平台单天交易的世界纪录)
2015 年	912 亿元	全网交易额在"双十一"当天突破 1 229 亿元,全网包裹数量达到 6.78 亿,较去年的 4.1 亿增长 65.7%

从促销角度分析,淘宝在每年的"双十一"活动前期进行充分准备,通过网内网外各种渠道与媒体进行了大量无缝宣传推广;活动本身又采用各类商品大幅降价等营销手段来吸引消费者进行网购,从而创造网购奇迹。

网络宣传

2015 年我国网络购物用户规模达到了 3.74 亿,较 2014 年底新增 1 249 万,年度增长幅度为 3.5%;我国手机用户网络购物规模增长迅速,达到 2.7 亿,年度增长幅度为 14.5%,手机用户购物市场规模增速是总体网络购物市场的 4.1 倍,手机网络购物使用率也由 42.4% 增加至 45.6%。根据中国互联网络信息中心 2015 年 1 月发布的数据可知:各个年龄阶层占比分别为 15～19 岁网络购物者占 15.8%;20～29 岁网络购物者占 32.6%;30～39 岁网络购物者占 21.5%;40～49 岁网络购物者占 10.7%。不难看出,在"双十一"活动期间,中青年群体依然是网络购物的绝对主力军,尤其是 20～39 岁的网络购物者占到了网络购物总数的 50% 以上。庞大的网络购物用户规模是电商发展的基石,网络宣传则成为电商促销的有力武器。图 11-3 所示为 2009—2015 年中国网络购物用户规模发展情况统计。

在"双十一狂欢节"活动到来前期,从 10 月开始,各大网站已陆续开始出现淘宝"双十一"的广告。无论是打开新浪、搜狐、凤凰等门户网站首页,还是一些诸如好 123 等导航网站,甚至是新浪微博、人人网等社交网站,都可以看到"双十一"等相关字样,一些参与淘宝"双十一狂欢节"的商品图片异常醒目。

以淘宝在凤凰网上的广告投放为例,2015 年"双十一狂欢节"前夕,打开凤凰网官网会发现其每个页面的上方或者侧方都会出现关于淘宝"双十一"活动的宣传广告,在"双十一狂欢节"到来的前三天还能观察到除了侧方的滑动广告外,首页顶端还会跳出巨幅"双十一狂欢节"浮层广告。当点击广告时,网页就会自动跳转到淘宝"双十一狂欢节"活动的

图 11-3 2009—2015 年中国网络购物用户规模发展情况统计

主界面,各类琳琅满目的活动商品和随处可见的打折字样抢人眼球。通过对淘宝站外广告进行简单分析会发现,其所有广告图片的主色调均与淘宝"双十一"活动的主色调一致,以热情的亮红色为主配上醒目的黑色价格数字,对人的视觉造成极大冲击,这样消费者在浏览网页资讯时很容易就能注意到淘宝"双十一"活动的广告。据凤凰网广告部统计数据显示,在"双十一狂欢节"活动的前三天,凤凰网浏览用户中共有 6 194 905 人次点击了淘宝"双十一"活动链接进入淘宝官方活动界面,其宣传效果是显而易见的。

这个数字对于淘宝来说还只是冰山一角,淘宝在新浪微博、天涯社区、优酷土豆等一些社交和视频网站上也进行了广告投放。如优酷土豆为天猫"双十一狂欢节"量身定制了推广计划采用了双平台联合营销:以 11 月 1 日—11 月 11 日为周期进行大规模投放,覆盖优酷土豆 3.1 亿视频用户。其中,重点期投放采用了全行业创新的富媒体贴片+overlay(在优酷土豆两个平台所有视频的角标,以及所有用户收看视频中的首支广告都是"天猫双十一狂欢节")的全覆盖打法,在最短的时间内覆盖最广的人群,对天猫"双十一狂欢节"进行宣传。据第三方广告监测机构统计数据显示,仅在 11 月 10 日与 11 日两天,天猫"双十一狂欢节"广告通过优酷和土豆网触达过亿用户,体现了第一和第二大视频平台的强大覆盖力。此外再加上一些天猫品牌旗舰店自身所投放的广告宣传,这些广告都在一定程度上影响着网民的认知,无论是有意识还是无意识,都对"双十一狂欢节"形成了很好的铺垫效果。

微博战场影响力巨大,微博是近几年"双十一"宣传的主战场。在购物节正式开启前,微博分会场率先上线。网友利用微博这一互动性极强的社交媒体,相互交流最新消息以及商家折扣,网店官博发红包,加强网友的参与感,各大营销段子手创作相关话题进行内容创作引爆"双十一"微博战场。例如 2015 年"双十一"相关话题累计阅读量超过 17 亿;天猫广告在微博的到达率高达 94%,效果显著。天猫"双十一"期间全网互动指数排名第一、微博互动指数排名第一,可见微博是"双十一"期间最有影响力的宣传媒介之一。

从 10 月 20 日起,在"双十一狂欢节"开启前,微博分会场率先上线。为了将红包发出新意,发出话题性,从 10 月 20 日开始,天猫在微博上以"人人都是眼技派"为主题,展开了一场疯狂的拼眼技、抢红包的活动。大主题下还分为千里眼、透视眼等 5 个子主题,借助不同类型的账号推广与其相匹配的产品,用户在信息流或活动站中转发该账号微博即可抽取红包。例如,千里眼是指 10 个国际类账号根据国家属性发布不同的话题;透视眼是指10个明星每人发放一件神秘包裹等。这种新颖的方式改变了原先无脑式的一键抽红包,采用转发红包拍档博文抽红包机制,提升了"双十一"核心话题。博文的传播和阅读,背后受益更多的是天猫的业务需求。2015年是阿里全球化元年,全球化也是2015年"双十一"的主题,千里眼正是对这一主题的体现。分析2014年和2015年"双十一"用户关注的关键词的对比可以看出,用户的关注点发生了更明显的变化,2015年微博上参与抽红包的人次超过3 600万,共发出500多万个红包。说明红包策略的有效性,也是2015年"双十一"微博营销的成功之处。2015年10月21日,包括古天乐、杨幂、萧敬腾等26位明星在内的1 111位微博红人开始在新浪微博上给所有用户发放红包,引起用户的极大关注并转发,在短短的3天时间内,微博话题"我的双十一"讨论量就飙升至134万,阅读量超过7.2亿,扩散速度令人咋舌。图11-4所示为2014—2015年"双十一"用户关注的关键词变换情况。

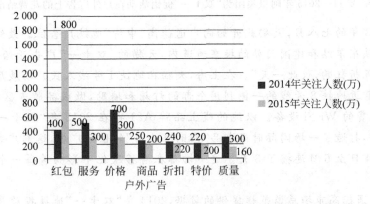

图11-4　2014—2015年"双十一"用户关注的关键词变换情况

据了解,2015年"双十一"前夕红包相关博文累计阅读量接近4亿,主话题讨论量高达4 300万。话题"双十一来了",在10月22日达到高峰值,上线当日就超过1 000万条讨论,"双十一"期间的话题累计阅读量超过17亿。

比起传统的纸质传单发放的预热方式,如今人们更习惯通过移动终端接收资讯信息,而具有时效强、成本低、范围广、互动强优势的电子邮件及短信促销信息推送更受商家青睐。在"双十一"到来之前的7~10天,商家通过电子邮件或者短信进行促销通知,在临近的3~5天,针对老顾客或者拍下商品但未付款的买家采取"告知利益"的做法来刺激消费者消费。据调查,这种提前发邮件及手机短信的预热方式能为商家带来15%左右的客流量。

户外广告

户外广告是物有所值的一种广告形式。它具有到达率高、视觉冲击力强、对地区和消费者的适应性与宣传性强等优势,从而成为淘宝"双十一狂欢节"宣传的重要形式之一,尤其是在一、二线城市。据《第一财经周刊》的信息,所有电商2015年在分众传媒上的广告花费为2.5亿元,占到了分众传媒全年收入的1/4。分众传媒集团高级副总裁嵇海荣表示:投放广告力度最大的还是天猫,它在全国20多个城市都有投放;其次是京东、当当和苏宁易购,在全国10多个一、二线城市进行了广告投放;而易迅、1号店等则主要投放北上广深等一线城市。图 11-5 所示为 2011—2015 年阿里集团为"双十一"促销活动在户外广告上的花费情况统计。

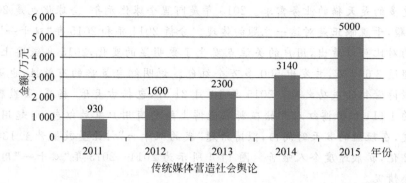

图 11-5　2011—2015 年阿里集团为"双十一"促销活动在户外广告上的花费情况统计

早在 2013 年的七八月,天猫就开始向申通德高"申请"地铁广告位。最终"双十一"前期,在北京地铁东单站和建国门站的换乘通道内,天猫的"双十一"广告开始出现,通道两边是淘宝的"五折狂购,仅此一天"。在上海,天猫在地铁 1 号线人民广场展厅包下了整个品牌长廊,将靠近地铁 8 号线的一侧利用全部的灯箱和墙贴,做成品牌专区,并且在这个区域安装了免费的 Wi-Fi 设备。以纯的线上品牌 A21 也在 2013 年"双十一"期间,携手天猫强强联合,打造了一场国际时尚潮品"网购狂欢节"的巨幅广告,这则广告在纽约时代广场从 11 月 4 日至 6 日连播了 3 天。这一切都在潜移默化中影响着每一个每天从此路过的消费者。

据上海申通德高市场总监范辉提供的数据,2014 年"双十一"地铁投放量最大的是天猫,而 2015 年几乎所有电商都加入了这场"广告大战",投放量和 2014 年相比增长了 3 倍,覆盖上海 60 多个地铁站点。60 多个地铁站点是这样一个概念:在上海,如果广告能够做到 50 个关键地铁站点,基本可以覆盖 80% 的客流。在上海申通德高的客户系统里面,电商称不上是大客户,在德高的 17 个行业客户里面,它们现在的占比约为 10%,但在"双十一"之前约 20 天的时间里,电商投放的预热广告超过总量的 50%。

校园的户外广告同样是阿里集团广告战中的必争之地,且对其重视度不亚于各交通站台。在校大学生是网络购物的重要组成部分,是网络购物的中坚力量。"双十一"的最初发起主要是针对在校大学生等对价格敏感消费者,淘宝的销售策略也非常适合这类群体。从每年的 10 月开始,淘宝的户外广告开始活跃在各大高校,形式多种多样。学校中的户外广告多以海报形式出现,海报内容简单,主要宣传淘宝促销力度。针对学生群体跟风这一特点,"双十一"活动的宣传策略采用名人效应。例如,有些学校的户外广告打出"双十一,马云请你喝咖啡"等口号。

总体来看,淘宝户外广告的补充宣传有力推动了其"双十一狂欢节"营销的成功,不光大大增加了淘宝"双十一"营销活动的曝光度,也在潜移默化中培养了消费者对其活动的认知度。

传统媒体营造社会舆论

虽然现在我国的网民覆盖率已超过 50%,但是这并不意味着所有网民都抛弃了传统媒体，而且与网络媒体相比，传统媒体其自身特点决定了它更加具有权威性和渗透性。淘宝选择在传统媒体上进行广告投放，一方面可以巩固网络广告的传播效果；另一方面也可以将"双十一狂欢节"的购物理念触及一些网络媒体无法触及的领域和人群，吸引到一些非网民和轻度网民加入"双十一狂欢节"的网购大军中。

刚开始做"双十一"活动即2009年时，淘宝的活动营销意识还相对较为薄弱，加之当时的"双十一"准备时间也较短，前景未知。淘宝还只是在内网上进行活动推广，后来随着活动规模的不断扩大，开始在外网各大网站上进行广告投放。到了2011年，在基本占据了网民这个最大的网购市场同时，淘宝开始进一步发力，把目光投向非网民，广告也随之开始投向报纸、广播和电视等一些传统媒体。2012年一条长达30秒的"双十一狂欢节"购物广告登陆央视一套黄金档，让人为之眼前一亮。

据广告和媒体服务商昌荣传播的监测数据显示，和2012年的"双十一狂欢节"相比，2013年"双十一"期间，仅天猫在电视媒体上投放的广告花费就增长了29%。2013年10月15日，天猫60秒"双十一"广告在央视一套开始播出，广告片中通过各种造型与画面来暗示"双十一"的数字形象，如双支荧光棒、背带裤、情侣、猫的尾巴等。"双十一狂欢节"广告在创意上可谓耳目一新，画面色调明朗，时尚精致不乏温馨，让人不禁把生活的美好形象与"双十一"的形象联系起来，可谓文化感十足，而不再是以往叫卖式或宣传口号式的广告模式，此外一些天猫旗舰店品牌也会利用传统媒体进行"双十一"活动宣传，与淘宝广告形成呼应。

2015年的天猫"双十一"晚会，获得了收视与关注的双赢，同时将电视购物晚会这一新型电视节目形态带入人们的视野。2015年9月，阿里巴巴集团宣布启动2015年"双十一"网络狂欢节。同过去6年相区别的是，此次"双十一"将在活动前夜举办一场新型晚会，晚会由冯小刚担任导演，并通过湖南卫视向全球直播。这场晚会在2015年11月10日晚上8点开播，时长4小时，像春节联欢晚会一样持续到零点。"双十一"晚会的结束正是网络购物狂欢节的开场。

2015年11月10日20时30分，"天猫2015'双十一'狂欢夜"晚会在国家游泳中心"水立方"举行。该晚会将综艺内容、移动购物融为一体，使消费者能够从电视、手机、网络等多方平台参加本次活动，实现了传统媒体与新媒体的有机整合。无论是节目中场休息时插播的洗脑歌曲《五折之歌》，还是美剧《纸牌屋》主人公弗莱西斯的扮演者凯文·史派西这个"美国总统"的贺电，以及最后电影《007》的主演詹姆斯·邦德和马云的现身，都在社交网络引发了热门讨论，将观众的注意力牢牢吸引在"双十一"上。这次购物晚会大有超越春晚的架势，观众一边看晚会，一边在微博、微信上发图吐槽，一边抢购天猫推出的打折商品，构成强大的"网台互动"。

由第三方收视率监测公司酷云公布的数据显示，"天猫2015'双十一'狂欢夜"晚会收视率为28.3866%，居当天全国同时段节目的榜首。且晚会播出期间，天猫客户端新用户注册数更是平时的20倍以上。天猫晚会借助湖南卫视的强势媒体平台，将自己的影响力从一二线城市向三四线、四五线城市甚至是更大范围的地区扩散。晚会的成功举办让"双十一"不再只是停留在网络上的事件，而是进入人们的现实生活。通过晚会，全家人能够坐在电视机前观看、购物、互动，使消费者对"双十一"的印象和感受更加立体化与丰满。

2015年"双十一狂欢节"开场1分12秒破10亿元、12分28秒破100亿元、33分53秒破200亿元等信息,第一时间出现在各大报纸头条。媒体抓住民众对"双十一"的高度关注,投入极高的热情对这一天的销售情况进行报道。各类有关经济、政策的撰文与"双十一"联系在一起,促进了对这一活动的宣传。例如,凤凰网对"双十一"的评价:"双十一"的第一个小时,天猫卖出的160万个文胸叠起来已经有3个珠穆朗玛峰高,200万件内裤已经可以绵延3 000千米。九个多小时后,纸尿裤销售约6 600万片,以一片吸水量是1 000毫升计算,大约能吸干6个西湖。其发文在8小时的阅读次数达到653 860人次。借助媒体的力量,"双十一"活动成为整个11月传播最广、讨论最多的话题。

小结

自2009年淘宝第一次举办"双十一"购物节至今,"双十一"已经扩散到整个电商行业,成为中国甚至全球的一次购物盛典。天猫"双十一"的销售额也水涨船高,从2009年的不足1个亿到2015年的912亿元,以惊人的速度增长。有分析认为,2016年天猫的"双十一"日销售额突破千亿元大关,达到1 207亿元,这意味着"双十一狂欢节"已成为世界级的重大购物节日。正如国务院总理李克强在主持召开的国家经济形势座谈会上对"双十一狂欢节"给予的肯定:"你们创造了一个消费时点。"

1. 不同于传统促销方式,电商促销的特点决定了促销策划所考虑的影响因素侧重不同,淘宝"双十一狂欢节"前期大量的准备工作主要是考虑到了促销策划的哪些因素?试述你认为这些因素重要的原因。

2. 京东"6·18"购物节被认为是效仿淘宝"双十一"而进行的促销活动,请给出你对京东"6·18"促销策划活动的一些建议。

第十二章

网络营销

1. 知道网络营销的特征。
2. 了解网络营销的类型。
3. 掌握搜索引擎优化和搜索推广的区别。
4. 理解口碑营销的5T模型的概念。
5. 理解移动营销的4I模型的概念。

百禾传媒如何"盘活"微信粉丝

2005年,河南百禾传媒有限公司(以下简称"百禾传媒")成立了。十多年的不断发展,百禾传媒已经从一个小小的演出代理公司一步步成长为中国规模较大的演出公司。百禾传媒提出社区化演艺新媒体的定位之后,也将自己的业务划分为百禾·童话世界、百禾·时代经典、百禾·春之声、百禾·国际艺术节、百禾·社区大舞台等模块,每个模块都构成百禾这个品牌的子品牌,并采用专人专项负责制。

在演出市场重新洗牌的大背景下,百禾传媒希望通过各种行之有效的创新措施来实现公司的完美转型。在公司的创新举措中,通过微信营销来"盘活"演出现场观众、"盘活"微信粉丝,进而提升用户的满意度,与潜在消费者建立感情就是至关重要的一点。那么,究竟何种方式可以真正将演出现场的观众引到"百禾传媒"微信公众平台上,并让其与百禾传媒高度互动呢?

百禾传媒微信营销第一步:吸引粉丝。2013年注册了"百禾传媒"微信公众平台。2014年百禾传媒正式开始专注于微信公众平台的运营,设置微信运营官专人负责。立足线下活动,将观演人群引到微信平台上。第一阶段微信引流方案:百禾·大学生国际文化艺术节。半个月的百禾·大学生国际文化艺术节活动结束之后,百禾传媒微信公众平台上的粉丝数迅速增加到1 000多人。第二阶段微信引流方案:"六一"微信引流。举行线上"六一喊剧目,送门票"活动。2天半的时间,百禾传媒微信公众平台就增加了576名粉丝。在微信上启动"百禾·童话世界俱乐部"。5天10场儿童剧演出结束之后,百禾传媒微信平台上的粉丝数量迅速增加到3 000多人。

  百禾传媒微信营销第二步:"盘活"粉丝。百禾传媒通过线下、线上齐发力"盘活"了粉丝。具体策略如下:①"盘活"粉丝第一计:"神秘大礼"。为线上的俱乐部会员寄送实体的百禾童话世界俱乐部会员卡和神秘礼包,实现微信粉丝线上互动、线下体验,让百禾·童话世界俱乐部会员有更强的归属感。②"盘活"粉丝第二计:"爸气时光:拼人气,赢大礼"。6月19—20日,百禾·童话世界俱乐部会员只需给百禾传媒微信公众平台回复一张"爸爸与孩子"的幸福、温馨亲子照,就有机会免费获得两张美国原版迪斯尼《三大经典童话》的剧票,或者是迪斯尼精美礼品一份。③"盘活"粉丝第三计:"温泉旁的童话世界。"通过百禾微信平台的宣传,吸引粉丝及联盟客户的参与,小型的演出活动叠加温泉的回馈,为百禾传媒的微信方式转变提供了另外的出路。④"盘活"粉丝第四计:"爵士女王魅力,势不可当。"首先通过话题行为的文章推送宣传造势,其次在地铁、报纸等媒体发起"合影赢门票"等活动,在话题传播的同时造成"全城皆知女王来"的宣传效应。⑤"盘活"粉丝第五计:"2015春节,人文关怀"。在2015年新年来临之际,百禾传媒的微信团队在所有的粉丝中挑选了50位最为活跃、参与活动忠诚度高的会员送出百禾传媒的新年大礼。在新年之际不间断地持续与会员互动,增强会员黏性,累积关注人数接近5 000人。

  百禾传媒得出了这样的结论:微信只是一种工具,想要真正"盘活"微信粉丝,仅仅依靠微信营销是不够的,必须制订以微信营销为基础的整合营销传播方案,通过环环相扣、系统性的打法才能最终取得战争的胜利。

资料来源:王千,等.百禾传媒如何"盘活"微信粉丝?.中国管理案例共享中心案例库,2014

第一节 网络营销的概念和特征

一、网络营销的概念

  网络营销是企业营销的组成部分,是以互联网为手段展开的营销活动。具体指以互联网为基础,以其他网络平台为整合工具,并以互联网特性和理念去实施的营销活动。

  这个概念包括以下几个要点:①以互联网为基础,包括PC互联网和移动互联网。②与各种网络平台结合,如网站、电子邮件、搜索引擎、在线社区和论坛、博客、社交网络等。③菲利普·科特勒将其归属到整合营销传播中,作为整合营销传播组合的一种重要工具。网络营销能实现整合营销传播的诸多功能,如广告、促销、事件营销、公共关系和宣传等。实际上,网络营销的功能超出了这个范围,它还能实现诸如顾客服务、市场调查等功能。

二、网络营销的特征

网络营销具有以下特征。

(1) 跨时空。网络营销利用互联网的特点,突破了时间、地域的限制,企业可有更多时间和更大的空间与顾客进行实时互动。首先,网络营销帮助企业实现了全天候营销,消费者可以不考虑时间、地点的因素,随时随地购买产品和服务;其次,网络营销缩短了消费者与企业产品和服务之间的距离,使企业传达的营销信息可以更快的速度被消费者感知。

(2) 互动性。企业通过网络营销可实现与顾客之间的双向互动。在网络营销环境下,消费者不仅是信息的接收者,同时是信息的生产者和传播者,他们通常会上网主动搜索企业产品的更新情况,并通过不同的网络营销工具实现与企业的双向沟通。

(3) 个性化。网络营销使企业为顾客提供了"一对一"的定制化服务。利用网络优势向顾客提供独特的、个性化的专有产品和服务,实现"一对一"营销,与已有的和潜在的顾客保持长久的联系。

(4) 经济性。网络营销降低企业的交易成本。互联网技术可以促进信息更加及时、快捷、有效的传播,很大程度上减少了企业在信息传递等方面的资金、人力、物力投入。

(5) 多样性。网络营销不仅可以传输多种形式的信息,如文字、图片、音频、视频等,而且也有多种传播平台可以传播,这意味着企业能够向消费者提供或发送反映其特殊兴趣的定制信息,能够吸引到消费者。

(6) 延展性。网络营销具有灵活和丰富的延展性。网络营销可以与大数据、云计算、智能设备、基于位置的服务等融合,不断提高营销效率和效果。网络营销也可与线下营销活动融合,打造线上线下一体化的营销模式。

第二节 网络营销方式

依据营销传播的网络平台差异,可将网络营销分为三种类型:在线营销、社交媒体营销和移动营销。菲利普·科特勒将这三种类型称为数字传播。

一、在线营销

在线营销(online marketing)有四种主要的方式,即网站营销、搜索引擎营销、陈列式广告和电子邮件营销。

(一) 网站营销

网站(website)是指在互联网上根据一定的规则,使用 HTML 等工具制作的用于展示特定内容的相关网页的集合。企业应建立自己的官方网站,以实现宣传企业形象、宣传产品、客户服务等功能。企业网站应精心设计,以便引起浏览者的兴趣。为了提高浏览体验,网站应注重易用性和美观性。企业网站可借助搜索引擎营销提高流量。

企业的官方网站一般包含公司简介(愿景、目标、组织结构、发展历程、企业文化、核心优势等)、企业动态、产品介绍、客户服务、营销网络、招贤纳士、在线论坛、联系方式、常见问题、在线留言、英文版等基本内容。企业也可以在网站上开通商务功能,直接和消费者在线交易。

随着IT技术进步和消费者行为的变化,近些年企业的网站设计有一些新的变化。如为了满足消费者个性化的需要,有的企业网站提供了定制化(customization)页面,即针对不同用户提供定制页面和个性化的传播内容。再如,为了加强和消费者的互动,一些网站提供了在线社区或论坛。

(二) 搜索引擎营销

搜索引擎营销(search engine marketing, SEM)是基于搜索引擎平台的网络营销,根据用户使用搜索引擎的方式利用用户检索信息的机会尽可能将企业的营销信息传递给目标用户。搜索引擎平台既包括PC端,也包括移动端。

1. 搜索引擎优化

搜索引擎优化(search engine optimization, SEO)是指在了解搜索引擎自然排名机制的基础上,对网站进行内部及外部的调整优化,改进网站在搜索引擎中的关键词自然排名,从而获得更多流量。搜索引擎优化的本质是利用搜索引擎的搜索规则来优化网站,以提高网站在该搜索引擎内的自然排名。搜索引擎优化的目的是使网站在搜索引擎的排名提高,让搜索引擎给网站带来免费流量。目前主要的搜索引擎有百度、谷歌、搜狗、360、必应、雅虎等。

SEO包含站内SEO(内部优化)和站外SEO(外部优化)两方面。①站内SEO。站内SEO是对网站内部的调整优化。其基础是了解各类搜索引擎抓取互联网页面、进行索引以及确定其对特定关键词搜索结果排名等技术规则。根据规则有针对性地对企业网站结构、内容建设方案、用户互动传播、页面、关键词等角度进行合理规划,使网站更适合搜索引擎的索引原则。以关键词为例,用户在使用搜索引擎搜索时,往往输入自己想知道的关键词,而搜索引擎满足用户的需要,把关键词作为网站收录和排名的重要依据,相应地网站应重视关键词的使用。确定了关键词后,网站应充分地体现这些关键词,如在网页标题标签、目录名、文件名、网页导出链接的链接文字中、标签中、整个文章中等。②站外SEO。站外SEO是对网站外部的调整优化。常见的外部链接有博客、论坛、分类信息、贴吧、社会化书签、知道、百科等类型。在博客、论坛等渠道发布原创文章是一种重要的站外SEO方式。外部链接运营的主要工作就是经常添加一定数量的外部链接,使关键词排名稳定提升。

2. 搜索推广

除了上述通过搜索引擎优化获得免费流量,企业也可以给搜索引擎付费(或给广告代理商付费)以获得搜索引擎的搜索推广。搜索推广是基于搜索引擎,在搜索结果的显著位置展示企业推广信息,并帮助企业把网民有效转化为客户的一种营销方式。竞价排名(paid placement)是一种按效果付费的搜索推广方式,按照付费最高者排名靠前的原则,对购买了同一关键词的网站进行排名。

竞价排名的特点如下：①按效果付费，费用相对较低；②出现在搜索结果页面，与用户检索内容高度相关，增加了推广的定位程度；③竞价结果出现在搜索结果靠前的位置，容易引起用户的关注和点击，因而效果比较显著；④搜索引擎自然搜索结果排名的推广效果是有限的，尤其对于自然排名效果不好的网站，采用竞价排名可以很好地弥补这种劣势；⑤企业可以自己控制点击价格和推广费用；⑥企业可以对用户点击情况进行统计分析。

（三）陈列式广告

网络广告的本质是向网络用户传递营销信息的一种手段，有广义和狭义之分。广义的网络广告包含各种网络广告形式，如电子邮件广告、搜索引擎广告、社交媒体广告等。狭义的网络广告仅指基于网页的广告形式，如横幅广告、通栏广告、弹出广告等，是广告主通过购买网络页面位置，将营销信息传递给目标消费者的一种广告形式。

下面仅介绍常见的几种狭义的网络广告形式。横幅广告（banner ads）指横向出现在网页中的广告形式，一般出现在网页的上方。通栏广告（full ads）是横幅广告的升级，比横幅广告更长、面积更大。弹出广告（pop up ads）是指网页自动弹出一个很小的对话框以传递广告信息。按钮广告（button ads）是一种小面积的广告形式，利用网页中比较小面积的零散空白位置安排广告。对联广告（bi-skyscraper）是固定出现在页面第一屏左右两侧位置的广告形式。文字链接广告（text link ads）是指将超链接加入相关文字。浮动标识广告（moving icon ads）是一种在页面沿一定轨迹浮动的广告形式。插入式广告（interstitial ads）是广告主选择自己喜欢的网站或栏目，当用户进入网页时或网页转换时插入一个新窗口显示广告。流媒体广告（streaming media ads）是以流媒体技术在网络上传播营销信息的广告形式。富媒体广告（rich media ads）是基于富媒体技术之上的一种新的网络广告形式，指具有动画、声音、视频等复杂视觉效果和交互功能效果的信息传播方法。

（四）电子邮件营销

电子邮件营销是较早的一种网络营销手段，诞生于20世纪90年代初。电子邮件营销（e-mail marketing）是指在用户事先许可的前提下，通过电子邮件的方式向目标用户传递价值信息的一种网络营销手段。电子邮件营销有三个基本因素：用户许可、电子邮件传递信息和信息对用户有价值。未经用户许可的滥发邮件往往会对用户造成不好的体验，被视为垃圾邮件。电子邮件营销具有传播范围广、操作简单、效率高、成本低、信息量大、保存期长等特点。

根据电子邮件地址的来源，可将电子邮件营销分为两种类型：内部列表电子邮件营销和外部列表电子邮件营销。内部列表电子邮件营销是指企业利用网站的注册电子邮件地址或会员的电子邮件地址开展营销，可发送会员通讯、广告、促销活动等信息。外部列表电子邮件营销是指利用专业服务商提供的用户电子邮件地址开展营销，往往发送的是电子邮件广告或促销信息。

企业开展电子邮件营销有两个核心工作：一是向哪些用户发送电子邮件？即用户电子邮件地址的获取，这是开展电子邮件营销的前提。企业应重视顾客数据库建设，诱导顾客提供尽可能完善的个人资料，包括电子邮件地址。二是传播什么信息？即电子邮件内容的编写。电子邮件的内容对用户有价值才能引起用户的关注。

二、社交媒体营销

社交媒体（social media）指网络上基于用户关系的内容生产与交换平台，在平台上用户之间可创作、分享、交流意见、观点及经验。现阶段社交媒体主要有三种平台：在线社区和论坛、博客、社交网络。社交媒体营销，又称为社会化媒体营销（social media marketing），是指利用社交媒体平台进行的营销活动。

（一）在线社区和论坛

在线社区（online communities）和论坛（forum）有多种形式，既有企业自建的论坛，如华为手机的花粉俱乐部论坛；也有第三方的各种论坛，又分为综合性论坛和专业性论坛。近些年由于社交网络的发展，论坛的人气在下降，一些曾经知名的论坛甚至关闭，如网易论坛、搜狐社区论坛先后停止服务。尽管如此，论坛目前仍然是企业开展网络营销的重要平台。

论坛具有互动性强、反馈及时等特点。论坛中可以发布文章、图片、视频等信息，通过这些来为企业做品牌和产品的宣传推广。通过论坛，企业既能收集信息，也能传递信息，能够获得顾客的信息和见解。

论坛营销可分为以下几个步骤：①确定要通过论坛营销实现什么样的营销目的。②论坛选择。选择最适合的论坛，并了解论坛的规则。③设计帖子。结合热点事实，制造企业话题，撰写有针对性的内容。将营销目的融入帖子中。帖子标题要吸引人。④跟踪和维护。保持话题的热度，压制负面信息。

（二）博客

博客（blog）指定期更新的网络日志。主要的博客有新浪博客、网易博客、搜狐博客等。许多企业都建立了自己的博客，可分为三种类型：一是 CEO 博客，处在公司领导地位者撰写的博客。二是企业博客，以企业的身份发布的官方博客。三是产品博客，是专门为了某个品牌或产品进行公关宣传或者以为客户服务为目的所推出的博客。

博客营销（blog marketing）是指利用博客这种网络平台开展网络营销活动。主要做法有：①直接在平台上做广告，宣传企业的品牌或新产品。②宣传企业的文化、品牌，展示企业形象、企业商务活动或 CEO 的个人活动。③增加粉丝，与粉丝互动，维系与粉丝的情感联系。④承担公关功能，影响粉丝的认知和主流媒体的报道。⑤承担市场调研功能，监测平台留言，及时发现消费者最关注的话题和意见建议。⑥客服功能。及时回复平台上消费者对于企业或个人的相关疑问以及咨询。

(三) 社交网络

社交网络(social networks)已经成为企业对消费者和企业对企业营销的重要渠道。主要的社交网络有 Facebook、LinkedIn、Twitter、微信、QQ 等。以社交网络为载体的营销方式具有其他营销方式难以比拟的优势。社交网络营销具有互动性强、及时性高、影响力大、可信度高和精准性等特性。一些大的社交网络平台，拥有广泛的客户群，是企业重要的客户资源。

以微信为例，微信营销(WeChat marketing)是指利用微信的各种功能和本身特性进行的营销活动。目前，主要利用微信公众平台、微信群、LBS 功能、朋友圈分享等进行营销。最直接的办法是使用微信广告主的推广功能，购买朋友圈广告，目前有图文广告和视频广告两种广告形式，有按点击计费(CPC)、按千次广告展示计费(CPM)两种计费方式。企业也可以利用微信公众平台(订阅号、服务号)传递信息和维护客户。另一种方式是利用微信个人公众号、微信群、微信朋友圈进行营销。

扩展阅读

用数据告诉你如何进行社交媒体营销

社交媒体企业顾问 John Rampton 精心选取了 25 个不可思议的社交媒体应用实例，这些实例选自美国常见的 Facebook、Instagram、Twitter、Pinterest 等社交媒体平台。这里节选其中的部分实例(使用原序号)。

1. 在 Facebook 上很难定义怎样才算得上是很好的互动。然而，根据社交媒体数据分析工具 Social Bakers 提供的研究数据可知，平均一家企业主(有 0～9 999 位粉丝的企业 Facebook 账号)每发布一则消息就和粉丝达到约 28 次互动。如果你的公司明显少于 28 次，你可能需要重新审视 Facebook 营销策略。

3. 《时代周刊》杂志表示：男性更倾向于在社交媒体上与粉丝分享想法，而不是和身边的搭档或者现实生活中的朋友交换感受。

4. 社交网站 Pinterest 的用户更倾向于一周内发布特定类型的内容。"每日"最受欢迎内容类别：健身(星期一)、技术(星期二)、励志名言(星期三)、时尚潮流(星期四)、幽默(星期五)、旅游(星期六)、美食和手工创意(星期日)。

5. 在美国，成年网民中有 72% 的人是 Facebook 的用户。18～29 岁的互联网用户，比例更是高达 82%。

7. 随着 Facebook 和 LinkedIn 用户群体的增长，许多企业家以为论坛已经过时了。可是皮尤研究中心的数据表明，15% 的美国成年网民仍然使用 Reddit、Digg 或 Tumblr 等论坛。

8. 你在 Facebook 上发布的帖文，其触达率很可能处在历史新低。Locowise 的研究数据显示，目前每个 Facebook 主页帖文的平均触达率只有 2.6%。

9. 在全球社交媒体用户中,平均每个用户每天花 2.4 小时参与社交媒体的各种活动。

13. 在所有营销推广渠道中,73%的营销人员表示他们正在增加对视觉效果的使用。

14. 一旦手机不在身边、不能上网、不能登录社交媒体账户,很多人就会坐立不安。

15. 想要增加 Facebook 的互动?你最好把胜算押在视频上。视频往往能带来高度的互动,最高交互比例达到 13.92%。

16. 根据 We Are Social 公司的研究数据,现今活跃的社交媒体用户数量大致等同于 29%的全球人口总量。换句话说,全球近 1/3 的人口活跃在社交媒体上。

18. 网络流量分析公司 Parse.ly 表示,对新闻网站来说,来自 Facebook 的引荐流量比谷歌还多。这些新闻网站向《福布斯》杂志透露,它们最新的评估显示,谷歌带来 38%流量,Facebook 带来的流量则达到 43%左右。

22.《社交媒体考察者 2015 年度报告》显示,45%的营销人员说,博客是他们最重要的内容推广形式,接下来是可视化内容,第三是视频。

资料来源:本文译者 LEAN IN,翻译自 www.inc.com。

三、移动营销

从 PC 时代到移动时代,智能手机的普及使人们越来越多地依赖移动终端,推动了移动营销的发展。移动营销(mobile marketing)指面向移动终端(手机或平板电脑)用户,在移动终端上直接向目标受众定向和精确地传递个性化的即时信息,通过与消费者的信息互动达到市场营销目标的营销行为。

用户在手机端使用较多的移动媒介可分为以下几种类型:①运营商的通信,如移动、联通、电信的短信。②移动网站,如手机新浪网、手机网易、手机腾讯网、手机搜狐网等。③各种移动应用(mobile application),社交类 APP 有微信、QQ、新浪微博等,资讯类 APP 有今日头条、腾讯新闻等,视频类 APP 有腾讯视频、爱奇艺、优酷等,电商类 APP 有淘宝、京东、天猫等。④应用商店,如 360、华为应用市场等。⑤移动搜索,如百度、搜狗、360 搜索等。这些移动媒介都成为移动营销的广告投放渠道,当用户使用这些媒介时,可能随时会接收到广告主投放的有针对性的营销信息。与移动媒介对应,移动营销中的广告形式相应有短信广告、移动资讯广告、移动视频广告、移动电商广告、移动社交广告、移动搜索推广等。

移动营销的理论模型,可以用"4I"来概括,即分众识别(individual identification)、即时信息(instant message)、互动沟通(interactive communication)和我的个性化[①]。其中分众识别是指移动营销可通过手机识别用户的身份、位置;即时信息是指,移动营销传递信息的即时性,企业可获得动态反馈和互动跟踪,据此可选择信息传递的时间;互动沟通

---

① 朱海松.4I 模型:3G 时代的营销方法与原理[J].成功营销,2009,(Z1):74-75.

是指移动营销"一对一"的互动特性;我的个性化是指移动营销能满足消费者个性化的需求,进行精准营销。广告主在设计和投放移动广告时,应充分重视这四个要素。

随着技术的发展,一些新型的移动营销方式正在探索中发展。

(1) 语音搜索广告。如谷歌把搭载着 Google Home 上的语音助理当作用户购物和查询信息的新入口,亚马逊的智能音箱 Echo 能够帮助用户查询音乐、新闻、天气以及其他能够上网获取的信息。

(2) 程序化购买广告(programmatic buying ads)。程序化购买就是基于自动化系统(技术)和数据来进行的广告投放。它与常规的人工购买相比,可以极大地改善广告购买的效率、规模和投放策略。

(3) 基于位置的服务(location based service,LBS)技术在移动营销领域的应用。基于位置的服务,是指通过电信移动运营商的无线电通信网络或外部定位方式,获取移动终端用户的位置信息,在地理信息系统(GIS)平台的支持下,为用户提供相应服务的一种增值业务。目前基于位置的服务已经在休闲娱乐、生活服务、社交等领域得到应用,如签到、1千米范围内的信息查询(旅游景点、交通情况、商场等)、即时信息推送等。如果能利用大数据将用户的位置信息、时间信息和用户的人口统计特征、态度、消费行为结合起来,效果会更好。

(4) 场景营销(scene marketing)前景广阔。场景营销是指基于对用户数据的挖掘、追踪和分析,在由时间、地点、用户和关系构成的特定现实场景下,连接用户线上和线下行为,理解并判断用户情感、态度和需求,为用户提供实时、定向、创意的信息和内容服务,通过与用户的互动沟通,树立品牌形象或提升转化率,实现精准营销的营销行为。场景营销的实施有几个前提要素,包括移动设备、社交网络、数据处理、传感器和定位系统等,目前这些技术手段都已成熟,为场景营销的应用提供了必要的基础。

关键概念

网络营销　在线营销　社交媒体营销　移动营销　搜索引擎优化　竞价排名　横幅广告　电子邮件营销　论坛营销　博客营销　微信营销　病毒营销　场景营销

复习与思考

1. 如何理解网络营销?
2. 企业应如何开展论坛营销?
3. 企业应如何开展微信营销?
4. 口碑营销有哪些操作步骤?
5. 你如何看待新型的移动营销方式(如基于位置的服务、场景营销等)的营销价值?

康师傅绿茶饮料的场景营销

康师傅通过 LBS 等移动互联网技术,携手百度地图推出了"康师傅绿茶"步行健康走的活动,构建新的消费场景,配合线上线下相互导流的 O2O 手段,并设计社会化交互功能,邀请与品牌调性契合的明星代言,吸引消费者亲身参与,通过场景营销与原生营销,巧妙传递"康师傅=健康的生活方式"的品牌价值,强化消费者的认同和共鸣,提升传播效果。

茶饮品牌市场营销洞察

康师傅品牌扫描。①价值主推:康师傅=健康的生活方式。②产品标的选择:康师傅绿茶(作为品牌销量最好的茶品之一,绿茶无论从产品本质、外观、含义联想等方面均是康师傅品牌迎合健康理念的最好抓手)。③产品特点:清新爽口的口感,解渴,调和天然蜂蜜,营养健康。④当前现状:康师傅绿茶与竞争产品相比无明显产品优势。⑤康师傅绿茶的品牌基因:康师傅绿茶具有优质茶的风味和许多健康的元素,是能让你心情轻松舒缓的绿茶饮品品牌。喝康师傅能拥有好心情,并能把这份好心情传染给周遭的人。因为它让你体验到自然清新口感的同时也澄静舒展了心情。

消费者洞察。根据百度指数数据,康师傅绿茶的消费群主要集中在 20~39 岁,分布于一、二线城市,男性用户达到 71% 的占比。推广营销应着重考虑 80 后、90 后年轻男性群体的行为需求。该类消费群体表现出来的媒体习惯是需求即时化、信息碎片化和社交活跃化。80 后、90 后对社交网络的依赖度很高。

品牌市场机遇洞察。①全民倡导健康生活方式,健身热潮来袭。②碎片化时间的营销拓展。③场景化营销。④消费者对康师傅品牌的认知与肯定。

两个营销目标最为关键:第一,要跟 80 后、90 后年轻人"玩"在一起,吸引他们的参与,基于媒体、品牌和消费者之间的互动建立起信任关系,以建立一种新的、有价值的、基于身份的活动系统。第二,通过康师傅绿茶定制化的营销方案,向广大消费者传递"康师傅=健康的生活方式"的品牌价值,提升康师傅的品牌高度与社会价值。

营销方案的创新思想与优选分析

营销着力点。①营销策略的三个出发点:定制化内容、场景融入和 O2O 互导。定制化内容迎合了受众的消费性格才有可能打开心门;场景融入为参与者提供了新的使用场景,为品牌的价值传递赋予了内容的载体;O2O 互导是营销影响力最大化的必要模式,同时也是当下市场技术基础具备之后的水到渠成。②营销推广的三大载体:健康轻内容、超级 APP、社交媒体。健康轻内容应对了受众的健康痛点和品牌的市场机遇,选择超级 APP 才能够尽可能广地覆盖受众,社交媒体的要素是实现传播的基础。

项目创意策划。①活动理念:全民轻运动(步行),将康师傅绿茶与健康低碳的生活方式建立关联,提升品牌价值,传播品牌美誉。②活动内容:通过百度地图玩在一起,把握出行需求,响应健康、低碳趋势,通过导航参与活动,将碎片化时间集成,领取奖品引发分享;结合年轻人的步行导航需求,康师傅绿茶携手百度地图进行情境营销,在步行导航过程中宣传康师傅绿茶；参与形式为步行，为何选择步行？步行作为全民可参与的轻运动，有利健康的同时低碳环保；并通过百度地图营销很好地推广"绿茶绿动健康走"的健康生活理念。

实现营销目标的方案选择和优选。①定制化：着力受众痛点，设计一个活动，让年轻人"玩"在一起；利用入口级的移动 APP——百度地图，把握年轻人的出行需求，通过步行导航将碎片化信息集成；当用户完成导航参与活动，通过奖品机制引发社交分享。②场景融入：步行作为全民可参与的轻运动，有利健康又低碳环保；根据当下都市人生活时间碎片化的日程常态，为有健身需求的 80 后、90 后考虑，让他们通勤的上下班路途上可以根据自己情况随意增减，配合步行累积奖励手环的方式给予激励，使得用户每天身体力行地传递一种健康的生活方式；深化品牌价值传递。③O2O 互导：活动的时间是 4 月到 8 月，正值春夏，步行活动本身就会口渴，参与者有自然的消费意愿，又横跨了五一和暑假两大出游黄金季。康师傅绿茶拥有成熟的品牌知名度和广泛的售卖渠道，活动参与者步行环境里的任何一家街边小店大部分都售卖康师傅绿茶或其他系列饮品，可以说营销活动已经为受众周到而含蓄地布置好线下消费环境。

方案优选分析。①百度地图具有三大推广优势：一是高精准。通过百度地图，可以高精准地覆盖目标人群，做到和康师傅绿茶目标人群无缝匹配，最大限度地达到精准营销。二是高覆盖。百度地图是手机上热门工具 APP 之一。三是高关注。牢牢抓住核心人群，通过地图导航的场景营销，提升了活动体验，让用户感受到康师傅绿茶所传递的健康理性的生活态度。并通过用户进行社交网络传播，让活动产生更高的关注度。因此，百度地图明显区别于同类竞品，提供创新型场景式营销，更有效地帮助康师傅提升品牌价值和高度。②选择李易峰作为康师傅绿茶绿动走明星代言的原因。一是拥有超高名气的小鲜肉李易峰，一直以清新健康的形象进入大家的视线。更赞的是，他独特的保鲜之道——生命在于运动；同时，他的保鲜之道恰恰符合时下粉丝大众对健康生活方式的追求。二是李易峰的声音在活动期间作为百度地图的导航，牵动了众多女粉丝的心，通过李易峰的名气引发粉丝关注，使得粉丝在使用百度地图导航的时候沉浸在品牌营造的"场景"中，也间接成为"绿动健康"理念传播的推动者。三是李易峰的粉丝大多是 20+ 与 30+ 的女性，她们对于活动的加入与公开传播，增加了 80 后、90 后男生与她们交流的话题机会，而这些男生也正是康师傅绿茶的目标受众，互动的天性与正能量的推广主题，使得他们会因她们的加入而更多了一番参与的意愿。

基于 LBS 技术的 O2O 场景营销

活动流程分为三个环节：①结合人们对地图 APP 的依赖，引导人们绿色出行，走出健康。②进入步行导航"跟我走"按钮，开启绿动健康走。③完成导航进入主页，分享成绩，兑换好礼。

导流资源有：①SEM、贴吧头图、贴吧置顶帖；②百度地图官方微信；③康师傅绿茶官方微博；④地铁/站台广告、电视广告。

执行方案共分为四步骤：①进入百度地图，融合新版本上线，软性推广健康走活动。②选择进入步行导航模块，进行路径规划，出现"跟我走"定制按钮。③步行导航中，规划线路变为绿色，卷轴动画露出品牌，并伴有李易峰语音导航。④完成后进入活动主页，分享战绩，亦可进行积分兑换，吸引用户自媒体疯狂传播。

效果评估与社会价值

广告主诉求匹配程度。通过"绿动健康走"活动，向消费者传递了一种健康的生活方式，同时提升了康师傅品牌绿茶的产品高度与社会价值。准确覆盖目标人群，帮助用户逐渐建立起步行和康师傅绿茶的关联性，为康师傅绿茶提供步行消费新市场。

活动效果。活动整体效果好，各项数据均完成预期。目标人群覆盖度高、活动参与度高、活动关注度高。预估互动数为1.2亿，实际互动数超过2.4亿，互动完成率高达201%，远超预期。

效果论证。①用户关注度极高。康师傅绿茶绿动健康走活动自2015年4月底上线以来，日均检索量飙升，在6月达到峰值，一直保持着极高的用户关注度，移动端用户关注度达到7成以上。而对比从2013年开始的统一绿茶骑行活动，从检索数据看用户关注度并不高。此次"绿动健康走"活动，康师傅绿茶结合百度地图的步行导航，将步行人群的即时需求和品牌传播理念完美结合。②步行与康师傅绿茶的关联度大幅度提高。经过"绿动健康走"活动，用户逐渐建立起步行和康师傅绿茶的关联性。"百度司南"的用户属性图中显示：活动后期，步行和康师傅绿茶关系越来越密切。但竟品统一绿茶与骑行的关联性更高（统一绿茶骑行已开展3年多），建议康师傅后续通过更多的市场活动继续加强其品牌与步行的关联度。

社会影响。①影响力。利用百度的优质媒体资源，精确覆盖目标群体，结合当前热点话题，有效地推广康师傅绿茶"绿动健康走"活动，实现品牌价值与理念的传递。②社会舆论口碑。步行作为全民可参与的轻运动，有利健康的同时低碳环保，更重要的是传递了一种健康的生活方式，提升了品牌的价值和口碑。

活动总结

与百度地图合作，开发了一个专门APP应用，将产品植入消费者的步行生活中，并借用明星代言和比赛参与，线上线下结合，搭建了一个O2O场景营销平台，打造出移动互联网时代的全新互动体验。这个活动在四个方面收到了明显的效果：①合理利用消费者碎片化时间，通过在百度地图的"绿动健康走"营销活动，帮助康师傅绿茶提升了产品与品牌的曝光率，向目标受众直接传递了康师傅绿茶的健康生活理念，并大大提升了康师傅的品牌高度。②有效地利用LBS/无线技术，让用户任何时间都能参与活动，提高了用户体验，提升了用户的参与度。③融入消费者日常生活的场景化营销活动，在用户日常的情景里进行营销，以原生营销的方式让活动与用户行为完美契合，增强了活动的影响力。根据用户的实际情况，结合绿茶产品特性与步行爱好者的需求，使用创新性的场景化营销作为创新营销的切入点，有效地提升推广效果。④用户认可，用户在创意情景营销的合作上给予了高度赞扬。

资料来源：王燕彦，崔春虎，孙道军.绿动健康走——基于LBS的O2O场景营销.中国管理案例共享中心案例库，2015

第十二章 网络营销
CHAPTER 12

 案例思考

1. 康师傅如何通过 LBS 移动互联网创新技术，打通线上与线下，激励消费者参与，实现场景化营销？

2. 本案例中康师傅提供了一个"互联网＋运动生活"的场景传播实践，你如何评价这种创新的场景化营销模式？有哪些启发和借鉴？

第十三章

市场营销组织与控制

1. 了解市场营销组织结构的演变过程。
2. 比较五种市场营销组织结构的优缺点。
3. 掌握市场营销控制的主要方法。
4. 掌握如何进行营销组织的管理。

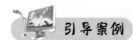

　　IBM一度被称为世界上最了不起的企业，IBM的形象也一直是身穿西装岿然屹立的蓝色巨人。但20世纪90年代初，这家公司重重地跌了一跤：公司首次亏损，亏损额高达50多亿美元，公司市值下降68%，并裁员近20万人。在IT行业中，市场领袖已经成了微软和英特尔。IBM怎么了？

　　1981年以前，IBM的年增长率一直在10%以上，1980年的销售额达到400亿美元。如果公司继续以这个速度增长，到1990年，IBM的销售额将达到1000亿美元。经过分析和讨论，IBM的高层经理们认为，IBM应该并且能够实现这一目标。为了实现这一目标，公司加速了在20世纪70年代即已开始的生产能力和员工扩张计划。1990年初，IBM为每年1000亿美元的大生意做好了准备，但不幸的是，当年销售额只有500亿美元，过剩的生产能力和员工压得公司透不过气来。

　　有人将IBM的衰落归咎于技术落伍。但实际上，公司的研发力量接近于行业内其他企业研发力量的总和。对IBM的兴衰，仁者见仁，智者见智，但有一点是不容忽视的：IBM忽视了自己的业务。多年来，IBM一直是大企业的一站式信息服务商，承诺提供有效、优质的技术和卓越的整套服务支持，并通过与顾客保持紧密的联系成为顾客不可缺少的供应商。但后来，受计算机市场的诱惑和过分膨胀的生产能力的压力，IBM错误地走上了"销售产品"之路。它们错误地认为 IBM 与顾客关系的基础是 IBM 的产品,是机器,而不是可靠的系统服务。因此,当 IBM 转向"销售产品"时,旗下顾客很快发现其他公司所提供的产品更加物美价廉,因此他们离开了 IBM。

后来,IBM 新任行政总监重新调整了营销策略。一方面,重新致力于成为全方位服务供应商。把为顾客解决问题摆到了重要位置,而不仅仅是销售机器。带领大企业进入网络世界,在咨询、系统集成、网络服务、教育培训等方面为顾客提供帮助。另一方面,重新构建顾客关系和员工关系,1996 年,IBM 重新站了起来,收入达 760 亿美元,增长率达 9%。

第一节 市场营销组织

市场营销活动是企业一项重要的职能活动,为使这项活动能够有效地进行,必须有专门的部门对此项活动负责,因此形成了企业的市场营销组织。市场营销组织是评定营销战略和评估营销活动的基础。现代企业必须有健全而有效的营销组织。在当前全球竞争日益激烈、科技网络迅速发展的商品经济环境下,企业需要经常重组其业务和营销组织,以便适应业务环境中的最新和最大变化,同时能够满足顾客的需要,解决顾客问题。同时,企业的市场营销部门是随着市场营销管理哲学的不断演变而产生的。

一、市场营销组织的概念

市场营销组织(marketing organization)是企业为了实现预定的营销目的而使全体营销人员同力协作的科学系统,是指企业内部涉及营销活动的各个职位及其结构。其作为企业的核心职能部门,具有系统性、适应性的特点。系统性是指企业内部各职能部门如财务、生产等组成一个完整的系统,通过市场营销部门起着指挥与协调各部门、满足消费者需求、实现企业利润目标等作用。适应性是指企业的营销机构必须适应外界环境的变化,对多变的市场环境作出迅速反应及决策。

二、市场营销组织的演变历程

现代企业的市场营销组织是随着市场营销观念的发展经过长期演变而形成的,在市场经济发达的西方国家,市场营销组织的演变大致经历了以下五个阶段,每个阶段都有不同的组织形态。

(一)简单的营销部门

简单的营销部门,其指导思想基本上是生产观念。20 世纪 30 年代以前,市场营销组织大多属于这种状态。销售部门通常有一位副总经理负责管理推销人员,并监管若干市场调研和广告促销工作。

销售部门的任务,是销售生产部门生产出来的产品,生产什么销售什么,生产多少销售多少。产品的生产、库存管理等,完全由生产部门决定;销售部门对产品的种类、规格、数量等问题,几乎没有发言权。

(二)带有销售职能的推销部门

20世纪30年代以后,随着市场竞争的日益激烈,这时"酒香也怕巷子深",大多数企业的市场营销指导思想转变为以推销为导向,推销部门增加了新的职能,需要经常性的营销调研、广告和其他促销活动。并且这些工作逐渐演变成为推销部门的专门职能。当这些工作在量上达到一定程度时,许多企业开始设置销售主管的职位,全盘负责这些工作。

(三)独立的营销部门

随着企业规模和业务范围的进一步扩大,原来作为辅助性职能的营销工作,诸如营销调研、新产品开发、促销和顾客服务等,重要性日益增强。营销逐渐成为一个相对独立的职能,为此,一些企业开始设置单独的营销部门。同时,作为营销主管的营销副总经理,同负责销售工作的副总经理一样,直接由总经理领导;销售和营销成为平行的职能。在具体的工作上,两个职能及其部门之间,需要密切配合。

(四)现代营销部门

企业的业绩需要营销和销售部门的密切配合才能实现,但在实际工作中,由于销售看重的是眼前销售量,营销着眼于长期效果,因此,两机构之间容易形成敌对和互不信任,正是解决销售部门和营销部门之间矛盾的过程形成了现代营销组织形式的基础。营销组织的形式,开始发展到营销总经理全面负责,下辖所有营销职能机构和销售部门。

(五)现代营销公司

传统意义上的营销部门扮演着中间人的角色,负责理解消费者的需要,并将消费者的意见传达给各个职能部门。然而,随着网络型企业的发展,使得营销部门不再享有与消费者互动的独有权,企业开始意识到它们必须整合所有面向消费者的业务流程,而组织里的每一个人都要接受营销的概念和目标,并致力于选择、提供和传递消费者价值,只有当所有的员工都意识到他们的工作是创造、服务和满足消费者时,公司才能更为有效地实现营销职能,才称得上是真正的现代营销公司。

三、市场营销部门的组织形式

现代营销部门可以用许多不同甚至重叠的方法来构建,具体介绍如下。

(一)职能型组织

职能型组织,是最常见的组织形式,即根据营销管理的职能来设计、设置企业的营销机构。这种营销机构,在营销副总经理的领导下,由各种营销功能专家组成。营销副总经理负责协调各营销科室、人员之间的关系。图13-1列出了五种营销专员。其他营销专员可能包括顾客服务经理、营销计划经理、市场物流经理、直销经理和数字营销经理。

职能型组织的最大优势在于行政管理简单、方便。然而,从另一方面而言,这种形式在产品及市场成熟后就失去了效用,由于没有人对一种产品或一个市场全盘负责,可能缺

第十三章 市场营销组织与控制
CHAPTER 13

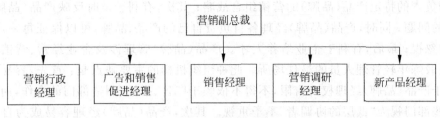

图 13-1 职能型组织

少按产品或者市场的完整计划，有可能会使有些产品或市场被忽略。

（二）地区型组织

地区型组织机构即根据地理区域的划分来设计、设置企业的营销机构（图 13-2）。当公司业务涉及全国甚至更大范围，通常根据地理区域来组建、管理销售队伍（有时是营销队伍）。如在推销部门设有中国市场经理，下有华东、华南、华北、西北、西南、东北等大区市场经理，每个大区市场经理下面按省、市、自治区设置区域市场经理，再往下还可设置若干市场经理和销售代表。从全国市场经理依次到地区市场经理，所辖下属人员的数目即"管理幅度"逐级增加。设置这种组织机构的企业重点考虑不同地区环境背景的差异，以便有针对性地开展营销活动。一般在国际市场营销中采用此种组织机构的较多。此种组织机构的主要缺点是销售任务艰巨、复杂，销售人员工资成本太高。另外，可能引起机构设置的重叠，地区间为争夺利益而产生矛盾和冲突。

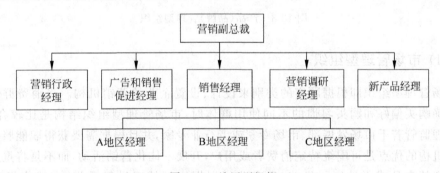

图 13-2 地区型组织

（三）产品（品牌）管理型组织

产品（品牌）管理型组织即根据产品（品牌）的类别来设计、设置企业的营销机构（图 13-3）。如果公司生产多种产品，拥有多种品牌，它们通常会建立一种产品管理或者品牌管理型的组织。这种组织只是作为组织管理的另一层级，并没有取代职能型组织。当公司的产品差别很大、数量又多，或者管理全部的产品数量超过了职能型组织的驾驭能力，那么产品管理型组织是非常有用的。这时产品（品牌）经理的作用，是制订产品（品牌）计划、督促计划实施、检查执行结果并采取必要的调整措施，以及为自己负责的产品（品牌）制订长期的竞争战略。设置这种组织机构的优势在于，首先，便于统一协调产品（品牌)经理负责的特定产品(品牌)的营销组合战略；其次,有利于及时反映产品(品牌)在市场发生的问题；同时,产品(品牌)经理各自负责自己的产品、品牌,可以保证每一产品(品牌)不被忽视；最后,有利于企业培养人才。产品(品牌)管理涉及企业经营、营销的方方面面,是锻炼年轻管理人员的最佳场所。此种组织机构的主要缺点是：首先,容易造成冲突。由于产品(品牌)经理权力有限,不得不依赖于广告、推销、制造部门的合作,而又有可能被这些部门视为"低层的协调者"不予重视。其次,产品(品牌)经理容易成为自己负责的特定产品(品牌)的专家,但不一定熟悉其他如广告、促销等业务,影响其综合协调能力。最后,建立和使用产品管理系统,成本往往比预期高。产品管理人员增加,导致人工成本上升；企业继续增加促销、调研、信息系统和其他方面专家,必然承担大量间接管理费用。

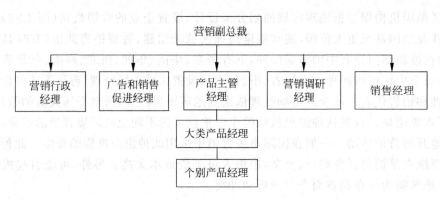

图 13-3　产品(品牌)管理型组织

(四)市场管理型组织

市场管理型组织即根据顾客的类别来设计、设置企业的营销机构。当消费群体属于有着明确购买偏好和购买习惯的不同使用群体时,市场管理型组织结构是比较合适的。市场经理监管若干市场发展部、市场专家或者行业专家,并且根据需要获得职能服务。此种组织机构的优点是可围绕特定消费者或用户,开展一体化营销活动,而不是将重点放在彼此隔离的产品或者地区。目前,很多公司根据市场情况进行重组,变成市场中心型组织。

(五)矩阵型管理组织

矩阵型管理组织即综合产品和市场两方面的因素来设计、设置企业的营销机构。一般多市场、多产品的公司可能会采用矩阵型管理组织,同时雇用产品经理和市场经理。设置这种组织机构的企业重点考虑能兼顾产品与市场两个方面的因素,以便在更大程度上满足消费者的需求。但是这种组织机构管理费用高,容易造成内部冲突。对于产品定价权力的争夺以及如何组织销售人员等问题使得企业产生新的困难。

（六）事业部型组织

事业部型组织是指为每一类产品组建一套职能部门和服务部门。它是对产品管理型组织的一个改进，扩充了产品经理的权力。事业部组织法的通常做法是将企业营销职能的执行主体由企业下放到各个类别的产品层次。

在实际经济运行中，主要有以下四种基本方法：①企业总部一级不设立营销部门，企业的营销活动全部由各事业部负责承担。②企业总部一级保留适当的营销部门，承担着全面评价企业的营销机会、向事业部提供咨询、帮助事业部解决营销方面的问题、改变各职能部门的营销观念等职能。③企业总部一级保留适当的营销部门，除执行上述第二类中的各项职能之外，还向各事业部提供各种营销服务，包括提供专门的广告服务、促销服务、调研服务、销售行政服务等。④企业总部一级设立规模较大的营销部门，深入参加各事业部营销活动的规划与控制。

四、营销部门与其他部门之间的关系

在现代营销概念下，各部门都需通过自己的活动和抉择来满足顾客的需求，所有部门都需要"考虑顾客"和为满足顾客的需求与期望而工作，公司的各个职能部门应当紧密配合，以实现公司的整体目标，但由于利益冲突及条条框框的束缚使得各部门之间存在诸多矛盾，其中有些冲突是由于对企业最高利益的不同看法引起的，而有些则由于部门利益与企业利益相冲突所造成的。

在典型的组织中，所有职能部门对顾客的满意程度都有或多或少的影响。这时市场营销经理有两大任务：一是协调企业内部营销活动；二是在顾客利益方面，协调市场营销与其他职能部门之间的关系。一般而言，市场营销经理应主要靠说服而不是权力来进行工作。或许，对于公司的营销部门来说，最佳的方案是定期地在公司内部和其他职能部门之间展开直接的对话会议，这样能让个别部门更好地了解对方，从而加强合作。即使职能部门之间出现相互包容或埋怨，这类会议也能够澄清观点和增加部门之间的理解，为相互间的合作打下基础。

五、营销组织的设置与管理

（一）营销组织的设置原则

（1）整体协调和主导型原则。对企业与环境，尤其是市场、顾客关系有着明显的协调作用。能与内部其他机构相互协调，整合部门之间关系。人员结构及层级设置协调，发挥整体效应。

（2）精简以及适当的管理跨度与层级原则。因事设职与因人设职相结合，内部层级适度，不宜太多。

（3）有效性原则。建立与完成任务相一致的权力，包括人权、物权、财权与话语权、处理事务权。畅通的内部沟通和外部信息渠道。善于用人，各司其职。

(二)影响营销组织设置的因素

企业在从事营销活动时,始终处于复杂动态的环境中,只有充分考虑和估计营销系统中企业内部状况、竞争对手、合作伙伴、宏观环境等营销行为者及其信息,通过营销组织体系作出正确反应,才能满足消费者需求,并最终实现企业的发展战略。从市场实际出发,成功的营销组织设置应考虑以下因素。

1. 组织战略

组织结构是实现组织目标的手段,因此,任何组织结构的设计和调整必须服从于组织战略。随着组织不断发展壮大,组织战略逐渐由单一产品纵向一体化再向多样化经营转变,这就要求企业的营销部门重新设计层级结构,采用相对复杂的、严格的结构形式,以适应变化了的组织战略。

2. 企业的规模

一般情况下,企业规模越大,市场营销的层次越多、越复杂。规模大的企业需要大量的专门的营销人员,设置的专职部门也比较齐全,有较多的管理层次;反之,企业的规模较小,需要的专门的营销人员就少,市场营销组织也比较简单。

3. 企业的环境

环境也是影响营销组织设置的一个重要因素。在稳定的环境中运作有效的组织,一旦处于被动的、不确定的环境中将不能适应,从而使组织效率降低。当今社会,日趋激烈的全球竞争,日益加速的产品创新,乃至顾客对产品越来越高的要求,使组织处于不断变化的动态环境中。传统的营销组织越来越不适应快速变化的环境。因此,越来越多的管理者开始致力于组织改组,力求使其精干、快速、灵活,更具有机动性。

4. 企业的类型

从事的行业不同,企业的营销组织结构也不尽相同。对于现代新兴服务业,其营销的重点之一就是进行前期的市场调查。而对于传统制造业,它们的营销重点则是产品质量和信誉。

5. 人员特点

一般而言,组织的劳动力技术含量越强,需要团结集体或团队来执行任务的人越多,企业更倾向于采用弹性的组织结构;反之,企业更倾向于采用强制型组织结构。但是,无论企业采用何种组织结构,在现代市场经济条件下都必须处理好管理权的合理划分问题,集权与分权并举,有效增强决策的针对性和适应性。

(三)营销组织的人员招聘、考核与激励

为了提高营销组织的效率,企业要定期评估自己的营销团队,制订相应的战略对其营

销团队进行有效管理。营销经理的典型管理职能包括规划、招聘、培训、制定薪酬以及评估营销团队的绩效等。营销团队管理是企业的一项重要管理职能，它需要企业内部所有部门之间的协调与合作，包括市场、财务、分销等。

企业营销任务的完成，离不开一支高素质的营销队伍。就产品的销售而言，除了产品自身的因素外，将在很大程度上取决于营销人员的素质、能力及态度。因此，加强营销队伍管理又是营销管理与控制的一项重要内容。

1．营销人员的招聘与甄选

建立营销队伍首先面临的一项重要工作就是招聘营销人员。为适应公司业务的发展，优化公司的营销队伍，公司经常需要招聘销售人员，以调整、补充或壮大营销队伍，以适应公司业务变化的需要。营销人员担负着了解顾客需求、收集和反馈市场信息、实现产品销售、提供顾客服务等重要责任。因此，如何吸引和选拔优秀的营销人才，对企业营销业务的成功相当重要。这就需要企业根据自身业务特点制定一套科学有效的招聘方法来发掘具有营销潜质的人员。

2．入职教育和员工培训

作为营销经理，应该对营销人员培训的重要性有充分认识；知道如何计划和执行营销人员的培训，能根据具体需要，选择有效的培训内容和方法；能协调公司的人员培训计划与营销人员培训需求；能有效评价培训效果，了解受训人员对培训内容、方式等的看法，考核受训人员掌握营销知识的情况以及了解受训人员工作改善的情况。

3．营销人员考核

制定营销人员考核指标应以企业营销战略为导向，将公司级的关键绩效指标分解至各部门，再由部门细化分解至营销人员，从众多考核指标中选取最主要的考核指标，确保考核指标具有明显的营销导向，使考核指标的设计与营销战略相一致。如企业战略目标为扩大市场，则设计指标时应以销售量、回款速度、销售利润等为重点；企业战略目标为维持现有市场，则设计指标时应以顾客满意度、顾客回头率等为重点。

4．营销人员激励计划

激励是营销经理提供能够满足营销人员某些迫切需要的良好机会，来激发营销人员产生积极的工作行为。对营销队伍的激励不是单一方法所能奏效的，必须运用激励组合。激励组合，是指充分考虑营销人员的个性特点，运用相应的各种激励方式，形成科学、高效的激励方式组合。

在确定营销人员激励组合方式之前，首先分析营销人员的需要。营销经理只有充分了解营销人员的各种需求，并认真对待，既注意经济利益的改善，又注重精神需求的满足；既考虑低层需求，又考虑高层需求，才会真正有效地激励营销人员。

第二节 市场营销控制

企业面临着复杂多变的市场环境,选取组织结构的不同必然引起管理形式和管理层次的区别,因此为了保证战略计划的贯彻和实施,管理者必须重视市场营销控制工作。

一、市场营销控制的概念

市场营销控制是企业市场营销管理过程的重要组成部分,是通过市场营销计划执行情况的监督和检查,发现和提出计划实施过程中的缺点与错误,提出纠正和防止重犯缺点的对策建议,以保证营销战略目标的实现。

二、市场营销控制的步骤

市场营销控制一般可以分为六个步骤:确定控制对象、确定衡量标准、确定控制标准、确定检查方法、分析偏差原因、采取改正措施,如图13-4所示。

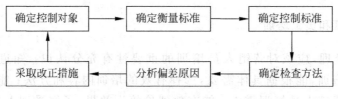

图13-4 市场营销控制的步骤

1. 确定控制对象

确定控制对象,即确定对哪些营销活动进行控制。在确定控制对象时,应权衡利弊,使控制成本小于控制活动所带来的效益。

最常见的营销控制的对象包括销售收入、销售成本和销售利润三个方面。在确定控制对象的同时还应确定控制的量,即控制频率。一般来说,对于影响大的、容易脱离控制、容易出现问题的对象应加大控制频率。

2. 确定衡量标准

一般情况下,企业的营销目标可以作为营销控制的衡量标准,如销售额指标、销售增长率、利润率、市场占有率等。

当进行营销过程控制时,问题比较复杂,这时需要建立一套相关的标准,如将一个长期目标转移为各个时期的阶段目标、将战略目标分解为各个战术目标等。但由于各企业的具体情况不同、营销目标不同,因此,营销控制的标准也各不相同。

3. 确定控制标准

所谓控制标准是对衡量标准定量化,即以某种衡量尺度表示控制对象的预期活动范围或可接受的活动范围。一般情况下,为了保持员工的工作热情,可实行两个标准:一是基本标准,是必须完成的;二是奖励标准,达到这个标准必须付出较大的努力,才有可能获得相应的奖励。

应该指出的是,任何标准都不是一成不变的,随着营销环境及企业内部条件的变化,各类标准也应不断修正,以适应新的情况。

4. 确定检查方法

检查的方法有很多种,如直接观察法、统计法、访问法、问卷调查法等,可根据实际需要选择。

任何检查都是在一定的频率和范围前提下进行的。其中,频率是指检查的时间间隔有多长,这主要取决于是将全面情况同计划进行比较,还是进行局部的、单项的检查,这要根据需要进行抉择。

5. 分析偏差原因

营销实际结果发生脱离计划目标或要求的偏差,原因可能有两种:一种是实施过程中的问题,这种偏差较容易分析;另一种是计划本身的问题。两种原因通常交织在一起,加大了问题的复杂性致使分析偏差原因成为营销控制的一个难点。因此,要想确定产生偏差的原因,就必须深入了解情况,占有尽可能多的相关资料,从中找出问题的症结。

6. 采取改正措施

采取改正措施,即对产生的偏差和存在的问题进行针对性的调整。可以通过重新制订计划或修改目标来落实,也可以通过其他的组织工作职能来实现。提高工作效率是营销控制的最后一个步骤,采取纠正措施宜抓紧时间。

有的企业在制订计划的同时还提出了应急措施,在实施营销控制的过程中,一旦发生偏差可以及时补救。很多企业事先没有预定措施,这就必须根据实际情况,迅速制订补救措施加以改进,以保证计划目标顺利实现。

三、市场营销控制的类型

市场营销控制是公司评估其营销活动和项目,并作出必要改变和调整的过程。市场营销控制可分为四种类型:年度计划控制、盈利能力控制、效率控制和战略控制。

(一)年度计划控制

年度计划控制确保企业能够达成其年度计划中确定的销售、利润和其他目标,是一种短期的即时控制,其核心是目标管理(图 13-5)。首先,管理层设定月度或季度目标。其次,管理层在市场中检测绩效。再次,管理层找出并确定绩效严重偏离的原因。最后,采取纠偏措施,缩小目标和实际绩效之间的差距。这一控制步骤可以运用到各个层次的组织。最高管理层设立年度销售利润目标,每一位产品经理、地区经理、销售经理和销售代表承诺实现特定水平的销售与成本。最高管理层在每个阶段都进行复查并了解绩效结果。检查年度营销计划执行情况的工具主要有销售分析、市场占有率分析、销售费用比例分析、财务分析、顾客态度分析五种。

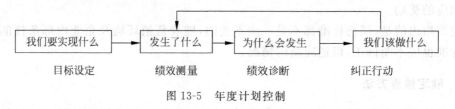

图 13-5　年度计划控制

1．销售分析

销售分析就是衡量和评估企业的实际销售额与计划中的销售额之间的差距。具体有以下两种方法。

(1) 销售差异分析。销售差异分析主要测量不同因素对于销售差异的影响程度。假设，某企业的年度计划要求第一季度销售 2 000 件机械设备，每件 2 万元，总计 4 000 万元。在第一季度末，该企业只销售了 1 500 件，每件 1 万元，总计 1 500 万元。那么 2 500 万元销售额的缺口中有多少是由价格差异引起的？有多少是由销售量的差异引起的？我们可以用以下计算进行解答：

价格下降造成的差异：$(2-1) \times 1\,500 = 1\,500$ 万元

销售量下降引起的差异：$(2\,000 - 1\,500) \times 2 = 1\,000$ 万元

由此可见，在 2 500 万元的销售额缺口中 1 500 万元是因为价格下降造成的，1 000 万元是因为销售量下降造成的，公司应该关注为什么没有达到预期的销售量。

(2) 微观销售分析。微观销售分析着眼于未能达到预期销售额的产品和地区。假设企业在三个地方进行销售，并且预期销售量分别是 1 000 万元、500 万元、1 500 万元，总计 3 000 万元，实际销售额为 900 万元、600 万元、1 000 万元。就预期销售额而言，第一地区有 10% 的未完成额，第二地区有 20% 的超额，第三地区有 33% 的未完成额。主要问题出现在第三地区。就要对第三地区情况进行具体分析，造成第三地区不良绩效的可能原因如下：一是该地区的购买力下降；二是该地区的竞争对手增多；三是销售人员业务素质不高。

2．市场占有率分析

一般而言，市场占有率是指总体市场占有率，即指公司的销售占总体市场销售的比例。它反映了企业在市场中的社会地位，能真正说明相对其他竞争者本企业所取得的绩效大小。如果一个企业的市场占有率升高，表明从其他竞争者手中夺得了部分市场；相反如果企业的市场占有率降低，则说明竞争者从企业手中夺取了部分市场。这种相对于竞争者的市场占有率称为相对市场占有率。相对市场占有率的提高表明企业正在逼近竞争者，在竞争中处于优势；反之，则说明在竞争中处于劣势。

市场占有率一般从以下四个方面进行分析。

(1) 消费者渗透率。消费者渗透率，即购买该公司产品的消费者所占比率。在其他条件不变的情况下，消费者渗透率与市场占有率成正比，即消费者占有率越高，市场占有

率越高;反之,市场占有率越低。

(2) 消费者忠诚度。消费者忠诚度,即消费者购买该公司产品数量占其向所有供应商购买同类产品数量的比例。消费者忠诚是企业追求的最终目标,它直接影响着消费者购买企业产品的数量。消费者忠诚度越高,企业产品的前景越好,市场占有率越高。

(3) 消费者选择性。消费者选择性,即该公司的平均消费者规模与一般公司产品的平均消费者规模的比率。产品的替代性使得消费者的选择具有不确定性,企业拥有的消费者越多就代表着竞争对手失去了一些顾客,公司的剩余消费者规模越大,企业市场占有率越高。

(4) 价格选择性。价格选择性,即该公司收取的平均价格与所有公司收取的平均价格的比率。若公司的市场占有率有所下滑则代表公司产品的价格相对于竞争对手的价格选择性降低。

3. 销售费用比例分析

保证年度计划控制在实现企业预期销售额目标的同时还要确保市场营销费用控制在合理范围内。因此,需要对各项营销费用率和各时期的波动费用控制图进行跟踪与分析,销售费用控制图模型界定了销售费用的上限和下限。当销售费用比例偏离上下限时,管理者应及时加以分析,找出偏差发生的原因,并采取措施,使之重新回到可控范围内。当销售费用比例变化不大,在安全范围之内,管理者可以选择做调整。

4. 财务分析

越来越多的公司使用财务分析的方法为企业探索提高利润的更多战略。企业也应该在整体财务框架下分析销售费用比例。其中,净资产收益率是应用最多的指标。净资产收益率是净利润和公司净资产的比率。净资产是指总资产减去总负债的净值。企业可以通过提高销售收入或降低成本来增加利润,或者通过提高销售收入或减少资产来提高资产周转率的方式来提高公司绩效。

5. 顾客态度分析

顾客态度对企业的营销控制有着极其重要的影响。只有及时掌握顾客对于本企业产品的态度变化,才能在激烈的市场竞争中赢得主动权。因此,有必要建立一套完整、有效的顾客投诉与建议系统。与顾客进行及时的沟通与交流,了解顾客的抱怨,并进行分析改进,才能增加顾客对公司的好感,使顾客认同并购买公司的产品,进而产生忠诚。

(二) 盈利能力控制

公司不仅要注重年度计划控制,还要进行利润控制。盈利能力对公司的市场营销活动也有着重要影响。公司应该测量其各个产品、各地区、各消费群体、各细分市场、各贸易渠道以及各订单大小的获利能力以决定是否扩大、减少或淘汰某种产品或营销活动。盈利能力控制包括三个步骤:①识别职能费用,测算每项任务花了多少费用;②把职能费用摊销到营销实体并测算职能费用与各个营销渠道的销售相关性;③为每一个营销实体编制利润表,然后决定最佳改进方案。

盈利能力分析说明了不同渠道、产品、地区或者其他营销实体的相对盈利能力。但并不能证明,放弃一个无利可图的营销实体是最佳的行动步骤或有可能提高利润。衡量企业盈利能力的指标一般有销售净利率、总资产净利率、权益净利率等。

(三) 效率控制

效率控制主要用于评价企业营销开支并提高经费开支的效率,从而提高营销效益。营销人员必须检查营销队伍的建设是否合理,营销人员的工作效率如何、应该采取哪些措施提高效率,以及广告和促销的分配比例是否合理等。

(四) 战略控制

战略控制是指企业高层管理者通过采取一系列行动,使市场营销的实际工作与原战略规划尽可能保持一致,在控制中通过不断的评价和信息反馈,连续地对战略进行修正。

随着时间的流逝,企业当初的营销目标、营销战略和营销政策可能已经不再能够满足现有情况的要求。企业必须定期进行重新评估,检查基本战略是否与现在的市场环境相适应,确定营销的目标和手段是否适合现阶段企业的经营状况与战略发展目标,是否需要寻求新的战略发展机会,这就是战略控制。战略控制通常由企业的高层领导者来完成。

四、市场营销审计

进入 21 世纪以来,市场营销环境发生了巨大变化。电子计算机、网络技术以及无线电通信的不断进步,全球性竞争的日趋激烈,营销组织的环境、战略、职能等因素的变化使得营销组织在结构上必须有一定的调整。

每一家公司都应该定期进行全面的营销审计,来重新评估其市场战略。市场营销审计是指对公司业务单元的营销环境、目标、战略和活动进行全面、系统、独立和周期性的检查,旨在确定公司的问题和机遇所在,并据此推行一系列提高公司营销绩效的行动方案。

(一) 营销审计的四个特征

(1) 全面性。营销审计覆盖了一个公司的所有主要营销活动,而不仅仅是职能审计中的一些失误点。尽管职能审计非常有用,但有时也会误导管理层。例如,导致过高销售人员流动率的原因可能并不在于销售团队培训和薪酬体系,而在于竞争力低下的产品和促销模式。全面的营销审计通常能更有效地找出问题的源头。

(2) 系统性。营销审计是对企业宏观和微观环境、营销目标和战略、营销体系和特定活动的一种有序检测。它能识别企业最需要改进的地方,并将它们并入校正性行动计划的短期和长期实施步骤中。

(3) 独立性。通常而言,营销审计聘请企业之外富有经验的机构和个人参加或主持,更具有客观性和保持相对独立性。

(4) 周期性。公司通常只在未能完成营销活动时才着手营销审计。而周期性营销审计不仅能使处于困境的企业受益,对处于佳境的企业也有好处。

（二）营销审计的步骤

(1) 营销审计首先应由公司人员和外部审计人员会面，介绍情况，拟定协议，确定审计目标、范围、资料来源、报告形式及所需时间。

(2) 检查企业各项目标的实现情况，如检查各项目标的实施进度以及各种营销资源的配置是否合理。

(3) 确定执行计划时是否付出了足够的努力，如营销战略的执行是否受到足够的重视、营销人员是否全力以赴、市场营销活动是否得到全力支持等。

(4) 检查企业营销组织状况，如内部信息沟通如何、权责分配是否合理等。

(5) 对审计结果进行汇总，提出改进意见，写成书面报告，提交主管人员。

（三）营销审计的构成要素

(1) 营销环境审计。营销环境审计包括宏观环境审计和微观环境审计，宏观环境主要包括人口统计、经济环境、技术、政策以及文化；微观环境主要包括市场、消费者、竞争对手、分销和经销商、服务商和营销机构以及公众。

(2) 营销战略审计。营销战略审计主要是分析考察企业营销目标、战略是否适应外部环境的变化，包括企业经营是否以市场为导向；市场营销目标是否清楚明确；在企业现有条件下，企业所定目标是否恰当；企业的营销战略与竞争者战略相比有何优势和劣势；企业达到目标市场的关键策略是否正确可靠，市场营销资源是否按各种不同细分市场、地区和产品做了适当的配置；等等。

(3) 营销组织审计。营销组织审计主要是检查营销组织在预期环境中，选择和控制决策的能力，如市场营销活动是否按不同职能部门、不同生产部门做了最适当的组织安排；营销部门与市场研究、财务会计、产品制造、物资采购等部门是否保持良好的沟通和合作；产品管理系统是否有效地工作；对营销人员的培训、激励、监督、考核工作是否有效合理；等等。

(4) 营销系统审计。营销系统审计主要评估企业信息系统、计划系统、控制系统及产品开发系统，包括市场营销信息系统能否正确、及时、有效地收集、整理市场发展变化方面的信息。计划系统是否成功而有效地编制了计划及计划系统对预期目标的达成率。

(5) 营销利润审计。营销利润审计包括盈利能力分析以及成本效益分析。要求检查各营销实体的营利率和不同营销支出的成本效益。

(6) 营销职能审计。营销职能审计包括产品审计、价格审计、分销审计、营销传播审计以及销售队伍审计。要求对营销组合的主要构成要素做深入的评价。

关键概念

市场营销组织　职能型组织　地区型组织　产品（品牌）管理型组织　市场管理型组织　矩阵型组织　事业部组织　营销控制　年度计划控制　盈利能力控制　效率控制　战略控制　营销审计

复习与思考

1. 简述市场营销组织的概念。
2. 怎样才能处理好公司营销部门与其他职能部门之间的关系?
3. 什么是营销审计?指出营销审计与营销控制的主要区别。
4. 简述年度计划控制、盈利能力控制、效率控制和战略控制的基本内容。
5. 古有"一将难寻"的说法,优秀的营销部门管理人员对企业的营销效率起着举足轻重的作用,你认为营销部门经理应该具备什么素质以及应该如何管理自己的团队?
6. 营销审计可以发现企业营销环节存在的问题,你认为企业营销审计应如何实施,应该由哪些人员组成营销审计小组?

案例分析

长虹的营销组织变革

长虹是我国知名的电器制造企业,2000年长虹有四大业务,但发展很不平衡。彩电业务占了销售贡献的绝大部分,但随着彩电市场需求与竞争结构的变化,客观上需要厂商的营销体系有很大的灵活性来适应各地不同市场的消费习惯。同时,由于四大业务专业化强,渠道重合度很低,长虹当时高度集权的直线式营销体系客观上已经不能适应自身业务发展的需要和市场竞争环境的变化。

在市场需求结构和竞争形势急剧变化的形势下,各大彩电或家电厂商分别对其营销体系进行改革,从表面上看,各大厂商不约而同地采取营销总部、大区、省级、地区级、县级5级营销体系。然而各家在组织管理模式上却千差万别,相比之下长虹的营销结构从1996年也开始调整频繁:①1996年设有八大管理处,处长拥有很大权力可以直接向总经理汇报,管理处同时管理若干省;②1997年,八大管理处解散,建立八大管委会,开始成立分公司,成立"三驾马车"体系:财务、业务、库房相对分开,加强监控和管理;③1998年,成立大户组,大户由总部直接管理,形成大户组、管委会、库房三套体系;④1999年,成立31个管委会,每个管委会负责一个省,解散八大管委会;⑤2000年初,成立18个管理处,2000年6月,成立33个管理处,并建立八大中心。

在彩电市场竞争形势急剧改变、自身多元化发展的双重背景下,长虹为适应环境频繁进行营销组织机构调整,但调整没有清晰的思路和目标。各个层级缺乏清晰的功能定位;销售一线权力过小,不能自如地应对市场;营销策划力量薄弱,缺乏总体思路;信息利用程度不够,无法有力支持决策;部分功能分散、重叠甚至缺失;产销衔接仍以生产为导向;研发部门与市场部门联结松散,不能开发出适销对路的新产品。上述种种问题未能通过调整解决,内忧外患使长虹举步维艰。

从长虹5年组织结构的调整中,看不到系统的前瞻性规划,看不到清晰变革的主线和思路,看到的只是抓狂似的头痛医头、脚痛医脚的事后调整。几年高频率但方向不明确的变革,使得管理的延续性、稳定性大大削弱,集权管理体系在多元化产品结构下日益力不从心,具体表现如下。

第一,各个管理层次缺乏清晰的核心职能定位。管理的各个层次不清楚自己的职能和权力到底是什么,总部同时面对层面不同的大量问题,包括策略性问题、战术性问题,甚至某一个客户的具体问题。典型情景一:某商业单位总经理:"我懒得跟他们分公司经理谈,不如直接找总部!"总部远离实际市场,很难作出准确的判断和决策,并不适合处理这些具体问题。虽然当时已经将部分权力下放到大区总监手中,并提出层层分解,但对于权力如何分解到管理处、分公司没有明确的规范,各个层级权责不明。多重领导造成一定的混乱,令客户强烈不满。典型情景二:某商场副总经理:"长虹管理结构变来变去的,前任的许诺一旦离职,什么都不作数,找谁谁都不答。"

第二,长虹的销售一线授权过小,削弱了对市场的快速反应能力。分公司经理权力有限,大小决策都要层层上报批准,信息反馈慢,无法快速反应,错失市场良机。某商场家电部经理对比几家厂商的反应速度,得出如此结论:"TCL 的反应在一两天之内,康佳在三四天之内,长虹至少 10 天以上。"分公司经理权力的实施无法得到其他部门(总部、财务、库房、售后)的支持和协助,使"放下去"的权力无法得到充分运用,总部的管理职能停留在消防员角色,很难对区域市场产生问题的深层次原因作出分析,政策制定与市场存在脱节的现象,影响销售工作。

第三,长虹营销管理系统中销售功能突出,但营销策划功能分散薄弱。投入不足、职能分散是导致营销策划和信息研究力量薄弱的重要原因,营销策划力量薄弱,缺乏总体思路;信息利用程度不够,无法有力支持决策。在大区、管理处、分公司缺乏专业策划人员配置,与主要竞争对手形成鲜明的对照。在对营销策划至关重要的信息方面,人员投入不足,不具备信息分析研究的功能。销售部各层次均没有设置专业信息人员。信息传递主要靠传真、许多分公司无电脑配置、ERP 全面上线还有一段时间等造成了信息传播障碍。信息管理职能分散在不同部门,缺乏良性的信息共享和反馈机制,缺乏严格的信息保密机制,信息研究分析和利用无法有力支持营销决策,有关工作也没有明确的考核和奖惩机制。

第四,长虹在产销衔接和新产品开发方面亟待提升。2000 年长虹产销衔接的流程是:事业部(实质为产品生产部)提出(生产)计划、营销策划中心调整、公司评审,实质仍然是以生产为导向的管理模式。没有明确的部门对库存资金占用、生产计划合理性、利润负责。在支持机制上,产销衔接缺乏科学的市场预测信息的支持,销售计划和生产计划的调整尚未形成规范的管理机制,存在一定的随意性。其结果就是销售系统得不到想卖的产品,而产品计划的不准确又造成生产库存积压。营销系统内部缺乏专门的产品研究功能,很难提出有前瞻性的新品计划和老产品改进计划,新品开发管理主要集中在事业部,导致无法形成完全以市场为导向的新品开发机制,新品上市策划职能分散造成了上市节奏把握不准确、卖点不突出的问题。在产品研发的支持机制上,营销部与事业部的产品信息收集存在重叠、空白的现象,缺乏明确的分工机制;缺乏明确的部门负责总体协调,并对产品开发负责;缺乏新产品开发激励机制,其结果新品开发缺乏对销售有力的支撑。

第五,由于专业化分工过细,缺乏对策划等职能的重视,缺乏科学的、目标统一的考核体系,组织内存在部分职能重叠、冲突、空白的现象。市场推进处、营销策划中心、宣传广告中心存在部分职能重叠现象。物流部门主要以费用控制作为考核指标,而销售一线更关心速度、及时性、灵活度,考核指标的冲突造成部门的不协调。信用控制的滞后导致信用管理空白。品牌策划功能也没有承担主体作用。

除了以上五大问题外,重要问题还有:缺少针对不同产品的专业策划,不能明确地划分资源以支持不同产品,致使无法打破以彩电为主体的销售方式,其余产品难以迅速成长,使多产品的总体战略难以实现。饱受上述问题的困扰,长虹在家电行业发展乏力。

经过反复论证,长虹最终确定的营销体系变革的基本思路为:以市场为导向,建立具有强大营销功能的规范化、专业化营销组织体系。主要体现在:①分层管理。对营销总部、大区、管理处、分公司的核心职能进行明确的定位,执行、管理、监控、决策等职能在各个层次合理地分配。②分权管理。强化管理处和分公司的营销职能,管理处成为真正的区域决策中心。③强化营销功能。建立独立的市场部门,强化品牌推广、产品策划、产品管理、市场信息研究等营销功能。④发挥协同效益。合理地专业化分工,突出销售、市场、经营、服务四大功能,建立目标统一而不是互相冲突的考核体系。⑤产品营销专业化。强化针对彩电、空调、视听产品、电池等不同产品的营销策划,根据区域市场实际业务的需要,实施业务人员专业化。⑥区域组织差异化。改变"平均主义",重点地区,重点投入;分公司层面在职能和权力方面实施真正的A、B、C差异化管理。

同时营销组织改革要顺利实施,必须对现有管理文化、人员意识和管理能力进行同步调整与提升。管理文化传统的突破表现在:要实现营销能力和协同效益的发挥,必须突破长虹目前过分强调条块管理、缺乏沟通的管理文化,应该引入协同、沟通的团队工作精神;营销人员意识的突破表现在:要实现销量和利润的"双赢",必须突破长虹目前许多销售人员的销售意识,强化营销意识,加强经营意识;管理能力的突破表现在:新组织结构和管理体系不能过分迁就现有人员的管理能力与管理风格,必须具有一定超前性,也应该能促进管理能力的提高。

在营销组织方面,长虹也提出了营造新的比较竞争优势的目标:①更快的反应速度:竞争对手的区域决策重心基本上在省级组织,长虹应该考虑在条件成熟的地区授予地级营销组织更大的决策权。②更低的组织成本:彩电已经进入"微利时代",低成本战略在营销组织设计中应该得到体现,按照实际需要来配属各个层次的功能而不是求大求全。③更强的营销功能:在总部和区域组织两个平台上建立起完善的营销功能,形成"立体式"的营销功能体系,尤其强化品牌管理、产品管理、产品策划、信息研究等方面的功能。④更灵活的控制手段:采取"全国一刀切"的模式,根据区域的重要程度,运用利润中心、模拟利润中心、费用中心三种模式来进行控制。

长虹根据所面临的问题及实际情况确定建立矩阵型多产品的营销体系模式比较适合长虹经营机制改革的方向,提出了建设五大平台的组织机构调整方案。总部定位为营销决策与支持平台,大区定位为营销监控平台,管理处定位为营销管理平台,分公司定位为营销执行平台,制造和开发系统成为营销支持平台。分公司分为A、B、C三类,分别有不同的管理和控制模式。营销组织的市场营销功能有选择地按产品分开,充分整合销售及销售功能。从理论上讲,如果改革能够成功,则公司将从以前的生产导向向产品与市场导向转变,开始实行地域的差异化和产品的专业化管理。

资料来源:销售与市场第一营销网 http://www.cmmo.cn/

第十三章 市场营销组织与控制

1. 企业的营销组织如何提高对市场的反应能力?
2. 企业在成长壮大的过程中,随着产品和业务的日趋多元化,企业组织机构如何根据业务变化改变自己的组织模式?

第十四章

营销管理扩展

1. 知道营销管理新领域的内容。
2. 了解营销管理新理念内容。
3. 掌握营销管理出现的新趋势。

海天：绿色产品的"至善"营销

从清乾隆年间的佛山古酱园，到今天全球最大的调味品生产基地，300多年间，海天味业（以下简称"海天"）用心酿造高品质的调味品，走过了一段美誉载途的历史。除了不变的商标"海天"，海天持续不断地"以变制变"，并将这种改变演绎至极致，改变了中国人对传统调味品产业形成的固有印象及认知。

还有不变的一点是，海天一直在探寻自己的绿色经营之道，以自己的绿色营销实践成为中国调味品食品行业的标杆。在当前食品安全问题频出、食品质量备受社会关注的时代，"绿色"不再只是给企业营销锦上添花，对于那些有战略远见的企业和品牌来说，"绿色"是它们必须具备的属性。

一、绿色产品

自20世纪90年代初开始，海天连续10多年保持快速、稳健的发展势头，海天品牌逐步从一个区域性品牌成长为海内外知名的调味品品牌，海天的产品受到广大消费者的欢迎和喜爱，海天之所以能够长足发展，一个重要的原因，就在于海天自始至终都将食品安全置于海天发展战略的核心。

海天坚持从采购、生产、储存、销售各个环节高度重视产品质量控制，确保到达消费者手中的产品具有均一的品质及高标准的安全保障。海天认为,产品质量是生产出来的,因此生产过程的质量控制是保障产品安全、品质稳定的关键。海天对每道生产工序都制定了详细的操作规程,同时对每个过程产品建立了严格的质量控制标准,检验部门依据质量控制标准进行过程产品的检验和判定。

2008年海天与IBM合作开发ERP系统,借助ERP系统,使得生产全过程的质量控制关键点,全都通过计算机的固定程序进行控制。借此"钢化"管理模式,确保海天产品品质的高标准以及质量监控得以严格执行。

二、绿色经营

从2000年近8亿元销售额到2011年超过60亿元销售额,10余年间,海天的销售额不断攀升,并且连续14年保持产销量全国第一,年均增长速度始终在两位数以上。目前,海天已经确立了自己"中国调味品领导品牌"的品牌地位及优势。

在海天发展的过程中,海天构建营销网络,以及在构建的过程中采取的一系列行之有效的管控举措,可以说是海天"绿色营销"最具代表性的一个方面。

截至2011年年底,海天营销网络覆盖了中国31个省级行政区域、300多个地市、近1000个县级市场,拥有30多万个终端销售网点。细密而四通八达的营销网络,铺设了海天产品到达消费终端的绿色干线。

海天还建立产品模型、利润模型,帮助经销商选择最佳的产品销售组合。为了避免经销商相互恶意竞争,海天设置了价格梯度,所有经销商都必须在规定的价格体系中进货、出货。由于海天采取了一系列措施,既提高了经销商主动开拓市场的积极性,又促使经销商与海天共同承担销售责任、维护品牌形象,进入良性循环。

与严密的渠道管控系统配套,海天通过"廉洁保证金"制度,预防和控制渠道腐败,建立了一个公开、公平的市场竞争平台,营造阳光健康的协作环境。海天以自己的实际行为,践行了自己一直倡导的"诚信合作"理念。

三、绿色文化

责任文化,是海天企业文化的重要组成部分。一直以来,海天不弃点滴,不鹜高远,以多种方式在不同的领域践行社会责任,以"海天总在你身边"为诉求,为自己的企业责任文化注入鲜活的内涵。

十几年来,海天通过爱心捐助、慈善募捐、捐资助学、扶贫济困等多种形式,先后向社会捐资捐物累计数千万元。海天还积极参与、支持政府公益及社会慈善事业活动,用行动倡导慈善。国家铁强化酱油推广普及活动、慈善募捐活动、慈善日活动、无偿献血活动、爱心超市扶贫助困慰问活动……点滴之间,绵薄之力,海天传承行善恒乐理念,推动中国慈善事业发展。2009年,海天成立"阳光基金",把扶贫济困纳入自己的企业文化建设体系中。2010年,海天荣获食品安全亚运行活动组委会颁发的"亚运食品安全突出贡献奖"。

海天认为,助力公益慈善事业,贵在坚持。未来,海天将一如既往地参与到社会各种公益慈善活动中。

资料来源:http://www.newmarketingcn.com/archives/9777

第一节　营销管理新领域

营销是经营管理中最具灵活性的学科,市场经常面临新的挑战,企业需要采取新的营销举措来应对。因此,市场会不断开拓新的营销领域来迎接新挑战。

一、服务营销

服务业迅猛发展,在全球经济中所占的比重日益增加。服务给企业带来了更多的利润,然而,顾客对服务的满意度不高,企业面临的挑战是如何对服务进行营销和管理。掌握服务营销的基本理论、工具和方法,对于服务营销者来说极其重要,它使营销者知道应该如何对服务进行营销,从而在顾客满意的基础上提高企业的盈利率。

(一)服务的内涵及特点

1. 服务的内涵

服务是为顾客创造价值的活动或过程,从20世纪60年代以来,服务的界定备受关注,很多营销学者都从不同角度给出了服务的定义。

菲利普·科特勒在《市场营销教程》一书中认为,"服务是一方向另一方提供的任何活动或利益,它基本上是无形的并且不会产生所有权"。

洛夫洛克(Lovelock)和彼得森(Bateson)在《服务营销》中给出了比较全面的服务定义,"服务是由一方向另一方提供的经济活动,大多数是基于时间的行为,旨在对接受者本身、对象或购买方负有责任的其他资产产生期望中的结果"。

芬兰学者克里斯汀·格罗鲁斯(Christian Gronroos)是服务营销学创始人之一,他在《服务营销与管理:服务竞争中的顾客管理》一书中将服务定义为:"服务是由一系列或多或少具有无形特征的活动所构成的过程,这种过程是在顾客与服务提供者、有形资源的互动关系中进行的,这些有形资源是作为顾客问题的解决方案而提供给顾客的。"这个定义比较全面地揭示了服务的内涵,在营销学界得到了普遍认同。

2. 服务的特点

1) 服务的无形性

服务的第一特性就是无形性,服务是一个过程、一次行动,而不是一种实物。例如,酒店的客房环境和服务人员是有形的,但这些实体成分并不是酒店服务的本质,酒店服务的本质是为顾客提供在酒店的住宿体验,是抽象、无形的。服务的无形性特征使得服务质量只能是一种主观质量,即顾客感知服务质量,因此服务质量的控制和管理比有形的实体产品质量的控制和管理更加困难。

2) 服务的异质性

服务的异质性使服务质量存在一定的差异性。异质性主要是由服务人员与顾客之间的相互作用及与之相关的其他因素造成的。不同的服务人员有不同的性格和服务经验,提供的服务会存在差异。这种差异性会对服务营销产生不利影响,但也为向顾客提供个性化营销创造了前提条件。

3) 服务的同步性

服务的生产与消费通常是同时进行的。大多数服务通常是先出售,再同时进行服务的生产与消费。也就是说,服务的消费是在创造服务的过程中同时进行的,服务的生产与消费具有不可分离性。

4) 服务的易逝性

与有形产品不同,服务是不可储存的。服务在被生产出来的同时就被消费掉了,而且这两个过程是重叠的。服务的易逝性造成了需求与供给匹配的复杂化,给企业的服务营销带来了挑战。

(二) 服务营销的兴起

随着服务业的快速发展,服务业的规模不断扩大,同时也加快了服务经济的来临。服务业和服务贸易迅速崛起,成为20世纪中叶以后世界经济的主要特征。服务业已成为经济的发动机。以美国为代表的许多发达国家实际上已经从工业经济时代过渡到了服务经济时代,其经济的发展已经建立在强大的服务业基础之上。

服务作为一种复杂的社会现象,其发展离不开社会的进步,并促进了社会的发展,因此,服务营销的兴起有其深厚的社会和时代背景。但从根本上说,服务营销的产生源于服务的需求,服务业的发展和产品营销中服务活动所占的比重提升,使得服务营销从市场营销中独立出来,对其加以专门研究显得尤为重要。在服务经济时代,服务业要更加重视服务营销与服务管理,运用服务营销工具和策略的指导,提高顾客感知质量。

(三) 服务营销的特点

与一般有形产品的营销相比,服务营销具有自身的特点。

1. 供求分散性

服务营销活动中,服务产品的供求具有分散性。不仅供方覆盖了第三产业的各个部门和行业,企业提供的服务也广泛分散,而且需方更是涉及各种各类企业、社会团体和千家万户不同类型的消费者,由于服务企业一般占地小、资金少、经营灵活,往往分散在社会的各个角落;即使是大型的机械服务公司,也只能在有机械损坏或发生故障的地方提供服务。服务供求的分散性,要求服务网点要广泛而分散,尽可能地接近消费者。

2. 营销方式单一性

有形产品的营销方式有经销、代理和直销多种营销方式。有形产品在市场可以多次转手,经批发、零售多个环节才使产品到达消费者手中。服务营销则由于生产与消费的同步性,决定其只能采取直销方式,中间商的介入是不可能的,储存待售也不可能。服务营销方式的单一性、直接性,在一定程度上限制了服务市场规模的扩大,也限制了服务业在许多市场上出售自己的服务产品,这给服务产品的推销带来了困难。

3. 营销对象复杂多变

服务市场的购买者是多元的、广泛的、复杂的。购买服务的消费者的购买动机和目的各异，某一服务产品的购买者可能牵涉社会各界各业各种不同类型的家庭和不同身份的个人，即使购买同一服务产品有的用于生活消费，有的却用于生产消费，如信息咨询、邮电通信等。

4. 服务消费者需求弹性大

根据马斯洛需求层次原理，人们的基本物质需求是一种原发性需求，对这类需求人们易产生共性，而人们对精神文化消费的需求属继发性需求，需求者会因各自所处的社会环境和各自具备的条件不同而形成较大的需求弹性。对服务的需求与对有形产品的需求在一定组织及总金额支出中相互牵制，也是形成需求弹性大的原因之一。同时，服务需求受外界条件影响大，如季节的变化、气候的变化、科技发展的日新月异等对信息服务、环保服务、旅游服务、航运服务的需求造成重大影响。需求的弹性是服务业经营者最棘手的问题。

5. 对服务人员的技术、技能、技艺要求高

服务者的技术、技能、技艺直接关系着服务质量。消费者对各种服务产品的质量要求也就是对服务人员的技术、技能、技艺的要求。服务者的服务质量不可能有唯一的、统一的衡量标准，只能有相对的标准和凭购买者的感觉体会。

（四）服务营销策略

1. 服务有形展示

根据环境心理学理论，顾客利用感官对有形物体的感知及由此获得的印象，将直接影响到顾客对服务产品质量及服务企业形象的认识和评价。一般来说，服务最大的特点就是看不见、摸不着，因此必须借助有形展示。

所谓有形展示，就是指在服务营销管理的范畴内，一切可传达服务特色及优点的有形组成部分。有形展示可分为三种类型，即实体环境、信息沟通和价格。实体环境主要包括周围因素、设计因素和社会因素；信息沟通来自公司本身及其他引人注目之处，通过多种媒体传播，展示服务；价格是一种不同于物资设备和信息交流的展示方式，必须通过多种媒介将价格信息从服务环境传进、传出。

零售业从原始的价格竞争发展到如今的品种、管理服务等全方位、立体化竞争，购物环境已成为商业竞争中不可小视的一环。大连市友谊商城对自身"号脉"，开出的名曰"环保服务"的"药方"，确有值得借鉴之处。

该商城从消费者的视觉、听觉、嗅觉三方面划分购物环境中的问题。视觉方面从灯光入手，一方面，改变以往销售柜台一种光度到底的做法，依据商品的色泽、质地和吸光性，采用不同光度，避免光度影响导致商品色泽失真；另一方面，卖场浏览区的灯光全部被调

整为柔和光,以防消费者由于灯光过亮或过暗引起心理上的不安全感或压抑感。听觉方面,过去存在的问题是播音员喜欢听什么,背景音乐就放什么,随意性很大。音乐与购物心理相结合,形成了早上人流稀少时播放激发员工工作热情、消费者购买欲望的迎宾曲;午间客流增大,环境嘈杂时,放送减轻购物者精神压力的轻音乐;下午人们精神疲劳时,用熟悉的名歌、名曲来改善工作、购物情绪等。嗅觉方面,商城除了明确规定定时喷洒空气清新剂外,还从营业员接待消费者方面考虑,明令禁止食堂出售带葱、蒜味道的饭菜。诸如此类30多个购物环境问题被具体分析,逐个开出"处方"。商城的购物环境也更加优雅、宽松、舒适和整洁。①

2. 服务渠道

服务渠道指服务从服务提供者向消费者转移过程中涉及的一系列公司和中间商。服务中间商的种类主要有特许服务商、服务代理商和服务经纪人,以及电子渠道商。

(1) 特许服务商。特许服务商是指接受某个服务组织的服务特许权的服务商。特许转让在快餐业、旅馆业和旅游业比较普遍,主要有服务品牌的特许转让和服务模式的特许转让。

(2) 服务代理商和服务经纪人。服务代理商是指受服务组织的委托与顾客签订服务合同的中间商。服务经纪人与服务代理商在许多职能方面是相同的,但服务代理商一般长期地为委托机构或委托人工作,而服务经纪人一般只是短期,甚至一次性地为委托机构或委托人工作。

(3) 电子渠道商。电子渠道商是指以电话、电视、互联网等电子信息技术作为服务手段的服务中间商。如从事服务买卖的网络公司就属于电子渠道商。随着IT产业的发展,电子渠道在服务业的应用越来越普遍。

网络设备巨头思科2009年2月24日表示,可能将改变其与第三维护方及支持服务公司的合作方式。据国外媒体报道,有预测称,思科正在酝酿一个针对渠道服务商的方案。思科公司解释称,公司正计划修订其渠道战略,使之能够更好地围绕支持服务公司发挥作用,并表示该计划的具体说明将在适当时候公布。2008年,思科最终确定推出其CSSP服务,开始通过第三方合作伙伴向最终用户出售其自主品牌的服务,并将在2011年7月正式在欧洲推广,取代过去欧洲的共享支持服务销售。渠道服务专业机构Intact Integrated Services总经理鲍勃·道尔顿(Bob Dalton)表示,其公司已经游说获得了专门认证,并称他的公司对于思科和其伙伴是很有合作价值的,但在思科看来,似乎这次修订新的策略方案才是明智之举。②

3. 服务人员的管理

在顾客眼中,提供服务的员工也是服务产品的一部分,企业员工的形象和举止处于

---

① 叶万春.服务营销学[M].北京:高等教育出版社,2006.
② http://tech.sina.com.cn/t/2009-02-24/07502851697.shtml

顾客密切注视之下,顾客对服务企业的感知受到服务人员的极大影响。对服务企业来说,对服务人员的管理,包括服务态度、服务技巧、服务质量以及相关的培训等,都是提高顾客服务体验的有效手段。因此,对服务人员进行管理是服务企业成功的重要保障。

(1) 雇用合适的人员。管理人员必须认真筛选服务人员,招聘到适合服务岗位的人。对服务人员招聘的投资不是成本,而是一项必需的投资。除了需要考虑服务人员的技术和专业知识,还应该测评他们的服务价值导向。

(2) 积极培训服务人员。服务人员需要进行必要的技术、技能与知识培训才能提供优质服务。同时,加强培训可以增强服务人员的服务意识,帮助员工掌握沟通技能、营销技能和服务技能。

(3) 进行适当的授权。企业要想对顾客需求作出快速反应并作出及时的服务补救,就必须授权给服务人员。授权增加了服务人员的决策自由权,从而增加服务人员对工作的热爱和热情。

(4) 激励员工。对一线服务人员要进行合理的奖励,恰当的奖励会强化员工正面行为的重复。除了以金钱为主要形式的奖励外,企业可以采用包括工作内容本身、反馈与认可以及目标的实现等手段进行激励。

Hartline&Ferrell(1996)在前人研究的基础上建立了一个管理接触性员工的理论模型,并通过实证研究证明了该模型的有效性。我们也可以通过这一模型发现管理接触性员工的有效方法。①

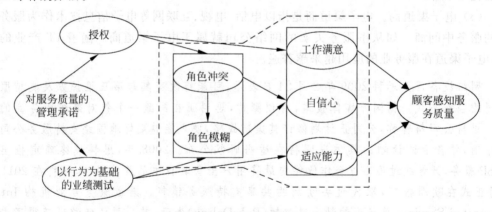

注:虚线框内的部分为接触性员工行为和态度特征

二、国际营销

国际市场营销是在市场营销学的基础上产生的,国际市场营销以企业的国际市场营销行为为研究对象,研究的核心是企业如何策划与实施跨越国界的市场营销活动。

---

① Hartline, M. D., Ferrell, O. C., The Management of Customer Contact Service Employees: An Empirical Investigation. Journal Marketing of, Vol. 60, October(1996), pp.52-70.

第十四章 营销管理扩展
CHAPTER 14

（一）国际营销的含义

国际市场营销（international marketing）简称国际营销，是指一个以上国家进行的把企业的产品或服务引导到消费者或用户中去的各种经营活动，是企业为了拓展非本国市场而开展的整体营销活动。美国国际市场营销学者菲利普·凯特奥拉认为："国际市场营销指对商品和劳务流入一个以上国家的消费者或用户手中的过程进行计划、定价、促销和引导以便获取利润的活动。"另一位学者米高·R.史高达将国际营销解释为：国际营销是为满足个人或机构的需要，策划及执行跨越国界的交易活动。国际营销就是国内市场营销的延伸与扩展，它根据国外顾客的需求，将生产的产品或提供的服务提供给国外的顾客。随着全球化的发展，企业的经营活动与国际市场联系日益密切，不但可以出口产品、跨境提供服务，还可以在海外投资设厂，生产和销售产品。为了适应全球市场经济贸易一体化的发展格局，更好参与国际竞争，企业进行国际化经营已成为必然趋势，国际营销的相关问题也越来越引人注目。

（二）国际营销的特点

1. 面临不可控因素较多

由于国际营销活动在不同的国家进行，因此面临的营销环境比国内市场营销更为复杂，且是企业不可控制的。具体的不可控因素包括：全球贸易问题，如关税、进口限制、禁运物品、双边或多边优惠协定等；经济环境，如产业结构、国民收入分配情况、人口等；政治法律环境，如政治稳定性、金融政策、货币政策、政府运转效率等；社会文化环境，如生活习惯、宗教信仰等。这些因素在不同国家和地区表现出不同的特点，所有这些环境因素必然会影响全球市场的营销活动。

2. 市场竞争激烈

国际市场营销涉及企业与企业之间、企业与消费者之间、企业与国家之间和国家与国家之间的各种利益联系与交织。国际贸易关系与国际政治经济外交关系相互制约和影响，当今世界各国为稳定国内市场、发展本国经济，贸易保护主义盛行，一些国家推出"奖出限入"政策，一方面高筑贸易壁垒，阻挡国外商品进入本国；另一方面加强出口攻势，扩大本国商品出口，使国际市场的商品营销困难加大。

3. 市场行情难以预测

国际市场行情受到诸多因素的影响，其变化快、变化大，难以预测准确。国际市场营销人员要重视收集国际市场信息，并适时作出灵敏反应和正确决策。

4. 面临较大风险

为满足国外消费者或用户的需要，建立良好的信誉，往往需要比在国内市场上作出更大的努力；营销渠道和运输距离比国内更复杂；交换价值采用全球价值标准，而不是国内价值标准,因此其支付手段和结算方式采用全球标准;竞争对手是全球性的,因而比国内营销具有更大的风险。

(三)国际市场的进入方式

企业开展国际营销关键的战略决策之一就是采用何种方式进入国际市场。如果企业进入方式选择不当,会错过有利的市场机会,造成资源的大量浪费,也会直接影响企业进入国际市场以后的经营活动。归纳起来,国际市场的进入方式主要分为出口进入、合同进入、投资进入和国际战略联盟四种方式。

1. 出口进入

出口进入是一种最简单的进入方式,是指企业把本国生产的产品出口到国际市场的方式。出口包括间接出口和直接出口。

(1)间接出口。间接出口是通过本国的或外国设在本国的出口中间商进行出口的方式。通过间接出口,企业可以在不增加固定资产投资的前提下出口产品,投资少、风险低,可集中企业精力进行生产。这种方式进入国际市场的缺点是企业不了解国际市场,几乎无法掌握和控制中间商的销售行为,同时过于依赖中间商,不利于企业进一步拓展国际市场。

(2)直接出口。直接出口是指不通过中间商,企业把产品直接出售给海外的中间商或最终用户的方式。这种方式的优点是企业对国际市场的选择面比较大,可以根据实际情况自由选择市场;有利于企业获取国际市场的需求信息;企业可以在一定程度上摆脱对中间商的依赖,有利于企业自主决策。直接出口的主要局限在于:企业需要自设出口专门机构和人员且企业要承担一定的国际市场风险。

2. 合同进入

合同进入是国际化企业与目标国家的法人单位之间长期的非股权联系,主要包括许可证贸易、特许经营等方式。

(1)许可证贸易。许可证贸易是一种利用自主知识产权在国外市场获利的有效方式。通过许可证贸易,许可方允许受许方利用其拥有的专利、商标或专有技术,进行生产和销售,受许方则需向许可方支付使用费,并承担保守秘密等项义务。当出口模式受阻或东道国对国外投资很敏感时,许可证贸易的优势就非常明显。

(2)特许经营。特许经营是一种特殊的许可证贸易方式。在国际特许经营中,特许方提供自己的产品、知识产权及系统的管理模式,而被特许方提供当地市场知识、资金、经营场所和管理人员资源。特许经营强调特许人对被特许人的控制,特许人可以控制产品营销的全过程。特许经营合同双方的关联程度较高,特许人往往视被特许人为自己的分支机构或分号,统一经营政策,向顾客提供标准化的高质量的产品和服务。

除此之外,企业还可以通过与国外相关企业、政府签订生产合同、管理合同、工程承包合同等方式进入国际市场。

3. 投资进入

投资进入是指企业通过投资在目标国生产产品,并在国际市场销售这一产品,从而达到进入国际目标市场的方式。投资进入主要包括合资经营和独资经营两种形式。

(1) 合资经营。合资经营是指两个或两个以上的不同国家投资者共同出资形成独立经营的法人资产,共同拥有所有权,共同经营共享利润,共同分担风险。

(2) 独资经营。独资经营是投资者通过收购东道国的企业或在东道国新建企业,进行产销活动的方式。它的特点是作为投资者的企业拥有完全的管理权和控制权,在东道国自主经营、自负盈亏;东道国仅负责提供劳力、土地、原材料和公共设施等,并依法征税和收费。

4. 国际战略联盟

国际战略联盟(international strategic alliances)是指两个或两个以上的跨国公司,出于对整个世界市场的预期和本公司总体经营战略目标的考虑而建立的互相协作、互为补充的合作关系,所以又称跨国公司战略联盟。国际战略联盟是通过外部合伙关系而非通过内部增值来提高企业的经营价值。

战略联盟具有优势互补、资源共享、风险共担和利益共沾等特点。当两个或更多的企业,为实现一个共同的目标,并需要汇集它们的资源和协调它们的行动时,就会寻求建立战略联盟。

韩国 LG 在 1992 年中韩建交后开始进入中国进行投资生产,1993 年在中国惠州建立第一条自动化生产线,1995 年在北京设立 LG 电子有限公司,为集团电子部门在中国的投资与再投资提供服务。到 2001 年底,电子成为 LG 在中国的主业。LG 电子在中国共建立了 24 个办事机构,投资额累计达到 14.4 亿美元。

LG 进入中国是采取与中国最有实力的企业联盟开始的,并且采取的是多元化发展方式。LG 现在中国区的 10 多个工厂,多是与中国的企业采取合资或合作的形式,如与春兰合作生产冰箱和压缩机,与广电股份合作在上海生产录像机。2001 年,LG 还与联想集团、海尔集团、长虹集团等中国电子巨头进行交流合作,产品拓展到电脑显示器、微波炉、彩电、洗衣机等一系列产品。[①]

(四) 国际市场营销组合管理

在一个或几个外国市场上经营的公司,必须考虑营销组合要进行多大的调整,才能适应当地市场状况。国际营销组合是国际市场营销者为了实现国际营销战略目标而对自身可控制因素进行的系统设计和安排。下面分别就产品、价格、分销渠道和促销四个方面进行讨论。

---

① 张建军,等.韩国 LG 电子在中国的营销创新分析[J].沿海企业与科技,2003(5).

1. 国际市场营销产品策略

产品策略是国际市场营销策略的中心环节,是其他策略的基础。企业进入国际市场的产品决策比国内营销的难度大很多,企业必须考虑以什么样的产品进入国际市场,才能适应国际市场的需要,因此应根据实际情况采取不同的策略。

(1) 标准化产品策略。标准化产品策略的基本思路是针对不同国际市场的需求共性,开发、生产标准化的产品,然后在全球范围内销售。尽管在不同国际市场之间,需求差异性是客观存在的,但是需求共性也是客观存在的。该策略将全球视为一个市场,专门设计出标准化的产品销往各国市场。

(2) 差异化产品策略。差异化产品策略针对不同国际市场的需求特征,开发、生产和提供差异化的产品,以更好地满足不同国际市场差异化的需求。由于文化、政治、经济等环境差异,营销者需将国际市场进行细分,并针对每一个子市场的需求特征,对产品计划进行适应性调整甚至重新制订。

相对于其他国家的消费者,日本消费者有其独特性。其中最主要的原因之一是日本人的身材普遍较欧美人矮小,因此日本消费者偏好选择外观更小巧的产品。桂格燕麦公司(Quaker Oat)在日本拓展思拿多(Snapple)软饮料市场时,瓶身的大小与欧美市场完全一样,没有任何改变,但是日本消费者并不习惯抓握这种比惯常使用饮料瓶大两倍的软饮料瓶。相反,通用电气则充分考虑了日本医院的规模和日本病人的身形都较美国医院和美国人小这一因素,对出口日本的层析 X 射线电脑扫描仪进行了专门的设计,缩小了体积。[①]

2. 国际市场营销价格策略

在国际市场营销组合中,价格策略是最为灵活也是最难控制的,而且会直接影响到企业的利润。根据各个出口国家的实力和国际市场的特点,企业可以有三种选择:一是全球统一定价,指同一产品在国际市场上采用统一价格的策略;二是根据各国成本定价,这是一种可行且简便的方法,通常使用统一的成本标准加成率给产品定价;三是根据各国市场需求和消费者的承受能力定价,这种做法突出需求导向,同时考虑竞争因素,能够针对各国具体情况制定使总收入达到最优的价格。

在出口企业价格管理中经常面临的特殊情况是价格升级,价格升级是指产品在出口过程中,由于附加了许多额外成本或费用,致使产品在海外市场的销售价格明显高于国内市场销售价格,进而导致产品在销售当中处于明显的价格劣势。因此可以通过降低产品的生产制造成本、关税及分销渠道长度等措施来控制价格升级。

3. 国际市场分销渠道策略

一个企业的国际市场分销渠道是指产品由一个国家的生产者手中流向国外的消费者

---

① 寇小萱,王永萍.国际市场营销学[M].北京:首都经济贸易大学出版社,2007.

和用户手中所经历的路径。国际市场营销的销售渠道由所有参与企业国际营销的中间机构和组织构成。在渠道的设计中要考虑国内外的社会制度、经济、法律、文化等多方面因素的影响。

4. 国际市场营销促销策略

国际市场的促销,是企业与国外消费者的一种信息沟通行为,是企业通过传播媒介帮助消费者认识商品或服务所能带来的利益,从而引起消费者的购买欲望,以实现销售的一种活动。同国内市场促销一样,企业可通过广告、人员促销、销售促进和公共关系等手段,把产品及其价值信息传递给目标顾客,以达到增加产品销售的目的。

三、非营利组织营销

在全球化浪潮的推动下,近年来中国非营利组织发展迅猛,其中一些非营利组织是由政府资助或在一定程度上由政府资助的,有的是通过收取会费、开展活动等方式来支持组织的运作。其具体表现形式有三类:行政部门的服务性单位,行政主管部门与民间资金相结合组成的单位,自治性的民间组织。随着非营利组织地位的提升和市场需求的扩大,尤其是20世纪90年代以后,一些商业企业也加入社会服务领域,使得这一领域的竞争愈来愈激烈,加剧了非营利组织的生存压力。这就要求非营利组织必须引入市场营销理念,对市场进行专门、系统、全面的研究,通过一系列的营销手段和策略了解市场需求、满足市场需求,才能实现组织目标,提高自身的竞争能力,在竞争中立于不败之地。

(一) 非营利组织的含义与特点

非营利组织(non-profit organization,NPO)这一概念是从西方引进的,对其含义的解释目前还没形成共识。这一概念最早由美国学者莱维特(Levitt)提出,他从公共利益的角度认为非营利组织是介于政府部门和私人部门之间的第三部门。结合中国的实际情况,在这里将非营利组织定义为:不以营利为目的、从事社会公益事业的机构、组织和团体。非营利组织具有组织性、非政府性、非营利性、志愿性等特点。

(二) 非营利组织营销的特点

20世纪60年代以前,在卖方市场条件下,市场营销还没有被非营利组织所重视,而当这些组织面临顾客背弃、会员减少、赞助金缩减等挑战时,才开始考虑营销问题。非营利组织是一个基于市场经济、政府与企业部门严格分工、独立的企业等背景下出现的概念,它的存在和特征是与市场经济的进程与营利部门的发展密切相关的。

因此,为了达到组织的目的,对组织、受益群体及其需求进行分析,将服务推向市场的过程,就是非营利组织营销。以满足顾客需求为中心的观念是非营利组织营销的核心思想和理论基础。

1978年,克里斯托弗·H.洛夫洛克和查理·B.温伯格(Charles B. Wemberg)在《公共及非营利销售》一书中将非营利组织营销的特点归纳为以下五个方面。

1. 资源的来源与运用

非营利组织营销包括两个方面：一是要募集到更多可供运营的资源；二是向社会提供资助人和受益人都满意的产品与服务。除此之外，非营利组织尚须借助市场营销原理来妥善处理与其他各种公众的关系。

2. 目标多重性

非营利组织倾向于追求多重目标，除了要谋求自己组织的利益，尽可能地增加收入，使组织发展壮大，更多的是为了目标群体的利益，其最终目标与任务在于造福整个社会。对于营销者来说，要想实现所有目标是很困难的，因此，必须善于从中选择较为重要的目标，以便有效地配置资源。

3. 专供服务

大多数非营利组织提供的是服务，不同于一般企业的实体产品，服务具有无形性、不可分离性、易变性、时间性等特征。

4. 公众监督

非营利组织要受到公众的严格监督，因为其提供的必要性公共服务是享受公众资助和政府免税的，所以其经营活动必须服从公众的利益。从这个意义上讲，非营利组织所承受的政治压力远大于市场压力。

5. 伦理性

非营利组织在进行营销活动时，要以人为本，要求员工不仅应该具有深厚的专业知识、高超的技术，还要求具有高度的责任感和崇高的个人道德。

（三）非营利组织的营销管理

1. 非营利组织与营利组织营销的比较

营利组织的形成是一个投资的过程，因此营利组织资产归属于某些特定的所有者；而非营利组织并不是财产的所有者，只是财产的受托人，非营利组织追求的是服务效益，服务效益即经济效益、社会效益、生态效益的最佳整合。

2. 非营利组织与营利组织的合作联盟

要在政府投资日益减少的时代吸引足够的经费，以保证非营利组织完成它们的社会使命，是非营利组织面临的一个主要问题。面对这些新的挑战，非营利组织正转向商业领域以寻求拓展，发展新的资金来源，谋求与营利组织合作建立战略联盟，实行双赢的交易。对于营利组织而言，可以借助非营利组织在公众心目中的地位扩大自身的影响，提升市场占有率。在建立联盟时，非营利组织应对自身的定位和实力加以评估，正确选择合作对象,与之建立良好的战略联盟关系。

3. 非营利组织的营销控制

非营利组织营销控制是指对非营利组织的营销活动过程进行控制,确保营销计划的顺利完成,达成预订的营销目标。控制能够有效地防止非营利组织中存在的腐败问题,只有建立起完善的监督机制,才能保护大多数人的利益,维护社会公平。除此之外,非营利组织需要选择合适的项目,严格控制预算,在确保资金安全和资金能够满足公众需要的前提下,运用富余的资金,创造新的价值。

(四)中国非营利组织的发展现状

改革开放以后,中国相继进行了经济体制和政治体制改革。"小政府,大社会"目标模式的确立、社会主义市场经济体制的建立、政府职能的转变,使非营利组织作为与政府机构和市场机制相平行的一种制度安排,在中国社会上出现并正以不可代替的地位和作用蓬勃地发展着。其主要呈现出以下两个趋势。

(1)数量快速增加。截至20世纪末,全国县级以上的社团组织达到18万多个,其中省级社团有21 404个,全国性社团组织有1 848个,县以下的各类民间自治组织保守估计至少在300万个。

(2)种类日趋多样、活动领域多元化。在20世纪80年代以前,我国的非营利组织的种类相对单一,主要是高度行政化的社会团体。而如今,非营利组织的种类包含行业管理组织、慈善性机构、学术团体、社区组织、公民的自主组织、兴趣组织、非营利性咨询服务组织以及新兴的民办非企业单位等。

一、社会目标定位

中国青年发展基金会在建立之初,其工作重点并不是很明确。中国青年发展基金会主要负责人徐永光说:"我们要做自己的事情,既不是思想教育,也不是大家热衷于做的事情。"但有一点是明确的,就是所要开展的活动必须是整个社会所关心的。经调查,他们根据贫困地区失学儿童渴望读书的需求、我国教育经费短缺的现状和政府关于多渠道筹集教育经费的发展,经过深入调研和救助工作试点,确定了希望工程的名称、宗旨和任务,通过宣传活动,赢得了社会的广泛理解和支持,初步树立了希望工程的形象,为后来的发展奠定了基础。

二、营销环境分析

我国是一个发展中国家,人口多、底子薄,由于自然、历史等多种条件的差异,区域之间的发展很不平衡。在贫困地区,基础教育落后,教育经费严重短缺,办学条件差,许多小学适龄儿童因家庭贫困而失学。目前,全国中小学尚有1 600多万平方米的危房未能得到修缮,每年有大批小学生失学。危房问题、失学问题,主要集中在农村贫困地区。解决教育问题是我国农村贫困地区教育发展的客观要求和广大失学儿童的迫切愿望。实施希望工程,有着深远的民族文化基础和广泛的社会民众基础。中华民族素有捐资助学、扶贫济困的优良传统。改革开放的今天,人民群众中蕴藏着极大的支持教育的热情。实施希望工程,正是继承和弘扬民族传统,为广大民众参与发展教育开辟的一条有效途径。

三、实施市场营销活动

在实施营销活动的过程中，中国青少年发展基金会首先对捐款人进行了一次抽样问卷调查，获取了募捐市场的一些基本信息，如捐款人主要来自大中城市的中等收入阶层，主体是文化程度高的社会群体，主要信息来源是报纸杂志等。并先后在全国范围内组织开展了大规模的希望工程"百万爱心行动"和"1（家）＋1助学行动"，创造了捐受双方结对挂钩、定向资助的模式，并不断完善，推动希望工程迅速蓬勃发展。与此同时，对地（市）县基金进行规范化管理，撤销全部县级基金和多数地（市）级基金，实现希望工程基金的高层、集中管理，对百万受助生进行复核登记，与计算机管理并轨，正式颁行实施《希望工程实施管理规则》，建立了一系列工作规范，并建立起政府审计、希望工程监督系统和社会公众监督相配套的监督体系。

四、公共宣传联盟

希望工程在媒介的选择方面率先启用报刊公益广告。希望工程的第一个募捐广告，以及其后的"百万爱心行动"和"1（家）＋1助学行动"，都是通过报刊发起的。其后，希望工程创造了供社会各界参加捐助活动而使用的专用邮资明信片，连收件地址都印在上面，这在中国的邮政史上是没有的。1994年发行的希望工程纪念币，中华人民共和国国名的英文和邓小平同志的手书第一次在货币上出现，受到了收藏者的喜爱。1996年，推出希望工程电话磁卡，使用金30元，附捐2元。仅此一项，使希望工程得到了400万元捐款。在募捐活动的设计上，希望工程首创了将捐受双方一对一结对子的方式，使捐助活动更加透明、高效，更有利于捐受双方的感情沟通。并与三大银行联袂行动，即与中国农业银行联合开展青少年爱心储蓄活动；在建设银行的营业网点开设希望工程捐款受理点；与中国工商银行联合开展"希望工程百万企业献百元活动"，把国有商业银行的信誉和希望工程的声誉结合起来，也是一个创造。另外，希望工程选拔3名受助生代表中国参加1996年亚特兰大奥运会圣火的传递活动，也是值得自豪的策划。①

四、城市营销

在全球化的今天，城市营销的影响越来越大，已有越来越多的城市通过其地理、文化和政策优势来推销自己。长期以来，中国城市的发展模式缺乏主动性和能动性，一些城市率先借鉴城市经营的经验，将城市当作"商品主体"，提出经营城市的概念，通过精心策划从市场中整合所需资源，市场营销真正成为城市经营的手段。

（一）城市营销及其理论发展

1. 城市营销的含义

城市营销最早来源于西方的"国家营销"理念。菲利普·科特勒和伍俊在《国家营销》一书中认为，一个国家，也可以像一个企业那样用心经营。在他看来，国家其实是由消费

---

① 李超.非营利组织的市场营销[J].科技创业月刊，2005(12)：14-15.

者、制造商、供应商和分销商的实际行为结合而成的一个整体。显然,城市营销是一种广义营销。

城市营销是利用市场营销的理念和方法管理经营城市,将城市视为一个特殊的实体,将城市现实的和未来发展中各方面的实力视为"产品",分析它在全球性竞争中的强项和弱项以及面临的机遇与挑战,并针对目标市场整合政策、基础设施、环境、文化等相关产品、资源和服务方式。以整体包装促销带动和提升个性化营销及销售效益的营销模式。城市营销的具体构成以及各个构成要素之间的关系如图14-1所示。

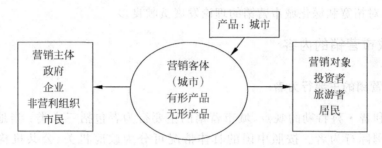

图 14-1 城市营销的具体构成以及各个构成要素之间的关系
资料来源:聂元昆,贺爱忠.营销前沿理论[M].北京:清华大学出版社,2014:284

2. 城市营销的发展阶段

从20世纪30年代开始,尤其是50年代以来,城市营销的理论研究渐多,但多着眼于旅游目的地或工业社区等领域,研究的内容也多集中在广告、事件促销等简单的营销应用层面。最早的城市营销研究起源于美国,其间具有标志性的研究成果是美国人迈克·朵拉多在1938年出版的著作《如何促进社区及工业发展》(*How to Promote Community and Industrial Development*)。城市营销理论的真正形成是在80年代末90年代初的美国。当时,面对世界经济一体化的趋势,城市营销作为城市吸引外部发展资源、应对城市危机和增强城市竞争力的有效手段面备受瞩目,同时城市相关学科的崛起,也为城市营销理论的研究丰满了羽翼。地区(城市)营销实践经历了三个阶段的发展,相关的理论研究也大致经历了与之对应的历程。

1) "城市销售"阶段:20 世纪 30—50 年代

"城市销售"阶段以城市土地、风光、房屋及相关产业特别是制造业的销售为目的。如何通过地区促销手段,宣传本地形象以吸引更多的游客、移民等消费群体到本地居住和生活,同时吸引大量的资金到本地投资设厂成为该阶段城市营销研究的核心内容,其中尤以歌德和沃德主编的论文集最为典型。

2) "城市推销"阶段:20 世纪 60—70 年代

"城市推销"阶段的特征是重视城市改造更新、形象重塑以及特定领域目标营销。该阶段营销的目的是吸引投资商对城市(传统工业城市)的改造进行投资,并通过旅游和文化等相关领域的营销,赋予城市新的历史价值和文化内涵。对该阶段的研究以科恩斯和菲勒的著作最具代表性。另外,贝蒂、布雷克利、霍尔和牛顿等学者也进行了相关类似的研究。

3)"城市营销"阶段：20 世纪 80 年代到现在

"城市营销"阶段突出和强调城市营销的竞争因素、主客体界定、城市定位、城市形象品牌策略以及营销战略组合。该阶段的研究强调在彰显城市特色的前提下,将城市营销的思维深入合理开发城市产品的途径层面。科特勒等人的论著建构了该阶段城市营销理论的概念体系和理论基础框架,无疑成为这一阶段研究的杰出代表。此外,达菲、艾诗沃斯和沃德、梅特克斯、阮尼斯特、李术阳等学者分别从城市规划与管理、城市经济发展与竞争力、地区与城市品牌、城市营销成功要素以及地区与城市文化政策等角度出发对城市营销进行研究,对拓宽和深化城市营销的理论发展贡献良多。

(二) 城市营销的内容

1. 城市营销的主要行为者

按照菲利普·科特勒的观点,城市营销的主要行为者包括三大类：当地行为者、区域行为者和国际行为者。按照中国的具体情况可分为政府机关、公共机构、企业及个人。政府机关主要包括城市政府各部门办公厅、宣传部及新闻办公室、招商局或经济协作部门、旅游局及文化教育部门等。公共机构主要包括媒体及出版社、各类公益性社会团体、金融机构、展览和会议中心等。企业主要包括制造业企业、房地产开发商及代理和各种企业联合组织。个人是指政府及各部门首长、著名人物、成功的企业家、不同行业专业人士等。

2. 城市营销的产品

当今营销理论已经将其最初的"产品"概念的内涵延伸到了服务、社会行为、观念和思想。而在城市营销活动中,除了有形产品之外,还将大量涉及无形产品。

1) 环境

城市营销首先要营销的是环境。其主要分为投资环境、旅游环境和居住环境。

(1) 投资环境。投资环境是指一个城市能够满足投资活动需求的各种外部环境。它将一个城市投资环境的各要素集中起来并加以优化,给投资创业者带来极大便利。投资环境的延伸主要包括以什么方式和渠道将投资环境呈现在投资面前,政府的配套服务是否足够与高效,投资者对未来发展前景是否有足够信心,等等。

(2) 旅游环境。旅游环境不仅包括通常所理解的狭义"旅游",还包括商务旅行、会议、探亲访友、读书等活动在内的非长期性或永久性逗留和居住。对城市营销来讲,旅游环境主要包括特色城市、风景名胜区、旅游度假区和主题公园。对旅游环境的评价,主要有以下标准：知名度、观赏价值、历史文化价值、环境容量、环境质量、旅游季节性和旅游地经济社会发展水平等。

(3) 居住环境。居住环境是指在特定区域内,为满足个人发展、家庭需要和社会进步所具有的空间、设施、服务等自然、文化因素的总和。人是居住环境的主体,良好的居住环境不仅使人在居住中能有机和谐地生活,而且能陶冶塑造人。以人为本,为居住者提供满足居住多样性需求的生活环境与空间,创造安全、方便、卫生、舒适和美观的居住环境是城市营销面临的迫切而重大的课题。

2）产品

城市营销的产品分为两大类：公共产品和企业产品。

（1）公共产品。公共产品主要包括土地及水、矿藏等资源的开发经营权，城市基础设施及交通设施的开发经营权，城市公共事业的经营权，特殊行业的特许经营权。公共产品基本上无须成本投入且具有相对的稀缺性。

（2）企业产品。企业产品包括城市内所有企业生产的各种工业品及消费品。在知识经济时代，一个城市拥有强大的知识产权可能比拥有强大的实物产品制造能力，具有更强大的竞争力。城市营销的目的，就是推动本城市GDP的增长和建立城市强势形象，因此在很大程度上是为了推动本城市企业产品的销售。

3）人

当人作为城市营销客体的时候，是以劳务输出和精神产品两种形态进行输出的。

（1）劳务输出。劳务输出是一种重要的城市营销手段。不管一些偏远而不发达城市的政府是否有意识地组织劳务输出，然后又想法吸引外出务工的成功者回乡创业，它们其实都是在将人作为一种城市营销的客体加以出售。而且劳务输出这种形式对于相对弱势和欠发达城市至今还是一种有效增加城市财富的办法。

（2）精神产品。精神产品是指文化、艺术、创意等类型的作品。地方出版物在一定程度上反映了这一地域在一定时期的科学文化发展水平，同时反映出地方文化的历史积淀。

3. 城市营销的目标顾客

一般来说，城市营销要打动的顾客包括投资者、旅游者、创业者、工作者、生活者、消费者，也就是通常讲的"融资""融智"和"融才"。吸引海内外企业来投资置业、吸引人才来创业、吸引旅游者来观光旅游、吸引居住者来生活、吸引商人来交易等。

（三）城市营销的战略实施

城市营销根植于通用的市场营销理论，市场营销的概念和工具为城市营销战略规划研究奠定了基础。在国内外相关研究文献的基础上，提炼出城市营销战略规划的六大要素，简述如下。

1. 组织要素

对城市管理而言，确立城市营销战略计划和领导组织，往往存在认识上、制度上以及知识技能上的障碍，使得组织要素成为开展城市营销的一个必要前提。在这里，组织要素包含两层含义：一是指要确定规划组织，二是要确保其专业化的组织和领导能力。

2. 任务要素

确定城市营销的任务要素由三个相互关联、渐次递进的步骤组成：一是价值机会分析，二是确定使命和愿景，三是设立目标体系。在此基础上，结合城市识别、形象和品牌化工作，以及市场的选择和定位，才能有针对性地配置城市资源、设计旨在达成战略目标的合理的计划方案。

3. 形象要素

形象要素作为城市营销战略要素,是指以城市品牌识别、城市品牌定位为核心的一系列城市品牌建设相关的营销设计和管理策略。这涉及三个相互关联的概念,即城市品牌识别、城市形象以及城市品牌化。在这组策略安排中,城市品牌识别指城市营销者希望创造和保持的能引起人们对城市美好印象的独特联想。这些联想代表着城市的价值特征,暗示着城市对其顾客的承诺。城市品牌识别是一种主动的策略安排,表明城市管理者希望城市如何被认知,或者说,是城市管理者所希望标榜的城市特质。确立清晰的城市品牌识别是塑造城市形象的前提和基础。

4. 协同要素

目前,城市所面临的诸多内外关联,如空间、环境、经济、文化、社会和政治等方面的关联因素正日益凸显和强化。分析这些关联因素并采取相应的应对策略,对城市营销而言就显得非常必要。

5. 投资要素

合理的投入预算和稳定的资金保障,是城市营销战略规划的重要内容,也是各级、各类城市营销组织实施城市营销战略的基本保障。投资要素要求通过合理的预算计划及严格的预算与支出管理,保障城市营销的基本组织和管理能力,以及发挥投资的杠杆作用,启动民间和社会资源来共同推进城市营销推广,进而确保城市营销达成既定的战略目标,实现城市价值收益的增值。

开放,是一种胸怀,走出去与引进来同时并重。昆明在西南开放领域,自古就作为不断:在古代,它是南方丝绸之路的重要枢纽,是内地和西南地区通往东南亚、南亚的重要门户;到近代,随着滇越铁路通车,昆明成为一个开放城市,逐渐形成"汇东方与西方、融传统与现代"的海纳百川、开放包容的文化气质,为昆明建设国际化开放城市奠定了文化基础。

如何更好地释放自己在国内、东南亚、南亚的城市魅力?营销城市成了昆明的必修课。一如城市战略规划专家王志纲在他的书中所言:"如果城市是一桌有色自来香的菜,城市营销就是把它的香味演绎出来、传播出去,从而达到孔老夫子在两千多年前就说过的'近者悦,远者来'。"

一、昆明营销史——首个在央视宣传的城市

一个城市可以打广告"出售自己",树立独一无二的品牌形象。对城市营销昆明是最早觉醒的城市,在中国没有之一。

2000年元旦,阳光明媚、鲜花盛开的城市画面,伴随着"昆明天天是春天"的广告词,中国第一个城市广告诞生了,让众多海内外游客向往。这是中国城市营销史上的大手笔,昆明700万元购买"春天的故事",成为第一个"吃螃蟹者"。昆明通过电视广告的形式在差异化中完美地表达出了自己,效果出奇的好,其直接效应是2000年至2001年到昆明的游客没有因为世博会的闭幕而下降。

二、手段多元化——城市营销一刻不能松懈

事实上,昆明一直在努力推销自己,试图通过各种方式来推广昆明。昆明市旅游局2013年8月22日在昆明城市形象及旅游品牌推广研讨会上表态,已经开始通过微博、微信、微电影等手段全面营销昆明旅游业。

舞蹈家杨丽萍和她的《云南映象》一跳就是10年。2003年8月8日,《云南映象》在昆明会堂举行首演,座无虚席,火爆空前。2004年,《云南映象》开始全球巡演,先后走过亚洲、美洲、欧洲42个城市,至今商演4 000多次,票房总额早已过亿。世界观众不但记住了杨丽萍,也通过云南原生态民族舞蹈艺术了解了昆明。

带动昆明知名度的不单有领军人物,还有那些日常生活中有云南元素的商品。赵娜是上海人,她每天早晨从云南白药牙膏开始,喝的是普洱茶、云南小粒咖啡、滇红葡萄酒。中秋节快到了,她上淘宝网买月饼,昆明的鲜花饼成了首选。

三、营销再升级——打造世界知名开放城市

雷晓明告诉晚报记者:"第一,昆明作为一个过站地是荣誉。第二,昆明的旅游功能在发挥作用。"有人指责昆明沦为"中转站"让城市品牌有些名不副实,雷晓明认为这样的评价有些片面。"它叫中枢,它叫作交通中心、信息中心、旅游中心。如果它没有这个过站功能,它就不是中心,只是一个单点,不会辐射到其他地方去。"

"美好的天气不是昆明的唯一优势,在今天,它所扮演的另一个重要角色是桥头堡,它将中国内陆与多个国家相连,昆明也许不是最有特色的城市,但是在中国各个城市中它具有最均衡的优质要素:经济、气候、环境、民族和谐等等。"北京灵思创智城市发展咨询中心高级研究员何莉莎是昆明人,在欧洲的留学视野、在大城市的工作经历,让她对昆明的城市营销有了参照体系。

她说,北京与上海可能会有便捷的交通、发达的网络资讯,可是它们也受到高频社会节奏的困扰。在昆明的晴空下,你会有更多的时间与美好的体验来进行艺术创作,昆明可以尝试将自己打造成为艺术写生圣地,发展与艺术品相关的经济。[①]

第二节 营销管理新理念

一、绿色营销

进入21世纪以来,全球经济蓬勃发展,随之带来的环境问题也日益突出。一方面,经济发展与生态环境之间的矛盾使人们不得不重新思考人与自然之间的关系;另一方面,现代人对健康、安全、环保的追求使绿色消费需求越来越强烈。为了顺应可持续发展的要求,满足人们的绿色消费需求,绿色营销逐渐成为企业营销实践环节中重要的议题。

(一)可持续发展与绿色营销观念的建立

人类的各种需要和欲望需要依靠产品来满足,产品是通过人类劳动将自然资源转换

---

① http://wb.yunnan.cn/html/2013/ducheng_0916/86919.html

成人类能够使用和消费的形态。当人们以交换的方式满足需要或欲望时就存在营销了。换言之，市场营销的核心概念是交换。20世纪50年代以来，经济环境发生了较大变化，供求关系发生了改变，卖方市场逐渐向买方市场转变，卖方竞争加剧，消费者成为市场的主导力量。在这样的市场背景下，市场观念从以产品为导向的前营销观念逐步演进为以市场需求为导向的市场营销观念。

市场导向的经济创造了极大的物质繁荣，企业也获得了巨大利润和高速发展。然而，这种生产与消费方式在推动经济高速增长的同时，也给人类带来了新的问题：人口爆炸、环境污染、资源浪费和短缺、能源危机、生态恶化。面对新的挑战，人类意识到必须改变原有生产和消费模式。1987年，挪威首相布伦特兰夫人在联合国环境与发展委员会大会上发表题为《我们共同的未来》的长篇报告，报告中提出了"可持续发展"的概念，指出可持续发展"是一个变化的过程，在这个过程中，资源的利用、投资的导向、技术的发展以及机构改革都是协调的，并能加强当前和今后满足人类需要与愿望的能力"。可持续发展战略要求人们在经济社会发展的同时，保护好环境，促进资源的合理开发利用，使发展同资源与环境保护协调一致，以维持人类在地球上的永久生存，增加永久性的社会财富和福利。

可持续发展观对市场营销观提出了挑战，要求建立新的营销哲学观——绿色营销观念。所谓绿色营销观念，就是指作为经济活动的主体，企业在经营活动中按照可持续发展的要求，注重地球生态环境保护、促进生态、经济和社会的协同发展。具体而言，绿色营销观念包括下列内容。

(1) 绿色营销观念强调需求的全面性。企业的关注点不应仅仅停留在消费者对产品质量、功能的需求，还应关注产品是否健康、无害以及产品是否对环境产生不利影响。

(2) 绿色营销观念不仅要发现需求、满足需求，还要引导需求。企业在经营活动中，在处理生产和消费的关系时，不应单纯地把消费者看成实现利润的手段和工具，把自然界看成征服的对象，消极地去发现需求、满足需求。而应积极主动引导消费者进行合理消费，避免不合理的需求引发的不合理的生产和消费方式，引起自然资源的浪费和损耗、生态环境的恶化，造成人与自然的对立、人与人的不和谐。

(3) 绿色营销观念强调经营活动的可持续性。可持续发展必须落实到企业可持续发展这一基础上。营销是企业经营活动最重要的组成部分。当可持续发展成为企业经营的主导方向，必然将可持续性作为营销理论的基石，从而发展为绿色营销。

(4) 绿色营销观念要求扩展后营销的内容。企业应对消费者买产品后、消费产品时和产品后对环境与他人的影响进行跟踪，指导消费者进行绿色消费，最大限度地减少对环境的污染，尽量对消费过程中产生的废弃物回收，进入再循环。

(5) 绿色营销观念要求重建竞争观念。生态系统的整体性和相互依存性决定了不同产业间的企业经营活动是相互依存的，一个产业的资源枯竭或环境危机会导致整个经济系统的停摆。因此，企业之间除了竞争的一面，还有相互合作、相互联系的一面，所有企业都是经济体系的命运共同体，更是整个生态系统的命运共同体。

(二) 绿色营销的内涵

20世纪90年代以后，绿色营销(green marketing)风靡全球。英国威尔斯大学肯·

毕提（Kempeattie）教授在其著作《绿色营销——化危机为商机的经营趋势》中给绿色营销作出如下定义：绿色营销是指以促进可持续发展为目标，为实现经济利益、消费者需求和环境利益的统一，市场主体根据科学性和规范性的原则，通过有目的、有计划地开发及同其他市场主体交换产品价值来满足市场需求的一种管理过程。在企业和消费者的关系上，以消费者的绿色需求为驱动，企业需通过满足消费者的绿色需求，在激烈的竞争中获得差别优势，把握市场机会，进而实现企业的利润需求及其他需求。而在人和自然的关系上，绿色营销强调企业在营销活动中，要充分体现环保意识和社会责任，减少环境污染，促进经济和生态协调发展。

从本质上来讲，绿色营销是一系列的企业营销活动或过程，包括进行市场调查、产品开发、定价、分销和促销。但是同传统的营销活动相比，绿色营销要求以社会效益为中心，注重经济与生态的协同发展，从产品设计到材料选择，从包装运输到废弃产品处理，都要做到节约资源、减少污染、避免浪费，向消费者提供安全、无公害的产品，保护生态环境，以维护全社会的整体利益和长远利益。

对于绿色营销的定义，很多学者还从不同的角度进行了界定，具有代表性的观点可以归纳概括为以下四种。

（1）产品中心论。此观点认为绿色营销是指以产品对环境的影响作为中心点的市场营销手段，强调以环境保护为宗旨，从本质上改革产品的构成以及与之联系在一起的产品的生产过程和消费后废弃物的处理方式。

（2）环境中心论。这种观点认为，绿色营销是指企业在市场营销中要保护地球生态环境，反对污染，充分利用资源以造福后代。

（3）利益中心论。这种观点认为绿色营销是实现企业自身利益、消费者需求和环境利益的统一，而对产品和服务的观念、定价、促销与分销的策划和实施的过程。它强调企业在实施经营活动时，要兼顾满足消费者需求而获得的短期利益以及保护环境所带来的长远利益。

（4）发展中心论。这种观点将绿色营销与企业的永续性经营和人类社会的可持续发展联系起来，认为绿色营销是一种能辨识、预期及符合消费者需求和社会需求，并带来利润及永续性经营的管理过程。

（三）绿色营销的特点

绿色营销具有综合性、统一性、无差别性和双向性等特点。

1. 综合性

绿色营销综合了市场营销、生态营销、社会营销和大市场营销观念的内容。市场营销观念要求以顾客需求为导向，所有营销活动都应紧紧围绕顾客需求；生态营销观念要求企业充分体现社会责任感，在发展自身的同时也要兼顾自然的、社会的、经济的环境相协调；社会营销要求企业不仅要根据自身资源条件满足消费者需求，还要符合社会的整体利益，促进人类社会自身发展；大市场营销，是在传统的市场营销四要素（产品、价格、渠道、促销）基础上加上权力与公共关系，使企业能成功地进入特定市场，在策略上必须协调地使用经济、心理、政治和公共关系等手段,以取得外国或地方有关方面的合作和支持。绿色营销观念是多种营销观念的综合,它要求企业在满足顾客需要和保护生态环境的前提下取得利润,把三方利益协调起来,实现可持续发展。

2. 统一性

绿色营销强调社会效益与企业经济效益统一在一起。绿色营销与其他营销方式根本的不同之处,就是企业在市场调查、产品开发、分销和售后服务等活动过程中,都和维护生态平衡、重视环境保护、提高人们的生活质量和情趣的"绿色"观念紧紧相扣。人类要寻求可持续发展,就必须约束自己,尊重自然规律,实现经济、自然环境和生活质量三者之间的相互促进与协调。

3. 无差别性

绿色标准及标志呈现世界无差别性。绿色产品的标准尽管世界各国不尽相同,但都要求产品质量、产品生产及使用消费及处置等方面符合环境保护要求、对生态环境和人体健康无损害。

4. 双向性

绿色消费是开展绿色营销的前提。绿色营销不仅要求企业树立绿色观念、生产绿色产品、开发绿色产业,同时也要求广大消费者购买绿色产品,对有害产品进行自觉抵制。社会公众绿色意识的觉醒要求企业适应大众消费需求观念的转变,作出绿色营销策略;反过来,企业的绿色营销行为,也积极地推动了消费者环保意识的培养。

(四)绿色营销的实施

1. 制订绿色营销战略计划

企业为了适应全球可持续发展的战略要求,实现绿色营销战略目标,必须制订绿色营销战略计划,明确企业环境事务的方针和方向,不仅要阐明企业自身应当承担的研制和营销绿色产品的义务,还要具体说明环保的努力方向以指导日常决策。此外,企业的绿色营销战略计划还必须与企业的长期战略计划相组合,保证资源的充分利用。

2. 开发绿色产品

同传统产品的开发与设计一样,绿色产品同样需要具备三个基本特征:①符合消费者的主要需求;②符合各种技术质量标准,力求成本最小化、性能最优化;③具有市场竞争力,有利于企业实现盈利目标。除上述特征外,绿色产品还应把绿色理念贯彻到产品开发与设计的过程中,充分考虑降低能耗、防止污染、回收再利用的要求。

开发绿色产品主要分为以下五个步骤。

1)设计

产品设计是开发绿色产品的第一个阶段,也是一个关键阶段。绿色产品的设计既要强调产品结构、功能等是否符合消费者需要,更要考虑对资源和能源的有效利用以及对环境的影响。在产品设计时,材料的选择、包装与运输方式、产品的制造过程、产品废弃物的处理等,都应做到综合考虑,兼顾消费者利益和环境利益。

2）生产

绿色产品的生产应该符合"清洁生产"的要求。"清洁生产"理念于1989年由联合国环境规划署工业与环境规划中心首次提出,定义为:将综合预防的环境策略持续地应用于生产过程和产品中,以便减少对人类和环境的危险性。这是一种物料和能耗最少的人类生产活动的规划与管理,将废物减量化、资源化和无害化,或消灭于生产过程之中。

3）品牌

塑造绿色的品牌形象,使消费者在接触到该产品时,就会联想到绿色的森林、优美的自然环境,认识到该产品生产、使用、回收处理都符合特定的环保要求。企业在给产品命名和选择品牌时,要符合绿色标志的要求,使用绿色商标,有利于产品受法律保护,更能吸引品牌忠诚者。

4）包装

绿色包装是绿色营销管理的重要组成部分,绿色包装应该做到:①减少包装材料,杜绝华而不实的过度包装;②重复使用包装,如许多国家生产啤酒、饮料等产品的企业采用可重复充装的容器,有效达到节约资源的目的;③使用再生材料或可再生材料包装;④使用可降解的包装材料。

5）回收

企业在产品或劳务满足绿色消费的同时,要考虑废弃物的再生利用性、可分解性,并搞好包装品及其废弃物的回收服务,以免给环境带来污染。

3. 制定绿色价格

企业生产制造绿色产品,在环保方面的投入会增加,根据"污染者付费"和"环境有偿使用"的观念,企业用于环保方面的支出应计入成本,从而成为价格构成的一部分。另外,消费者的绿色意识在不断增强,且认为绿色产品具有更高的价值,所以愿意为此支付更高的价格。但是,企业在制定绿色价格策略时,不仅要考虑企业环保费用的支出和绿色产品品质的提升,还应考虑到消费者对绿色产品价格的接受程度。在我国经济发达地区,人们的绿色意识相对较强,绿色产品价格的上扬幅度可适当增加,而在经济欠发达地区,绿色产品价格的上扬幅度不宜过大。

4. 选择绿色渠道

绿色分销渠道是指绿色产品从生产者手中转移到消费者手中所经过的由众多执行不同职能、具有不同名称的各中间商连接起来形成的通道。绿色渠道的选择,既关系到绿色产品在消费者心中的定位,又关系到绿色营销的成本,企业可以采取以下几种渠道策略:一是选择具有绿色信誉的中间商。如关心环保,在消费者心中有良好信誉的中间商,借助该中间商本身的良好信誉,推出绿色产品。二是设立绿色产品专营机构,减少绿色产品从企业到消费者中间的环节。三是所选择的中间商应不经营相互排斥的、相互竞争的,而且相互补充的非绿色产品,便于中间商虔心地推销企业的绿色产品。

5. 开展绿色促销

绿色促销就是围绕绿色产品开展的各项促销活动的总称。其核心是通过充分的信息传递来树立企业和企业产品的绿色形象,使之与消费者的绿色需求相协调,巩固企业的市场地位。制定绿色促销策略,应注意长远目标与现阶段任务相结合,要突出重点、切忌空泛。绿色促销活动主要有以下三种。

(1) 绿色广告。通过广告强化消费者的环保意识,传递环保观念,宣传企业绿色形象,引导消费者选择有利于个人健康和生态平衡的绿色产品。

(2) 绿色公关。绿色公关作为绿色广告的补充,帮助企业将绿色信息更直接、更广泛地传递到细分市场。绿色公关可以通过一定的大众媒体开展,诸如通过演讲、文章、环保教材及资料等活动来宣传企业的绿色形象。

(3) 绿色销售促进。企业可以通过免费试用样品、赠送礼品、产品保证等形式开展绿色销售促进活动,鼓励消费者购买绿色产品。

6. 推行绿色管理

"绿色管理"就是将环境保护的观念融入企业的经营管理和生产活动之中。这一思想可概括为"5R"原则:第一,研究(research),把环保纳入企业的决策要素之中,重视研究本企业的环境对策;第二,减消(reduce),采用新技术、新工艺,搞好"三废"处理,减少或消除有害废异物的排放;第三,再开发(rediscover),变传统产品为"绿色产品",积极争取"绿色商标";第四,循环(recycle),对废旧产品进行回收处理,循环利用;第五,保护(reserve),积极参与社区的环境整治,对员工公众进行环保宣传,树立绿色企业形象。企业只有在绿色管理原则下,才能加快向绿色企业转变,推动企业采用各种环保技术,实行清洁生产,生产出符合社会和消费者需要的绿色产品,从而实现可持续发展。

随着人们生活节奏的加快,汽车产业以其惊人的速度飞快发展着。然而,随着汽车数量增多,它所带来的负面影响越来越不容忽视:汽车尾气排放、汽车噪声污染、汽车对能源的消耗、汽车的报废等,这些问题对环境的影响日益严重。

一汽大众汽车有限公司(以下简称"一汽大众")成立于1991年2月6日,是我国第一个按经济规模起步建设的现代化乘用车生产企业。作为国内汽车行业的排头兵,一汽大众在生产高品质汽车的同时,时刻不忘担负起社会责任。早在2002年,一汽大众就已通过了ISO 14001环境管理体系认证,并把环保理念贯穿整个产品生命周期,环保不仅仅停留在遵守法律法规的基础上,一些在国内目前尚未要求的汽车环保指标,一汽大众也已经开始相关的研究,并参照国外的标准超前实施。

一、在产品的开发设计阶段制定严格的环保要求和标准

一汽大众在汽车产品诞生的初期,即产品的开发设计阶段就制定了严格的环保要求和标准,这些要求和标准分别从材料、生产工艺、再利用、油耗(CO_2)、废气(包括车内气体排放)、土壤/地下水的负担、噪声七方面对整车、车身、动力总成、电器、底盘、装备等部分的设计和开发作出了相关的环保规定与要求。

严格的环保要求使一汽大众在产品设计开发过程中必须考虑以下内容。

(1) 车用材料选择方面,在满足法律法规的同时采用环保材料、降低危险及有害材料的使用、使用不含丙酮和甲醇的玻璃清洗液、减少含PVC的卷缠带、使用不含PVC的线束。

(2) 在产品开发和工艺规划阶段提前考虑将来生产各环节的环保,如物流运输、采用多次使用的包装、降低废料的产生、使用环保生产工艺。

(3) 节能减排方面:为了降低油耗、减少CO_2的排放,对汽车的重量、风阻系数、风阻面积、前面迎风面积以及等速油耗的限值作出了规定;不仅关注汽车尾气的排放,还对车内气体排放加以重视。

(4) 对土壤、地下水的保护也在前期做好设计方案,在使用阶段确保密封性,在回收过程中提高容器的排干率,变速箱油免维护无须换油,在液压系统中装上泄放螺钉。

(5) 在噪声方面,在满足国家标准要求的同时,通过对各种装备部件的优化配合,尽量使汽车内外的噪声达到最低限值。

此外,对零部件配套企业的批量供货提出了更高的要求。比如车内空气污染问题,虽然目前国内还没有专门的法规,但是一汽大众早在1998年,就已经率先在同行业中采用德国大众最新的车内气体散发标准,规定了非金属零部件气味评定限值、内饰件材料的控制标准、零部件中禁用重金属(如铅)等。

产品开发设计阶段的环保要求,使一汽大众的汽车产品在诞生时就有一个健康的开始。

二、在开发和生产制造过程中奉行清洁生产原则

在汽车产品的开发和生产制造过程中,环境管理体系的运行、德国大众康采恩环保规划部环保的支持和定期召开的国际区域环保会议并设专题研讨环保议题同样为一汽大众的绿色产品、清洁生产提供了充分的保障。

一汽大众通过环境管理体系的有效运行,制定环境方针,郑重的环境保护承诺,更加强和促进了推行清洁生产,实现污染预防、减少污染物排放、降低环境事故风险、节能降耗降低成本等方面的管理,同时对紧急突发事件,建立应急和响应方案计划起到积极的推进作用,并提高了环境意识和管理水平。

在土壤/地下水保护方面,根据各车间的工艺特点,对其设备的基础提出针对性的环保要求,在设计和施工阶段做好各项防护保证处理,避免生产过程中由于意外泄漏造成土壤/地下水污染,及今后可能带来的更大的投入与经济损失。

德国大众一直十分关注一汽大众的环保工作,并制订德国大众全球环保行动计划——定期召开德国大众康采恩国际区域环保会议,以利于德国大众集团在全球范围内的环保技术交流和信息共享。德国大众康采恩国际区域环保会议每三年一个周期,每年均进行一次年度回顾、评审、研讨,并且根据每年对结果的评价,及时对计划的实施进程进行调整,采用更先进的技术确保计划得以落实,取得最佳的效果。每一周期的研讨会首先一汽大众与德国大众的环保专家及相关人员就所关注的环保重点议题进行交流和研讨,确定研讨会所研讨的议题,在具体的实施研讨过程中,各个议题的研讨同时进行,分组交流、研讨、评审,然后集中组织汇报各组评审研讨结果。一汽大众上一周期研讨会即

2004—2007年确定的研讨议题是产品开发中的环保、节能降耗、土壤及地下水保护/废水处理、环保信息交流/宣传四个主题。通过各议题的研讨,各级领导和专业人员了解了相关欧盟标准和德国大众康采恩环保标准要求,结合中国环保法规和一汽大众的实际情况,明确各议题改进空间和方向,使各议题的相关方面工作得以提高和加强。

此计划是结合德国大众集团的全球环保工作展开的,是涉及汽车生产全过程环保目标控制的计划。该计划已经不仅仅局限于产品本身的能耗和排放问题,而是明确将汽车制造全过程各环节中的能耗与污染问题纳入控制范围内。2008年新一轮的环保行动计划即将启动,新一轮的环保计划将重点针对加强供应的环保管理、废弃物管理、车辆回收再利用及重金属禁用等方面,制订目标、计划,使一汽大众的环保工作更上一个新台阶。

三、制订详细的产品报废回收再利用计划

随着汽车产品销售与使用,产品报废回收再利用也成为各汽车企业备受关注的问题。2006年2月国家发展和改革委员会、科学技术部和环保总局联合颁布了《汽车产品回收利用技术政策》,要求从2008年起企业进行回收率登记备案,计划在2010年成为强制性法规。

一汽大众在2008年2月22日,启动了《车辆回收再利用及重金属禁用项目》,并制订出详细的任务与时间进度计划:2008年起进行回收率登记备案工作;2010年可再利用率>75%,回收利用率>80%,限制使用铅、汞、镉及六价铬;2012年可再利用率>80%,可回收利用率>90%;2017年可再利用率>85%,回收利用率>95%。①

二、关系营销

关系营销是传统营销理念的有利扩展。随着经济全球化的发展,企业面对的市场环境越来越复杂,传统的营销理念越来越难以帮助企业凭借一己之力应付所有环境压力。因此,企业需要主动同与企业生存发展息息相关的组织或个人建立适当的关系,结成一个有机的系统,共同面对复杂的外界环境,达到"多赢"的效果。

另外,现代信息技术的发展为各种营销伙伴关系的建立、维护和发展提供了低成本、高效率的沟通工具,它解决了关系营销所必需的基本技术条件。正是在上述诸因素的作用下,关系营销自20世纪80年代后期以来得到了迅速的发展。

(一)关系营销的内涵

传统的营销理论以交易或交换为研究中心,重点研究营销渠道的效率和消费者行为。随着生产和交换日益向纵深方向发展,传统营销理论也越来越难以帮助企业维系良好的运营状态,关系营销的思想被越来越多的企业所接受。

早在20世纪50年代,Magarry就提出了营销的六项功能,其中"契约功能"(contractual function)指的就是发展市场伙伴中的相互依赖的合作关系。Adler Lee(1966)发现,企业之间的象征关系与传统营销者之间的中介关系没有直接联系,这使得企业对营销活动中

---

① http://www.bitauto.com/html/news/2009713/20097131444797520.shtml

的关系加以重新审视,认识到真正的营销关系是一种深入的、整体上的关系,而不是简单停留在传统营销者之间的中介关系上。例如,关系营销认为,和供应商建立的关系不仅仅是简单的你卖我买,而是一种更为稳定、可靠、和谐的关系,这种关系可以保证供应商能够按照你的要求安排原材料的生产供应,或者确保原材料的品质等一系列的便利。John Arndt(1979)指出,企业趋向于与关键顾客和供应商建立持久关系,而非仅仅只关注一次性的交易,并把这种现象定义为"内部市场化",这一概念揭开了一个崭新的空间,它说明持久关系的普遍性和重要性。

20世纪80年代后关系营销得到极大的发展。关系营销各学派从不同角度入手,采取不同的研究方法,对关系营销作出了不同的定义。Leonard Berry(1983)在美国市场营销学会的一份报告中最早对关系营销作出了如下的定义:"关系营销是吸引、维持和增强客户关系。"Jackson(1985)从工业营销的角度将关系营销描述为"关系营销关注于吸引、发展和保留客户关系"。Gronroos(1990)认为"营销就是建立、保持和加强与顾客以及其他合作者的关系,以此使各方面的利益得到满足和融合。这个过程是通过信任和承诺来实现的"。Gummesson(1990)从关系与互动的角度定义关系营销,认为"关系营销是市场被看作关系、互动与网络"。有些学者从更宽广的角度认识关系营销,如Morgan和Hunt(1994)认为"关系营销是指所有的旨在建立、发展和保持成功的关系的一切活动"。我们在这里所说的关系营销就是建立在Morgan和Hunt对关系营销的定义基础上。

关系营销(relationship marketing)是指从系统、整体的观点出发,对企业生产经营活动中涉及的各种关系加以整合、利用,来构建一个和谐的关系网,并以此为基础展开的营销活动。关系营销将建立与发展同所有利益相关者之间的关系作为企业营销的关键变量,把正确处理这些关系作为企业营销的核心。

关系营销的内涵可以概括为以下三个方面。

(1)关系营销的本质是系统和整体的观点。系统论认为,我们生活的世界无论何时何地都是世界普遍联系大网上的一个小小环节,从极大的观测宇宙到极小的基本粒子,从无机界到有机界,从自然到社会,无一不是以系统的形式存在和演化。这个观点运用到市场营销中,就成了处理整个系统中各种主客体之间关系的核心理念,即关系营销。

(2)将企业可能利用到的关系进行一个大致的归类,这些关系包括与雇员的关系、与客户的关系、与上下游企业的关系(与供销商和渠道的关系)、与竞争者的关系以及与政府和其他利益集团的关系等。这些关系都在关系营销中扮演着不可或缺的角色,都需要我们加以研究。

(3)关系营销中的各种关系要素都不是孤立的,它们互相作用、互相影响,从而构成一个有机整体。根据"木桶理论",这几个因素就像木桶的几个边,木桶的容积不取决于最长的边,而是取决于最短的那条边。因此,在关系营销中要注重的是几大要素的整合考虑。

(二)关系营销和传统营销的区别

关系营销是现代营销观念发展的一次历史性突破,它与传统营销相比,突破了"4P's"的框架,把企业营销拓展到一个更广、更深的领域。二者的区别主要表现在以下几个方面。

(1) 营销重心不同。传统营销把交易看作营销的基础,强调的是实现每一次交易的利润最大化,而关系营销则将营销视为企业建立市场关系的活动,认为企业与顾客、供应商、分销商等建立起牢固的相互依赖的关系是营销的重心,并通过关系的建立形成一个营销网络。在这个网络中,企业的营销目标不是追求每次交易的利润最大化,而是追求网络成员利益关系的最大化,最后形成网络成员互利互惠、共同发展的局面。营销重心的转移是关系营销与传统营销观念最本质的区别。

(2) 营销范围不同。传统营销把营销对象定位于目标市场上,即各种顾客群,而关系营销的市场范围不仅局限于顾客市场,还包括供应商市场、中间商市场、劳动力市场、影响者市场和内部市场。顾客是企业生存和发展的基础,建立和维持与顾客的良好关系是企业营销成功的保证。因此关系营销仍然把顾客作为关注的焦点,并把它放在建立各种关系的首要位置。除了顾客之外,处于企业供应链上的供应商、分销商和经销商与企业经营关系密切,与它们建立起牢固、稳定的关系,对保证企业营销关系的正常运转,实现营销目标意义重大。各种各样的金融机构,如银行、证券、投资公司等对于企业的经营和发展也会产生重要影响,企业必须把这些部门作为一个影响者市场进行考虑。此外,内部市场也被关系营销列入营销范畴。关系营销认为内部营销在树立企业员工责任心、建立企业内部人员和外部顾客对企业的认同感、消除经营活动的功能性障碍方面起着重要作用。

(3) 服务观念不同。传统营销较少强调顾客服务,产品和服务是截然分开的,企业仅仅关心如何把产品卖出去,占领更多市场份额。而关系营销则高度重视顾客服务,产品和服务之间的界限正在变得模糊起来,企业更重视通过顾客服务来提高顾客满意度,培养顾客忠诚。

(4) 营销组合不同。传统营销理论认为,企业营销实质上是利用内部因素即市场营销因素组合 4P's(产品、价格、渠道、促销)对外部可控因素作出积极的动态反应,实现销售目标的过程。只要营销组合策略运用适当,销售目标的实现就有了保证。关系营销认为尽管营销组合也强调它的动态性,但这种动态的调整远赶不上市场变化对它的要求,营销组合的模式化和狭窄的变量限制了它的运用。关系营销认为要提高营销组合的应用价值和效率必须增加另外三个要素:顾客服务、人员、管理进程。扩大的营销组合为企业营销决策提供更加科学、全面的新模式,对企业的营销活动产生深远的影响。

(三) 关系营销的一些基本理论

关系营销是一门实践性很强的学问,但是适当地了解一些基本理论有助于实践中对问题的分析和理解。关系营销的基本理论主要包括下列几个方面。

1. 关系阶梯和关系构成的梯度推进

关系的建立是一个长期的过程。关系阶梯要说明的是,在发展长期客户关系的过程中有几个明显的阶段。关系阶梯可以用图 14-2 来表示。

梯子的底部是潜在客户,换言之即目标市场。企业的首要目标是将潜在客户转变为"客户",但这还远远不够,客户只是与企业进行一次或者不定期的业务往来。下一步涉及的对象是"主顾"。主顾将会与企业进行多次业务往来，但这并不代表他们对企业保有足够的忠诚度，他们不和企业的竞争者进行交易可能仅仅是出于惰性。因此，只有当我们把主顾转化成"支持者"时，关系的力量才变得明朗起来。他们愿意与企业有联系，甚至愿意帮助企业宣传。在阶梯的最后一步，客户成为合作伙伴，与企业进一步寻找办法以便使双方从关系中获益。在这种情况下，企业与合作伙伴通过深度合作的方式共同获利，形成了一个有机的利益共同体，而不是简单的"你卖我买"的交易关系。

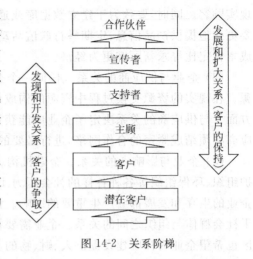

图 14-2 关系阶梯

在关系营销模式中，企业的重点是寻找适当的方法把客户推向阶梯的更高一级，并使其不降落下来。而常规的市场营销更多地倾向于把重点放在争取客户和发展市场份额上，对制定保持客户的战略没有付出相当的努力。

图 14-3 关系营销的六大市场

2. 关系营销的六大市场

关系营销把一切内部和外部的利益相关者纳入研究范围，用系统的方法考察企业所有活动及相互关系，表现积极的一方被称为市场营销者，表现不积极的一方被称为目标受众。如图 14-3 所示。

企业与利益相关者结成休戚与共的关系。企业的发展要借助利益相关者的力量，而后者也要通过企业来谋求自身的利益。企业与利益相关者可以归纳为以下几种关系。

（1）企业内部关系。内部市场是指公司内部的个体和团体。内部关系市场营销起源于把员工当作企业的市场。企业要进行有效的营销，首先要有具备营销观念的员工，能够正确理解和实施企业的战略目标与营销组合策略，并能自觉地以顾客导向的方式进行工作。企业要尽力满足员工的合理要求，提高员工的满意度和忠诚度，为关系营销奠定良好基础。

（2）企业与竞争者的关系。虽然企业在每个方面都会有竞争者，但是企业所拥有的资源条件不尽相同，往往是各有所长、各有所短，为有效地通过资源共享实现发展目标，企业要善于与竞争者和睦共处，并和有实力、有良好营销经验的竞争者联合。

（3）企业与顾客的关系。企业要实现盈利目标，必须依赖顾客。企业需要通过收集和积累大量市场信息，预测目标市场购买潜力，采取适当方式与顾客沟通，变潜在顾客为现实顾客。同时，要致力于建立数据库或通过其他方式，密切与顾客的关系。对老顾客，要更多地提供产品信息，定期举行联谊活动，加深情感信任，争取成为长期顾客，其花费的成本肯定比寻求新顾客更为经济。

（4）企业与供应商的关系。任何一个企业都不可能独自解决自己生产所需的所有资源。在现实的资源交换过程中资源的构成是多方面的，至少包含人、财、物、技术、信息等方面。与供应商的关系决定了企业所能获得的资源数量、质量及获得的速度。企业与供应商必须结成紧密的合作网络，进行必要的资源交换。

（5）企业与影响者的关系。金融机构、新闻媒体、政府、社区，以及诸如消费者权益保护组织、环保组织等各种各样的社会压力团体，它们与企业都存在千丝万缕的联系，对于企业的生存和发展都会产生重要的影响。例如，社区是以地缘为纽带而连接和聚集的若干社会群体与组织之间的关系。企业需要社区提供完善的基础设施和有效率的工作，社区也希望企业为社区建设提供人、财、物的支持。因此，企业有必要把它们作为一个市场来对待，并制定以公共关系为主要手段的营销策略。

（四）关系营销的实施

关系营销是把营销活动看成一个企业与消费者、供应商、分销商、竞争者、政府机构及其他公众发生互动作用的过程，实施关系营销的核心是如何建立和发展与这些公众的良好关系。

1. 顾客关系营销

顾客关系指的是企业与企业产品或服务的购买者、消费者之间的关系。顾客关系营销就是通过互动和交流，与顾客建立一种超越买卖关系的非交易关系，目的是促使顾客形成对企业及产品的良好印象和评价，提高顾客满意度和忠诚度，为企业开拓和稳定市场关系提供保证。

顾客关系营销的实施可遵循以下步骤：①筛选出值得和必须建立关系的顾客。企业应该尝试获取更多具有高价值的顾客，或继续挖掘已经与企业有长期关系的顾客价值。具体做法是，从现有的顾客资料中找出他们的特征，进行目标市场分析，利用这些特征到潜在的顾客资料库里筛选可能成为顾客的名单，将他们作为营销人员推销的对象。②明确职责范围。对筛选出的顾客指派专门的关系经理负责，明确职责范围，做到职、权、责一致。③制订长期的和年度的工作计划。关系经理需负责制订长期的和年度的计划，分析市场趋势及新需求。这些计划要注重某一细分市场的研究和开发，不仅要着眼于眼前的利润目标，更要注重长远的市场占有率。④进行反馈和追踪。通过设定目标对整个组织的行为进行控制，把组织的各种资源调动起来，不断地对工作进行追踪。

2. 合作者关系营销

合作营销又称联合营销，是企业与企业其他机构通过合作的方式，共同研究、开拓、维持市场，共同开发产品、构建分销渠道、传播信息、促进销售，通过各种协议、契约结成介于独立的企业和市场交易关系之间的一种松散型组织状态，其本质是在做市场的过程中与其他组织建立伙伴关系。合作营销策略主要有两种：一种是纵向合作营销策略，另一种是横向合作营销策略。前者是指具有供需关系的企业间的策略合作，在这种合作中通过信息、技术共享，降低整个价值链的成本、提高总体利润，实现"双赢"；后者是指生产能够相互替代产品的企业间的策略合作，成员之间既是合作者，又具有直接的竞争关系，通过优势互补、资源共享、成本降低和风险分散等效益，增强竞争双方的实力。

3. 员工关系营销

员工是企业的主体，是企业产品的生产者、服务的承担者，又是企业形象的代表者，与企业的利益和目标关系最密切。任何企业想要获得关系营销的成功，首先要处理好内部员工关系。具体措施包括提高员工的企业满意度和培养员工积极向上的价值观念等。只有切实保障员工的主人翁地位，员工才能以塑造企业形象为己任，主动做好本职工作，为企业的良好形象增光添彩。

4. 影响者关系

企业作为一个开放的系统从事营销活动，不仅企业内部员工关系、企业与顾客关系、企业与合作者关系对企业营销活动至关重要，企业与股东的关系，企业与政府的关系，企业与媒介、社区、国际公众、名流、金融机构、学校、慈善团体、宗教团体等的关系，都对企业的生产经营活动产生影响。企业的市场营销策略通常借助公共关系的宣传型、服务型、社会型、交际型以及征询型等活动方式，有效地提高企业的知名度、美誉度、和谐度，最大限度地获取无形资源，树立企业的良好形象。

三、体验营销

体验经济来临的驱动力是市场中消费形态的变迁，消费决定生产，推动着经济形态不断演变，体验消费带来的是体验经济。体验是一种客观存在的心理需要，随着人们物质需要得到较好的满足，以及生活节奏的不断加快，富裕而又忙碌的人们对体验产生了越来越多、越来越强的需求。因此，体验经济是一种建立在人们的物质生活水平提高、有足够的消费能力并且愿意在闲暇时间为他们的放松付出高昂的金钱来填补精神的需求和追求心灵的文化享受的经济。

体验经济的到来，对企业营销观念的转变带来深远影响，给企业带来了新的营销机会。谁能抓住这种机会，谁就能在未来的营销领域中领先一步。

（一）体验营销的内涵和特点

1970 年，著名的未来学家 Toffler 最早把"体验"作为经济价值来看待，在其著作《未来的冲击》中，他认为体验经济将逐渐成为继农业经济、制造经济和服务经济之后的一种经济形态，企业将靠提供体验服务取胜。1999 年，美国经济学家约瑟夫·派恩和詹姆斯·H.吉尔摩在他们的著作《体验经济》中指出，"体验经济是指企业以商品为载体，以服务为舞台，以满足消费者的体验需求为目的而开展的一系列营销活动"。哥伦比亚大学商学院教授伯恩特·H.施密特是第一个提出体验营销概念的学者，他称其为"体验式营销"，是

"一种为体验所驱动的营销和管理模式",将完全取代把功能价值居于核心地位的传统特色与功能营销。施密特还在书中概括了体验营销的应用范围,如运输工具(汽车、火车、轮船、飞机等);一般工业品与高科技产品;新闻及娱乐;顾问咨询公司;医疗及其他专业服务;宾馆、饭店、主题公园等旅游设施的设计;等等。

要想理解体验营销的内涵,首先要理解什么是体验。约瑟夫·派恩和詹姆斯·H.吉尔摩在《体验经济》一书中解释道:"体验是使每个人以个性化的方式参与其中的事件。"派恩认为,大多数父母带着他们的孩子到迪斯尼世界,不是为了这一事件本身,而是为了使得家庭成员共同分享这个令人难忘的经历,这种经历成为其家庭日常交流的一个组成部分。《情感体验》的作者斯克特·罗比内特从行为学理论的角度对体验进行解释,认为"体验是企业和顾客交流感官刺激、心情和情感的要点的集合"。施密特认为体验是指个体对某些刺激产生回应的个别化感受。也有部分专家认为,所谓体验(experiences)就是人们响应某些刺激(stimulus)(例如,由企业营销活动为消费者在其购买前与购买后所提供的一些刺激)的个别事件(private events)。体验通常是由于对事件的直接观察或参与造成的,不论事件是真实的还是虚拟的。体验会涉及顾客的感官、情感、情绪等感性因素,也会包括知识、智力、思考等理性因素,同时也可是身体的一些活动。而体验营销中的"体验",可以理解为在企业以服务的形式提供的情景中,顾客作为整个消费过程的中心,通过亲自参与这个过程获得令人难忘的美妙而深刻的印象。

综上,体验营销是指企业以满足消费者的体验需求为中心所开展的一切营销活动,它从消费者的感官、情感、思考、行动和关联五个方面重新定义、设计营销理念。也就是说,体验营销是指企业通过采用让目标顾客观摩、聆听、尝试、试用等方式,使其亲身体验企业提供的产品或服务,让顾客实际感知产品或服务的品质或性能,从而促使顾客认知、喜好并购买的一种营销方式。作为一种全新的营销概念,体验营销在许多方面具有自己的特点,主要包括以下几点。

(1) 消费者主动参与。消费者的"主动参与"是体验营销的根本所在,离开了消费者的主动性,"体验"难以产生,消费者参与程度的高低也直接影响了体验的产出。

(2) 以体验需求为中心。如今的消费者不仅重视产品或服务给其带来的功能利益,也重视购买和消费产品或服务的过程中所获得的符合自己心理需要和情趣偏好的特定体验,在产品或服务功能相同的情况下,体验成为关键的价值决定因素,往往是消费者作出购买决策的主要动机。

(3) 消费者的"双性体"。体验营销打破了传统的"理性消费者"的假设,认为消费者同时受感情和理性的支配,消费者因理智和一时冲动而作出的购买决策的概率是一样的。因此,体验营销强调消费者的参与性和接触性,强调引起消费者的"情感共振"。

(二) 体验营销的类型

人类的体验需求是多样化的,但可以分成不同的形式,且各种形式都有自己固有而独特的结构和过程。施密特将体验分为感官体验、情感体验、思考体验、行动体验和关联体验五种形式,并将这些不同的体验形式称为战略体验模块(strategic experiential modules,SEMs),以此来形成体验营销的构架。

第十四章 营销管理扩展
CHAPTER 14

1．感觉体验营销

传统的企业提供产品，而以顾客为导向的企业会注重产品在顾客心目中的价值。它们不是向市场推销"牛排"，而是向顾客提供一种体验——"煎牛排时发出的嗞嗞声"。

在当今社会大量的媒体工具以及交互式、充满感觉的多媒体使通信量十分巨大，因此产品的性能和价值、品牌的名称和联想是不足以引起注意并吸引顾客的。能够吸引顾客的企业提供的是能够使顾客享受到企业、产品或服务的定位相一致的、令人难忘的感官体验。

理查特公司制作的巧克力被英国版《时尚》(*Vogue*)杂志称为"世界上最漂亮的巧克力"。理查特首先定位自己是一家设计公司，接着才是巧克力公司。从商标到促销品的包装，从巧克力本身到附带销售的巧克力储藏柜，理查特都用心设计。理查特巧克力是在一个类似精致的珠宝商展示厅销售，巧克力装在一个玻璃盒子中，陈列于一个广阔、明亮的销售店。产品打光拍摄，在其产品的宣传资料中就像是件精致的艺术品或是珠宝。对视觉感而言，巧克力本身就是个盛宴。它们有漂亮的形状，并且以不同的花样与彩饰装饰。视觉上的包装和设计使这些巧克力看起来如此贵重，尽管售价不菲，仍然收获了大量拥趸。

感性不是物的实体，而是某种意识，心中的状态。商品的感性化现象是与顾客意识有关的一种心理现象。感官体验营销的诉求目标就是创造知觉体验的感觉，包括视觉、听觉、触觉、味觉与嗅觉。

1) 视觉

视觉是影响顾客的重要感觉之一，它帮助我们捕捉诸如颜色、外形和大小等客观情况，产生对包括体积、重量和构成等有关物理特征的印象。有证据表明，人的眼睛可以区分10 000种色调，从浓度、亮度和色调将感官体验与物理特性联系起来。浓度是指着色或纯度；亮度是指明暗度或能级，类似于音乐中的音量或幅度；色调是指波长。在视觉上穿透力最强的是红、绿、黄色。其中，红色用得最为普遍。红色象征温暖、感性和无威胁，红色是生机的根源。可口可乐、百威、高露洁、万宝路等著名产品都是以红色包装为主。绿色象征着和平、成长、永久、自然、健全、安静、安全、旅行等，如雪碧等。黄色象征着希望、快活、愉快、智慧、辉煌等，如麦当劳等。颜色偏好与品牌选择之间存在着密切的联系。但视觉体验带来价值的多少还取决于它如何被运用。

2) 听觉

许多产品和服务都需要声音，产品通过听觉与顾客沟通是一种其他感觉所不能替代的方式。宾馆、饭店、超市、百货商店、美发厅、机场，以及专业服务提供者，如医生、律师、会计师，都经常利用听觉刺激来加强与顾客的联系。在电话服务、销售大厅、候客室，以及其他任何顾客可能会访问的地方，都会存在声音。因此企业应当谨慎地选择不同的音色和音调，从而得到顾客的认可、令人愉快的联想、各种感觉，以及较高的评价。

3) 触觉

如同听觉一样，触觉同样帮助形成印象和主观感受，从而转化为价值。产品的材料可以产生对产品的某种"感觉"。一件羊绒衫划过肌肤时的轻柔，这种美妙的身体感觉让你感到无微不至的关怀,而又倍感优美典雅。伴随这些身心感受的则是一种理性的判断——这件衣服一定价格不菲。

4）味觉和嗅觉

在我们所处的环境中,气味是无所不在的。芳香疗法认为,香味具有心理上和生理上的作用。当我们再次闻到某次经历中闻到过的某种气味,我们会回忆起那次经历的所有细节。美国一家蛋糕店,整个店面是一块巨大的蛋糕,诱发人们的食欲。更使人惊喜的是,当人们踏进蛋糕店,一股草莓的香味迎面扑来,顾客自然食欲大增,不会空手而归。气味的差异所导致的记忆程度,以及能产生独特联想的能力,使嗅觉成为一种理想的增强企业或品牌识别的工具。星巴克咖啡连锁店的成功基础是"人们对咖啡的感觉90%来自嗅觉,10%来自喝咖啡的味觉"。

2. 情感体验营销

"人非草木,孰能无情"。情感营销就是以顾客内在的情感为诉求,激发和满足顾客的情感体验。人们的情感可分为感情与情绪两个方面,从正面的情绪到负面的感受,从温和的心情到强烈的感情,从喜怒哀乐到爱恨悲愁,都可纳入情感的范畴。营销人员的任务在于,认真探究顾客的情感反应模式,努力为他们创造正面的情感体验,避免或去除其负面感受,从而引导顾客对公司及其产品和服务产生良好印象,直至形成偏爱的态度。与传统营销方式相比,情感营销是更人性化的营销,它真正从顾客的感受出发,细心体察与呵护顾客的情感。从这个角度说,营销人员并不是产品或服务的推销者,而是美好情感的缔造者。

倩碧(Clinique)在创牌7年之后所推出的第一款名为"欢乐"的香水,就是一个很好的情感营销的例子。销售点的录像广告中通过展示产品阳光健康的橙色包装以及模特嘉莉·巴丝(Kylie Bax)跳跃的身影和欢快的微笑,进一步强化了产品名称所蕴含的意义。其电视广告把运动和音乐完美融合在一起。借"欢乐"营销之势,倩碧倡导了欢乐时尚的潮流。倩碧还为"欢乐"品牌香水制作了限量发行的CD作为搭售产品。其中包括朱迪·嘉伦(Judy Garland)演唱的《享受欢乐》和Turtles演唱的《齐欢乐》。"欢乐"带给你无尽欢乐。

与感觉相对比的是情感特征,不是五种感觉器官的单独活动,而是复合了复数感官信息的东西和记忆。情感是复合感官作用的结果。感觉是单一器官的作用,而情感是由复数感官形成信息而被合成时创发的意识。情感比感觉具有较强的价值和记忆,因此情感因人而异。

情感也是有层次的。乘坐汽车的心情与乘坐奔驰的感觉相比,美、魅力、威严、动感等情绪是高层次的。高层次的情感给人很大的不同感觉。因此情感要研究的是产品与顾客的感情、心理、意识的共同部分。情感化最为可能性的产品应该是与大众直接相连的工业制品领域、最终消费资料领域。

巴诺(Barnes & Noble)书店是同星巴克合作最成功的公司之一。它们认为书籍和咖啡是天生的一对。巴诺书店发起一项活动——把书店发展成人们社会生活的中心。为吸引更多的顾客,这里需要一个休闲咖啡店。1993年巴诺开始与星巴克合作,星巴克在书店里开设自己的零售业务,双方都从中受益。早晨星巴克已把人流吸引进来小憩而不是急于购书,而书店的人流则增加了咖啡店的销售额。

情感体验营销是在营销过程中,要触动顾客的内心情感,创造情感体验,其范围可以是一个温和、柔情的正面心情,如欢乐、自豪,甚至是强烈的激动情绪。情感体验营销需要真正了解什么刺激可以引起某种情绪,以及能使顾客自然地受到感染,并融入这种情景中来。

3. 思考体验营销

思考体验营销诉求的是智力,创造性地让顾客获得认识和解决问题的体验。它运用惊奇、计谋和诱惑,引发顾客产生统一或各异的想法。在高科技产品宣传中,思考体验营销被广泛使用。1998年苹果电脑的IMAC计算机上市仅6个星期,就销售了27.8万台,被《商业周刊》评为1998年最佳产品。IMAC的成功很大程度上得益于一个思考营销方案。该方案将"与众不同的思考"的标语,结合许多不同领域的"创意天才",包括爱因斯坦、甘地和拳王阿里等人的黑白照片。在各种大型广告路牌、墙体广告和公交车身上,随处可见该方案的平面广告。这个广告刺激顾客思考苹果电脑的与众不同,也同时促使他们思考自己的与众不同,以及通过使用苹果电脑而使他们成为创意天才的感觉。

4. 行动体验营销

行动体验营销的目标是影响身体的有形体验、生活形态并与顾客产生互动。行动体验营销通过偶像角色如影视歌星或著名运动明星来激发顾客的身体体验,指出做事的替代方法、替代的生活形态与互动,丰富顾客的生活,使其生活形态予以改变,从而实现产品的销售。在这一方面耐克可谓经典。耐克每年销售逾1.6亿双鞋,在美国,几乎每销售两双鞋中就有一双是耐克的。该公司成功的主要原因之一,就是有出色的"just do it"广告,通过著名的篮球运动员迈克尔·乔丹升华身体运动的体验。

5. 关联体验营销

关联体验营销包含感官、情感、思考和行动或营销的综合。关联营销超越私人感情、人格、个性,加上"个人体验",而且与个人对理想自我、他人或是文化产生关联。关联活动案的诉求是自我改进的个人渴望,例如,想要与未来的"理想自己"有关联;要别人对自己产生好感,如亲戚、朋友、同事、恋人或是配偶和家庭。让人们和一个较广泛的社会系统(一种亚文化、一个群体等)产生关联,从而建立个人对某种品牌的偏好,同时让使用该品牌的人们进而形成一个群体。关联体验营销战略特别适用于化妆品、日常用品、私人交通工具等领域。

美国市场上的哈雷-戴维森(Harley-Davidson)机车(以下简称"哈雷")是个杰出的关联品牌。哈雷代表着一种生活方式,车主们经常把它的标志文在自己的胳膊上,乃至全身,顾客视哈雷为身份标识的一部分。他们每个周末都去参加各种竞赛,可见哈雷品牌的影响力不凡。哈雷的网页道出了问题的本质:"假定时间描绘出一幅画卷——这幅画代表了你在地球上的全部生活。你就需要问问自己希望成为什么样的人呢?是一个脸色苍白、整天对着电脑在办公室里忙忙碌碌的人呢？还是一个身穿酷装骑着哈雷机车的冒险主义者呢？你可以选择，但是决定要迅速。随着时间的流逝每个人的生活画卷都在形成。"

施密特认为，企业进行体验营销活动时，应该运用融合几种体验的全面体验营销方式。惠普提出了"全面客户体验"的商业模式，通过提供体验、购买体验、使用体验及应用体验，并围绕以客户为中心和为客户提供全面体验的思想构筑相应的运营模式，旨在让客户得到全面、优质的服务。在国内，联想是全面客户体验的忠实实践者，取得了不俗的成效。联想的全面客户体验体现在从产品定义到开发，再到测试的整个流程。联想的产品是在认真地体验客户的购买需求，有了深度的客户体验之后才开发出来的。有了对客户的实际感受和体验，做出来的产品会让客户在使用中感受到喜欢和愉悦。

（三）体验营销的实施

虽然企业实施体验营销的方式多种多样，但是通过观察企业开展体验营销的成功案例，我们还是可以归纳出实施体验营销的基本步骤。

第一步，开展顾客心理需求分析，开发产品心理属性。

当人们的物质生活水准达到一定程度以后，其心理方面的需要就会成为其购买、消费行为的主要影响因素。开展体验营销，首先要与顾客进行直接的沟通，对顾客心理需求进行分析研究。这要求企业借鉴应用心理学、顾客行为学等理论进行以情感为主的针对性、实用性调查，研究顾客心智，列出尽可能多的接触要点，分析并测量构成顾客体验的因素。同时，企业还必须加强产品心理属性的开发，重视产品的品位、形象、个性、感性等方面的塑造，营造出与目标顾客心理需要相一致的心理属性。

第二步，找准定位，制定"体验主题"。

体验营销要求为体验进行准确的定位。成功的定位要符合三条标准：一是简明扼要，抓住要点，不求面面俱到，但求体现产品的差异化优势；二是能引起消费者共鸣；三是定位必须是能让消费者切身感受到的。

定位找好后，接下来就要挖掘新鲜体验元素作为主题。要从顾客心理需求分析和产品心理属性出发，进行主题的发掘：①具有诱惑力的主题才能调整人们的现实感受。②丰富有关地点的主题，影响人们对空间、时间和事物的体验。③具有魄力的主题使时间、空间和事物相互协调地显示整体。④多景点布局可以深化主题。⑤主题必须与性质相协调。

第三步，因地制宜，设计营销事件。

设计营销事件和刺激，必须建立在目标顾客在体验上的消费习惯和体验营销要求的基础上，同时自始至终不能偏离体验主题。这需要根据不同地区的特征和消费终端环境，展现不同的体验诉求，把顾客在整个体验过程中的所思所想完全掌控在手中，以正面线索使体验的结果达到和谐。同时，还要淘汰负面因素，因为塑造整体印象仅展示正面因素是不够的，体验提供者还要删除任何削弱、抵触、分散主题中心的环节。

第四步，借助体验工具，调动顾客参与主动性。

顾客的"主动参与"是体验营销的根本所在，所以企业要充分利用企业资源，将各种工具进行全方位的组合运用,让顾客充分暴露在企业提供的氛围中,主动参与到设计的事件中来,完成"体验"生产和消费过程。体验工具包括交流(或沟通)、产品展示、空间环境、电子媒介等。

第五步,持续创新,增加附加"体验值"。

众多企业纷纷把目光投向体验营销,如何在众多企业中脱颖而出,通过"体验"抓住更多消费者的"眼球",是每一个企业必须思考的问题。因此,企业必须始终关注新一代消费热点,持续创新,不断推出新的体验经历。近年来,深圳"世纪之窗"主图公园根据消费者的变化,相继增加了不少新的游乐项目:亚马逊丛林历险、美国大峡谷漂流、金字塔幻想馆、阿尔卑斯山室内滑雪场、富士山数码影院,还有每天晚上进行的大型文娱演出等。这些使得公园对旅游者的吸引力大大增强。

星巴克(Starbucks)咖啡公司是世界领先的特种咖啡的零售商、烘焙者和星巴克品牌拥有者。从1971年西雅图的一间小咖啡屋发展至今成为国际著名的咖啡连锁店品牌,星巴克的成长可称得上是一个奇迹。可以说,现任董事长霍华德·舒尔茨先生是这个奇迹的创造者及见证者。1987年,霍华德·舒尔茨先生收购星巴克,从此带领公司跨越了数座业务发展的里程碑。1992年6月,星巴克作为第一家专业咖啡公司成功上市,迅速推动了公司业务增长和品牌发展。目前公司已在北美、拉丁美洲、欧洲、中东和太平洋沿岸37个国家拥有超过12 000家咖啡店,拥有员工超过117 000人。

咖啡王国传奇的造就非一朝一夕之功,它源于其长期以来对人文特质与品质的坚持:采购全球最好的优质高原咖啡豆以提供消费者最佳的咖啡产品,有其深厚的文化底蕴;更源于不懈的品位追求,时时处处体贴入微,提供消费者最舒适、最优雅的场所。这也是星巴克的独特魅力所在,同时也体现了体验营销的威力,星巴克正是以"体验式营销"的方式带领消费者体验其所塑造的文化。

用最好的咖啡,煮出不同的口味

星巴克的咖啡具有一流的纯正口味。为保证星巴克咖啡的质量,星巴克设有专门的采购系统。采购系统的工作人员常年旅行在印尼、东非和拉丁美洲一带,与当地的咖啡种植者和出口商交流、沟通,为的是能够购买到世界上最好的咖啡豆。他们工作的最终目的是让所有热爱星巴克的人都能品到最纯正的咖啡。星巴克的咖啡品种也是繁多的,既有原味的,也有速溶的;既有意大利口味的,也有拉美口味的,顾客可凭自己的爱好随意选择。

把星巴克文化渗入人心

所有在星巴克咖啡店工作的雇员都经过严格且完整的训练,对于咖啡的认识及制作咖啡饮料的方法,都有一致的标准。星巴克使顾客除了能品尝绝对纯正的星巴克咖啡之外,也可与雇员产生良好的互动。

星巴克咖啡连锁店有一个很特别的做法:店里许多东西的包装像小礼品一样精致,从杯子、杯垫和袋袋咖啡豆,咖啡壶上的图案与包装,到每天用艺术字体展示的当日主推销产品等,都可以看出构思精心与匠心独具,于是会有顾客对这些小杯子、杯垫爱不释手,并带回家留作纪念,这种不在市场销售的赠品便成了顾客特别喜爱星巴克的动力,也成了体验营销的经典应用。

星巴克吸引消费者的另一个重要因素就是其内部幽雅独特的人文环境，木质的桌椅、清雅的音乐、考究的咖啡制作器具，为消费者烘托出一种典雅、悠闲的氛围。同时高科技的应用也使星巴克与众不同，它成功地实施了微软 NET My Services 的商业模式，星巴克的顾客可以通过因特网预订想喝的咖啡，踏入星巴克店门后不用等待，自己想喝的咖啡就会立即端上来。同时无线宽带网络技术已进入星巴克连锁店，顾客在饮用一杯星巴克咖啡的同时，可以悠闲地使用具有无线功能的智能手机、掌上电脑和其他手提设备接入宽带内容及服务，各种流行的国内外报纸杂志及免费上网的服务，让你在某个需要释放心情的日子里享受到真正意义上的轻松与愉悦，那时星巴克的形象中又会加入一种时尚、尖端的因素。它的目的是为顾客提供方便，而这也形成了星巴克不同于别处的特殊体验。

每一家星巴克连锁店都设有顾客意见卡，其顾客关系部每年都要收到成千上万的电话，星巴克总是会作出让顾客满意的回答和服务。可以看出，在与顾客接触的任何时刻，星巴克都不忘将其独特的文化特色渗入人心。

不同的体验，共同的享受

来过星巴克咖啡店的人都会产生一些独特的经验，我们称之为"starbucks experience"，这些心得和故事都是值得与其他人分享的共同经验。

当你坐在任何一家星巴克咖啡店里，品尝着手中第一杯或者第一千杯星巴克咖啡时，都会见到一位女子躲在手中的星巴克咖啡杯中向你微笑，她看上去天真无邪但却无比妩媚动人。"她是谁呢？"你不禁会想，"是来自哥伦比亚的咖啡公主，还是地中海里的美人鱼？"不管她来自哪里，都肯定带着一个五彩斑斓和充满浪漫气息的故事。

星巴克从品牌名称到 LOGO 设计都让人产生联想，并充满好奇感。"星巴克"一名取自美国古典冒险小说《大白鲨》，主人公是一位名叫星巴克的船大副，他幽默坚定，爱喝咖啡，有丰富的航海经验。星巴克的 LOGO 形象设计则来自多数人都熟悉的古老的海神故事。荷马在《奥德赛》中描述了海神如何将水手引诱到水中，让他们在销魂的声音中幸福、快乐地死去。中世纪的艺术家们把这些生灵刻画成美人鱼，从此这些生灵传遍了整个欧洲，人们用它们装饰大教堂的屋顶和墙壁。星巴克徽标中那个年轻的双尾海神，便是由中世纪的美人鱼演绎而来。于是，星巴克充满传奇色彩的名称和徽标很容易在顾客头脑中形成一种印象，并由好奇最终转变为好感，这种联想式的体验也是众多星巴克迷的钟爱之处。

同时星巴克强调它的自由风格，首先它采用的是自助式的经营方式，你在柜台点完餐，可以先去找位置稍加休息，也可以到旁边的等候区看店员调制咖啡。等你听到他喊你点的东西后，就可以满怀喜悦的心情，端取你的咖啡。在用品区，有各式各样的调味料，如糖、奶精、肉桂粉，以及一些餐具，你可自行拿取。由于是自助，所以也不用付服务费，店里的装潢并非经常更换，但让星巴克如此吸引人的正是这份自由的体验，星巴克就像一双 CONVERSE 的帆布鞋，自在、休闲、沾上水渍也一样轻舞飞扬。

星巴克，您的邻居

有星巴克咖啡店的地方，都是人们在工作、居家之外最喜爱停留的地方，在店里可以与其他的星巴克爱好者产生视觉、听觉的互动；或是单纯地喝一杯咖啡，享受独处的悠闲，星巴克是一个可以放松身心的地方。

在中国，几十平方米的咖啡店里，常常可以看见衣着光鲜的白领手捧咖啡杯，或聊天，或摊开资料、打开手提电脑讨论工作。如果运气好的话，还可以看见一些身着棉布衬衫、留着IT寸头的网络精英，其中一位很可能就是已经缩水，但名气依旧不小的"数字富豪"。

与星巴克在中国的定位不同，在美国，星巴克把自己定位为"您的邻居"，绝非白领阶层的专属，但仍然是其家庭客厅的延伸、价廉物美的社交场所、工作和家庭之外的第三个最佳去处。在西装革履的金融区，在花花绿绿的黑人区，都可以看到它的踪影。在价格上，一杯咖啡最便宜的在1.5美元左右，最贵的也只有4美元左右。除了最便宜的"星巴克当家咖啡"外，还有淡淡甜酸果味的女神天韵咖啡、口感厚重的哥伦比亚纳瑞诺咖啡、可配甜点的维罗娜咖啡等。

星巴克以为顾客创造"第三空间"为主题，营造了一个全新的体验，通过情景，星巴克来创造"体贴"，正是真正地了解了这些可以刺激顾客内心情感的细枝末节，星巴克才可以将体验营销用到极致，并成为经典。①

四、口碑营销

口碑，是人类最原始的行销广告。传播信息是人类的天性，产品信息是人类生活中的重要组成部分。在还没有报纸、杂志、电视、因特网等媒体时，人们之间的信息传播主要是通过人际交流渠道来完成的。俗话说"酒香不怕巷子深"，所以只要自己的"酒香"，消费者就会通过自己的社交网络将这一信息"一传十、十传百"地传播。这样一来，即使"巷子再深"，顾客也会光顾。

（一）口碑营销的概念

"口碑"（word of mouth）一词来源于传播学，现在主要应用于营销领域。美国营销专家伊曼纽尔·罗森（Emanual Rosen）认为："所谓口碑，是关于某品牌的所有评述，是任何给定时间里关于某个特定产品、服务或公司的人与人之间所有交流的总和。"

在消费者行为学、营销学和客户关系管理等领域中都出现了大量与口碑相关的研究。表14-1中总结了一些学者对口碑的定义和理解。

表14-1 一些学者对口碑的定义和理解

学 者	时 间	定 义
Arndt	1967年	无商业目的的传播者与接受者之间关于产品、品牌和服务的口头形式的人际沟通
Westbrook	1987年	消费者之间的一种非正式沟通，谈论的内容涉及特定产品或服务的特性、使用和供应商
Bone	1995年	人与人之间关于产品信息和使用的沟通，但参与沟通的双方都不是营销人员
Helm&Schlei	1998年	群体之间（如产品提供者、独立专家、家人、朋友、客户和潜在客户）进行的口头沟通，包含正面的和负面的沟通

---

① http://www.emkt.com.cn/article/616/61679.html

口碑传播方式具有以下几个优点。

(1) 针对性强。当一个产品或者一项服务形成了良好的口碑之后,就会被广泛传播。它不像大多数公司的广告那样千篇一律,无视接受者的个体差异,口碑传播形式往往借助社会公众之间一对一的传播方式,信息的传播者和被传播者之间一般有着某种联系,这样信息的传播者就可以针对被传播者的情况,有针对性地进行口碑传播。

(2) 宣传费用低。良好的口碑是企业的一笔巨大财富,它的形成需要企业方方面面的配合以及前期较大的人力、物力、财力的投入,而产品或服务一旦在消费者心中形成了良好的口碑,消费者就会自行宣传企业的产品和服务,并且很容易形成稳定的忠实顾客,为企业大大地节省广告、宣传的费用。

(3) 可信度高。口碑传播的信息接收者和传播者之间因为总是存在某种联系,信息接收者对传播者传播的信息比较容易接受;另外,产品或服务只有形成较高的满意度,才会被广为传颂,形成好口碑。

综上所述,口碑是由生产者以外的个人,通过明示或暗示的方式,不经过第三方处理加工,传递关于某一特定或某一种类的产品、品牌、厂商、销售者以及能够使人联想到上述对象的任何组织或个人信息,从而导致受众获得信息、改变态度甚至影响购买行为的一种双向互动的传播行为。这种以口碑传播为途径的营销方式,称为口碑营销。

信息沟通(传播)的方式或者渠道主要有两大类:人员的和非人员的。非人员的信息沟通渠道,顾名思义,指的是传递信息无须人员之间的接触或信息反馈的方式。人员的信息传播渠道指的是信息通过人与人之间进行传播的方式。人员的信息传播渠道又可以进一步分为提倡者渠道、专家渠道和社会渠道三种方式。提倡者渠道是指企业的销售人员在目标市场上与顾客接触进行信息沟通或传播的方式。专家渠道是指通过具有专业知识的个人对目标市场的购买者进行与产品有关的知识讲座或评论,从而影响或引导他们的消费行为或购买行为。社会渠道是指信息的传播通过邻居、家庭成员、同事等之间进行传播。市场营销人员借助社会渠道或专家渠道来进行促销活动,就属于口碑营销。

(二) 口碑营销的基本程序

从企业营销的实践层面分析,口碑营销是企业运用各种有效的手段,引发企业的顾客对其产品、服务以及企业整体形象的谈论和交流,并激励顾客向其周边人群进行介绍和推荐的市场营销方式与过程。实施口碑营销可遵循的基本程序如下。

1. 寻找

口碑营销的第一要点就是要找出能够正确地对商品和服务进行口碑传播的人。寻找符合这一目标的人,主要有以下三种方法。

(1) 在自己公司的顾客当中寻找。根据购买履历上记录的购买评价、购买总金额等信息从自己公司的顾客名单中寻找有希望进行口碑传播的用户,通过听讲会或问卷调查把握他们有无口碑传播意向。

(2) 将目标市场中的权威人士聚集起来。如果没有顾客名单,或很难把握顾客对产品的关心度,那么可以采用寻找对商品的使用、购买具有影响力的权威人士的方法。这些人包括医生或大学教授等专业人士、在杂志或者电视上受欢迎的人、人气网络博主等。选人的重点是看他们是不是能用一句话或一篇报道就能够让商品和服务的目标用户敏感地有所反应。

（3）在共同体或社团中寻找。网络的出现使寻找目标用户的共同体或社团变得更加容易，利用搜索引擎输入"育儿会""海钓同好会"之类的关键词就可以找到目标用户活动的团体，在得到这些团体协作意愿的基础上，还要以潜在顾客等有望成为长期顾客的人员为对象，广泛地促进他们对口碑传播的协作。

2. 加深印象

选出能够进行口碑传播的用户之后，企业必须将"希望大家传播的信息"正确地传达给他们。企业可以通过让用户参与商品开发以及到工厂、研究所等开发、生产现场进行参观、开展活动等，加深用户对产品或服务的印象，使他们成为忠实拥护者。

在提供信息时，可以运用两点技巧：第一，传播故事性。为了提高用户对产品的关心度，不仅要向用户提供产品的基本信息，还应将开发产品所经历的艰难困苦、商品名称的由来、商品的优越性等别处得不到、具有补充价值的信息，即能够成为话题的"故事"提供给他们。第二，使用用户满意度高的关键词句。与企业想要表达的"关键词句"不同，用户有其感到满意的"关键词句"。例如，以"低价位"抢占市场时，如果该商品相较于价格还有"高性能"的特点，就可以让顾客产生满足感。

3. 推广

决定了作为口碑传播起点的用户之后，接下来就是要考虑怎样来推广口碑传播，简单地说，推广的目的就是要"引人谈论"。扩展口碑传播最重要的就是要用户自己选出已经了解的东西，"用自己的话说出来"。发起口碑传播的企业需要提供深层客户向浅层客户传播的契机，以及提供深层客户向浅层客户传播的工具。

引人谈论的方法大体上有以下三种。

（1）让"深层客户"派发样品。向深层客户提供一定数量的样品，拜托他们"如果有人对商品感兴趣，就请发给他们"。这样派发样品的过程自然而然成为传播口碑的过程。

（2）举办集会活动。通过举办集会活动可以为深层客户向浅层客户提供交流的机会。

（3）利用大众广告。通过大众广告，制造消费者共同的讨论话题，大量制造使用者同盟的接触点和信息传播的机会，就可以让信息在用户之间渗透下去。

4. 验证

口碑传播作为营销活动的一环，需要对营销效果进行验证。这时可以采用问卷等形式，调查口碑营销是否按照企业的意图起到了作用。调查对象和调查重点有以下几项。

（1）询问选出的用户。首先要做好定期向深层用户询问"何时""何地""向谁"进行传播等问题的策划。为此，在口碑营销策划阶段就必须设计好向深层用户收集信息的方法。

(2) 询问新用户。要把握新用户是从谁那里得到的信息,因何购买、使用此商品。探寻信息路线与内容是按照发起口碑传播方的意图传达的,但还是出现了从发起方控制之外的地方获得信息的情况。

(3) 询问目标用户/团体。以今后的潜在顾客为目标,在进行口碑营销之前对口碑传播相关意识进行调查,在营销活动完成之后再进行同样的调查,验证前后的差异。

(4) 听取用户的心情。从用户在网上发布的自发性留言中验证口碑传播的效果。

(三) 网络口碑营销

随着互联网的应用发展,越来越多的消费者透过网络收集其他消费者提供的产品信息以及与此产品有关的讨论,并且将自己对于品牌、产品、服务、厂商或相关事件的看法发表于互联网上,口碑也突破了传统的口头传播形式,借助互联网产生了新的形式——网络口碑。

作为新兴的营销概念,网络口碑的研究在 21 世纪初逐渐兴起,但大多数研究都随着口碑的研究一笔带过,网络口碑至今没有一个公认的定义。Gelb 和 Johnson 曾经在 1995 年提出通过互联网所进行的信息沟通与交换也是口碑传播的一种形式,即"网上口碑"。Henning-Thurau 等人在 2003 年提出,网络口碑包括消费者产品体验的口头描述,以及对产品价格、性能等特质的评定;阅读者可以通过网络意见平台看到真实且值得信赖的消费者意见,并可对他人的评定作出反应。2005 年,Kim 和 Lee 指出网络口碑是经验丰富的消费者向经验较少的消费者传播口碑,包括正面的和负面的信息;经验较少的消费者通过阅读网络上经验丰富的消费者发表的意见学习相关的产品知识。

网络口碑与传统口碑既有相似性,又有不同性。它们的相似性主要表现在以下两点。

(1) 均具有较高的可信度。不管是线上还是线下传播的口碑,都来源于独立的第三方,它们能够客观地描述有关产品的事实情况。尤其是,网络给消费者提供了一个信息交换共享的平台,消费者可以通过网络搜索到来自不同地区、不同背景的众多消费者对于同一产品的评论,然后综合多个独立的意见得出较为公正的评价。

(2) 均具有较强的交互性。口碑是双向的而非单项传播的。在网络环境下,网络沟通是随时随地的,不受时空的限制,参与口碑交流的双方借由网络通信技术能够轻松地实现互动。

网络口碑和传统口碑具有如下不同点。

(1) 沟通渠道和内容形式不同。网络口碑借助互联网技术,能够通过多种多样的渠道和内容形式来传播口碑信息。聊天室、产品讨论区、BBS 公告栏、即时通信软件、社会化媒体等都可以成为传播口碑的渠道,而网络口碑的内容形式更是多种多样,可以做到图文并茂。

(2) 传播主体之间的关系强度不同。传统口碑一般在亲戚、朋友等强关系之间传播。网络口碑的发送者和接受者之间既可能是熟人,也可能是素不相识的陌生人,就后者而言,口碑传播主体间属于"弱连接"关系。

(3) 比起传统口碑,网络口碑传播有更大的影响力。因为它有更快的速度,更加方便,而且是一对多的交流,没有了面对面交流时的人际压力。

表 14-2 对网络口碑与传统口碑的差异进行了比较。

表 14-2 网络口碑与传统口碑的差异比较

项 目	网 络 口 碑	传 统 口 碑
传播媒介	互联网、E-mail、BBS、即时通信软件、网上社区、网上论坛等	人际间的面对面接触
传播形式	数字化的多媒体信息,包括文字、图片、声音、录影、电影、Flash、音乐等	语言、声音、表情
传播者与接受者的关系	多对多;熟人或陌生人;可以通过熟人之间的强关系传播,也可以通过陌生人之间的弱关系传播	一对一;一般限于熟人;通过社会网络的强关系传播
沟通环境	更自由、开放的虚拟社会环境	人际沟通的社会环境
沟通成本	较低的时间成本和机会成本	较高的时间成本和机会成本
传播效果	病毒式、几何指数级的传播速度	受到一对一传播的限制,传播速度较慢

网络口碑营销是网络营销和口碑营销的有机结合。它应用于互联网平台,通过消费者之间的口碑传播,赢得消费者的满意和忠诚,带来企业良好的品牌形象和经济效益。企业可以从以下几个方面着手开展网络口碑营销活动。

(1) 确保消费者满意。满意的消费者是最好的口碑,也是最值得潜在消费者信赖的传播形式。购买者对一次购买的满意度,取决于购买者的期望与产品实际感知的比较。如果消费者感知的产品或服务的质量达不到期望,消费者就会失望,也会毫不掩饰地向其他消费者流露不满和抱怨;如果其感知超过期望时,消费者会抑制不住内心的喜悦和兴奋,主动成为企业的义务"宣传员",受其影响,潜在消费者感到降低了购买风险,继而会产生相应的购买行为。企业只有加强管理,提供高质量的产品和服务,使消费者满意,才能创造主动的口碑宣传者,激励消费者传播正面信息。消费者满意程度越高,其口碑传播的积极性越强,传播的口碑信息也越多。

(2) 抓住意见领袖。意见领袖在口碑传播中起着至关重要的作用。所谓"意见领袖",菲利普·科特勒认为是指在一个参考群体里,因特殊技能、知识、人格和其他物质等因素而对群体里的其他成员产生影响力的人。意见领袖的示范效应、光圈效应是扩大口碑影响力的重要途径。抓住意见领袖,尽可能地做好意见领袖的信息沟通,赢得其信任和好感对于网络口碑营销的成败至关重要。企业需要在服务和客户管理过程中,抓住那些身处不同群体圈子的意见领袖,最大限度地改善和促进与他们的关系,最终促其成为口碑营销的重要生力军。

(3) 建立网上沟通渠道。传统的闲话和聊天方式,现在已被电子邮件、BBS、聊天室等取代,成为发动口碑营销的最佳工具。电子邮件能方便、快捷地让信息在个人的电子邮箱间传播,BBS 是一种以文本为主的网上讨论组织,气氛自由、宽松,可阅读或发布信息与别人交流。企业也可以在自己的网站或其他一些具有发展网上口碑营销系统优势的网站上开辟和自己产品有关的网上对话区,让消费者充分发表自己的意见和看法,互相交流经验,传播好的产品口碑。

(4) 提高口碑可信度。口碑可信度高是传统口碑的特点,对于网络口碑,可信度却是个问题。在网络口碑传播中,交流双方身份不明确,消费者难以判断信息传播者是否带有商业目的。提高网络口碑可信度应从以下几方面着手:第一,企业发布的口碑信息必须真实,严禁向消费者传递虚假信息,在传播信息时力求具体、清晰;第二,由于消费者更加相信依赖程度高或感知有用性高的网站上的口碑信息,在开展网络口碑营销时,应了解产品所定位的消费者的网络使用习惯,关注这些网站上的口碑信息发布情况;第三,引导消费者多在一些可信度高的平台上发布自己的消费评论,从而有效地影响其他消费者。

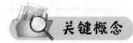

关键概念

服务　服务营销　国际市场营销　非营利组织营销　城市营销　绿色营销　关系营销　体验营销　口碑营销

复习与思考

1. 服务营销策略有哪些?如何管理服务营销?
2. 分析和评价企业进入国际市场各种方式的利弊,并结合具体案例说明。
3. 结合实际分析市场营销组合策略对非营利组织的影响。
4. 简述城市营销的发展阶段。
5. 简述绿色产品的开发步骤。
6. 结合实际说明关系营销和传统营销的区别。
7. 体验营销有哪些类型?
8. 结合实际阐述应如何实施口碑营销。

案例分析

海底捞:苦修内功,服务营销

"人类已经无法阻止海底捞了!"从四川简阳的街边麻辣烫小摊,到走向世界的中国火锅品牌,作为后起之秀的海底捞,以服务差异化为主,以亲情式的企业管理为辅,烹制出川香川味的"海底捞模式"。

海底捞火锅店,等待区有免费小食品和休闲服务。顾客就餐才坐定,围裙、手机袋等各种吃火锅的"防护设备"就送至手边。店内的儿童专区、免费电话亭等设施凸显人性化。

海底捞采用厚利的定价模式,火锅消费品均由自己采购、生产、加工和配送,形成了独有的大型物流供应体系,降低了消费品的成本。海底捞用服务和免费赠品塑造价值,以高定价获取利润,进入良性循环,滚动发展。

除了门店直营销售,海底捞还把服务营销与"鼠标+水泥"的O2O模式融汇在一起,实现了全国网上订餐、选座。Hi捞送的外卖服务,可由专人跟单,将特色服务一起打包送货上门。

海底捞借助天猫、京东等大型B2C电子商务平台,开设捞派官方旗舰店,销售火锅底料、火锅蘸料和调味料,把火锅业务从门店延伸至顾客家中。

员工的高质量服务离不开企业的亲情化管理。"用信任式授权形成的差异化服务吸引客户,培养自己土生土长的员工成为管理层并委以重任,正是海底捞的特殊DNA。"海底捞模式研究者黄铁鹰在《海底捞你学不会》一书中的观点,得到海底捞董事长张勇的肯定,"我们倡导亲情式的管理,从管理层到普通员工,都拥有超过一般餐饮店服务员的权力"。任何员工都有免单权。从培训到报酬再到福利,让员工体验到主人翁的感觉,进而转化为工作热情,为海底捞的服务营销奠定了扎实的基础。

海底捞,这个苦修内功、视服务如生命的川菜品牌,凭着"对人性的直觉理解,对农民工群体的直觉理解,对餐厅服务员工作的直觉理解,对成千上万不同顾客的直觉理解",走出一条海底捞的营销之路。

资料来源: http://www.zcom.com/article/108459/

1. 海底捞的服务理念是如何贯穿到整个经营活动中的?
2. 结合海底捞的服务理念,分析海底捞是如何对待顾客服务需求的,如何提高服务水平和服务质量的。

参 考 文 献

[1] 林海斌.如何建立有效的品牌视觉形象[D].福州:福建师范大学,2009.
[2] 迈克尔·利文斯.市场营销——定义、解释及应用[M].苏丽文.译.北京:人民邮电出版社,2016.
[3] 凯文·凯勒.战略品牌管理[M].北京:中国人民大学出版社,2008.
[4] 菲利普·科特勒,加里·阿姆斯特朗.市场营销原理[M].7版.赵平.等译.北京:清华大学出版社,2002.
[5] 孙日瑶,刘华军.品牌经济学原理[M].北京:经济科学出版社,2007.
[6] 王玉伟.我国企业品牌维护问题及对策[J].中外企业家,2013,31:12.
[7] 薛可.品牌扩张:路径与传播[M].上海:复旦大学出版社,2008.
[8] 张小炜,杨黎明,杨敏锋.企业商标全程谋略——运用、管理和保护[M].北京:法律出版社,2010.
[9] Aaker D A. Managing Brand Equity:Capitalizing on the Value of a Brand Name[M]. New York:The Free Press, 1991.
[10] Aaker D. Measuring Brand Equity across Products and Markets[J]. California Management Review, 1996, 38(3):102-119.
[11] Yoo B, Donthu N. Developing and validating a multidimensional consumer－based brand equity scale[J]. Journal of Business Research, 2001, 52(1):1-14.
[12] Yoo B, Donthu N, Lee S. An examination of selected marketing mix elements and brand equity [J]. Journal of the Academy of Marketing Science, 2000, 28(2):195-211.

教师服务

感谢您选用清华大学出版社的教材！为了更好地服务教学，我们为授课教师提供本书的教学辅助资源，以及本学科重点教材信息。请您扫码获取。

≫ 教辅获取

本书教辅资源，授课教师扫码获取

≫ 样书赠送

市场营销类重点教材，教师扫码获取样书

清华大学出版社

E-mail: tupfuwu@163.com
电话：010-83470332 / 83470142
地址：北京市海淀区双清路学研大厦 B 座 509

网址：http://www.tup.com.cn/
传真：8610-83470107
邮编：100084

致教师

感谢您选用清华大学出版社的教材！为了更好地服务教学，我们为授课教师提供本书的教辅资源，以及本学科重点教材信息。请您扫码获取。

>> 教辅获取

本书教辅资源，教师扫码可免费获取。

>> 样书赠送

计算机类重点教材，教师扫码获取样书。

清华大学出版社

E-mail: tupfuwu@163.com
电话: 010-83470332, 83470142
地址: 北京市海淀区双清路学研大厦B座509

网址: http://www.tup.com.cn/
传真: 8610-83470107
邮编: 100084